工程建设理论与实践丛书

公路桥梁隧道 施工技术

GONGLU QIAOLIANG SUIDAO SHIGONG JISHU

高海宾 陈 浩 李铨洲 主编

华中科技大学出版社
http://press.hust.edu.cn
中国·武汉

内 容 简 介

党的十八大以来,我国交通基础设施建设取得了瞩目的成就,其中,公路、桥涵以及隧道的建设改变了民众的生活方式,提高了国民的生活水平。公路、桥涵、隧道施工技术是公路、桥涵、隧道建设的重要保障,为了促进我国交通行业健康、可持续、高质量发展,需要不断提高相关人员的施工水平。本书以理论知识为主、施工实践为辅,围绕公路、桥涵、隧道三大交通基础设施的施工技术进行研究,主要介绍了公路、桥涵、隧道三大工程的基本知识、施工技术与方法,为从业人员提供参考。

图书在版编目(CIP)数据

公路桥梁隧道施工技术 / 高海宾,陈浩,李铨洲主编. -- 武汉:华中科技大学出版社,2024.12. -- ISBN 978-7-5772-1380-4

Ⅰ.U448.145.1; U459.2

中国国家版本馆 CIP 数据核字第 2024PB9169 号

公路桥梁隧道施工技术   高海宾 陈 浩 李铨洲 主编
Gonglu Qiaoliang Suidao Shigong Jishu

策划编辑:周永华	
责任编辑:李曜男	
封面设计:杨小勤	
责任监印:朱 玢	
出版发行:华中科技大学出版社(中国·武汉)	电话:(027)81321913
武汉市东湖新技术开发区华工科技园	邮编:430223
录 排:华中科技大学惠友文印中心	
印 刷:武汉科源印刷设计有限公司	
开 本:710mm×1000mm 1/16	
印 张:20.75	
字 数:373 千字	
版 次:2024 年 12 月第 1 版第 1 次印刷	
定 价:98.00 元	

本书若有印装质量问题,请向出版社营销中心调换
全国免费服务热线:400-6679-118   竭诚为您服务
版权所有 侵权必究

编委会

主　编　高海宾　中交一公局第九工程有限公司
　　　　　陈　浩　中交一公局第九工程有限公司
　　　　　李铨洲　保利长大工程有限公司

副主编　刘辉钊　中国葛洲坝集团第一工程有限公司
　　　　　曾国胜　中交一公局第四工程有限公司
　　　　　田　桐　中交二公局第三工程有限公司
　　　　　袁　勇　云基智慧工程股份有限公司

编　委　程　希　保利长大工程有限公司
　　　　　余芝升　广东华路交通科技有限公司
　　　　　姚金华　苏交科集团股份有限公司
　　　　　薛海璞　中交路桥建设有限公司
　　　　　王　威　中交路桥建设有限公司

前　言

党的十八大以来,我国交通基础设施建设加快推进,取得了举世瞩目的成就,创造了"中国速度"和"世界奇迹"。交通基础设施发展整体水平实现跨越式提升,不仅成为我国"走出去"的亮丽名片,也成为全面建成小康社会中人民群众获得感、幸福感、安全感最为突出的领域。其中,公路、桥涵以及隧道的建设从根本上改变了国民的生活水平和生活方式。

中国的公路、桥涵、隧道施工技术,为中国交通的快速发展提供了保障。截至2023年底,全国公路里程543.68万千米,公路桥梁107.93万座、9528.82万延米,公路隧道27297处、3023.18万延米。为了促进我国交通行业健康、可持续、高质量发展,需要在不断巩固已有成熟技术的基础上进行创新,提高施工人员的施工水平。

本书以理论知识为主、施工实践为辅,围绕公路、桥涵、隧道三大交通基础设施的施工技术进行研究,主要分为10章。第1章为绪论,主要介绍了中国交通基础设施建设发展历程,概述了路桥隧工程;第2章至第4章为公路施工,主要介绍了路基工程、路面工程及公路附属工程施工技术;第5章至第8章为桥涵施工,主要介绍了桥梁基础,桥梁结构,支座、桥面系及附属工程,涵洞施工技术;第9章和第10章为隧道施工,主要介绍了隧道的多种施工方法(如新奥法、明挖法、盾构法等),以及围岩预支护与预加固、初期支护、二次衬砌等一般性隧道施工技术。

本书大量引用了相关专业文献,在此对相关文献的作者表示感谢。限于编者的理论水平和实践经验,书中难免存在疏漏和不妥之处,恳请广大读者批评指正。

目 录

第1章 绪论 ……………………………………………………………… (1)
  1.1 中国交通基础设施建设发展历程 ………………………………… (1)
  1.2 路桥隧工程概述 …………………………………………………… (3)

第2章 路基工程施工技术 ……………………………………………… (13)
  2.1 填方路基施工 ……………………………………………………… (13)
  2.2 挖方路基施工 ……………………………………………………… (23)
  2.3 路基排水与防护施工 ……………………………………………… (31)
  2.4 路基工程施工实践——以江津至泸州北线高速公路项目二分部
     工程为例 …………………………………………………………… (39)

第3章 路面工程施工技术 ……………………………………………… (50)
  3.1 路面基层(底基层)施工 …………………………………………… (50)
  3.2 沥青路面施工 ……………………………………………………… (56)
  3.3 水泥混凝土路面施工 ……………………………………………… (65)
  3.4 路面工程施工实践——以中山市坦洲大道工程为例 …………… (75)

第4章 公路附属工程施工技术 ………………………………………… (89)
  4.1 公路安全设施施工 ………………………………………………… (89)
  4.2 公路绿化工程施工 ………………………………………………… (94)

第5章 桥梁基础施工技术 ……………………………………………… (101)
  5.1 明挖扩大基础施工 ………………………………………………… (101)
  5.2 桩基础施工 ………………………………………………………… (111)
  5.3 沉井基础施工 ……………………………………………………… (124)
  5.4 桥梁基础施工实践——以江津至泸州北线高速公路项目二分部
     工程为例 …………………………………………………………… (129)

第6章 桥梁结构施工技术 ……………………………………………… (139)
  6.1 桥梁下部结构施工 ………………………………………………… (139)
  6.2 桥梁上部结构施工 ………………………………………………… (153)

6.3 桥梁结构施工实践——以江津至泸州北线高速公路项目二分部工程为例 ……………………………………………………………… (177)

第7章 支座、桥面系及附属工程施工技术 ……………………………… (194)
  7.1 支座安装 ……………………………………………………………… (194)
  7.2 伸缩装置安装 ………………………………………………………… (199)
  7.3 桥面铺装层施工 ……………………………………………………… (203)
  7.4 其他附属工程施工 …………………………………………………… (210)

第8章 涵洞施工技术 ……………………………………………………… (218)
  8.1 拱涵、盖板涵施工 …………………………………………………… (218)
  8.2 箱涵、圆管涵施工 …………………………………………………… (220)
  8.3 涵洞施工实践——以江津至泸州北线高速公路项目二分部工程为例 ……………………………………………………………… (222)

第9章 隧道施工方法 ……………………………………………………… (228)
  9.1 新奥法 ………………………………………………………………… (228)
  9.2 明挖法 ………………………………………………………………… (234)
  9.3 盾构法 ………………………………………………………………… (238)
  9.4 TBM法 ………………………………………………………………… (248)
  9.5 其他施工方法 ………………………………………………………… (256)

第10章 隧道施工技术 …………………………………………………… (263)
  10.1 围岩预支护与预加固 ……………………………………………… (263)
  10.2 钻爆开挖施工 ……………………………………………………… (270)
  10.3 装碴、运输与卸碴 ………………………………………………… (274)
  10.4 初期支护 …………………………………………………………… (282)
  10.5 防排水施工 ………………………………………………………… (288)
  10.6 二次衬砌 …………………………………………………………… (293)
  10.7 隧道施工附属坑道与辅助作业 …………………………………… (296)
  10.8 隧道施工实践——以天峨至北海公路第3标段工程为例 ……… (307)

参考文献 …………………………………………………………………… (321)
后记 ………………………………………………………………………… (324)

第 1 章 绪 论

1.1 中国交通基础设施建设发展历程

交通基础设施是指为居民出行和产品运输提供交通服务的固定工程设施，包括公路、铁路、桥梁、隧道、机场、港口、航道、管道，以及城市轨道、道路及其配套设施等，是各种运输工具赖以运行进而实现人或货物时空位移的物质基础。

长期以来，交通基础设施对国民经济起到基础性、先导性及战略性作用。在中国式现代化进程中，交通基础设施建设对现代化发展的新要求与新任务起到至关重要的支撑作用。经过四十多年的改革开放，中国在交通基础设施建设领域取得较大成就，基础设施的建设规模与服务质量均位居世界前列，成为名副其实的交通大国。中国交通基础设施建设经历了服务于工业化建设、新型工业化建设、新型城镇化建设以及构建新发展格局四个发展阶段，不断提升交通基础设施对交通运输需求的适配性，为交通强国建设与中国式现代化发展提供了坚实基础。

1949—2000 年，中国交通基础设施处于恢复与起步阶段，当期的主要任务是为工业化建设服务，重点满足国民经济发展对工业原材料、工业制成品等运输能力的需要。该时期在交通基础设施发展的整体统筹规划上呈现两个阶段的发展特征。一是 1949—1978 年的恢复阶段，交通基础设施作为经济社会发展的先行资本，在政策和资金支持下实现快速发展，形成以铁路为中心，集疏运公路、水路相配套的煤运系统。该时期交通基础设施规划的空间布局受经济发展和区域政策的局部偏向性影响，铁路建设路线分布以长江以北、兰州和包头以东区域为主，公路建设路线等级较低且质量差。二是 1978—2000 年的起步阶段，市场经济体制改革进一步释放经济活力。彼时，基础设施供给长期滞后于运输需求，掣肘经济增长，因此大规模交通基础设施建设被置于国家优先发展地位。为满足对外开放战略及东部区域优先发展的需要，该时期的交通基础设施建设以港口为中心，以铁路和公路干线为主体，形成陆运和水运相配套的多元化区际运输通道和陆海运输系统。同时，不同区域的交通基础设施发展存在较大差距，东部地区受益于自身良好的区位条件、改革开放的倾向性发展措施和利好政策，交通基础设施建设稳步提升、发展较好；中西部地区由于区位劣势以及发展序列较为靠后，且交通基础设施建设投入资金相对有限，交通基础设施发展状况落后于东部地区。尽管交通基础设施建设整体上存在发展缓慢、布局不均等问题，然而该时期的交通基础设施建设还是为现代化发展和经济快速增长奠定了基础。

2000—2010年，中国交通基础设施处于高速发展阶段，当期的主要任务是为新型工业化建设服务。得益于改革开放，国家整体的交通运输结构趋于合理，当期建设以扩大覆盖范围和优化网络结构为主。尤其是为应对1997年亚洲金融危机，中国实施积极的财政政策，促使交通基础设施建设进入快速发展阶段，大规模基建项目在全国范围内兴起。东南沿海地区得益于先发优势，交通基础设施建设基础较好、建设质量高，对区域增长起到显著促进作用。同时，中西部地区也在中部地区崛起战略、西部大开发战略下获得交通基础设施大发展。高速公路网、"八纵八横"和"五纵五横"综合运输网络建设加速推进，有效保障了新型工业化进程。同时，随着城镇化的快速发展，以交通拥堵等为代表的"大城市病"对城市公交、地铁等交通的发展提出了新要求。

2010—2020年，中国交通基础设施进入稳定发展阶段，总体上向均衡布局、稳步增长、提质增效方向持续发展，当期的主要任务是为新型城镇化及京津冀协同发展等国家重大战略服务。在2008年金融危机的冲击下，国家出台四万亿投资计划以稳定经济运行，进一步扩大交通基础设施建设领域投资，形成以"八纵八横"高铁网、港口和机场的集群化发展等为主的综合交通运输系统。中西部地区成为交通基础设施建设重点投资区域，公路、铁路建设里程均超越东部地区。同时，城市群快速交通网络和城市轨道交通建设迅速推进，在拉动经济增长的同时服务于国家重大区域发展战略，刺激国家经济增长潜力持续释放。

2020年以来，随着《国家综合立体交通网规划纲要》《国家公路网规划》等文件的发布，中国交通基础设施建设进入交通强国全面建设的新征程，当期的主要任务是为构建新发展格局服务。交通基础设施建设的适度超前布局对产业发展和国家安全起到重要作用，可较好满足数字化转型及高质量发展过程中的各类新需求，有效赋能劳动力、资本等传统生产要素及新型数据要素，实现各类要素在更大时空范围内的合理配置，引领新发展格局构建并支撑经济高质量发展，助力形成优势互补、布局均衡的区域发展格局，支撑中国式现代化推进。

根据交通运输部发布的《2023年交通运输行业发展统计公报》，截至2023年底，全国公路里程543.68万千米，比2022年末增加8.20万千米。其中高速公路里程18.36万千米，增加0.64万千米。铁路营业里程15.9万千米，其中高铁营业里程4.5万千米。铁路投产新线3637千米,其中高铁2776千米。公路桥梁107.93万座、9528.82万延米,比2022年末增加4.61万座、952.33万延米。公路隧道27297处、3023.18万延米,比2022年末增加2447处、344.75万延米。颁证民用航空运输机场259个,比2022年末增加5个。全国港口生产用码头泊位22023个,比上年末增加700个。全国内河航道通航里程12.82万千米,比2022年末增加184千米。从以上数据可知,我国综合立体交通网加速成型,交通基础设施网络结构持续优化,在奋力加快建设交通强国的道路上不断前进,取得新成就,对中国式现代化和全面建成社会主义现代化强国具有重要的支撑引领作用。

1.2　路桥隧工程概述

1.2.1　公路工程概述

1. 公路的组成

公路工程是供各类无轨车辆和行人等通行的基础设施。公路是一种带状构筑物,它的中心线是一条空间曲线,具有高差大、曲线多且占地狭长的特点。

公路的基本组成包括路基、路面、桥涵、隧道及交通服务设施。

(1) 路基。

路基是按线形设计的位置和横断面尺寸在天然地面上用土或石填筑成路堤(填方路段)或挖成路堑(挖方路段)的带状结构物,其主要作用是承受路面传递的荷载,是用来支撑路面的重要基础。因此,路基必须具有足够的强度和稳定性,并具有不易变形等特点,还要能够防止水分及其他自然因素对路基的侵蚀和损害。

路基防护工程是为了加固路基边坡,确保路基稳定而修建的结构物。按作用不同,路基防护工程可分为坡面防护、冲刷防护以及支挡构造物三种类型。坡面防护一般有植物防护、坡面处治及护坡与护面墙等;冲刷防护是指为调节水流流速及流向,防护路基免受水流冲刷,在沿河路基设置的顺坝、丁坝、格坝等导流结构物;支挡构造物一般是指填(砌)石边坡、挡土墙、护脚及护面墙等。

(2) 路面。

路面是一种运用各种材料及混合料,分层或多层铺筑在路基顶面以供车辆行驶的层状结构物,直接受车辆荷载作用和自然因素的影响。因此,路面必须具有能够满足车辆在其表面安全、迅速、舒适行驶的强度、刚度、平整度、稳定性以及抗滑性。

(3) 桥涵。

桥涵是工程术语,是桥梁和涵洞的统称。

桥梁是在公路跨越河流、沟谷或其他线路时,为保证公路的连续性而设置的构造物。

涵洞是指在公路工程建设中,为了使公路顺利通过水渠而不妨碍交通,设于路基下的排水孔道(过水通道),可以让水从公路的下面流过。根据连通器的原理,涵洞常用砖、石、混凝土和钢筋混凝土等材料筑成。涵洞一般孔径较小,形状有管形、箱形及拱形等。

(4) 隧道。

隧道是由主体建筑物与附属设施两个部分组成的结构。主体建筑物是为了保持隧道稳定,保证行车安全运行而修建的,由支护和洞门两部分组成。附属设施包括避车洞、消防设施、应急通信和防排水设施等。长的隧道还有专门的通风和照明设备。

(5) 交通服务设施。

交通服务设施指的是在公路沿线设置的一些与交通安全、环境保护以及养护管理等相关的设施,其目的是保证行车安全、舒适、迅速与美观。

2. 公路的分级

(1) 技术分级。

根据《公路工程技术标准》(JTG B01—2014)第 3.1.1 条的规定,公路分为高速公路、一级公路、二级公路、三级公路及四级公路五个技术等级。

高速公路为专供汽车分方向、分车道行驶,全部控制出入的多车道公路。高速公路的年平均日设计交通量宜在 15000 辆小客车以上。

一级公路为供汽车分方向、分车道行驶,可根据需要控制出入的多车道公路。一级公路的年平均日设计交通量宜在 15000 辆小客车以上。

二级公路为供汽车行驶的双车道公路。二级公路的年平均日设计交通量宜为 5000～15000 辆小客车。

三级公路为供汽车、非汽车交通混合行驶的双车道公路。三级公路的年平均日设计交通量宜为 2000～6000 辆小客车。

四级公路为供汽车、非汽车交通混合行驶的双车道或单车道公路。双车道四级公路年平均日设计交通量宜在2000辆小客车以下;单车道四级公路年平均日设计交通量宜在400辆小客车以下。

(2) 行政分级。

根据我国公路管理工作实行统一领导、分级管理的原则,公路按公路的性质可分为5个行政等级:国家干线公路(简称"国道")、省干线公路(简称"省道")、县公路(简称"县道")、乡公路(简称"乡道")和专用公路。

①国道。国道指在国家干线网中,具有全国性的政治、经济、国防意义的主要干线公路,包括重要的国际公路,国防公路,连接首都与各省、自治区、直辖市首府的公路,连接各大经济中心、港站枢纽、商品生产基地和战略要地的公路。

②省道。省道指省(自治区、直辖市)公路网中,具有全省性的政治、经济、国防意义,并由省级公路主管部门负责修建、养护和管理的省级公路干线。

③县道。县道指具有全县政治、经济意义,连接县城和县内主要乡(镇)、主要商品生产和集散地的公路,以及不属于国道、省道的县际公路。县道由县、市公路主管部门负责修建、养护和管理。

④乡道。乡道指直接或主要为乡村经济、文化、生产、生活服务以及乡村与外部联系的公路。乡道由县统一规划,由县、乡负责修建、养护和管理。乡道主要用于农业生产,一般不列入国家公路等级标准。

⑤专用公路。专用公路指专供或主要供厂矿、林区、农场、油田、旅游区、军事基地等与外部联系的公路。专用公路由专用单位负责修建、养护和管理,也可委托当地公路部门修建、养护和管理。专用公路的技术要求应按专门制定的技术标准或参照《公路工程技术标准》(JTG B01—2014)执行。

3. 公路工程施工的特点

(1) 施工流动性大。公路是线形人工构筑物,点多线长,工程分布极为分散,既有集中工程,又有线形工程。公路在建造过程中和建成后都无法移动。公路有严格的施工顺序,因而要组织各类工作人员和各种机械围绕这一固定产品,在不同时间同一工作面,或同一时间不同工作面上进行施工活动,要科学地解决这种空间上的布置和时间上的安排之间的矛盾。此外,当一个工程竣工后,要解决施工队伍向新的施工现场转移的问题,因此在公路建设过程中施工流动性大。

(2) 施工工期长。公路工程产品具有多样性、固定性、体形庞大性以及不可分割性,施工周期长,在较长时间内大量占用和耗费人力、物力和财力,直到整个施工周期结束才出产品,因此要求施工管理人员科学合理地组织和安排各项施工任务。

（3）施工协作性高。公路工程类型多,施工环节多,工序复杂,产品具有单件性,不仅要进行个别设计,而且要采用不同的施工方法分别组织施工。为了保质保量按期完成施工任务,每项工程都需要建设单位、设计单位、施工单位、监理单位及材料、动力、运输等各个部门的通力协作,因此要有严密的计划和科学的管理方式。

（4）受外界干扰及自然因素影响大,需要经常养护。公路工程施工主要是在野外露天作业,路线通常经过不同地区,地理环境、地质情况复杂,受外界干扰及自然因素影响大,如特殊地区及气候、地质条件、设计变更、物资供应等因素。公路的部分结构具有易损性,不进行正常的养护无法维持正常的运输生产。

综上所述,公路工程施工的特点集中表现为施工条件复杂多变,给施工生产活动带来了很大的困难,故要求针对公路工程的不同对象、不同的施工条件,从实际出发,充分做好准备工作,包括施工管理和组织计划工作。施工中实行流水作业,严格施工管理,健全岗位责任制,加强质量保证体系工作,每道工序都要严格把关,前道工序未经验收不得进行下道工序,稳妥、科学地做好施工组织工作。

1.2.2 桥梁工程概述

1. 桥梁的结构组成

桥梁结构一般分为上部结构、下部结构、支座和附属设施。上部结构包括桥面铺装、承重结构以及联结部件;下部结构为墩台(桥墩、桥台)和基础,有时仅含桥墩与桥台,将基础单列。桥梁上、下部结构之间常采用支座联结。桥梁附属设施包括桥面系、桥头搭板和锥形护坡等。表1.1给出了桥梁的组成部分及其作用。

表 1.1 桥梁的组成部分及其作用

桥梁的组成部分		各组成部分的作用
上部结构	桥面铺装	公(铁)路面、人行道	车辆行驶或行人行走部分
	承重结构	主梁(或拱、索)	支承桥道结构,架立在支座上,将荷载传给支座
	联结部件	纵向及横向	位于主梁之间,承受水平荷载

续表

桥梁的组成部分		各组成部分的作用
下部结构	墩台	桥台(位于岸边)、桥墩(位于中间)	支承上部结构,将上部结构荷载传至基础(桥台兼起挡墙作用)
	基础	浅基础或深基础(桩、沉井或沉箱)	将桥墩(桥台)传来的荷载传给地基(土壤或基岩)
支座		固定支座、活动支座(或全约束支座、鞍座)	支承上部结构,将荷载传给墩台;将上部结构固定在墩台上;保证上部结构的伸缩、弯曲等变形
附属设施		桥面系	支承桥面,将荷载传给承重结构
		桥头搭板	防止桥端连接部分的沉降
		锥形护坡	保护路堤边坡不受冲刷

(1) 上部结构。

桥梁上部结构也称"桥跨结构"或"桥孔结构",是在线路遇到障碍(如河流、山谷或其他线路等)而中断时,跨越这类障碍的主要承载结构。

(2) 下部结构。

桥墩、桥台及基础统称"下部结构",它的主要作用是承受上部结构传来的荷载,并将它及本身的自重传给地基。桥墩支承相邻的两孔桥跨,居于桥梁的中间部位。桥台居于全桥的两端,前端支承桥跨,后端与路基衔接,起着支挡台后路基填土并把桥跨与路基连接起来的作用。

基础是使桥上全部荷载传至地基的结构部分。基础工程在整个桥梁工程施工中是比较困难的部位,而且经常需要在水中施工,因此遇到的问题比较复杂。

(3) 支座。

在桥跨结构与桥墩、桥台的支承处设置的传力装置,称为"支座"。它不仅要传递很大的荷载,而且要保证桥跨结构能产生一定的位移。

(4) 附属设施。

桥梁附属设施包括桥面系、桥头搭板和锥形护坡等。桥面系包括桥面铺装(或称为"行车道铺装")、排水系统、栏杆(或防撞栏杆)、灯光照明等。

2. 桥梁的分类

桥梁分类有多种形式。下面仅针对桥梁按结构类型分类进行详细说明。桥梁按结构分类,可分为梁桥、拱桥、刚构桥、悬索桥、斜拉桥等。

(1) 梁桥。

梁式体系是古老的结构体系。梁桥是一种在竖向荷载作用下无水平反力、以受弯为主的结构。由于外力(恒载和活载)的作用方向与承重结构的轴线接近垂直,与同样跨径的其他结构体系相比,梁内产生的弯矩最大,通常需要使用抗弯能力强的材料(钢、木、钢筋混凝土等)来建造,跨越能力也比较有限。我国公路上应用最广的是预制装配式钢筋混凝土和预应力混凝土简支桥。这种梁桥结构简单,施工方便,对地基承载力的要求也不高,其常用跨径在 50 m 以下。当跨度较大时,为了达到经济的目的,可根据地质条件等修建悬臂式或连续式梁桥;跨径很大或承受的荷载很大的特大桥梁可建造成钢梁桥。

(2) 拱桥。

拱桥的主要承重结构是拱圈或拱肋。这种结构在竖向荷载作用下,桥墩或桥台将承受水平推力。同时,这种水平推力将显著抵消荷载引起的在拱圈(或拱肋)内的弯矩作用。

因此,与同跨径的梁相比,拱的弯矩和挠度要小得多。鉴于拱桥的承重结构以受压为主,拱桥通常可用抗压能力强的圬工材料(如砖石、混凝土)和钢筋混凝土等来建造。

拱桥的跨越能力很强,外形也较为美观,在条件允许的情况下,修建圬工、钢筋混凝土或钢管混凝土拱桥是经济合理的。但为了确保拱桥能安全使用,下部结构和地基必须能经受住很大水平推力的作用。跨径很大时,可建造钢拱桥。由于拱桥的主拱在合龙之前不能发挥拱的作用,其施工常需要其他辅助设施或构造。与其他桥型相比,拱桥的施工难度一般较大。

(3) 刚构桥。

刚构桥的主要承重结构是梁(或板)和立柱(或竖墙)整体结合在一起的结构,梁和柱的连接处具有很大的刚性。在竖向荷载作用下,梁主要受弯,柱脚处也具有水平反力,其受力状态介于梁桥与拱桥之间。斜腿刚构的受力特点与拱相近,直腿刚构的受力特点与梁相近。

对于同样跨径的桥,在相同的荷载作用下,刚构桥的跨中正弯矩比一般梁桥小。根据这一特点,刚构桥跨中的建筑高度可以做得较小。

(4) 悬索桥。

现代悬索桥通常由桥塔、锚碇、缆索、吊杆、加劲梁及索鞍等主要部分组成。主缆广泛采用高强度钢丝编制的钢缆,以充分发挥其优异的抗拉性能,因此结构自重较轻,能以较小的建筑高度跨越其他任何桥型所不能及的特大跨度,其经济跨径在 500 m 以上。悬索桥的另一特点是主缆可以由细小的钢丝或钢丝束集合而成,桥梁所用的大直径缆索能够通过小型安装设备完成架设。主缆架设完成后,主缆是一个现成的悬吊式脚手架,因此同其他桥型所用的施工方法相比,风险较小。

(5) 斜拉桥。

斜拉桥是由承压的塔、受拉的索与受压弯的梁体组合起来的一种结构体系。由于拉索将主梁吊住,主要承重的主梁变成多点弹性支承连梁,并承受拉索水平分力施加的压力作用,减小了主梁截面,增强了跨越能力。斜拉桥的跨越能力大于梁桥和拱桥,仅次于悬索桥。在技术可达的跨径范围内,一般斜拉桥的经济性能优于悬索桥。与悬索桥相比,斜拉桥是一种自锚体系,不需要造价昂贵的锚碇;防腐技术要求也低些,刚度大,钢束用量少。

上述几种基本桥型还可以组合起来形成新的桥型,如拱桥与梁桥组合成为拱梁组合桥、梁桥与刚构桥组合成为连续刚构桥等。

3. 桥梁工程施工的特点

(1) 流动性与地域性。桥梁工程施工生产不同于一般的工业生产。由于建造地点不同,桥梁工程施工是在不同的地区或同一地区的不同场地进行的,因此其生产在地区与地区之间、场地之间流动。桥梁工程施工受地区条件的影响,在结构、造型、材料和施工方案等方面均有所不同,具有一定的地域性。

(2) 固定性与单一性。经过统一规划后,桥梁根据使用功能在选定的地点上单独设计、单独施工,不可更改,建设地点具有固定性。即使提倡使用标准设计和通用构件,但受桥梁工程所在地区的自然、经济和技术条件的约束,桥梁结构、建筑材料、施工方法和施工组织等也可因地制宜加以修改,以适应不同地区和不同桥型的需要,因此桥梁工程的施工具有单一性。

(3) 周期性与重复性。桥梁工程施工受混凝土龄期、同部位分节施工等影响,需按部就班地开展,如梁板预制、钢筋绑扎、模板安装固定、混凝土浇筑、顶推循环施工等,从而使桥梁工程施工具有周期性和重复性。

(4) 露天性与高空性。桥梁工程地点的固定性和体形庞大的特征决定了其施工具有露天作业和高空作业多的特点。出于社会经济发展和现代化交通运输的需要,各种大型桥梁的施工任务越来越多,使桥梁工程高空作业的特点日益明显。

(5) 施工周期长与占用流动资金多。桥梁体形庞大，其建造必然要消耗大量的人力、物力和财力，同时施工过程受到工艺流程和生产程序的制约，使各专业和各工种间必须按照合理的施工顺序配合与衔接。建造地点的固定性使施工活动的空间具有一定的局限性，导致桥梁施工具有生产周期长、占用流动资金大的特点。

(6) 施工生产组织协作的复杂性。桥梁工程施工涉及工程力学、地基基础、工程地质、水文水力学、土力学、工程材料、工程机械设备、施工组织管理等学科的专业知识，施工涉及面较广，需要在不同时期、不同地点组织多专业、多工种的综合作业。它还涉及不同种类的专业施工队伍，以及规划与征用土地、勘察设计、"五通一平"（通水、通电、通路、通信、通气及平整土地）、科研试验、质量监督、交通运输、电水热供应、劳务等社会各领域的外部协作配合，使桥梁工程施工生产的组织协作关系错综复杂。

1.2.3 隧道工程概述

1. 隧道的组成

隧道是一种修建在地下，两端有出入口，供车辆、行人、水流及管线等通过的工程建筑物。

隧道由主体建筑物和附属设施两部分组成，主体建筑物又包括支护和洞门两部分。实际上在讨论隧道时，还应该将围岩考虑进来。

(1) 围岩。围岩指隧道周围一定范围内，对隧道稳定有较大影响的那部分岩土体。围岩是隧道结构的天然组成部分。现代隧道理论认为，围岩既是荷载来源，也是隧道承载结构的一部分。

(2) 支护。支护指为维护围岩稳定而施作的人工结构物，又叫"衬砌"，包括初期支护和二次衬砌。隧道开挖后，为了控制和约束围岩的变形，充分调动和发挥围岩的自承能力，及时施作的锚杆、钢拱架、钢筋网、喷射混凝土等，称为"初期支护"。初期支护有良好的柔性，能与围岩体共同变形、有效调整围岩应力、控制围岩变形。二次衬砌可以用喷射混凝土，也可以采用模筑混凝土，起到增加安全度、保护防水层、防止喷射混凝土层或围岩风化、作为安全储备的作用，确保隧道主体结构的长期稳定和安全。

(3) 洞门。洞门指隧道工程明暗交界处的结构物，是联系洞内衬砌与洞外路堑的支护结构，起保证洞口边坡安全和仰坡稳定的作用，是隧道出入口的标志。

(4) 附属设施。附属设施指为保证隧道正常使用而设置的所有设施,如照明、通风、排水、消防、电力、通信设施,以及隧道的内装、顶棚、路面、紧急停车带等。

2. 隧道的分类

隧道类型很多,依据标准不同,隧道的分类就不同。

(1) 按隧道长度分类。

根据《公路工程技术标准》(JTG B01—2014)第 8.0.2 条的规定,按隧道长度 L 不同,公路隧道分为短隧道($L \leqslant 500$ m)、中隧道(1000 m$\geqslant L>$500 m)、长隧道(3000 m$\geqslant L>$1000 m)、特长隧道($L>$3000 m)。

(2) 按隧道断面大小分类。

国际隧道与地下空间协会(International Tunnelling and Underground Space Association,简称"ITA")按隧道的横断面积大小,将隧道分为极小断面隧道($2 \sim 3$ m^2)、小断面隧道($3 \sim 10$ m^2)、中等断面隧道($10 \sim 50$ m^2)、大断面隧道($50 \sim 100$ m^2)和特大断面隧道(>100 m^2)。

(3) 其他分类方法。

按埋置深度,隧道可分为浅埋隧道和深埋隧道。

按施工方法,隧道可分为矿山法隧道、明挖法隧道、盾构法隧道、沉埋法隧道、掘进机法隧道等。

按洞身结构形式,隧道可分为单拱隧道、联拱隧道、小净距隧道等。

对隧道进行分类,是为了针对不同类型隧道的特点和技术要求,在勘测、设计、施工和管理工作中采取有针对性的方法和措施。例如对于山岭隧道,在水底施工时,水患处理是工程的重中之重。

3. 隧道工程的施工特点

(1) 隧道工程主体结构埋设于地面以下,因此隧道周围区域的工程地质和水文地质条件对隧道施工能否顺利进行起着重要甚至决定性的作用。地质条件不同,施工方案会有较大的差异。因此,隧道工程必须在勘测阶段做好详细的地质调查和勘探工作,尽可能准确地掌握隧道工程范围内的岩层性质、岩体强度、完整程度、地应力场、自稳能力、地下水状态、有害气体和地温状况等资料,并根据这些资料初步选定合适的施工方法,确定相应的施工措施和配套的施工机具。

此外，由于地质条件的复杂性和勘探手段的局限性，在施工中出现意外的地质情况是不可避免的。对此，在长、大隧道施工中，可采取超前导洞、超前钻孔、超前探测等技术措施，进一步查清掘进前方的地质条件，预先掌握工程地质及水文地质的变化情况，以便及时采取必要的技术措施和修改施工方法。

（2）隧道是一个狭长的建筑物，作业面受限，施工速度比较慢，一些长、大隧道的工期往往也比较长，因此，隧道工程多成为新建线路上的控制工程。一般情况下，隧道只有进口与出口两个作业面，即使开设辅助坑道增创作业面，作业面也十分有限。如何在有限的施工空间中最大限度地发挥施工管理的作用，是影响施工进度的关键所在。在隧道施工中，尽可能多地沿隧道纵向展开施工工序，进行平行作业，并处理好顺序作业与平行作业之间的关系，是节省时间、加快速度、缩短工期的有效途径。对于长、大隧道工程，可以考虑设置适当数量的平行导坑、横洞、斜井或竖井等辅助导坑来增加工作面，以加快施工速度，缩短总工期。

（3）与公路和桥梁工程相比，隧道施工受昼夜更替、季节变换、气候变化等自然条件的影响较小，因此一般可以长年全天候稳定地进行，但在浅埋区段受地下水影响明显时，应注意规避。

（4）地下工程的施工环境较差，在施工过程中还可能进一步恶化（如爆破产生有害气体、喷射混凝土产生粉尘等），必须采取有效措施改善，如采用人工通风、照明、防尘、排水等，使施工场地符合卫生条件，保证施工人员的身体健康，提高劳动生产率。

（5）隧道是一种埋设于地下的大型隐蔽工程，建成困难，建好困难，建成后要更改更困难。所以，在规划和设计过程中，应认真研究隧道与线路之间的关系，详细调查隧道区域地质等问题；在施工过程中，要严格按有关规定进行每道工序，确保隧道工程质量达到标准要求，当工期与质量发生冲突时，应优先保证工程质量。

（6）隧道大多穿越崇山峻岭，工地一般位于偏僻的深山峡谷之中，往往远离已有交通线，运输不便，物资供应困难。

第 2 章 路基工程施工技术

2.1 填方路基施工

2.1.1 路基填筑方案

1. 填筑方法

路基填筑的常规方法有水平分层填筑、纵向分层填筑、横向填筑及联合填筑。其中，水平分层填筑是应用最广且施工质量最好的一种方法，高速公路、一级公路及铺设高级路面的其他等级公路的路基填筑均应采用水平分层填筑法施工。

路基填筑施工常用的机械有挖掘机、推土机、装载机、平地机、压路机、自卸汽车及洒水车等。

2. 填筑的一般要求

(1) 性质不同的填料，应水平分层、分段填筑、分层压实。同一水平层路基的全宽应采用同一种填料，不得混合填筑。每种填料填筑层压实后的连续厚度宜不小于 500 mm。填筑路床顶最后一层时，压实后的厚度应不小于 100 mm。

(2) 对潮湿或冻融敏感性小的填料应填筑在路基上层。强度较小的填料应填筑在下层。在有地下水的路段或临水路基范围内，宜填筑透水性好的填料。

(3) 在透水性不好的压实层上填筑透水性较好的填料前，应在其表面设 2%～4% 双向横坡，并采取相应的防水措施。不得在由透水性较好的填料所填筑的路堤边坡上覆盖透水性不好的填料。

(4) 每种填料的松铺厚度应通过试验路段获得。

(5) 每一填筑层压实后的宽度不得小于设计宽度。

(6) 路堤填筑时,应从最低处起分层填筑,逐层压实;当原地面纵坡大于12%或横坡陡于1:5时,应按设计要求挖台阶,或设置坡向内、坡度大于4%、宽度大于2 m的台阶。

(7) 填方分几个作业段施工时,如接头部位不能交替填筑,先填路段,应按1:1坡度分层留台阶;如能交替填筑,应分层相互交替搭接,搭接长度不小于2 m。

2.1.2 路基填筑试验段施工

下列路基应进行试验路段施工:二级及以上公路路堤;填石路堤、土石路堤;特殊地段路堤;特殊填料路堤;拟采用新技术、新工艺、新材料的路基。

试验路段应选择在地质条件、断面形式等工程特点具有代表性的地段,路段长度宜不小于100 m,以确定路基预沉量值、路基宽度内每层填料的松铺厚度、合适的压实方式、压实遍数及机械组合等。

路堤试验段施工结束后,应进行技术总结并形成成果报告,该成果报告应包括以下内容:①填料试验、检测报告等;②施工测量成果;③压实工艺主要参数,如机械组合、压实机械规格、松铺厚度、压实遍数、压实速度、最佳含水量及碾压时含水量允许偏差等;④过程质量控制方法、指标;⑤质量评价指标、标准;⑥优化后的施工组织方案及工艺;⑦原始记录、过程记录;⑧对施工设计图的修改建议等。

2.1.3 土质、填石及土石路堤施工

1. 土质路堤施工技术

(1) 测量放样。

路基施工前,对原地面进行复测,核对或补充横断面,发现问题时应处理;对高填路段,每填3~5 m或一个边坡平台应复测中线和断面。

路基施工前,按设计逐桩坐标恢复路线中桩,计算坡脚位置并在两侧各加宽30~50 cm撒出路基边线,作为填土边缘控制线;设置标识桩,对路基用地界、路堤坡脚、取土坑、护坡道、弃土堆等具体位置进行标识。

施工过程中,保护好所有控制桩点并及时恢复被破坏的桩点。必须复核每项测量成果,原始记录应存档。

(2)原地面处理。

地基表层应碾压密实。根据《公路路基施工技术规范》(JTG/T 3610—2019)第3.4.1条的规定,地基表层碾压处理压实度控制标准如下:二级及二级以上公路一般土质应不小于90%;三、四级公路应不小于85%。低路堤应对地基表层土进行超挖、分层回填压实,其处理深度应不小于路床厚度。

在清除沉积物后,用合格填料分层回填、分层压实原地面坑、洞、穴等,压实度应符合规定。

对于泉眼或露头地下水,按设计要求采取导排措施后方可填筑路堤。陡坡地段、土石混合地基、填挖界面、高填方地基等,应按设计要求处理。地下水位较高时,应按设计要求处理。地基为耕地、松散土、水稻田、湖塘、软土、高液限土等时,按设计要求处理,局部软弹部分也应采取处理措施。

(3)填料的选择。

公路路基填料首先应满足路基强度和回弹模量的要求,其次应结合土石方调配设计对移挖作填、集中取(弃)土、填料改良处理等方案进行技术经济比较,充分利用挖方材料,节约土地,选择挖取方便、压实容易、强度高、水稳定性好的土体作为路基填料。

①宜优先选用级配较好的砾类土、砂类土等粗粒土作为填料,填料的最大粒径应符合规定。

②含草皮、生活垃圾、树根、腐殖质的土严禁作为填料。

③泥炭、淤泥、冻土、强膨胀土、有机质土及易溶盐超过允许含量的土,不得直接用于填筑路基;确需使用时,必须采取技术措施处理,经检验满足设计要求后方可使用。

④季节性冻土地区路床及浸水部分路堤不应直接采用粉质土填筑。粉质土不宜直接填筑于路床,不得直接填筑于冰冻地区的路床及浸水部分的路堤。

⑤浸水路堤、桥涵台背和挡土墙背宜采用渗水性良好的填料。在渗水材料缺乏的地区,采用细粒土填筑时,可采用无机结合料进行稳定处治。

⑥根据《公路路基施工技术规范》(JTG/T 3610—2019)第4.1.2条的规定,路基填料最小承载比和最大粒径应符合表2.1的规定。

表 2.1 路基填料最小承载比和最大粒径要求

填料应用部位(路面底面以下深度)/m				填料最小承载比 CBR/(%)			填料最大粒径/mm
				高速、一级公路	二级公路	三、四级公路	
填方路基	上路床		0～0.30	8	6	5	100
	下路床	轻、中及重交通	0.30～0.80	5	4	3	100
		特重、极重交通	0.30～1.20				
	上路堤	轻、中及重交通	0.8～1.5	4	3	3	150
		特重、极重交通	1.2～1.9				
	下路堤	轻、中及重交通	>1.5	3	2	2	150
		特重、极重交通	>1.9				
零填及挖方路基	上路床		0～0.30	8	6	5	100
	下路床	轻、中及重交通	0.30～0.80	5	4	3	100
		特重、极重交通	0.30～1.20				

注:1. 表列承载比是根据路基不同填筑部位压实标准的要求,按现行《公路土工试验规程》(JTG 3430—2020)试验方法规定浸水 96 h 确定的 CBR(California bearing ratio,加州承载比)。

2. 三、四级公路铺筑沥青混凝土和水泥混凝土路面时,应采用二级公路的规定。

3. 表中上、下路堤填料最大粒径 150 mm 的规定不适用于填石路堤和土石路堤。

(4)土方运输。

土方运输采用挖掘机装车、自卸汽车运输。为防止运输途中水分散失、扬尘及遗撒,应对运输车辆进行覆盖,并及时对便道进行洒水,减少环境污染。

(5)分层摊铺。

路基分层摊铺须严格按照"划格上土,挂线施工,平地机整平"。

①放线和标高控制。沿线路方向每 20 m 采用全站仪放出线路中桩和填筑边线(宽度按设计宽度每侧加宽 30～50 cm),用石灰或旗杆进行标识。用水准仪测出该层填铺厚度控制桩的标高,在路基两侧边缘沿纵向每 20 m 打一长 70 cm 的边桩,并用红白漆每 10 cm 交错标注,按设定的松铺厚度挂线,以控制标高。

②画网格,控制松铺厚度。根据运输车每车的方量和设定的松铺厚度,通过计算确定单车的卸土面积,按照卸土面积用石灰在下承层上画网格,以便运输车辆按照顺序倾倒填料。

③上料。运输车辆到达现场后,由现场施工员指挥,严格按照标识卸放,每

网格内倾倒1车填料,以控制填料厚度。若按设计图纸,路堤结构中有土工格栅、土工布等土工织物,先按照设计及规范要求在上料前铺设土工织物,并在上料过程中注意保护土工织物的完整性。

④控制填料含水量。按照填料室内试验,填料施工含水量控制在最佳含水量的±2%以内。填料含水量较低时,采用洒水措施;填料含水量较高时,翻松晾晒。

⑤粗平。填料上足后,采用推土机进行摊铺,纵向50~60 m为一个摊铺段,同时人工配合机械对局部进行找平和补料。

⑥精平。粗平完成后,采用平地机进行精平作业。

⑦集料窝、带处理。在每段摊铺完成后,由压路机静压一遍,人工查找集料窝并处理,对局部级配较差的填料进行现场拌和。

(6)分层碾压。

①分层碾压按碾压方法(式)分为重力压实(静压)和振动压实两种。

②按照通过试验段成果完善后的路基填筑方案确定的压实机械及其组合、压实遍数、压实速度进行碾压。坚持初压(静压1~2遍)、复压(振动2~6遍)及终压(静压1~2遍)的步骤,遵循"先轻后重、先慢后快、先两边后中间,弯道地段先内侧后外侧"的原则,轮迹重叠1/3~1/2,直到达到规定的压实度。压实机械碾压时,一般慢速效果较好,除羊足碾或凸块碾外,压实速度以2~4 km/h为宜。羊足碾的速度可以快些,在碾压黏土时最高可达12~15 km/h。

③在路基全宽范围内,纵向分段碾压。纵向分段压好后,进行第二段压实时,在纵向接头处的碾压范围宜重叠1~2 m,以确保接头处平顺过渡。

④碾压一段终了时,宜采取纵向退行方式继续第二遍碾压,不宜采用掉头方式,以免因机械掉头时搓挤土,使压实的土被翻松。故压路机始终要以纵向进退方式进行压实作业。

⑤从路基边缘向中央碾压,压路机轮外缘距路基边应保持安全距离。

⑥采用小型夯实机夯实碾压不到的部位,且为了防止漏夯,要求夯击面积重叠1/4~1/3。

(7)分层检验。

路基填土压实质量检测随分层填筑碾压施工分层检测,每一压实层压实度检验合格后,方可填筑上一层。根据《公路路基施工技术规范》(JTG/T 3610—2019)第4.4.3条的规定,压实度应符合表2.2的要求,否则应查明原因,采取措施进行补压。

表 2.2 土质路基压实度标准

填筑部位(路面底面以下深度)/m				压实度/(%)		
				高速、一级公路	二级公路	三、四级公路
填方路基	上路床		0~0.30	≥96	≥95	≥94
	下路床	轻、中及重交通	0.30~0.80	≥96	≥95	≥94
		特重、极重交通	0.30~1.20			—
	上路堤	轻、中及重交通	0.8~1.5	≥94	≥94	≥93
		特重、极重交通	1.2~1.9			—
	下路堤	轻、中及重交通	>1.5	≥93	≥92	≥90
		特重、极重交通	>1.9			
零填及挖方路基	上路床		0~0.30	≥96	≥95	≥94
	下路床	轻、中及重交通	0.30~0.80	≥96	≥95	
		特重、极重交通	0.30~1.20			

注:1. 表列压实度以现行《公路土工试验规程》(JTG 3430—2020)重型击实试验法为准。

2. 三、四级公路铺筑水泥混凝土路面或沥青混凝土路面时,其压实度应采用二级公路的规定值。

3. 路堤采用特殊填料或处于特殊气候地区时,压实度标准在保证路基强度要求的前提下根据试验路段和当地工程经验确定。

4. 特殊干旱地区的压实度标准可降低 2~3 个百分点。

用灌砂法、灌水(水袋)法检测压实度时,取土样的底面位置为每一压实层底部;用环刀法试验时,环刀中部处于压实层厚的 1/2 深度;用核子仪试验时,应根据其类型按说明书要求处理。

检测频率为每 1000 m^2 至少检验 2 点,不足 1000 m^2 时检验 2 点,必要时可根据需要增加检验点。

(8)路床精加工。

当路堤填筑接近路床高程时,要逐步控制填土厚度,并使顶面最后一层的压实厚度不小于 10 cm。

采用平地机精平、光轮振动压路机压实,反复进行,直到检测数据全部满足技术规范要求。此外,对已精平、完工的路基进行交通管理,避免在雨季车辆行驶造成路基表面破坏。

(9)路基整修。

每填筑完一段路堤并稳定后,及时进行边坡清理,削去超宽填筑部分,并进行防护工程施工以及排水沟砌筑,避免路堤坡脚受雨水冲刷。雨天施工时,随挖、随运、随铺、随压。每层填土筑成2‰~4‰排水横坡,当天填筑的土层当天完成压实。应整理路堤表层及边坡,不得有积水存在。路堤表层含水量接近正常时,方可继续填筑。在整个路堤施工期间,如路基填筑周期较长,应做好临时路基排水设施,保证排水畅通。

(10) 交工验收。

根据《公路路基施工技术规范》(JTG/T 3610—2019)第4.4.5条的规定,路堤填筑至设计高程并整修完成后,其施工质量应符合表2.3的要求。

表 2.3 土质路堤、土石路堤施工质量标准

项次	检查项目	规定值或允许偏差			检查方法和频率
		高速、一级公路	二级公路	三、四级公路	
1	压实度	符合表2.2的规定	符合表2.2的规定	符合表2.2的规定	密度法:每200 m、每压实层测2处
2	弯沉(0.01 mm)	满足设计要求	满足设计要求	满足设计要求	—
3	纵断高程/mm	+10,−15	+10,−20	+10,−20	水准仪:每200 m测2点
4	中线偏位/mm	50	100	100	全站仪:每200 m测2点,弯道加HY、YH两点
5	宽度/mm	≥设计值	≥设计值	≥设计值	尺量:每200 m测4处
6	平整度/mm	≤15	≤20	≤20	3 m直尺:每200 m测2处×5尺
7	横坡/(%)	±0.3	±0.5	±0.5	水准仪:每200 m测2个断面
8	边坡坡度	满足设计要求	满足设计要求	满足设计要求	每200 m测4点

2. 填石路堤施工技术

(1) 填料的选择。

①山区填石路堤最为常见,石料来源主要是路堑和隧道爆破后的石料。

②硬质岩石、中硬岩石可用作路床、路堤填料;软质岩石可用作路堤填料,不得用作路床填料;膨胀性岩石、易溶性岩石、易风化崩解性岩石和盐化岩石等不得用作路堤填料。

③路基的浸水部位,应采用稳定性好、不易膨胀崩解的石料填筑。

④路堤填料粒径应不大于500 mm,并宜不超过层厚的2/3。路床底面以下400 mm范围内,填料最大粒径不得大于150 mm,其中小于5 mm的细料含量应不小于30%。

(2)填筑方法。

①分层压实法:自下而上水平分层,逐层填筑,逐层压实,是普遍采用并能保证填石路堤质量的方法。二级及以上公路的填石路堤应分层填筑压实。高速公路、一级公路和铺设高级路面的其他等级公路的填石路堤均应采用此方法。

②竖向填筑法(倾填法):以路基一端按横断面的部分或全部高度自上而下倾卸石料,逐步推进填筑,主要用于三、四级公路及铺设低等级路面的公路,也可用于陡峻山坡处施工特别困难或大量以爆破方式开挖填筑的路段,以及无法自下而上分层填筑的陡坡、断崖、泥沼地区和水中作业的填石路堤。

③强力夯实法:用起重机吊起夯锤从高处自由落下,利用强大的动力冲击,迫使岩土颗粒位移,提高填筑层的密实度和地基强度。该方法机械设备简单,击实效果显著,施工中无须铺撒细粒料,施工速度快,解决了大块石填筑地基厚层施工的夯实难题。对强夯施工后的表层松动层,采用振动碾压法压实。

④冲击压实法:利用冲击压实机的冲击碾周期性、大振幅、低频率地对路基填料进行冲击,压密填方。该方法具有分层压实法连续的优点,又具有强力夯实法压实厚度深的优点。该方法的缺点是在周围有建筑物时使用受到限制。

(3)填石路堤施工工艺流程。

在公路工程施工中,水平分层填筑是填石路堤的常用方法。下面介绍采用水平分层填筑法施工填石路堤的工艺流程。

①施工准备。填石路堤/路床施工前,应修筑试验路段,确定满足孔隙率标准/能达到最大压实干密度的松铺厚度、压实机械型号及组合、压实速度及压实遍数、沉降差等参数。

②测量放样。按照设计图纸及施工工艺要求,采用全站仪或GPS(global positioning system,全球定位系统)放样道路中线及边线,并钉设边桩及中桩,以此控制上料厚度及宽度。

③分层摊铺。采用方格网法上料,按水平分层、先低后高、先两侧后中央的

原则卸料,并采用大功率推土机摊平。个别不平处应配合人工用细石块、石屑找平。岩性相差较大的填料应分层或分段填筑。严禁将软质与硬质石料混合使用。

④边坡码砌。中硬、硬质石料填筑路堤时,应进行边坡码砌。码砌边坡的石料强度、尺寸及码砌厚度应符合设计要求。设计无要求时,码砌厚度宜为1～2 m,码砌石块最小尺寸应不小于300 mm。边坡码砌与路基填筑宜基本同步进行。

⑤碾压。填石路堤应采用重型压实机(建议18 t以上)碾压。碾压程序及碾压方法参照试验段获得的相关数据。

⑥质量检验。根据《公路路基施工技术规范》(JTG/T 3610—2019)第4.5.5条的规定,填石路堤压实质量应符合表2.4的规定。

表2.4 填石路堤压实质量标准

分区	路床顶面以下深度/m	硬质石料孔隙率/(%)	中硬石料孔隙率/(%)	软质石料孔隙率/(%)
上路堤	0.80～1.50	≤23	≤22	≤20
下路堤	>1.50	≤25	≤24	≤22

填石路堤施工过程中,每一压实层可用试验段确定的工艺流程和工艺参数控制压实过程,用试验路段确定的沉降差指标检测压实质量。每填高3 m宜检测路基中线和宽度。

根据《公路路基施工技术规范》(JTG/T 3610—2019)第4.5.7条的规定,填石路堤填筑至设计高程并整修完成后,其施工质量应符合表2.5的规定。

表2.5 填石路堤施工质量标准

项次	检查项目	规定值或允许偏差		检查方法和频率
		高速、一级公路	其他公路	
1	压实	孔隙率满足设计要求		密度法:每200 m、每压实层测1处
		沉降差≤试验路段确定的沉降差		精密水准仪:每50 m测1个断面,每个断面测5点
2	纵断高程/mm	+10,-20	+10,-30	水准仪:每200 m测2点

续表

项次	检查项目	规定值或允许偏差		检查方法和频率
		高速、一级公路	其他公路	
3	弯沉 (0.01 mm)	满足设计要求	—	
4	中线偏位 /mm	≤50	≤100	全站仪:每200 m测2点,弯道加HY、YH两点
5	宽度 /mm	满足设计要求		尺量:每200 m测4处
6	平整度 /mm	≤20	≤30	3 m直尺:每200 m测2处×5尺
7	横坡 /(%)	±0.3	±0.5	水准仪:每200 m测2个断面
8	边坡	坡度	满足设计要求	尺量:每200 m测4点
		平顺度	满足设计要求	

3. 土石路堤施工技术

(1) 填料要求。

膨胀岩石、易溶性岩石等不宜直接用于路堤填筑,崩解性岩石和盐化岩石等不得直接用于路堤填筑。

天然土石混合填料中,中硬、硬质石料的最大粒径不得大于压实层厚的2/3;石料为强风化石料或软质石料时,其CBR应符合表2.1的规定,石料最大粒径不得大于压实层厚。

(2) 施工技术。

土石路堤施工技术及工艺流程与填石路堤施工技术及工艺流程类似,只是在个别细节处理方面有特殊要求,具体体现在基底处理和摊铺碾压两个方面。

土石路堤基底处理,除满足土质路堤基底处理的要求外,在斜、陡坡地段,土石路堤靠山一侧应按设计要求做好排水和防渗处理。

土石路堤摊铺碾压应符合下列规定:①施工前,应根据土石混合材料的类别分别进行试验路段施工,确定能达到最大压实干密度的松铺厚度、压实机械型号及组合、压实速度及压实遍数、沉降差等参数;②压实机械宜选用自重不小于

18 t的振动压路机;③碾压前,应使大粒径石料均匀分散在填料中,石料间孔隙应填充小粒径石料、土和石碴;④土石路堤不得采用倾填,应分层填筑压实;⑤土石混合材料来自不同料场,其岩性或土石比例相差较大时,宜分层或分段填筑;⑥压实后透水性差异大的土石混合材料,应分层或分段填筑,不宜纵向分幅填筑;如确需纵向分幅填筑,应将压实后渗水性良好的土石混合材料填筑于路堤两侧;⑦中硬、硬质石料的土石路堤应进行边坡码砌(码砌边坡的石料强度、尺寸及码砌厚度应符合设计要求,边坡码砌与路堤填筑宜基本同步进行),软质石料的土石路堤边坡按土质路堤边坡处理;⑧填料由土石混合材料变化为其他填料时,土石混合材料最后一层压实厚度应小于300 mm,填料最大粒径宜小于150 mm,压实后,该层表面应无孔洞。

(3)质量检验。

土石路堤施工质量应符合表2.3的规定。

2.2 挖方路基施工

2.2.1 挖方路基施工一般规定

挖方路基又称"路堑",是指路基设计高程低于原地面高程的路基,通过对原有山体土石方的开挖而形成。

工程实践证明,路基开挖过程中施工方案选择不合理,边坡太陡,废方堆弃太近,草皮栽种、排水不良、护面铺砌及挡土墙施工不及时等都会引起路堑边坡失稳、滑塌、崩塌及落石,严重时会影响整个工程进度。因此,路基挖方施工应根据挖方量、土石情况、土石方调配方案、运距和施工要求编制施工方案,经过经济与技术比较合理选择开挖方法。

(1)土质路堑、软石及强风化岩石路堑,可以根据路堑深度和纵向长度,结合土石方调配,选择横向挖掘法、纵向挖掘法和混合式挖掘法。硬质岩石地段宜优先选择爆破开挖;条件限制时,可采用机械破碎方式开挖。

(2)短且深的土质路堑采用分层横向开挖法,每层2 m左右。采用挖掘机、装载机配合自卸汽车运土,边开挖边整修边坡。长且深的土质路堑采用纵挖法,先沿路堑纵向挖掘通道,然后将通道向两侧拓宽,上层通道拓宽至路堑边坡后,再开挖下层通道,最后纵向开挖至路基标高。

(3) 土质路堑开挖较浅,采用单层或双层横向全宽掘进方法,对路堑整个宽度,沿路线纵向一端或两端向前开挖。

(4) 土质路堑采用纵向分台阶开挖。较平缓地段上的浅路堑可不分层开挖;深路堑地段采用纵向分台阶开挖,从上到下分层,依次进行。开挖时从上而下纵向开挖。如果岩层走向接近线路方向、倾向与边坡相同且小于边坡,逐层开挖时不得挖断岩层,并采取减弱施工振动的措施;在设有挡土墙的上述地段,采取短开挖或跳槽开挖法施工,并设临时支护。

(5) 土质路堑开挖接近基面后准确修理成型,部分路堑开挖后稳定性差,易坍塌和风化,常采取不同类型的挡护和边坡防护。对此,应根据具体情况开挖,一般应分段竖向开挖到位,及时施工挡护、防护工程或进行临时挡护、防护,禁止拉长槽施工。

(6) 石方路堑采用钻爆法施工。深路堑采取深孔爆破和浅孔分台阶爆破相结合的方法,浅路堑采取浅孔爆破。能用机械直接开挖的软石、土质路堑,采取机械与人工配合开挖。

(7) 路堑施工与填方施工相结合,路堑开挖中性能符合要求的弃碴可移挖作为填方填料,性能好的片石可以用于浆砌圬工施工。

(8) 整个路堑开挖施工中,结合路堑不同类型考虑施工要求,选择合适的施工技术类型,并严格遵循开挖施工工艺流程,综合应用机械和人工开挖相结合的方法,为施工任务顺利完成提供保障。

2.2.2 土质挖方路基施工

1. 开挖方法

(1) 横向挖掘法。

横向挖掘法分为单层横向全宽挖掘法和多层横向全宽挖掘法。

采用单层横向全宽挖掘法时,使一台挖掘机位于道路中心位置,向左、右分别挖土,按断面全宽一次性挖掘至设计高程,边挖边沿中线移动,使路堑一次成型。这种方法适用于挖掘深度小、工程量较小、工作面较窄且较短的路堑。

多层横向全宽挖掘法和单层横向全宽挖掘法基本相同,一层挖完后再挖下一层,分层挖掘至设计高程。该方法主要适用于深、短且较窄的路堑。

(2) 纵向挖掘法。

土方比较集中的深路堑,可采用多层纵向挖掘法:先沿路堑挖一条通道,然后将该通道向两侧拓宽扩大工作面,该通道可作为运土路线和场内排水路线;该层拓宽至路堑边坡后,开挖下一层,直至挖至设计高程。该方法适用于较长、较深且两端纵坡较小的路堑。路堑过长时,也可分段纵挖,即将路堑分成两段或数段,各段分别安排多个施工队伍,同时按上述方法组织纵向开挖。纵向挖掘法可以使用推土机、铲运机施工,也可以使用装载机或挖掘机配合自卸汽车施工。

(3) 混合式挖掘法。

混合式挖掘法是将横向挖掘法与纵向挖掘法相结合的方法,适用于路堑纵向长度和挖深都很大的情况。将路堑纵向挖通后,沿横向坡面挖掘,以增加开挖坡面。

2. 施工工艺流程

施工前,首先恢复中线并调查现场,根据地形、路堑断面及长度确定合理的开挖方式;然后结合现场实际与设计要求,修建临时排水设施,并考虑与永久排水设施相结合。

在雨季进行填料路堑施工时,集中力量快速施工,工作面随时保持大于4%的坡度。路堑边坡不得受水浸泡、冲刷。

(1) 施工准备。

①现场核对。工程开工前,根据现场调查资料核对设计文件,内容主要包括地形地貌、挖方数量、取弃土场位置、土方利用等。

②分析土体稳定性。土体稳定直接关系到路堑边坡的稳定。因此,施工前必须做好土体稳定性分析,如土体结构和构造、密实度、潮湿程度等。分析后,根据既有施工经验复核设计边坡是否满足稳定性要求,确定施工方案。

③布置施工便道。根据现场地形确定机械进出便道路线并修筑。便道修筑应满足施工机械和运土车辆转弯半径及会车、正常行驶的要求。

(2) 测量放线。

根据复测资料放出开挖边线,放线时定位准确,两侧各预留0.2~0.3 m不开挖,待开挖后进行人工刷坡。

路堑边坡开挖边线放线必须在复测原地面后进行,否则会造成开挖后路槽宽度不满足设计要求。

(3) 施工排水系统。

开挖前,按设计位置做好堑顶排水系统(如截水沟、边沟),待排水系统完善后,进行路堑开挖。应从下游向上游开挖截水沟与边沟。截水沟通过地面坑凹处时,应将凹处填平夯实。截水沟及边沟开挖后,及时进行防渗处理,不得渗漏、积水,不得冲刷边坡及路基。

(4)开挖。

①可作为路基填料的土方,应分类开挖、分类使用。

②根据土石方调配方案和施工顺序选择最佳挖方作业面,优先选用横向挖掘法、逐层顺坡自上而下开挖的办法施工,不得乱挖、超挖,严禁掏底开挖。

③以机械施工为主:运土距离较近时,采用推土机作业;运土距离较远时,采用推土机配合挖掘机、装载机挖土装车,用自卸汽车运至路基填方路段或弃土点。

④当机械开挖至靠近边坡0.2~0.3 m时,改为人工修坡。需设圬工防护的边坡在防护工程开工前留置保护层,待防护圬工施工时刷坡;不设圬工防护的边坡,每10 m边坡范围插杆挂线、人工刷坡。

⑤开挖过程中,应采取措施保证边坡稳定。开挖至边坡线前,预留一定宽度,预留宽度应保证刷坡过程中设计边坡线外的土层不受到扰动。

⑥基于实际情况开挖:需修改设计边坡坡度、截水沟和边沟位置及尺寸时,应及时按规定报批;应保留边坡上稳定的孤石。

⑦开挖至零填、路堑路床部分后,应尽快进行路床施工;如不能及时施工,宜在设计路床顶面标高以上预留至少300 mm厚的保护层。

⑧采取临时排水措施,确保施工作业面不积水。

⑨挖方路基路床顶面终止标高,应考虑因压实而产生的下沉量,通过试验确定具体值。

⑩挖方路基施工遇到地下水时应按下列规定处理:应采取排导措施,将水引入路基排水系统,不得随意堵塞;路床土含水量高或为含水层时,采取设置渗沟、换填、改良土质、使用土工织物等处理措施,路床填料应具有良好的透水性能。

(5)路槽整修。

接近堑底时,按设计横断面放线,开挖、整修、压实,并挖好侧沟、疏通排水。边坡刷好后,及时进行边坡防护和排水工程施工。

当开挖接近路基施工标高时,采用人工配合推土机施工。到达设计标高后,及时检测基底土质情况,不合规范要求的应换填。要做到路基表面平整、密实,曲线圆顺、边线顺直、边坡坡面平顺稳定、无亏坡、边沟整齐、沟底无积水或阻水现象。

(6) 检查验收。

土质路堑开挖施工质量检验标准见表2.3。

2.2.3 石质挖方路基施工

1. 石方路堑施工方法

石方路堑是公路工程中常见的一种情况,通常具有开挖工程量大、施工作业条件困难及周围环境复杂等特点,成为公路工程项目施工的关键性及控制性工程。因此,石方路堑施工应根据实际工程地质条件及作业环境合理选择施工方法。

石方路堑通常采用机械开挖法、静态破碎法和爆破开挖法进行施工。

(1) 机械开挖法:使用带有松土器的重型推土机破碎岩石,一次破碎深度为0.6～1.0 m。该方法适用于施工场地开阔、大方量的软岩石方工程。优点是没有钻爆工序作业,不需要风、水、电辅助设施,简化了场地布置,加快了施工进度,提高了生产能力;缺点是不适合破碎坚硬岩石。

(2) 静态破碎法:将膨胀剂放入炮孔内,使产生的膨胀力缓慢地作用于孔壁,膨胀力经过数小时至24小时达到300～500 MPa,使介质裂开。该方法适用于在设备附近、高压线下以及开挖与浇筑过渡段等特定条件下的开挖。优点是安全可靠,没有爆破产生的公害;缺点是爆破效率低,开裂时间长。

(3) 爆破开挖法:当前广泛采用的开挖施工方法,有薄层开挖、分层开挖、全断面一次开挖和特高梯段开挖等方式。

机械开挖法和静态破碎法施工方法简单,工艺成熟,施工安全风险较小,在此不做详细介绍。下面主要介绍施工危险性较大的爆破开挖法。

2. 爆破器材

爆破器材主要包括工业炸药和起爆器材两大类。

工业炸药又称为"民用炸药",是由氧化剂、可燃剂和其他添加剂等组分按照氧平衡的原理配制,并均匀混合制成的爆炸物。通常采用的工业炸药有硝化甘油炸药、铵梯炸药、铵油炸药、乳化炸药、水胶炸药及其他工业炸药。

起爆器材是受外界很小能量激发即能按设定要求发火或爆炸的元件、装置或制品。它的作用是产生热冲能或爆炸冲能,产生高温高速气体、灼热颗粒、金属飞片等,将火药或炸药点燃或引爆,特殊场合也可作为独立能源对外做功。起爆器材分为起爆材料和传爆材料两大类。火雷管(已禁用)、电雷管、磁电雷管、导爆管雷管(在特定条件下禁止使用)、继爆管及其他雷管属于起爆材料;导火索(已禁用)、导爆索、导爆管(已禁用)等属传爆材料。

3. 爆破方法

爆破方法按爆破效果分为定向爆破、预裂爆破、光面爆破、微差控制爆破。

(1) 定向爆破。

定向爆破是一种加强抛掷爆破技术,它可以利用炸药爆炸能量的作用,在一定条件下,将一定数量的土岩破碎后按预定的方向抛掷到预定地点,形成具有一定质量和形状的建筑物或开挖成断面。

定向爆破主要是使抛掷爆破最小抵抗线方向符合预定的抛掷方向,并且在最小抵抗线方向事先形成定向坑,利用空穴聚能效应集中抛掷,这是保证定向的主要手段。在大多数情况下,形成定向坑的方法是利用辅助药包,让它在主药包起爆前先爆,形成一个起定向坑作用的爆破漏斗。如果地形有天然的凹面可以利用,也可不用辅助药包。

(2) 预裂爆破。

预裂爆破是进行石方开挖时,在主爆区爆破之前沿设计轮廓线先爆出一条具有一定宽度的贯穿裂缝,以缓冲、反射开挖爆破的震动波,控制其对保留岩体的破坏影响,使之获得较平整的开挖轮廓。预裂爆破可以广泛运用在垂直、倾斜、规则的曲面及扭曲面上。

(3) 光面爆破。

光面爆破也是控制开挖轮廓的爆破方法之一,它与预裂爆破的不同之处在于光爆孔的爆破是在开挖主爆孔的药包爆破之后进行的。光面爆破是一种可以使爆裂面光滑平顺,超欠挖量很少,能近似形成设计轮廓的爆破方法。光面爆破一般多用于地下开挖工程,露天开挖工程中用得比较少,只在一些有特殊要求或者条件有利的地方使用。光面爆破的要领是孔径小、孔距密、装药少、同时爆。

(4) 微差控制爆破。

微差控制爆破是一种应用特制的毫秒延期雷管,以毫秒级时差顺序起爆各个(组)药包的爆破技术。其原理是把普通齐发爆破的总炸药能量分割为多个较小的能量,采取合理的装药结构、最佳的微差间隔时间和起爆顺序,为每个药包创造多面临空条件,将齐发大量药包产生的震动波变成一长串小幅值的震动波,同时使各药包产生的震动波相互干涉,从而降低地震效应,把爆破震动控制在给定水平之下。爆破布孔和起爆顺序有成排顺序式、排内间隔式（又称"V形式"）、对角式、波浪式、径向式等，也有相互组合变换成的其他形式，其中成排顺序式效果最差，对角式效果最好。

微差控制爆破能有效地控制爆破冲击波、震动、噪声和飞石；操作简单、安全、迅速；可近火爆破而不造成伤害；破碎程度好，可提高爆破效率和技术经济效益。但微差控制爆破网路设计较为复杂，需要特殊的毫秒延期雷管及导爆材料。微差控制爆破适用于开挖岩石地基、挖掘沟渠、拆除建筑物和基础，以及工程量与爆破面积较大，对截面形状、规格、减震、飞石、边坡坡面等有严格要求的控制爆破工程。

4. 路基爆破施工工艺

在爆破施工之前，须进行爆破设计。爆破设计应遵循有利于降低成本消耗，有利于施工作业安全和周围被保护对象的安全，参数选择合理、确保工程质量、提高爆破效果的原则。

(1) 测量放样及定开口线。根据设计资料复核路基中桩，根据实际地面标高确定开口线位置，用白灰撒开口线。经驻地监理工程师核查、审批后方可施工。

(2) 布设炮孔。炮孔必须按照设计好的爆破参数在爆破体上准确地进行标识，不能随意变动设计位置。布孔前，应清除爆破体表面积土和破碎层，根据施工测量确定的边坡线，从边坡光面爆破孔开始标定，然后布置其他孔位。布孔完成后，应认真校核，使实际的最小抵抗线与设计的最小抵抗线基本相符。

(3) 钻制炮孔。在钻孔过程中，应严格控制钻孔的方向、角度和深度。孔眼钻进时，注意地质的变化情况，并做好记录。遇到夹层或与表面石质有明显差异时，及时同技术人员进行研究和处理，调整孔位及孔网参数。钻孔完成后，及时清理孔口浮碴，清孔直接采用胶管向孔内吹气。吹净后，检查炮孔是否有堵孔、卡孔现象，以及炮孔的间距、眼深、倾斜度是否与设计相符。若和设计相差较多，应适当调整参数；如果可能影响爆破效果或危及安全生产，应重新钻孔。先钻好的炮孔用编织袋塞紧孔口，防止杂物堵塞炮孔。

(4) 装药。装药前，仔细检查炮孔情况，清除孔内积水、杂物。装药过程中，严格控制药量，按每个孔的设计药量分好炸药，边装药边测量，以确保线装药密度符合要求。为确保能完全起爆，起爆体应置于炮孔底部并反向装药。

(5) 堵塞。堵塞物用黏土和细砂拌和，其粒度不大于 30 mm，含水量为

15%～20%,一般以手握紧能使之成型、松手后不散开且手上不沾水迹为准。药卷安放后立即堵塞,首先塞入纸团或塑料泡沫,以控制堵塞段长度(光爆孔口预留 1～1.5 m,主爆孔口预留 2～2.5 m),然后用木炮棍分层压紧捣实,每层以 10 cm 左右为宜,堵塞中注意保护好导爆索。

(6) 爆破覆盖。这是控制飞石的重要手段,施工中采用两层草袋覆盖,先在草袋内装入砂土,覆盖后将排间草袋用绳子连成一片。用草袋覆盖时,注意保护好起爆网络。爆破石方表面是土或风化砂砾时,必须保留表土或风化砂砾 10～50 cm 厚,以减少草袋覆盖。

(7) 连接起爆网路。根据设计的起爆网路图连接电雷管起爆网路,连接好后进行检查。检查无问题后进入起爆程序。

(8) 起爆。由专人统一指挥起爆过程。起爆前,全面检查整个警戒区内的安全情况。确保无安全隐患后,由指挥人发出三次预警,在第三次预警哨声发出时,爆破员立即起爆。由专人清点爆破雷管数量,以便检查雷管是否全部起爆。

(9) 检查和解除警戒。起爆完成 15 min 后,由专业技术人员进入爆破现场检查,主要检查雷管和炸药是否全部爆炸。如果出现哑炮、拒爆、盲爆等情况,要采取措施处理。在无安全隐患后,报告指挥人员发出指令解除警戒。

(10) 爆破石方清运。每次爆破完毕后,组织人员和机械清运爆破石方。挖掘机清除石方后,测量标高。高出设计标高的部分要铲掉;如果有无法用挖掘机挖掉的大块石方,必须再布孔进行二次爆破,直到符合设计要求。低于标高的部分要回填碾压,碾压到施工规范的压实度,直到达到设计标高。清除边坡表面的破碎岩石,按设计要求进行刷坡。

5. 质量控制措施和标准

(1) 质量控制措施。

①收集现场的各种数据,加以分析,比较各种爆破方式,制订最优方案。

②严格检查爆破所需的各种器材,有出厂合格证书方可使用。

③所有爆破施工技术人员和现场操作人员必须进行上岗培训,并取得资格证书,方可进行爆破作业。

④对起爆顺序和起爆方式进行多次分析和比较,以达到最佳效果。在现场施工时,严格按要求和规范连接起爆网路;在使用电雷管和导爆索之前要检测,无问题后才能使用。在爆破前检查起爆网络,无问题后方可施爆。

⑤加强对装药过程的控制:严格按设计药量装药,不能少装或多装;间隔段

填筑物要均匀,按岩石粉自然密度填装,不能捣实,堵塞长度符合要求。

⑥做好防潮和防水措施。

(2)质量标准。

边坡上不得有松石;路基边线应直顺,曲线应圆滑。检测方法、标准、频率见表2.5。

2.3 路基排水与防护施工

2.3.1 路基排水施工

1. 地面排水设施施工

排除地面水的各种设施应充分考虑多方面进入路基范围的水,包括降雨、降雪以及从公路附近地区流向道路范围的水流,还包括路堑边坡排水和农田横跨道路的排水工程的水,由此来确定排水设施的排水能力。地面排水设施主要有边沟、截水沟、排水沟、跌水、急流槽、蒸发池等。

(1)边沟。

设置在挖方路基的路肩外侧或低路堤路基的坡脚外侧,用来汇集和排除路基范围内和流向路基的少量地面水的沟槽称为"边沟"。挖方地段和填土高度小于边沟深度的填方地段均应设置边沟。一般土质边沟宜采用梯形,矮路堤或机械化施工时可采用三角形,在场地宽度受到限制时可采用石砌矩形。石质路堑边沟可做成矩形,积雪、积砂路段边沟宜做成流线型。

一般边沟不宜与其他沟渠合并使用。为控制边沟中的水不致过多,宜每隔300～500 m(特殊情况为200 m)设一道排水涵,以便及时将边沟水排至路基范围之外。边沟的沟底纵坡与路线纵坡相同,宜不小于0.2%,以免水流阻滞淤塞边沟。当沟底纵坡大于3%时,应对边坡进行加固;当纵坡超过6%时,水流速度大且冲刷严重,可采用跌水或急流槽的形式缓冲水流。另外,在设置超高的平曲线区段内,挖方地段路基内侧标高的改变可能形成边沟积水,危害路基,因此应注意使平曲线边沟沟底与平曲线前后沟底平顺衔接。

在路堑与路堤结合处,边沟沟底纵坡一般较陡,当边沟沟底到填土坡脚高差较大时,应结合地形与地质等条件采取以下两个方面的措施。

①设置排水沟,将路堑边沟水沿出口处的山坡引向路基范围以外,使之不冲刷填方边坡;在边沟与填方毗连处设跌水或急流槽,将水流直接引到填方坡脚外。

②当边沟的出口与桥涵的高差较大时,为避免边沟流水冲刷,应进行如下处理:在涵洞进口处设置雨水井,或根据地形需要在进口前设置急流槽与跌水等构造物,将水流引入涵洞;在桥头翼墙或挡土墙后端设置急流槽或跌水,将水引入河道。

(2) 截水沟。

截水沟又称"天沟",是设置在挖方路基边坡坡顶以外或山坡路堤的上方,垂直于水流方向,用来截引路基上方流向路基地面径流的排水设施。截水沟可以防止地表径流冲刷和侵蚀挖方边坡及路堤坡脚,并减轻边沟的泄水负担。

截水沟的断面形状一般为梯形,底宽应不小于 0.5 m,深度应根据拦截的水流量确定,宜不小于 0.5 m。边坡坡度视土质而定,一般可取 1:1.5~1:1。

截水沟离路堑边坡坡顶的距离 d 视土质不同而异,以不影响路堑边坡稳定为原则,一般取 $d \geqslant 5$ m。截水沟与路堑之间还要堆筑挡土土台。

山坡路堤上方的截水沟,应布置在路堤坡脚以外 2 m 处,截水沟与路堤之间修筑护坡道,顶面以 2%的横坡向截水沟倾斜;如有取土坑,应在坑内挖沟,并加以整修。

截水沟应设有合适的纵坡度,沟底纵坡应不小于 0.3%,亦不可太大(大于3%),以免水流冲刷严重,一般取 1%~2%。土质地段截水沟还应适当加固,以保证不渗水并防止造成冲刷。截水沟应综合利用地形,合理布置。若受地形限制,附近又无出水口,可分段考虑,中部以急流槽衔接。若由于地形限制,汇水量大,将截水沟引至自然沟或路堤地段有困难,引入边沟又将过大增加路基挖方,应综合考虑,可在挖方较低处增设急流槽或涵洞,直接将水引至路基的另一侧,排至路基范围以外。

(3) 排水沟。

设置排水沟的目的在于将水流从路基排至路基范围以外的低洼处或排水设施中。在平丘区,当原有地面沟渠蜿蜒曲折,并且影响路基稳定时,可用排水沟改善沟渠线路。有时为了减少涵洞数量,也使用排水沟来合并沟渠。

排水沟一般为梯形断面,底宽不小于 0.5 m,深度根据流量而定,但宜不小于 0.5 m。边坡坡度视土质而定,一般可取 1:1.5~1:1。排水沟应尽量做成直线,如必须转弯,其半径宜不小于 10 m。水沟长度按实际需要而定,通常宜不大于 500 m。当排水沟中的水流入河道或沟渠时,应使原水道不产生冲刷或淤积。

一般应使排水沟与原水道水流方向呈锐角相交,并尽量小于 45°,保证汇流处水流顺畅。如限于地形,以锐角连接有困难,可用半径 $R=10b$ 的圆弧线形(弧长等于 1/4 圆周,b 为排水沟顶宽)。

(4) 跌水与急流槽。

在陡坡或深沟地段设置的坡度较陡、水流不离开槽底的沟槽称为"急流槽"。其作用是将上下游水位差较大的水流引至桥涵进口或路基下方。急流槽可由浆砌片石或水泥混凝土铺筑成矩形或梯形断面。浆砌片石急流槽的底厚为 20~40 cm,施工时做成粗糙面;壁厚为 30~40 cm,底宽至少为 25 cm;槽顶与两侧斜坡面平齐;槽底每隔 2.5~5 m 设一凸榫,嵌入坡面土体内 30~50 cm,以防止槽身顺坡面下滑。若急流槽较长,应分段砌筑(每段长度宜为 5~10 m),预留伸缩缝,接头处用防水材料填缝。

设置于需要排水的高差较大而距离较短或坡度陡峻的地段的阶梯形构筑物称为"跌水",其作用主要是降低流速和消减水的能量。跌水有单级和多级之分。跌水可带消力池,也可不带消力池。不带消力池的跌水的台阶高度为 30~40 cm,高度与长度之比应与原地面坡度吻合;带消力池的跌水的单级跌水墙的高度为 1 m 左右,消力墙的高度宜为 0.5 m,消力池台面设 2‰~3‰ 的外倾纵坡,消力墙顶宽宜不小于 0.4 m,墙底设泄水孔。跌水的槽身结构与急流槽相同。

跌水和急流槽均为人工排水沟渠的特殊形式,两者既可单独使用,也可与其他排水构造物联合使用,形成完整的排水系统。

跌水和急流槽一般采用石砌或混凝土筑成,要求牢固、不渗水。

(5) 蒸发池。

路线穿越平坦地形,地面排水困难,无法把地面水排走时,可在距离路基适当的地方设置蒸发池,引水入池,依靠自然蒸发或下渗将水排除。蒸发池到路基坡脚的距离宜不小于 5~10 m,池的体积按汇水流量决定,深度可达 1.5~2.0 m。

2. 地下排水设施施工

拦截、汇集和排除地下水或降低地下水位,使路基免遭破坏的结构物,称为"地下排水设施"。公路上常用的地下排水设施有明沟与排水槽、暗沟、渗井和渗沟等。

(1) 明沟与排水槽。

当地下水位高、潜水层埋藏不深时，可采用明沟或排水槽截流排除浅层地下水及降低地下水位，也可兼排地面水。明沟或排水槽必须深入潜水层，且不宜在寒冷地区采用。明沟断面一般采用梯形，边坡坡度采用 1∶1.5～1∶1。明沟边坡一般以干砌片石加固，并设反滤层，以使水流渗入明沟。明沟纵坡宜适当加大，保证水流及时排出。

排水槽一般为矩形，可用混凝土、干砌或浆砌片石筑成，槽底纵坡应不小于 3‰。当用混凝土或浆砌片石时，视地下水流量及槽深设置一排或多排渗水孔，外侧填以粗颗粒透水材料。沿沟槽每隔 10～15 m，或当沟槽通过软硬岩层分界处时，应留伸缩缝和沉降缝。

(2) 暗沟。

暗沟是引导地下水流的沟渠。其目的是拦截或引导地下水，降低地下水位，防止毛细水上升至路基工作区范围内而降低土的强度，引起冻胀、翻浆等病害。暗沟利用沟内分层填实的不同粒径的颗粒材料的透水性，将路基范围内的泉眼或渗沟汇集的水流排到路基范围以外。

暗沟的断面一般为矩形，亦可为上宽下窄的梯形，底宽为 0.3～0.5 m，高度为 1.0～1.5 m。沟内下部填石粒径为 3～5 cm，水可在缝隙中流动。为防止细料堵塞缝隙，粗粒径石块的上部和两侧分层填入较细料，每层厚约为 10 cm。暗沟的顶面和底面一般设有 0.3 m 厚的隔水层。

(3) 渗井。

在平坦地区，路基附近无河流、沟渠或洼地，地面水或浅层地下水无法排除，影响路基稳定，而距地面不深处又有透水层，同时地面水流量不大时，可设置渗井。渗井开挖应根据土质选用合理的支撑形式，并应随挖随支撑、及时回填。渗井顶部四周（进口部除外）应用黏土填筑围护，井顶应加盖封闭。

(4) 渗沟。

渗沟是一种常见的地下排水设施。其作用是切断、拦截有害的含水层和降低地下水位，保证路基经常处于干燥状态。渗沟按构造形式不同可分为填石渗沟、管式渗沟和洞式渗沟三种。

填石渗沟也称"盲沟"，一般用于水流量不大、渗沟不长的路段，是目前公路上常用的一种渗沟。填石渗沟施工时应防止淤塞失效，由于排水层阻力较大，其纵坡应不小于 1%，一般可采用 5%，深度不超过 3 m，宽度为 0.7～1.0 m。

管式渗沟设于地下引水较长的地段。当渗沟过长时，应加设横向泄水管，将纵向渗沟内的水分段迅速排除。沟底纵坡取决于设计流速,最大流速应考虑到水管的构造及其使用寿命,且不致冲毁管下垫衬材料,一般以不大于 1.0 m/s 为宜,亦不应低于最小流速,最小纵坡为 0.5%,以免淤塞。

洞式渗沟适用于地下水流量较大的地段,洞壁宜采用浆砌片石砌筑,洞顶应用盖板覆盖,盖板之间应留有空隙,使地下水流入洞内。洞式渗沟施工麻烦,质量不易保证。目前多采用管式渗沟代替填石渗沟和洞式渗沟。

在施工中,必须注意以下问题:①渗沟应尽可能与地下水流向互相垂直;②渗沟的横宽一般视埋藏深度、排水要求、施工和维修是否便利而定;③汇集水流时,为防止含水层中的砂、土挤入渗沟,应设反滤层;④渗沟的施工与暗沟一样,宜由下游向上游施工,并应随挖随撑随填;⑤为了方便核查、维修渗沟,宜设置检查井。

2.3.2 路基防护施工

1. 坡面防护

坡面防护主要是保护路基边坡表面,以免受到降水、日照、气温、风力等作用的破坏,从而提高边坡的稳固性,并在一定程度上美化路面。坡面防护一般不承受外力作用,要求坡体本身已经稳定。常用的坡面防护有植物防护和工程防护。

植物防护是一种常用的坡面防护方法,主要是在适合植物生长的路基土质边坡上种草、铺草皮和植树,利用植被覆盖坡面,使其根系固结表土,从而防止水土流失,调节坡体湿度和温度,确保边坡稳定,并起到绿化道路和保护环境的作用。

工程防护适用于不适合草木生长的陡坡面,采用砂石、水泥、石灰等矿质材料进行护面,一般采用抹面、捶面、喷浆、喷射混凝土、锚杆、勾缝、灌缝、砌石护坡及护面墙防护等方法。

2. 堤岸防护

堤岸防护主要针对水流对路基的破坏作用而设,有防水治害和加固边坡堤岸的双重功效。堤岸防护有直接防护和间接防护两类。

(1) 直接防护。

直接防护主要有植物防护、砌石防护、抛石防护、石笼防护四种。植物防护在前文中已介绍,下面仅介绍后三种防护方式。

为防止地表径流或河水的冲刷,公路填方边坡、沿河路堤浸水部位边坡及桥涵附近边坡,可采用砌石防护。砌石防护可分为干砌和浆砌两种。干砌片石护坡适用于易受水流侵蚀的土质边坡、受水流冲刷较轻的河岸的坡面防护。干砌片石护坡一般分为单层铺砌和双层铺砌。为提高强度,防止水侵入,干砌片石护坡宜用砂浆勾缝。当水流流速较大,有漂流物冲击时,宜采用浆砌片石护坡。无论是干砌片石护坡还是浆砌片石护坡,均应在片石下设置碎石或砂砾混合物垫层,起整平作用。

为防止河岸或构造物受水流冲刷而抛填较大石块的防护措施称为"抛石防护"。在流速大、水深、波浪大的河段,应采用粒径较大的石块。抛石垛的边坡坡度应不大于抛石浸水后的天然休止角(1.25°～1.3°),最小石料粒径应大于0.3 m。抛石顶宽应不小于所用最小石料粒径的2倍。

石笼是指为防止河岸或构造物受水流冲刷而设置的装填石块的笼子。在一般河段,常用镀锌铁丝、高强度聚合物土工格栅或竹木石笼;在急流滚石河段,可在铁丝笼内灌注小石子水泥混凝土。用于防止冲刷掏底时,一般在河床上将石笼平铺并使其与坡脚垂直;用于防护岸坡或坡脚时,用垒码形式。岸坡较缓时,也可平铺于坡面,定于基底。

(2) 间接防护。

为防护与加固路基,除各种直接防护措施外,根据堤岸水流情况和实际需要,还可在必要的情况下,采取丁坝、顺坝等改变水流,用以消除和减缓水流对堤岸的直接破坏,同时促使堤岸近旁缓速淤积,起到安全保护作用,这种防护称为"间接防护"。

导治结构物主要是坝。按其与河道的相对位置,坝一般可分为丁坝、顺坝、格坝。

丁坝适用于宽浅变迁性河段,用于挑流或降低流速,减轻水流对河岸或路基的冲刷。丁坝长度应根据防护长度,丁坝与水流方向的交角,河段地形、水文条件及河床地质情况等确定,垂直于水流方向上的投影长度宜不超过稳定河床宽度的1/4。用于路基防护的丁坝宜采用漫水坝或潜坝,丁坝与水流方向的交角以不大于90°为宜。当设置群坝时,坝间距离应不大于前坝的防护长度。丁坝间的河岸或路基边坡所能承受的容许流速小于水流靠岸回流流速时,应缩短坝距或对河岸及路基边坡采取防护措施。

顺坝适用于河床断面较窄、基础地质条件较差的河岸或沿河路基防护,用于调整水流曲度和改善流态。顺坝与上、下游河岸的衔接应使水流顺畅,起点应选择在水流匀顺的过渡段,坝根位置宜设在主流转向点的上方。

当顺坝较长且距离河岸较远时,为防止流水冲走沉积的泥、砂,使坝体与河岸相连,在河岸和顺坝之间设置一道或几道横坝,形成格坝。

3. 支挡建筑物防护

当路基边坡可能不稳定时,需将边坡放缓,但可能造成占地面积过大的问题,过分增大路基填方数量,这时可采用一定的支挡构造物来支撑路基,以保持路基的稳定性。

按材料分类,支挡建筑物有浆砌片石挡土墙、混凝土挡土墙和片石混凝土挡土墙等。按结构类型分类,支挡建筑物有重力式挡土墙、锚定式挡土墙、薄壁式挡土墙、加筋土挡土墙等。

下面以浆砌片石挡土墙为例介绍支挡建筑物防护施工。

(1) 准备工作。

砌筑前,应做好准备工作,包括配备工具,按设计图纸检查和处理基底、放线、安放脚手架与跳板等施工设施,清除砌石上的尘土与泥垢等。

(2) 材料要求。

片石应经过挑选,选取质地均匀、无裂缝、不易风化的片石。抗压强度应不低于 25 MPa,在地震及严寒地区应不低于 30 MPa。片石应具有两个大致平行的面,其厚度宜不小于 15 cm,其中一条边长不小于 30 cm,体积不小于 0.01 m³。砌筑时,如用小石片垫平、垫稳,可不受此限制。

砂浆一般用水泥、砂和水拌和而成,也可用水泥、石灰、砂和水拌和而成或石灰、砂和水拌和而成,它们分别称为"水泥砂浆""混合砂浆"和"石灰砂浆"。砂浆强度必须符合设计要求,等级一般不低于 M5。勾缝用砂浆应比砌筑砂浆高一个等级。一般情况下,砂浆稠度应保证手捏成团,松手后不松散。水泥砂浆的水灰比应控制在 0.60~0.70 范围内。

(3) 砌筑顺序。

砌筑顺序以分层进行为原则。底层极为重要,它是上面各层的基础,若底层质量不符合要求,则会影响以上各层。较长的砌体除分层砌筑外,还应分段砌筑,两相邻段的砌筑高差应不超过 1.2 m,分段处宜设在沉降伸缩缝的位置。分层砌筑时,应先砌角石,然后砌边石或面石,最后填腹石。

(4)砌筑工艺。

浆砌原理是利用砂浆胶结片石,使之成为整体而组成人工构筑物。常用的砌筑工艺有坐浆法和挤浆法等。

坐浆法又叫"铺浆法"。砌筑时,在下层砌体面上铺一层厚薄均匀的砂浆,压下砌石,借石料自重将砂浆压紧,在灰缝上进行插捣和敲击,使砌石完全稳定在砂浆层上,直至灰缝表面出现水膜。

挤浆法除基底为土质的第一层砌体外,每砌一块石料,均应先铺底浆,再放石块,左右轻轻揉动几下后,再轻击石块,使灰缝砂浆被压实。在已砌筑好的石块侧面安砌时,应在相邻侧面先抹砂浆,后砌石,并向下及侧面用力挤压砂浆,使灰缝挤实,砌体被贴紧。

(5)砌筑要求。

砌体外圈定位行列与转角石应选择表面较平、尺寸较大的石块。浆砌时,石块应长短相间并与里层石块咬紧,上下层竖缝错开,缝宽不大于 4 cm。分层砌筑时应将大块石料用于下层,石块形状及尺寸应合适。竖缝较宽时,可以塞小石子,但不能在石下用高于砂浆层的小石块支垫。排列时应将石块交错,压实挤紧,应敲除尖锐凸出部分。

(6)砌缝。

砌缝主要有错缝、通缝、勾缝等。

错缝是指砌体在段间、层间的垂直灰缝互相交错,压叠成不规则的灰缝,它们相互间距离和每段上、下层及段间的垂直距离不小于 8 cm。

通缝是指砌体的水平灰缝,这是砌体受力的薄弱环节,抗剪、抗拉、抗扭的能力极差,砌体最容易在此被损坏。砌体对通缝要求较高,不仅要求砂浆饱满密实,而且不允许成缝时有干缝、瞎缝和大缝。

勾缝有平缝、凹缝和凸缝等。勾缝具有防止有害气体和风、雨、雪等侵蚀砌体内部,延长构筑物使用年限及装饰外形等作用。在设计无特殊要求时,勾缝宜采用凸缝或平缝。勾缝宜用 1∶2~1∶1.5 的水泥砂浆,并应嵌入砌缝内约 2 cm。勾缝前,应清理缝槽,用水冲洗湿润。勾缝完成后保持砌后的自然缝,不应有瞎缝、丢缝、裂纹和黏结不牢等现象。

2.4 路基工程施工实践——以江津至泸州北线高速公路项目二分部工程为例

2.4.1 项目概况

江津至泸州北线高速公路全长71.35 km,经九龙坡、江津、永川三个区县,项目起点接二纵线陶家立交,沿长江北岸向四川泸州方向延伸,止于渝川界。

江津至泸州北线高速公路项目二分部工程位于重庆市江津区境内,设计速度为120 km/h,双向六车道,整体式路基宽34.5 m,分离式路基宽17.25 m,沿线经过高门村、柏树村、枣子坪、新福嘴、白家村、新庙村等,起讫桩号为K9+300～K22+500,路线全长13.2 km,计划开工日期为2021年1月1日,计划完工日期为2022年8月31日,合同工期为20个月。标段内路基挖方319.22万立方米,填方232.62万立方米;主线、互通桥梁13座(5693.5 m),天桥3座;上部预制T梁2130片,其中30 m T梁1184片,40 m T梁946片(含三分部T梁343片,其中30 m T梁203片,40 m T梁140片);现浇箱梁695 m,涵洞29道;桩基849根,墩柱458根(包含25根空心薄壁墩);系梁430道(包含中系梁),盖梁285道。

主要技术指标如表2.6所示。

表2.6 主要技术指标表

序号	项目		单位	指标
1	公路等级			高速公路
2	设计速度		km/h	120
3	路基宽度	整体式	m	34.5
		分离式	m	17.25
4	平曲线最小半径		m	1600
5	平曲线长占总路线长		%	86.309
6	直线最大长度		m	1124.805
7	最大纵坡		%	3
8	竖曲线最小半径	凸型	m	20000
		凹型	m	12000

续表

序号	项目	单位	指标
9	最短坡长	m	695
10	桥面净宽	m	2×16.5/2×12.75
11	桥涵设计荷载		公路-Ⅰ级
12	桥涵设计洪水频率		特大桥 1/300,路基、大桥、中桥、小桥 1/100

2.4.2 路基土石方工程施工方案

土方开挖采用挖掘机直接开挖装车;石方开挖根据岩石的类别、风化程度和发育程度等因素确定开挖方式。对于软石和强风化岩石,能采用机械直接开挖的采用机械开挖,不能采用机械直接开挖的或靠近村庄的采用弱爆破开挖。高压电塔 100 m 范围内以及顺层边坡段路基,采用机械开挖,即挖机带破碎锤开挖,避免对边坡扰动太大。

路基填筑采用分层填筑,采用推土机和平地机整平摊铺、洒水车洒水、压路机碾压密实,按照"四区段、八流程"法施工。四区段指填铺区、整平区、碾压区和检测区;八流程指施工准备、基底处理、开挖、填筑、整平、碾压、检测、边坡整形。

1. 路基挖方施工

施工工艺流程:测量放样→场地清理→逐层开挖→边坡清理及防护→基底处理→路基排水及防护→压路机碾压→质量检测→下步工序施工。

部分施工要点如下所述。

(1) 路基挖土方施工。

①测量放样。挖方路段路基应先进行坡脚线放样,完成后,撒白灰线标识,复测原地面高程,对挖方段进行界定。同时,进行排水系统施工,防止在施工中路线外的水流入线内。

②场地清理。路基开工前,对图纸所示的各类植被、垃圾、有机杂物等进行现场核对、补充调查及清理,发现与图纸不符时,及时报告监理工程师核查。清理完毕后,将遗留下的坑穴用监理工程师同意的材料填平夯实,检查合格后即可进行下一道工序施工。

③逐层开挖。路基开挖土方均采用机械化施工。较短路堑采取横向全宽挖掘法开挖,较长路堑采取纵向挖掘法开挖。根据地形情况,薄层开挖采用推土机

下坡法推土,坚土和厚层用反向铲开挖。土质及软岩地段 50 m 以内采用推土机直接推运,50 m 以上采用推土机集料,装载机配自卸汽车运输或挖掘机直接装车。经试验测定后,合格土料直接运至填方路段填筑,不能用作填料的土石运至就近弃土场堆放。

④边坡清理与防护。每开挖 3~5 m,在挖机作业高度范围内对开挖的坡面进行一次边坡复测,按设计坡率、线形采用机械进行,同时采用全站仪对已开挖的边坡进行一次复核,确保坡面不欠挖、不超挖,保证边坡顺直、圆滑、大面平整。高边坡施工做好土石方开挖与支护加固工程施工的有机结合和进度协调,坚持"分级开挖,分级防护"的原则,自上而下,开挖一级,防护一级,绿化一级,使工序衔接紧凑,严禁一挖到底。

⑤基底处理。路床表层以下为非适用土、含水层富水、材料 CBR 不满足要求或整理完成的路槽弯沉测试值不合格时,应换填强度符合规范要求的填料。换填深度应满足设计要求(一般为 80~120 cm),应分层回填压实且压实度应满足规范要求。

在施工过程中,须做好土方的远运和利用。根据填缺、挖余分布,充分保证各自然段填挖平衡,剩余挖方短距离调运;非适用性材料不混填于路基;外借填料时尽量考虑在原挖方处拓宽断面取料,减少远运和占用农田;充分利用弃方,作为以后路肩培土、绿化用土、临时征地复耕用料。

(2)路基挖石方施工。

开挖石方应根据岩石的类别、风化程度和节理发育程度等确定开挖方式。软石采用挖掘机开挖,不能使用机械直接开挖的石方采用弱爆破法施工。高压电塔 100 m 范围内以及顺层边坡段路基采用机械开挖,即挖机带破碎锤开挖。

在石方开挖区注意施工排水,在纵向和横向形成开挖面,其坡度满足排水要求,以确保爆破出的石料不受积水浸泡。

2. 路基填筑施工

填土路基施工工艺流程:测量放线→填料前基底处理→基底检测→临时排水设施施工→土方运输→填料摊铺→土方整平→含水量检测→整形碾压→压实度检测→下步工序施工。

填石路基施工工艺流程:测量放线→运输石料→土石混填→补充细料→碾压→整平→压实度检测→质量检测→对不合格路段进行整改→下步工序施工。

部分施工要点如下所述。

(1) 施工准备工作。

①测量放线。路基填方前,应进行定线、测量放样,定出作业范围,做好施工测量工作,其内容包括导线、中线、水准点复测,横断面检查与补测,增设水准点等。路基施工时,应根据测量的路线中桩、设计图表、施工工艺和有关规定,测出路基红线、路堤坡脚桩位的具体位置。在距路中心一定安全距离处设立控制桩,其间距宜不大于 50 m。

②填料前基底处理。将填方路基面上的树根、草皮、灌木、表层腐朽植土、耕植土清除干净,清表厚度为 30 cm,弃土置于路基用地范围之外,以满足环保要求。对田埂等位置,应进行填前翻松碾压,直至达到规定密实度(不低于 90%),深度为 10～30 cm。对路基范围内的孔洞、坑槽,应填平并压实。当原地面坡度大于 1∶5 时,在原地挖内倾斜台阶,台阶宽度不小于 2 m。

路堤填筑时,当地面自然横坡或纵坡陡于 1∶5 时,将原地面挖成台阶,台阶宽度大于 2 m,以满足摊铺和压实设备操作的需要,高度为 0.3 m。台阶顶做成 3% 的斜坡。砂性土原则上不挖台阶,而是将原地面以下 200～300 mm 的表土翻松。对于覆盖层不厚的倾斜岩石基底,当地面横坡为 1∶5～1∶2.5 时,要挖除覆盖层,并将基岩挖成台阶。

在原地面清表工作结束后,及时恢复路基的中桩和施工边桩,人工用石灰沿桩画线标明,以便指导机械施工。采用推土机沿灰线整平,并形成单坡或两边坡路拱,以利于排水。完成以上工作后,人工配合机械进行原地面处理工作,处理完成后,保证满足设计规范中的压实度要求。

③临时排水设施施工。填方施工前,应做好低洼处的截水沟、排水沟等排水工程以及施工场地附近的临时排水设施,排水沟出口尽量与原有管道、排水沟或现建管道接通,以便排水畅通。特别注意路基内、外边沟沟底纵坡应与前后沟底相接,沟内不得有积水,所有排水沟渠从下游向上游开挖。排水设施完成后,方可做主体工程。

(2) 填土路基施工。

①土方运输。根据路基宽度、运料车每车方量及松铺厚度,在填筑作业面上打网格,以确定每车土的卸车位置及每个网格的卸土方量,严格控制松铺厚度。运土车在现场由专人指挥,按指定的行驶路线运送。自卸汽车从取土场把土运到现场后,从一端开始,左右成排,前后成行,采用倒车卸土。

②填料摊铺。填料用自卸汽车运至填筑区,等间距倾倒,卸土间距应充分考虑分层松铺厚度不超过 30 cm,用推土机配合平地机摊铺,并注意设置足够的横

坡,以利于排水。为保证整修路堤边坡后的路堤边缘有足够的压实度,填筑时每一层填筑压实后的宽度不得小于设计宽度,不同土质的填料分层填筑、分层压实。

③土方整平。用推土机进行料堆粗平后,应用平地机快速精细整平,以防止填料水分过度蒸发。精细整平时横纵方向保持平顺均匀,以保证压实效果。精平后的填料面应整平,平整度控制在 5 cm 以内,并形成 2%～3% 的排水横坡。

④含水量检测。平地机精平后,由试验室试验人员现场测定填料的含水量。如含水量不足,用洒水车补水;如含水量较大,应进行翻晒,以达到碾压最佳含水量。

⑤整形碾压。待平地机整形达到 100 m 左右时,压路机紧随其后进行碾压作业,依次向前推进,形成流水作业。遵循先轻后重、先静压后振压的原则碾压。碾压时,直线段由路基两侧向中间进行,曲线段由路基内侧向外侧进行。相邻碾压段应重叠 1/3～1/2 压痕,相邻纵向碾压段互压 2 m。压实遍数及压实速度按试验确定的数据控制,碾压过程中压路机不得掉头。

⑥压实度检测。施工过程中,每一压实层均应进行压实度检测,检测频率为每 1000 m² 不少于 2 点。压实度检测可采用灌砂法、环刀法等方法,检测应符合《公路路基路面现场测试规程》(JTG 3450—2019)的有关规定。

(3) 填石路基施工。

①路堤施工前,应修筑试验路段,确定满足孔隙率标准的松铺厚度、压实机械型号及组合、压实速度及压实遍数、沉降差等参数。

②路堤施工应按路基设计横断面整幅填筑,禁止半幅施工。不同的填料、岩性相差较大的填料应水平分层、分段填筑。同一层路基的全宽范围内应采用同一种填料,不得混合填筑。严禁将软质石料与硬质石料混合使用。

③中硬、硬质石料填筑路堤时,应进行边坡码砌。

④压实机械宜选用自重不小于 26 t 的振动压路机。

⑤在填石路堤顶面与细粒土填土层之间,按设计要求设过渡层或铺设无纺土工布隔离层。

⑥填石路堤采用强夯、冲击压路机进行补压时,应避免对附近构造物造成影响。

⑦施工过程中,每一压实层,应采用试验路段确定的工艺流程、工艺参数控制,压实质量可采用沉降差指标进行检测,宜每填高 3 m 检测路基中线和宽度。

(4) 填土石路基施工。

①测量放线。路基填筑施工前,先用 GPS 放出中线和左、右边线,按要求每侧超宽 50 cm,并用水平仪测量地面高程,确定路槽标高。

②土石混填。路基松铺厚度按每层 40 cm 控制,计算出所需土石方量。路基填筑过程中进行超宽填筑,具体按每侧超出设计宽度 50 cm 进行填筑,按事先确定的层厚拉杆挂线。汽车卸料时按已打好的方格遵循先高后低、先两侧后中央的原则,确保填料按最大松铺厚度所需用量均匀堆放、成型,防止路基因下雨积水导致出现局部弹簧现象。

③碾压。碾压前,采用酒精燃烧法检测填料含水量是否符合规范要求,控制填料含水量在最佳含水量的±2%以内。当含水量高出此要求时,翻晒填料;当含水量低于此要求时,洒水补充。路基施工采用光轮振动压路机碾压。碾压时,顺路基纵向方向碾压,先静压 2 遍,压实速度控制在 2.5 km/h 内,再强振碾压 5 遍,压实速度控制在 2.0 km/h 内。前后两次碾压轮迹重叠 1/3 以上,路基碾压最后 2 次的沉降差在 2 mm 以内为满足设计要求。碾压过程中,严禁压路机在已完成的或正在碾压的路段上掉头和急刹车。

④整平。若天气急剧变化,应迅速将路基整平、封压,防止雨水渗入路基导致出现局部弹簧现象。沿纵向同层次要改变填料种类时进行斜面衔接。

⑤压实度检测。土石混填路基无法使用正常土方路基的灌砂法检测压实度,故采用沉降差法检测,按最后两遍碾压时沉降差小于 2 mm 为准进行控制。

⑥质量检测。中硬及硬质岩石的土石路堤施工过程中,每一压实层应采用试验路段确定的工艺流程、工艺参数进行控制,压实质量可采用沉降差法进行检测。施工过程中,每填高 3 m 宜检测路基中线和宽度。软质石料的土石路堤填筑质量标准应符合《公路路基施工技术规范》(JTG/T 3610—2019)第 4.4.3 条的规定。

2.4.3 路基防护与排水工程施工方法

本工程路基防护与排水工程的形式主要有拱形骨架、浆砌片石护坡、锚杆框架梁、边沟、排水沟、急流槽。

1. 路基防护工程

(1) 拱形骨架。

①整修边坡。按照设计边坡标准线进行刷坡,主要采用挖掘机配合人工进

行。边坡整修时,用坡度尺拉线整修,整修后的边坡坡度不得大于设计值。同时,将坡脚地面整平,使其纵向坡度同坡脚排水沟。刷坡时,防止出现较大超欠挖,超挖部分要夯填密实,欠挖部分清挖至设计断面。刷坡及挖槽土方统一清理外运至指定地点,不得在现场随意堆放。

②测量放线。根据设计边坡与线路中心线的相对位置,由测量人员用全站仪放出边坡坡顶、坡脚线及边坡平台位置线。根据设计形式、尺寸挂线放样,要求放出拱形骨架线,并撒白灰线标示。

③拱形骨架砌筑。为达到整体美观效果,要求沿线路方向拱的位置和高度基本一致,填方要求从路肩处向下开始布置拱的位置。不足一个完整拱时,路堤坡脚处采用半个拱或部分拱形补充。按照设计要求,一个拱架主骨架尺寸为2.5 m,按伸缩缝位置将该段内所有拱划分为1组拱,每组拱的过拱数量、水平高度应大概相同。施工时,要求水泥砂浆饱满、镶边石砖之间、镶边石砖与片石之间砌筑牢固。回填好砌筑后边缘,夯填密实,防止地表水侵入冲毁骨架。镶边石砖外露面采用 M7.5 水泥砂浆抹面 2 cm 厚。

(2)浆砌片石护坡。

①坡面放样整修。路基填筑成型后,开始整修边坡,并对坡面进行夯实处理。确保路基边坡坡度准确、坡面平整后,即可进行护坡的放样,放样严格按照设计图纸几何尺寸进行。

②护坡基础开挖。护坡开挖采用人工与机械进行,并严格按照图纸设计尺寸开挖。

③砂垫层铺设。在护坡基础开挖完成后,清除基底松散结构并洒水,在基底平整、密实后,即可铺设砂垫层。砂垫层铺设厚度为 10 cm,铺设平整,密实。

④浆砌施工。施工时须挂线砌筑,并经常对其进行复核,以保证线形平顺、砌体平整。砌体与坡面紧密结合,砌筑片石咬口紧密、错缝砂浆饱满,不得有通缝、叠砌、贴砌和浮塞,砌体勾缝要牢固美观。根据设计图纸位置设置伸缩缝和沉降缝,按设计分段砌筑。砌缝宽度、错缝距离应符合规定,勾缝坚固、整齐,深度和形式符合要求。

⑤养护。在砂浆初凝后洒水覆盖养护 7~14 d。养护期间应避免碰撞、振动或受压。特别是每个工作班结束时,要求整体养护一遍,并用水渗透过的麻袋覆盖。在每个工作班开始砌筑前,应将砌体表层砂浆用水浸透。

(3)锚杆框架梁。

①必须从上至下进行边坡开挖,清除岩面松动石块,平整坡面。开挖一级

后,及时施工锚杆框架梁。在进行锚杆框架梁施工时,在土质、软质岩及风化硬质岩边坡路堑地段,框架梁必须采用人工开槽的方式嵌入坡面。

②按设计要求,在锚杆施工范围内用仪器定出各锚杆的位置,孔位误差不得超过±30 mm。在测定的孔位点埋设半永久性标志,严禁边施工边放样。

③利用脚手架杆搭设平台,平台用锚杆与坡面固定,钻机用三脚支架提升到平台上。锚杆孔钻进施工,搭设满足相应承载能力和稳固条件的脚手架。根据坡面测放孔位,准确安装固定钻机,并严格认真调整机位,确保锚杆孔开钻就位纵横误差不超过±30 mm;钻孔倾角和方向符合设计要求,倾角允许误差为±1.0°;锚杆与水平面交角为20°。钻机安装要求水平、稳固,施钻过程中应随时检查。

④钻孔要求干钻,特别是在土层或风化层中钻孔时,禁止采用水钻,以确保锚杆施工不至于恶化边坡岩体的工程地质条件和保证孔壁的黏结性能。根据所用钻机的性能和锚固地层严格控制钻孔速度,防止钻孔扭曲和变径,造成下锚困难或其他意外事故。钻进过程中,对每个孔的地层变化、钻进状态(钻压、钻速)、地下水及一些特殊情况做好现场施工记录。如遇塌孔、缩孔等不良钻进现象,须立即停钻,及时进行固壁灌浆处理,待水泥砂浆初凝后重新扫孔钻进。

⑤钻孔孔径为100 mm,锚杆深度不小于设计长度,也不宜大于设计长度500 mm;为确保锚杆孔直径,要求实际使用的钻头直径不得小于设计孔径。在钻孔完成后,使用高压空气将孔内岩粉及水体全部清除出孔外,以免降低水泥砂浆与孔壁岩土体的黏结强度。除相对坚硬完整的岩体的锚固外,不得采用高压水冲洗。

⑥锚杆孔钻孔结束后,须经现场监理检验合格后方可进行下道工序。孔径、孔深检查一般采用设计孔径、钻头和标准钻杆在现场监理旁站的条件下验孔,要求验孔过程中钻头平顺推进,不产生冲击或抖动,钻具验送长度满足设计锚杆孔深度,退钻顺畅,用高压风吹验不存在明显尘碴及水体飞溅现象。锚孔孔位、倾角和方位应复查。全部锚孔施工分项工作合格后,即可认为锚孔钻造检验合格。

⑦锚杆杆体采用 φ18 螺纹钢筋,锚杆杆体长度允许偏差为 −30~+100 mm,沿锚杆轴线方向每隔1.5 m设置一对对中支架,保证锚杆的保护层厚度。锚杆端头与框架梁钢筋焊接,如与框架钢筋、箍筋干扰,可局部调整钢筋、箍筋的间距,竖、横主筋交叉点必须绑扎牢固。安装前,要确保每根钢筋顺直,要除锈、除油污。安装锚杆杆体前要再次认真核对锚孔编号,确认无误后再用高压风吹孔,人工缓慢将锚杆杆体放入孔内,用钢尺量测孔外露出的锚杆长度,计算孔内

锚杆长度,确保锚固长度。制作好的锚杆经监理工程师检验确认后,应及时存放在通风、干燥之处,严禁日晒雨淋。锚杆在运输过程中,应防止钢筋弯折、定位器松动。

⑧注浆材料宜选用灰砂比为1∶0.5～1∶1的水泥砂浆或水灰比为0.45～0.50的水泥浆;注浆液应搅拌均匀,随搅随用并在初凝前用完,严防杂物混入浆液;水泥砂浆的砂料最大尺寸小于2.0 mm,砂的含量不得大于3%,砂中云母、有机质、硫化物和硫酸盐等有害物质的含量不得大于1%,水泥浆中硫化物的含量不得超过水泥重量的0.1%。拌和水的水质应符合《混凝土用水标准》(JGJ 63—2006)的要求,拌和水中酸、有机物和盐类等对水泥浆体和杆体有害的物质不得超标,不得影响水泥正常凝结和硬化。锚杆注浆前,应采用空气清孔,排出孔内杂物、积水,然后将灌浆管插入距孔底300～500 mm处,浆液自下而上连续灌注,随着浆液的灌进,慢慢拔出灌浆管,灌浆压力不小于0.2 MPa。中途不得停浆,在初凝前要进行二次补浆。

2. 排水工程

(1) 边沟。

①测量放样。由测量人员放线,按设计要求放出边沟内外边线及沟底标高,边沟的线形与路基的线形保持一致,边沟和涵洞结合处与涵洞洞口建筑配合,以便水流通畅进入涵洞。在曲线处放线时,沟底纵坡与曲线前后沟底纵坡平顺衔接。

②沟槽开挖。采用机械开挖,配合人工清理。在挖掘机挖斗上焊接梯形钢板,钢板尺寸与边沟截面一致;沟槽开挖后,人工整修沟槽。沟槽开挖尺寸必须严格符合设计尺寸,严格控制超欠挖,发生超欠挖时人工进行平整、嵌补。

③沟壁浇筑。浇筑混凝土时,应做到连续进行,混凝土自高处倾灌时的自由高度应不超过2 m。按顺序和方向分层浇筑。侧墙浇筑时,应对称进行,高差宜不大于25 cm,以防模板偏移。插入式振捣器机头距模板的距离不小于5 cm,插入的间距不得超过其作用半径;振完后应徐徐上提,以免留下孔洞。分层浇筑混凝土时,将振捣器机头插入下一层,以使层间结合紧密。

④养护。混凝土养护期间,应重点加强混凝土的湿度和温度控制,及时对混凝土暴露面进行洒水养护,并保持暴露面持续湿润,直至混凝土终凝。混凝土带模养护期间,应采取带模包裹、浇水、喷淋洒水等措施进行保湿养护,保证模板接缝处不失水干燥。

(2) 排水沟。

①施工放样。排水沟工程分段施工,分段放样,根据路基中线及护坡道高程放出两侧坡脚线,再根据坡度及护坡道宽度放出排水沟中线及边线。线位设好后请监理工程师检测,符合要求后再进行下道工序。

②沟槽开挖。基槽开挖采用机械开挖,配合人工清理。开挖时用铲斗改造后的挖机沿着排水沟纵向开挖,基槽开挖完成后,人工整修沟槽,确保沟槽尺寸与设计尺寸相符,槽底、边坡夯实、平整,线形顺直。

③沟底砌筑。沟槽检验合格后,先用木桩每 10 m 一处钉好砌石位置,挂好横断面线及纵断面线,即可按线砌筑。严格执行技术规范及招标文件的施工技术要求。

④沟体片石铺砌。排水沟所需浆砌片石由车辆运输至施工现场,人工挑运至水沟砌筑处。砌筑石料采用石质一致、颜色均匀、不易风化、无裂缝和其他缺陷的硬石,强度不低于设计要求(30 MPa),不得含有妨碍砂浆正常黏结的污泥、油渍和其他有害物质,使用前用水冲洗。片石厚度不小于 15 cm。砌筑砂浆采用强制拌和,砂浆强度应符合规范标准,经人工挑运至水沟砌筑处使用。采用挂线砌筑,以保证断面尺寸符合设计要求。在砌筑前,用干净水洗净每个石块并使其吸水饱和,使垫层干净、湿润。所有石块均应坐于新拌砂浆上,在砂浆凝固前,所有缝应满浆,石块固定就位。垂直缝的满浆系先在已砌好的石块侧面涂抹一层砂浆,然后用侧压砌置下一相邻石块,或在石块就位后灌入砂浆。当用小石子混凝土填满垂直缝时,应用扁钢捣实,所有砌缝应填满砂浆。所有石料均应按层砌筑。当砌体相当长时,可分为几段。砌筑时相邻段高差不大于 1.2 m,段与段之间设伸缩缝或沉降缝,各段水平砌缝应一致。砌体要做到大面平整,砂浆饱满,不得有通缝。其尺寸符合设计要求,其施工工艺和方法严格遵守设计图纸和施工规范规定。

⑤勾缝及养护。勾缝一律采用凹缝,勾缝采用的砂浆强度为 M7.5,砌体勾缝嵌入砌缝 20 mm 深,缝槽深度不足时应凿够深度后勾缝。每砌筑好一段,定时洒水养护,养护 7~14 d。养护期间避免外力碰撞、振动或承重。

(3) 急流槽。

①施工放样。根据设计要求,用钢尺放出所要修筑的结构的尺寸,然后进行定点、挂线。

②开挖沟槽。在施工放样完成后开挖沟槽。在人工开挖的过程中,根据急流槽的标高开挖,开挖时注意控制好深度,不要多挖或少挖。沟槽挖好后对沟槽

进行处理。

③沟体片石铺砌。沟体采用挤浆法分层砌筑,砌筑厚度为 300 mm,分层与分层间的砌筑砌缝应大致找平,各工作层相互错开,不得贯通。较大的片石使用于下层且大面朝下。安砌时,选取形状及尺寸较为合适的片石,敲除尖锐突出部分。竖缝较宽时,在砂浆中塞小石块,使砌缝宽度不大于 20 mm。砌筑过程中,注意选用较大、较平整的石块为外露面和坡顶、边口,石块使用时应洒水湿润。

④抹面。抹面应平整、光滑、流畅。

⑤勾缝。勾缝缝宽均匀、美观,注意排水流畅,与横向排水管连接紧密。

第 3 章 路面工程施工技术

3.1 路面基层(底基层)施工

3.1.1 半刚性基层施工

半刚性基层的混合料可在拌和厂(场)集中拌和,也可沿路拌和,故施工方法有厂拌法和路拌法之分。高速公路和一级公路的半刚性基层对强度、平整度等技术性能有很高的要求,应采用施工质量好、进度快的厂拌法施工;其他公路的半刚性基层可用路拌法施工。

1. 铺筑试验路

高速公路和一级公路的半刚性基层或使用新技术、新材料及新工艺的半刚性基层,在大面积施工前,应铺筑一定长度的试验路。通过试验路的铺筑,施工单位可优化施工工艺,找出施工过程中存在的主要问题,获得实现成功施工的经验,为大面积基层的铺筑确定合适的施工方法;还可检验拌和、运输、碾压、养护等施工设备的可靠性。施工单位可以根据试验路铺筑的具体情况,制订合理可行的施工组织计划,检验铺筑的半刚性基层质量是否符合设计和规范要求,并提出质量控制措施。此外,设计和建设单位也可分析试验路的实际使用效果,再次论证所设计的路面结构形式、混合料组成设计、基层的路用性能等一系列指标,进而优选出经济、适用的路面结构方案,并确定最终采用的基层类型及混合料配合比。

2. 厂拌法施工

厂拌法施工是在中心拌和厂(场)用强制式拌和机、双转轴桨叶式拌和机等拌和设备将原材料拌和成混合料,然后运至施工现场进行摊铺、碾压、养护等工序作业的施工方法。无拌和设备时,可用路拌机械或人工在现场分批集中拌和,再进行其他工序的作业。厂拌法施工前,应调试用于拌和、摊铺、碾压等工序的设备,使之处于良好的工作状态。拌和前应进行试拌,使大量拌和的混合料组成符合设计要求。

(1)下承层准备与施工测量放样。

半刚性基层施工前,应对下承层(底基层或土基)按施工质量验收标准进行检查验收,验收合格后方可进行基层施工。下承层应平整、密实,无松散和"弹簧"等不良现象,并符合设计高程、横断面宽度等几何尺寸要求。注意采取措施做好基层施工的临时排水工作。

施工放样主要是恢复路中线,在直线段每隔 20 m、曲线段每隔 10~15 m 设一中桩,并在两侧路肩边缘设置指示桩,在指示桩上明显标记出基层的边缘设计高程及松铺的位置。

(2)备料。

半刚性基层的原材料应符合质量要求。料场中的各种原材料应分别堆放,不得混杂。运到料场的水泥应防雨、防潮,准备使用的石灰应提前洒水,促使石灰充分消解。石灰和粉煤灰过干会随风飞扬而造成污染,过湿又会成团而不便于施工,因此,应适时洒水或设遮雨棚,使之含有适宜的水分。在潮湿多雨地区施工时,应采取有效措施使细粒土、结合料免受雨淋。

(3)拌和与摊铺。

拌和时,应按混合料配合比要求准确配料,使集料级配、结合料剂量等符合设计要求,并根据原材料实际含水量及时调整加入拌和机内的水量。水泥稳定类和工业废碴稳定类混合料的含水量可比最佳含水量大 1%~2%,石灰稳定类混合料的含水量可比最佳含水量小 1%~2%,这样可获得较好的压实效果。

拌和好的水泥稳定土混合料和水泥石灰稳定土混合料应尽快运到施工现场摊铺并碾压成型,避免因时间过长而使混合料强度损失过大。工业废碴稳定类混合料在 24 h 内进行摊铺碾压即可。运输混合料的距离较长时,应用篷布等覆盖混合料,以免水分损失过大。

高速公路和一级公路的半刚性基层应用沥青混合料摊铺机、水泥混凝土摊铺机或专用稳定土摊铺机摊铺,这样可确保基层的强度及平整度、路拱横坡、高程等几何外形质量指标符合设计和施工规范要求。摊铺过程中,设专人跟随摊铺机行进,以便随时处理粗、细集料严重离析的部位。严格控制基层的厚度和高程,禁止用薄层贴补的办法找平,确保基层的整体承载能力。拌和机与摊铺机的生产能力应相互协调,避免出现机械停工待料和生产能力不足的问题。

(4) 碾压。

碾压是使半刚性基层获得强度和稳定性的关键工序。摊铺整平的混合料应立即用 12 t 以上的振动压路机、三轮压路机或轮胎压路机碾压。必须分层碾压时,最小分层厚度应不小于 10 cm。碾压时,遵循先轻后重的次序安排各型压路机,以先慢后快的方法逐步碾压密实。在直线段,由两侧向路中心碾压;在平曲线范围内,由弯道内侧逐步向外侧碾压。碾压过程中,若局部出现"弹簧"、松散、起皮等不良现象,应将这些部位的混合料翻松,重新拌和均匀再碾压密实。

水泥稳定类混合料从开始加水拌和到碾压完毕的时间称为"延迟时间"。混合料从开始拌和到碾压完毕的所有作业必须在延迟时间内完成,以免混合料的强度达不到设计要求。厂拌法施工的延迟时间为 2~3 h。

(5) 养护与交通管制。

半刚性基层碾压完毕,应进行保湿养护,养护期不少于 7 d。水泥稳定类混合料在碾压完成后立即开始养护,石灰稳定类混合料和工业废碴稳定类混合料可在碾压完成后 3 d 内开始养护。养护期内,应使基层表面保持湿润或潮湿,通常可洒水或用湿砂、湿麻布、湿草帘、低黏质土覆盖,基层表面还可采用沥青乳液做下封层进行养护。水泥稳定类混合料需分层铺筑时,下层碾压完毕,养护 1 d 后铺筑上层;石灰稳定类混合料和工业废碴稳定类混合料需分层铺筑时,下层碾压完即可铺筑上层。养护期间,应尽量封闭交通。若必须开放交通,应限制重型车辆通行并控制行车速度,以减少行车对基层的扰动。

3. 路拌法施工

路拌法施工是将集料或土、结合料按一定顺序均匀平铺在施工作业面上,用路拌机械拌和均匀并使混合料含水量接近最佳含水量,随后进行碾压等工序的作业。路拌法施工的流程:下承层准备→施工测量放样→备料→摊铺→拌和→整形→碾压→养护。其中,下承层准备、施工测量放样、碾压及养护的施工方法和要求与厂拌法施工相同。

采用路拌法施工时,在准备完毕的下承层上备料。首先,根据铺筑层的宽度、厚度及预定达到的干密度计算各施工段所需集料的数量;其次,根据混合料的配合比、原材料含水量及运输车辆的吨位计算各种原材料每车的堆放距离。对于水泥、石灰等结合料,当以袋(或小翻斗车)为计量单位时,应计算每计量单位结合料的堆放距离。这样分层堆放的原材料经摊平、拌和后得到的混合料更容易符合规定的配合比要求。

通常先堆放集料或土,用自动平地机等合适的机械或人工按铺筑试验路确定的松铺系数摊铺均匀,然后按上述计算结果堆放结合料并摊平,摊铺应使混合料层厚度均匀。摊铺完毕,用稳定土拌和机、农用旋耕机或多铧犁拌和,拌和深度应达到稳定层底部,略扰动下承层,促使基层与下承层更好地结合。在拌和过程中,设专人跟随拌和机行进,以便随时调整拌和深度并检查拌和质量。混合料应充分拌和均匀,严禁在拌和层底留"素土"或夹层,否则会严重影响稳定层的强度和稳定性。拌和时,适时检查混合料的含水量。若含水量不符合设计要求,应通过自然蒸发或补充洒水使之达到最佳值,并再次拌和均匀。

混合料拌和均匀后,立即用平地机初平、整形。在直线段,平地机由两侧向路中心刮平;在曲线段,平地机由内侧向外侧刮平。初平后,用拖拉机、平地机或轮胎压路机快速碾压1~2遍,使可能的不平整部位暴露出来,再用平地机整形,如此反复1~2遍。整形过程中,要及时消除集料离析现象,尤其是处理粗集料集中的部位。对于低洼处,应用齿耙将距表面5 cm深度范围内的混合料耙松,再用新拌和的混合料找平。初步整形后,应检查混合料松铺厚度,并进行必要的补料和减料。

路拌法施工的碾压作业与厂拌法施工相同。碾压结束前,用平地机再找平一次,使基层纵向顺适,路拱、超高、高程等符合设计要求。特别要将高出部分刮除并扫出路外,以确保上层路面结构的有效厚度。

4. 施工应注意的问题

(1) 施工季节。

半刚性基层宜在春末或夏季组织施工。施工期间的最低气温应在5 ℃以上;在冰冻地区,应保证在结冻前有一定成型时间,即在第一次重冰冻(-5~-3 ℃)到来之前的半个月到一个月(水泥稳定类)或一个月到一个半月(石灰稳定类、工业废碴稳定类)完成施工。若不能达到上述要求,碾压成型的半刚性基层应采取覆盖措施,以防冻融破坏。在多雨地区,应避免在雨季施工石灰土结构层。雨季施工水泥稳定土或石灰稳定中、粗粒土时,要特别注意气候变化,采取措施避免结合料或混合料遭雨淋。降雨时,应停止施工,及时排除地表水,使运到路上的材料不过分潮湿。已经摊铺的混合料应尽快碾压密实。

(2) 接缝及"掉头"处的处理。

无论用厂拌法还是路拌法施工,均应尽量减少横向接缝和纵向接缝,必须设置接缝时应妥善处理。对于水泥稳定类基层,同一天施工的两个作业段衔接处应搭接拌和,即前一段拌和后留下5~8 m长的混合料不碾压,待后一段施工时,在前一段未碾压的混合料中加入水泥并拌和均匀。每个工作日的最后一段水泥稳定类基层完工后,将末端设置成垂直端面,以确保接缝处有良好的传荷能力。对于石灰稳定类和工业废渣稳定类基层,同一天施工的两个作业段衔接处可按前述方法处理,但不再添加结合料。施工过程中出现的纵向接缝应设置成垂直接缝,接缝区的混合料应充分碾压密实。

拌和机等施工机械不应在已碾压成型的稳定类基层上掉头、制动或突然启动。若必须进行这些操作,应采取有效的措施保护基层。

(3) 水泥稳定类基层施工作业段长度的确定。

确定水泥稳定类基层的施工作业段长度应考虑水泥的终凝时间、延迟时间、工程质量要求、施工机械效率及气候条件等因素。延迟时间宜控制在3~4 h,不得超过水泥的终凝时间。在保证混合料强度符合要求的前提下,尽可能增长施工作业段长度。因此,水泥稳定类基层应采用流水作业法组织施工,使各工序紧密衔接,尽可能缩短延迟时间,以增加施工流水段长度。通常条件下,每作业段长度以200 m为宜。

3.1.2 粒料类基层施工

粒料类基层是将有一定级配的矿质集料拌和、摊铺、碾压至强度符合规定时得到的基层。按强度形成原理的不同,矿质集料分为嵌挤型和密实型两种类型。嵌挤型粒料包括泥结碎石、泥灰结碎石、填隙碎石等,这种基层的强度靠颗粒之间的摩擦和嵌挤锁结作用形成。密实型粒料具有连续级配,故也称"级配型粒料",材料包括级配碎(砾)石、符合级配要求的天然砂砾等。下面主要介绍填隙碎石基层、级配碎石基层施工技术。

1. 填隙碎石基层施工

填隙碎石基层施工的顺序:准备下承层→施工放样→运输和摊铺粗骨料→稳压→撒布石屑→振动压实→第二次撒布石屑→振动压实→局部补撒石屑并扫匀→振动压实,填满空隙→洒水饱和(湿法)或洒少量水(干法)→碾压。其中,运输和摊铺粗骨料及振动压实是确保施工质量的关键。

填隙碎石基层施工时,细集料应干燥;采用振动压路机充分碾压,尽量使粗碎石骨料的空隙被细集料填充密实,而填隙料又不覆盖粗碎石表面自成一层,粗碎石应"露子"。填隙碎石的压实度用固体体积率表示。根据《公路路面基层施工技术细则》(JTG/T F20—2015)第7.3.1条的规定,碾压后基层的固体体积率宜不小于85%,底基层的固体体积率宜不小于83%。填隙碎石基层碾压完毕,铺封层前禁止开放交通。

2. 级配碎石基层施工

级配碎石基层大都采用路拌法施工,施工顺序如下:准备下承层→施工放样→运输和摊铺主集料→运输和摊铺掺配集料→洒水拌和→整形→碾压→做封层。采用厂拌法施工时,施工顺序如下:准备下承层→施工放样→混合料拌和与摊铺→整形→碾压→做封层。

准备下承层与施工放样按半刚性基层施工的方法和要求进行。运输和摊铺集料是确保级配碎石基层施工质量的关键工序之一。准确配料、均匀摊铺可使碎石混合料具有规定的级配,进而达到规定的强度等技术要求。施工时,根据拟定的混合料配合比、基层宽度与厚度及预定达到的干密度等计算确定各规格集料的用量,以先粗后细的顺序将集料分层平铺在下承层上,然后人工或用平地机摊平;级配碎石混合料可用稳定土拌和机、自动平地机、多铧犁与缺口圆盘耙配合拌和,拌和应均匀,避免出现集料离析现象,确保级配碎石基层具有良好的整体强度。应边拌和边洒水,使混合料达到最佳含水量。混合料拌和均匀即可按松铺厚度摊平,级配碎石的松铺系数为1.4~1.5,级配砾石的松铺系数为1.25~1.35。表面整理成规定的路拱横坡,随后用拖拉机、平地机或轮胎压路机在初平的混合料上快速碾压1~2遍,使潜在的不平整部位暴露出来,再用平地机整平。混合料整形完毕,含水量等于或略大于最佳含水量时,用12 t以上的三轮压路机或振动压路机碾压。在直线段,由路肩开始向路中心碾压;在平曲线段,由弯道内侧向外侧碾压。碾压轮重叠1/2轮宽,后轮超过施工段接缝。后轮压完路面全宽即为一遍,通常应碾压6~8遍,直到符合规定的密实度且表面无轮迹。压路机碾压头两遍的速度为1.5~1.7 km/h,碾压后几遍的速度为2.0~2.5 km/h。路面外侧应多压2~3遍。对于含细土的级配碎石,应进行滚浆碾压,直到碎石基层中无多余细土泛到表面,泛到表面的泥浆应清除干净。根据《公路路面基层施工技术细则》(JTG/T F20—2015)第5.1.10条的规定,用级配碎石做基层时,压实度应不小于99%;用级配碎石做底基层时,压实度应不小于97%。

级配碎石用作薄沥青面层与半刚性基层间的中间层时,主要起防治反射裂缝的作用。碎石混合料应采用强制式拌和机、卧式双转轴桨叶式拌和机或普通水泥混凝土拌和机等集中拌和,用沥青混凝土摊铺机、水泥混凝土摊铺机或稳定土摊铺机摊铺,这样可使其具有良好的强度和稳定性,表面平整,质量高于路拌法施工的基层。

3.2　沥青路面施工

3.2.1　冷拌沥青混合料路面施工

1. 基本要求

冷拌沥青混合料适用于三级及三级以下公路的沥青面层,也可用于二级公路的罩面层以及各级公路沥青路面的基层、连接层或整平层。

冷拌沥青混合料采用的结合料包括乳化沥青、液体沥青和改性乳化沥青等。结合料的类型与型号、标号都应根据公路等级、交通特点、气候、水文状况、施工季节、施工机具等各种因素,参照规范规定精心选择。冷拌沥青混合料宜采用密级配沥青混合料,当采用半开级配的冷拌沥青碎石混合料时,路面应铺筑上封层。

2. 冷拌沥青混合料路面施工要点

冷拌沥青混合料应具有良好的施工和易性,混合料的拌和、运输、摊铺都应在乳液破乳前完成。在拌和与摊铺过程中,应废弃已破乳的混合料。袋装乳化沥青混合料应加入适宜的稳定剂,以防提前破乳。包装应密封,存放时间不得超出乳液的存放时间。

乳化沥青混合料宜采用拌和厂机械拌和及沥青摊铺机摊铺的方式。混合料摊铺后立即碾压,通常先用6 t左右的轻型压路机初压1~2遍,使混合料初步稳定,再用轮胎压路机或钢筒式压路机碾压1~2遍。当乳化沥青开始破乳、混合料由褐色转变成黑色时,改用12~15 t的轮胎压路机碾压,将水分挤出,复压2~3遍后停止,待晾晒一段时间,水分基本蒸发后,复压至密实。当压实过程中有推移现象时,应停止碾压,待稳定后再碾压。当天不能完全压实时,可在较高气温状态下补充碾压。缺乏轮胎压路机时,可采用钢筒式压路机或较轻的振动压路机碾压。

乳化沥青混合料路面的上封层应在压实成型、路面水分完全蒸发后加铺。施工结束后,宜封闭交通2~6 h,并注意做好早期养护。如施工遇雨,应立即停止铺筑,以防雨水将乳液冲走。

3.2.2 热拌沥青混合料路面施工

1. 热拌沥青混合料路面施工程序

热拌沥青混合料路面通常采用厂拌法施工,施工过程可分为以下几个阶段。
(1) 准备工作。

热拌沥青混合料路面施工前,应对其下承层的厚度、密实度、平整度、路拱等进行检查。如果下承层有坎坷不平、松散、有坑槽等情况,必须在混合料铺筑之前整修完毕,并清扫干净。沥青混合料中的沥青、改性沥青、纤维、集料等原材料应按照施工要求合理选择。

应做好施工放样,以检查下承层的厚度和标高,并控制将要施工的一层的厚度和标高。

对摊铺机、压路机等机械的工作性能进行常规检查,以保证施工正常进行。各种机械均处于良好状态之后,方可正式投入施工。

(2) 试验段修筑。

高速公路和一级公路的沥青路面在施工前应铺筑试验段。其他等级公路在缺乏施工经验或初次使用重大设备时,也应铺筑试验段。试验段的长度通常为100~200 m,宜选在正线上铺筑。

热拌沥青混合料路面试验段铺筑时,应做好以下几项工作:①检验各种施工机械的类型、数量及组合方式是否匹配;②通过试拌确定拌和机的操作工艺,考察计算机打印装置的可信度;③通过试铺确定透层油的喷洒方式、效果,摊铺、压实工艺,并确定松铺系数等;④验证沥青混合料生产配合比设计,提出生产用的标准配合比和最佳沥青用量;⑤建立用钻孔法与核子密度仪无损检测路面密度的对比关系,确定压实度的标准检测方法;⑥检测试验段的渗水系数。

(3) 拌和。

①拌和设备。沥青混合料必须在沥青拌和厂(场、站)采用拌和机械拌制。沥青混合料可采用间歇式或连续式拌和机拌制。间歇式拌和机在每盘拌和时计量混合料各种材料的质量,连续式拌和机在计量各种材料之后将其连续不断地送进拌和器中拌和。为使沥青混合料的质量更稳定、沥青用量更准确,高速公路

和一级公路的沥青混合料宜采用间歇式拌和机;间歇式拌和机必须配备计算机设备,拌和过程中逐盘采集并打印各传感器测定的材料用量和沥青混合料拌和量、拌和温度等各种参数。连续式拌和机使用的集料必须稳定不变,一个工程从多处进料,料源或质量不稳定时,不得采用连续式拌和机。

②拌和注意事项。在拌制沥青混合料之前,应根据确定的配合比进行试拌。试拌时,严格计量所用的各种矿料及沥青。通过试拌和抽样检验确定每盘沥青混合料的配合比及其总质量(对间歇式拌和机)或各种矿料进料口开启的大小及沥青和矿料进料的速度(对连续式拌和机)、沥青用量、拌和时间、矿料和沥青加热温度以及沥青混合料出厂的温度。对试拌的沥青混合料进行试验之后,即可选定施工的配合比。

为使沥青混合料拌和均匀,在拌制时,需要控制矿料和沥青的加热温度与拌和温度。各类沥青混合料的拌和温度、运输温度及施工温度应满足相关要求。经过拌和后的混合料应均匀一致,无细料和粗料分离的情况,无花白、结成团块现象。

根据具体情况经试拌确定沥青混合料拌和时间,以沥青均匀裹覆集料为宜。间歇式拌和机每盘的生产周期宜不少于 45 s(其中干拌时间为 5~10 s)。改性沥青和 SMA(stone mastic asphalt 或 stone matrix asphalt,沥青玛蹄脂)混合料的拌和时间应适当延长。

间歇式拌和机宜备有保温性能好的成品储料仓,储存过程中混合料温降不得大于 10 ℃且不能有沥青滴漏,普通沥青混合料的储存时间不得超过 72 h,改性沥青混合料的储存时间不宜超过 24 h,SMA 混合料只限当天使用,OGFC(open graded friction course,开级配抗滑表层)混合料宜随拌随用。生产添加纤维的沥青混合料时,纤维必须在混合料中充分分散,拌和均匀。拌和机应配备同步投料装置,松散的絮状纤维可在喷入沥青的同时或稍后采用风送设备喷入拌和锅,拌和时间宜延长 5 s 以上。颗粒纤维可在粗集料投入的同时自动加入,经干拌 5~10 s 后,再投入矿粉。

(4)运输。

热拌沥青混合料宜采用较大吨位的运料车运输,不得超载运输、急刹车、急弯掉头,以防止透层、封层被损伤。运料车每次使用前后必须清扫干净,在车厢板上涂一层防止沥青黏结的隔离剂或防黏剂,但不得有余液积聚在车厢底部。

运料车的运力应稍有富余,施工过程中摊铺机前方应有运料车等候。对高速公路、一级公路,宜待等候的运料车多于 5 辆后开始摊铺。从拌和机向运料车上装料时,应多次挪动汽车位置,平衡装料,以减少混合料离析。运料车运输混合料宜用苦布覆盖,用于保温、防雨、防污染。

为了避免沥青路面施工过程中的交叉污染,运料车进入摊铺现场时,轮胎上不得沾有泥土等可能污染路面的脏物。沥青混合料在摊铺地点凭运料单接收,混合料不符合施工温度要求或已经结成团块、已遭雨淋不得铺筑。

摊铺过程中运料车应在摊铺机前100~300 mm处停住,空挡等候,由摊铺机推动前进开始缓缓卸料,避免撞击摊铺机。在有条件时,运料车可将混合料卸入转运车,经二次拌和后,向摊铺机连续均匀地供料。转运车介于运料车与摊铺机之间,运料车将混合料卸在转运车上,转运车一边对混合料进行二次拌和,一边与摊铺机完全同步前进,向摊铺机供料。运料车上的混合料不直接卸在摊铺机上,可在一定程度上防止混合料离析和温度不均。

运料车每次卸料必须卸净,尤其是对改性沥青或SMA混合料,如有剩余,应及时清除,防止硬结。SMA混合料及OGFC混合料在运输、等候过程中,如发现有沥青结合料沿车厢板滴漏,应采取措施。

(5) 混合料摊铺。

为了使铺筑层与下承层黏结良好,应在铺筑前4~8 h,在粒料类的下承层上洒布透层沥青;若下承层为旧沥青路面或水泥混凝土路面,应在旧路面上洒布一层黏层沥青;若下承层为灰土类基层,为防止水渗入基层,加强基层与面层的黏结,应在面层铺筑前铺下封层。

热拌沥青混合料应采用沥青摊铺机摊铺,在喷洒有黏层油的路面上铺筑改性沥青混合料或SMA混合料时,宜使用履带式摊铺机。摊铺机的受料斗应涂刷薄层隔离剂或防黏结剂。铺筑高速公路、一级公路沥青混合料时,一台摊铺机的铺筑宽度宜不超过6 m(双车道)、7.5 m(三车道以上),通常宜采用两台及以上的摊铺机前后错开10~20 m呈梯队式同步摊铺,两幅之间有30~60 mm宽度的搭接并错开车道轮迹带,上下层的搭接位置宜错开200 mm以上。提前0.5~1 h预热熨平板,使其温度不低于100 ℃。铺筑过程中,合理选择熨平板的振动频率和振幅,以提高路面的初始压实度。在熨平板加宽连接处,应仔细调节至摊铺的混合料没有明显的离析痕迹。

摊铺机必须缓慢、均匀、连续摊铺,不得随意变换速度或中途停顿,以提高路面平整度和减少混合料的离析。摊铺速度宜控制在2~6 m/min,对于改性沥青混合料及SMA混合料宜放慢至1~3 m/min。当发现混合料出现明显的离析、波浪、裂缝、拖痕时,应分析原因,予以消除。

摊铺机采用自动找平方式,下面层或基层宜采用钢丝绳引导的高程控制方式,上面层宜采用平衡梁或雪橇式摊铺厚度控制方式,中面层宜根据情况选用找平方式。沥青混合料的松铺系数应根据混合料类型通过试铺、试压确定。

沥青路面施工的最低气温应符合相关要求。寒冷季节遇大风降温,不能保证迅速压实时,不得铺筑沥青混合料。

(6)压实及成型。

①压实一般要求。沥青混合料压实是获得高质量、高路用性能沥青路面的关键工序之一,必须重视沥青混合料压实工作。压实成型的沥青路面应符合压实度及平整度的要求。

沥青混凝土的压实层最大厚度宜不大于 100 mm,沥青稳定碎石混合料的压实层厚度宜不大于 120 mm。沥青路面施工应配备足够数量的压路机,选择合理的压路机组合方式及初压、复压、终压(包括成型)的碾压步骤,以达到最佳碾压效果。高速公路铺筑双车道沥青路面的压路机数量宜不少于 5 台。施工气温低、风大、碾压层薄时,适当增加压路机数量。

压路机以慢且均匀的速度碾压,压路机的碾压速度应符合相关规定。禁止突然改变压路机的碾压路线及碾压方向,以防止混合料推移。碾压区的长度应大体稳定,两端的折返位置随摊铺机前进而推进,横向位置不得在相同的断面上。

压路机的碾压温度应符合规范要求,并根据混合料种类、压路机种类、气温、层厚等情况经试压确定。在不产生严重推移和裂缝的前提下,初压、复压、终压都应在尽可能高的温度下进行。不得在低温状况下反复碾压,使石料棱角磨损、压碎,破坏集料。

SMA 路面宜采用振动压路机或钢筒式压路机碾压。振动压路机遵循"紧跟、慢压、高频、低幅"的原则,即紧跟在摊铺机后面,采取高频率、低振幅的方式慢速碾压。OGFC 路面宜采用小于 12 t 的钢筒式压路机碾压。碾压轮在碾压过程中保持清洁,有混合料黏轮时应立即清除。钢轮可涂刷隔离剂或防黏结剂,但严禁刷柴油。

压路机不得在未碾压成型路段上转向、掉头、加水或停留。当天成型的路面上不得停放各种机械设备或车辆,不得有矿料、油料等杂物散落。

②初压。初压紧跟在摊铺机碾压后开始,并保持较短的初压区长度,以尽快使表面压实,减少热量散失。摊铺后初始压实度较大,实践证明采用振动压路机或轮胎压路机直接碾压无严重推移且有良好效果时,可免去初压,直接进入复压

工序。初压的目的主要是使混合料初步稳定,宜采用钢轮压路机静压1~2遍。碾压时,将压路机的驱动轮面向摊铺机,从外侧向中心碾压,在超高路段由低处向高处碾压,在坡道上由低处向高处碾压。初压后,检查平整度、路拱,有严重缺陷时进行整修甚至返工。

③复压。复压紧跟在初压后开始,且不得随意停顿。尽量缩短压路机碾压段的总长度,通常为60~80 m。采用不同型号的压路机组合碾压时,宜安排每台压路机都做全幅碾压,以防止不同部位的压实度不均匀。密级配沥青混凝土的复压宜优先采用重型的轮胎压路机进行搓揉碾压,以增加密实性,其总质量宜不小于25 t。碾压时,相邻轮迹带重叠1/3~1/2的碾压轮宽度,碾压至要求的压实度。以粗集料为主的较大粒径的混合料,宜优先采用振动压路机复压。厚度小于30 mm的薄沥青层不宜采用振动压路机碾压。碾压时,相邻轮迹带重叠宽度为100~200 mm。振动压路机折返时先停止振动。当采用三轮钢筒式压路机时,总质量宜不小于12 t,相邻碾压带宜重叠后轮的1/2宽度,并不少于200 mm。对路面边缘、加宽及港湾式停车带等大型压路机难以碾压的部位,宜采用小型振动压路机或振动夯板做补充碾压。

④终压。终压紧接在复压后进行,主要是为了消除碾压轮迹。终压可选用双轮钢筒式压路机或关闭振动的振动压路机碾压,碾压遍数宜不少于2遍,直至无明显轮迹。

(7)接缝处理与开放交通。

沥青路面的施工必须接缝紧密、连接平顺,不得产生明显的接缝离析。上下层的纵缝错开150 mm以上(热接缝)或300~400 mm(冷接缝)。相邻两幅及上下层的横向接缝均错位1 m以上。

摊铺时,采用梯队作业的纵缝采用热接缝,已铺部分留下100~200 mm宽度暂不碾压,作为后续部分的基准面,然后做跨缝碾压,以消除缝迹。当半幅施工或因特殊原因产生纵向冷接缝时,宜加设挡板或加设切刀切齐,在冷却后采用切割机做纵向切缝。摊铺另半幅前,必须将缝边缘清扫干净,并浇洒少量黏层沥青。

高速公路和一级公路的表面层横向接缝采用垂直的平接缝,以下各层可采用自然碾压的斜接缝,沥青层较厚时也可做阶梯形接缝。其他等级公路的各层均可采用斜接缝。铺筑接缝时,可在已压实部分上面铺设一些热混合料使之预热软化,以加强新旧混合料的黏结,但在开始碾压前应将预热用的混合料铲除。

热拌沥青混合料路面应待摊铺层完全自然冷却,混合料表面温度低于50 ℃

后,方可开放交通。须提早开放交通时,可洒水冷却以降低混合料温度。

2. 提高沥青混合料碾压质量的关键技术

在沥青混合料的压实过程中,可以从以下几个方面提高碾压质量。

(1) 严格控制碾压温度。碾压温度直接影响沥青混合料的压实质量。混合料温度较高时,可减少碾压遍数,这样压实的效果和密实度较好;温度低时,碾压比较困难,易产生很难消除的轮迹,道路不平整。因此,应在摊铺完毕后及时碾压。

(2) 严格控制碾压遍数和碾压速度。合理的碾压速度可以减少碾压时间和提高作业效率。在施工中,应保持适当的恒定碾压速度,一般速度控制在 2 km/h,轮胎压路机的碾压速度可提高但不能超过 5 km/h。速度太低,会使摊铺与压实间断,影响压实质量,需要增加碾压遍数,以提高压实度;碾压速度过快,会产生推移、横向裂缝。碾压速度与碾压遍数应通过现场试验来确定。

(3) 合理选择振频和振幅。振频主要影响沥青面层的表面压实质量,压路机的振频比沥青混合料的固有频率高一些时,可获得较好的压实效果。振幅主要影响沥青面层的压实深度,碾压层较薄时,选用高振频、低振幅;碾压层较厚时,在低振频下,选用较大的振幅就可达到压实的目的。

3.2.3 层铺法沥青路面施工

层铺法沥青路面施工主要包括沥青表面处治和沥青贯入式路面施工。

1. 沥青表面处治

沥青表面处治宜在干燥和较热的季节施工,并在雨季及日最高温度低于 15 ℃到来以前半个月结束,适用于三级及三级以下公路的沥青面层。

沥青表面处治宜采用层铺法施工,厚度宜不大于 3 cm,可采用沥青洒布机及集料撒布机联合作业。层铺法沥青表面处治通常采用先油后料的方法,即先洒布一层沥青,后铺撒一层矿料,主要有两层式和三层式两种方式。以三层式沥青表面处治为例,其施工工序如下:施工准备→浇洒透层沥青→浇洒第一层沥青→撒布第一层集料→碾压→浇洒第二层沥青→撒布第二层集料→碾压→浇洒第三层沥青→撒布第三层集料→碾压→控制交通→初期养护。

与三层式沥青表面处治相比,两层式沥青表面处治仅减少一次洒油、撒料工序,碾压厚度为 1.5~2.5 cm。沥青表面处治施工应确保各工序紧密衔接,根据施工能力确定每个作业段长度,并在当天完成。除乳化沥青表面处治应待破乳、水分蒸发并基本成型后方可通车外,沥青表面处治在碾压结束后即可开放交通,并通过开放交通补充压实,达到成型稳定的效果。在通车初期,设专人指挥交通或设置障碍物控制行车,限制行车速度不超过 20 km/h,严禁畜力车及铁轮车行驶,使全部路面均匀压实。注意初期养护,当发现泛油时,应在泛油处补撒与最后一层石料规格相同的嵌缝料并扫匀,将过多的浮料扫出路外。

2. 沥青贯入式路面施工

沥青贯入式路面适用于三级及三级以下公路,也可作为沥青路面的连接层或基层。

沥青贯入式路面的厚度宜为 4~8 cm,但乳化沥青贯入式路面的厚度宜不超过 5 cm。沥青贯入式路面宜选择在干燥和较热的季节施工,并宜在日最高温度降低至 15 ℃以前半个月结束,使贯入式结构层通过开放交通碾压成型。

沥青贯入式路面施工工序如下:备料→施工放样→清扫基层→浇洒透层沥青→撒布主层集料→第一次碾压→浇洒第一层沥青→撒布第一层嵌缝料→第二次碾压→浇洒第二层沥青→撒布第二层嵌缝料→第三次碾压→浇洒第三层沥青→撒布封层料→最后一次碾压→开放交通。

撒布主层集料采用碎石摊铺机、平地机或人工摊铺。铺筑后严禁车辆通行。撒布后,采用 6~8 t 的轻型钢筒式压路机自路两侧向路中心碾压,碾压速度宜为 2 km/h,每次轮迹重叠约 30 cm。如浇洒的第一层沥青为乳化沥青,为防止乳液下漏过多,可在主层集料碾压稳定后,先撒布一部分上一层嵌缝料,再浇洒主层沥青。集料撒布机撒布嵌缝料时尽量均匀,不足处应找补。当使用乳化沥青时,必须在乳液破乳前完成石料撒布。撒布后,立即用 8~12 t 钢筒式压路机碾压嵌缝料,轮迹重叠轮宽的 1/2 左右,宜碾压 4~6 遍,直到稳定为止。碾压时随压随扫,以使嵌缝料均匀嵌入。按上述方法浇洒第二层沥青、撒布第二层嵌缝料,然后碾压;再浇洒第三层沥青。

3.2.4 封层、黏层、透层施工

封层、黏层、透层虽然不参与路面结构厚度计算,但也起着重要的功能性作用。设计合理且施工正确的封层、黏层、透层对沥青路面的使用质量影响较大。

1. 封层施工技术

封层是为封闭表面空隙、防止水分侵入而在沥青面层或基层上铺筑的有一定厚度的沥青混合料薄层。铺筑在沥青面层表面的称为"上封层",铺筑在沥青面层下面、基层表面的称为"下封层"。

（1）上封层施工。

上封层适用于沥青面层空隙较大、渗水严重、有裂缝或已修补的旧沥青路面,需要铺抗滑磨耗层或保护层的旧沥青路面,可以根据情况选择乳化沥青稀浆封层、微表处、改性沥青集料封层、薄层磨耗层或其他适宜的材料。当裂缝较细、较密时,可采用涂洒类密封剂、软化再生剂等涂刷罩面；二级及二级以下公路的旧沥青路面,可以采用普通的乳化沥青稀浆封层,也可在喷洒道路石油沥青并撒布石屑（砂）后碾压封层；高速公路、一级公路有轻微损坏的,宜铺筑微表处；用于改善抗滑性能的上封层,可采用稀浆封层、微表处或改性沥青集料封层。铺设上封层的下卧层必须彻底清扫干净,处理或挖补车辙、坑槽、裂缝。

（2）下封层施工。

多雨潮湿地区的高速公路、一级公路的沥青面层在空隙率较大或有严重渗水可能以及铺筑基层不能及时铺筑沥青面层而需通行车辆时,宜在喷洒透层油后铺筑下封层。下封层宜采用层铺法表面处治或稀浆封层法施工。下封层的厚度宜不小于 6 mm,且应完全密水。

稀浆封层是将适当级配的石屑或砂、填料（水泥、石灰、粉煤灰、石粉等）与乳化沥青、外掺剂和水按一定比例拌和成呈流动状态的沥青混合料,再均匀地摊铺在路面上所形成的沥青封层。稀浆封层可采用普通乳化沥青或改性乳化沥青,一般用于二级及二级以下公路的预防性养护,也适用于新建公路的下封层。

对稀浆封层来说,乳化沥青和改性乳化沥青是最重要的材料。铺筑稀浆封层时,应结合实际情况选择满足要求的阳离子或阴离子乳化沥青。稀浆封层成功与否的关键是集料。由于稀浆封层的功能是制造一个封闭、粗糙的表面,石料的耐磨耗性特别重要,应选择坚硬、粗糙、耐磨、洁净的集料。此外,稀浆封层必须使用专用的摊铺机进行摊铺。

2. 黏层施工技术

为加强路面沥青层与沥青层之间、沥青层与水泥混凝土路面之间的黏结力而洒布的沥青材料薄层称为"黏层"。铺筑黏层是加强层间结合的一种措施。黏层的沥青材料可采用快裂或中裂乳化沥青、改性乳化沥青,也可采用快凝或中凝液体石油沥青,其规格和质量应符合规范的要求,使用的基质沥青标号宜与主层沥青混合料相同。

在双层式或三层式热拌热铺沥青混合料路面的沥青层之间,水泥混凝土路面、沥青稳定碎石基层或旧沥青路面层上加铺的沥青层,以及路缘石、雨水口、检查井等构造物与新铺沥青混合料接触的侧面,必须喷洒黏层油。黏层油宜采用沥青洒布车均匀喷洒。气温低于10 ℃或路面潮湿时不得喷洒黏层油,喷洒不足处要补洒,喷洒过量处应刮除。喷洒黏层油后,严禁运料车之外的其他车辆和行人通过。黏层油浇洒后紧接着铺筑沥青层,确保黏层不受污染。乳化沥青应待破乳、水分蒸发完成或稀释沥青中的稀释剂基本挥发完成后再铺沥青层。

3. 透层施工技术

透层是为使沥青面层与非沥青材料基层结合良好,在基层上喷洒液体石油沥青、乳化沥青、煤沥青而形成的透入基层表面一定深度的薄层。良好的层间接触可以减少沥青面层在外荷载作用下产生的剪切破坏。沥青路面各类基层都必须喷洒透层油,在透层油完全渗入基层后方可铺筑沥青层。根据基层类型选择渗透性好的液体沥青、乳化沥青、煤沥青作透层油,喷洒后通过钻孔或挖掘确认透层油渗入基层的深度,宜不小于5 mm(无机结合料稳定集料基层)、10 mm(无结合料基层),并能与基层联结成一体。基层上设置下封层时,透层油不宜省略。气温低于10 ℃或即将降雨时不得喷洒透层油。

用于半刚性基层的透层油宜在基层碾压成型后,表面稍变干燥但尚未硬化的情况下喷洒。在无结合料粒料基层上洒布透层油时,宜在铺筑沥青层前1～2 d洒布。在半刚性基层上浇洒透层沥青后,立即以2～3 m³/1000 m²的用量将石屑或粗砂撒布在基层上,然后用6～8 t的钢筒式压路机稳压一遍。当需要通行车辆时,应控制车速。透层沥青洒布后,尽早铺筑沥青面层。用乳化沥青做透层时,应待其充分渗透、水分蒸发后,方可铺筑沥青面层,此段时间宜不小于24 h。

3.3 水泥混凝土路面施工

3.3.1 轨道式摊铺机施工

轨道式摊铺机的优点是可以倒车反复处理路面;缺点是模板过重,模板安装劳动强度大。

1. 施工准备

施工前的准备工作包括材料准备及质量检验、混合料配合比检验与调整、基层质量检验、测量放样。

(1) 材料准备及质量检验。

根据施工进度计划,在施工前分批备好所需的各种材料(包括水泥、砂、石料及必要的外加剂),并在实际使用时核对调整。对已备好的砂和石料,应抽样检测含泥量级配、有害物质含量、坚固性;对碎石,还应抽检其强度、软弱颗粒及针片状颗粒含量和磨耗值等。已备水泥除查验出厂质量报告单外,还应逐批抽验细度,凝结时间,安定性,3 d、7 d 和 28 d 抗压强度等是否符合要求。禁止使用受潮结块的水泥。外加剂按其性能指标检验,并须通过试验判定其是否适用。

(2) 混合料配合比检验与调整。

混凝土施工前,必须检验设计配合比是否合适,若不合适,应及时调整。例如:按设计配合比取样试拌,测定坍落度,以检验与调整混合料的和易性;按和易性符合要求的配合比,制作混凝土抗弯拉及抗压试件,养护 28 d 后测定强度,或压蒸 4 h 快速测定强度后推算 28 d 强度,以此检验强度。

(3) 基层质量检验。

基层强度应以基层顶面的当量回弹模量或以黄河标准汽车测定的计算回弹弯沉值作为检查指标。保证基层质量符合要求,方可施工。如基层有损坏,应在浇筑混凝土板前采用相同材料修补压实。

(4) 测量放样。

根据设计图纸放出路中心线及路边线,在路中心线上每隔 20 m 设一根中心桩,同时设胀缩缝、曲线起讫点和纵坡转折点等中心桩,并相应在路边各设一对边桩。放样时,基层的宽度比混凝土板每侧宽出 25～35 cm。膨胀土路基上的基层应横贯整个路基。主要中心桩固定在路旁稳固位置。临时水准点设置在路线两旁的固定建筑物上或另设临时水准桩,每隔 100 m 左右设置一个,间隔不宜过大,以便于施工时就近复核路面标高。在现场根据放好的中心线及边线核对施工图纸的混凝土分块线。分块线应距窨井盖及其他公用事业检查井盖的边线至少 1 m,否则应移动分块线的位置。放样时,为了合理划分曲线地段中线内外侧车道混凝土块,必须保持横向分块线与路中心线垂直。此外,必须经常复核(包括在浇捣混凝土过程中),做到勤测、勤核、勤纠偏。

2. 混凝土拌和、运输及卸料

(1) 拌和。

在拌和机的技术性能满足混凝土拌和要求的条件下,混凝土各组成材料的技术指标和配比计量的准确性是保证混凝土拌制质量的关键。在机械化施工中,混凝土拌和的供料系统应尽量采用配有电子秤的自动计量设备。在施工前,按混凝土配合比要求准确调试水泥、水和各种集料的用量,输入自动计量的控制存储器,经试拌检验无误再正式拌和生产。一般国产强制式拌和机拌制坍落度为 $1\sim 5$ cm 的混凝土的最佳拌和时间如下:立轴强制式拌和机为 $90\sim 180$ s,双卧轴强制式拌和机为 $60\sim 90$ s。最短拌和时间不低于低限,最长拌和时间不超过最短拌和时间的 3 倍。拌和过程中,如需加入外加剂,应对外加剂单独计量。混凝土各组成材料的计量精度应不超过以下值:水和水泥为 $\pm 1\%$;粗、细骨料为 $\pm 3\%$;外加剂为 $\pm 2\%$。

(2) 运输。

为保证混凝土的和易性,在运输中考虑蒸发失水和水化失水(水泥在拌和之后发生水化反应,流动度下降),以及因运输的颠簸和振动使混凝土发生离析等情况。要减少这些因素的影响,关键是缩短运输时间,并采取适当措施防止水分损失(如用篷布或其他适当方法将其表面覆盖)和离析。机械化施工时,可以采用自卸汽车或搅拌车运输混凝土。一般坍落度大于 5.0 cm 时用搅拌车运输。从开始搅拌到浇筑的时间,用自卸汽车运输时不得超过 1 h,用搅拌车运输时不得超过 1.5 h。若运输时间超过限值或者在夏天铺筑路面,宜使用缓凝剂。

(3) 卸料。

卸料机械有侧向和纵向两种。侧向卸料机在路面铺筑范围外操作,自卸汽车不进入路面铺筑范围,因此需有可供卸料机和汽车行驶的通道。纵向卸料机在铺筑范围内操作,由自卸汽车后退供料,在基层上不能预先安设传力杆及支架。

3. 混凝土摊铺与振捣

(1) 摊铺。

轨道式摊铺机有刮板式、箱式及螺旋式三种类型,摊铺时使卸在基层上或摊铺箱内的混凝土拌合物按摊铺厚度均匀地充满轨模范围。

刮板式摊铺机能在轨道上前后自由移动,刮板旋转时,可将卸在基层上的混凝土拌合物向任意方向摊铺。这种摊铺机质量轻,容易操作,易于掌握,使用较普遍,但摊铺能力较弱。

箱式摊铺机摊铺时,将混凝土拌合物通过卸料机一次卸到钢制料箱内;摊铺机向前行驶时,料箱内的混合料摊铺于基层上;料箱横向移动,按松铺厚度准确、均匀地刮平拌合物。

螺旋式摊铺机由可以正向和反向旋转的螺旋布料器将拌合物摊平,螺旋布料器的刮板能准确调整高度。螺旋式摊铺机的摊铺质量优于前两种摊铺机,摊铺能力较强。

(2) 振捣。

摊铺机摊铺时,振捣机跟在摊铺机后面对拌合物做进一步的整平和捣实。在振捣梁前方设置一道长度与铺筑宽度相同的复平梁,用于纠正摊铺机初平的缺陷,并使松铺的拌合物在全宽范围内达到正确的高度,复平梁的工作质量对振捣密实度和路面平整度影响很大。复平梁后面是一道弧面振动梁,以表面平板式振动将振动力传到全宽范围。拌合物的坍落度通常不大于 25 cm,骨料最大粒径控制在 40 mm 左右。当混凝土拌合物的坍落度小于 2 cm 时,应采用插入式振捣器对路面板的边部进行振捣,使其达到应有的密实度和均匀性。振捣机械的工作行走速度一般控制在 0.8 m/min 左右,但可随拌合物坍落度的增减适当变化,拌合物坍落度较小时可适当放慢速度。

4. 表面整平、精光及纹理制作、养护

混凝土振实后,还应进行表面整平、精光及纹理制作、养护等工序,使竣工后的混凝土路面具有良好的路用性能。

(1) 表面整平。

振捣密实的混凝土表面用能纵向移动或斜向移动的表面整修机整平。纵向表面整修机工作时,整平梁在混凝土表面纵向往返移动,通过机身的移动将混凝土表面整平。斜向表面整修机通过一对与机械行走轴线成 10°左右夹角的整平梁做相对运动来完成整平作业,其中一根整平梁为振动梁。机械整平的速度取决于混凝土的易整修性和机械特性。机械行走的轨模顶面保持平顺,以便整修机械能顺畅通行。整平时,使整平机械前有高度为 10~15 cm 的壅料,并使壅料向较高的一侧移动,以保证路面板平整,防止出现麻面及空洞等缺陷。

(2) 精光及纹理制作。

精光是对混凝土路面进行最后的精平,使混凝土表面更加致密、平整、美观,

此工序是提高混凝土路面外观质量的关键工序之一。混凝土路面整修机配置有完善的精光机械,只要在施工过程中加强质量检查和校核,便可保证精光质量。

在混凝土表面制作纹理是提高路面抗滑性能的有效措施之一。制作纹理时,用纹理制作机在路面上拉毛、压槽或刻纹,纹理深度控制在 12 mm 内。纹理可在不影响路面平整度的前提下提高构造深度,并提高表面的抗滑性能。纹理与路面前进方向垂直,相邻板的纹理应相互连通,以利于排水。纹理制作从混凝土表面无波纹水迹开始,过早或过晚均会影响纹理质量。

(3) 养护。

混凝土表面整修完毕,应立即进行湿治养护,使混凝土在开放交通时具有规定的强度,尤其在气温较高时,必须保持已浇筑的混凝土表面湿润,以免混凝土表面干裂。在养护初期,可用活动三角形罩棚遮盖混凝土,以减少水分蒸发,避免阳光照射,防止风吹、雨淋等。混凝土泌水消失后,可在表面均匀喷洒薄膜养护剂。喷洒时在纵横方向各喷一次。在高温、干燥、大风时,喷洒后及时用草帘、麻袋、塑料薄膜、湿砂等遮盖混凝土表面并适时均匀洒水。养护时间由试验确定,以混凝土达到 28 d 强度的 80% 以上为准:使用普通硅酸盐水泥约为 14 d,使用早强水泥约为 7 d,使用中热硅酸盐水泥约为 21 d。在养护期间,禁止车辆通行,以保护混凝土路面。

5. 接缝施工

混凝土路面在温度变化时会产生较大的温度变形,使混凝土板发生胀缩和翘曲等。为减小甚至消除温度变形受到约束后产生的温度应力,避免混凝土路面出现不规则开裂,必须在混凝土路面的纵横方向上设置胀缝和缩缝。同时,在混凝土路面施工过程中,由于各种原因造成路面施工中断都会形成施工缝。接缝施工质量的好坏将直接影响混凝土路面的使用性能及养护维修工作量。因此,各类接缝的施工应做到位置准确、构造及质量符合设计及规范要求。

(1) 胀缝施工。

胀缝应与混凝土路面中心线垂直,缝壁垂直于板面,宽度均匀一致,缝中不得有黏浆或坚硬杂物,相邻板的胀缝应设在同一横断面上。胀缝传力杆的准确定位是胀缝施工成功的关键,传力杆固定端可设在缝的一侧或交错布置。施工过程中,固定传力杆位置的支架应准确、可靠地固定在基层上,使固定后的传力杆平行于板面路中线的误差不大于 5 mm。铺筑混凝土拌合物时,严禁造成传力杆移位,否则将导致混凝土路面接缝区的破坏。在传力杆滑动端安装长度为 10

cm 的套筒,套筒内底与传力杆的间隙为 1~1.5 cm,空隙内用沥青麻絮填塞,滑动端涂沥青。

机械化施工混凝土路面时,胀缝可在连续铺筑混凝土拌合物的过程中完成,也可在施工结束时完成。施工时,用方木、钢挡板及钢钎固定胀缝板,钢钎间距为 1 m。在摊铺机前方,在路面胀缝的传力杆范围内铺筑混凝土拌合物,用两个插入式振捣器在胀缝两侧 0.5~1.0 m 的范围内对称均匀地捣实。摊铺机摊铺至胀缝两侧各 0.5 m 范围内时,将振动梁提起,拔去钢钎,拆除方木和钢挡板,留下的空隙用混凝土拌合物填充,并用插入式振捣器捣实,人工进行粗平,并通过摊铺机的振动修平梁进行最终修平。待接缝板以上的混凝土硬化后,用锯缝机按接缝板的位置和宽度锯两条缝,凿除接缝板上的混凝土和临时插入物,然后用填缝料填满。这种施工方法可确保接缝施工质量,使胀缝的外观较好。

施工结束时设置胀缝的方法是先浇筑传力杆以下的混凝土拌合物,用插入式振捣器振捣密实,并注意校正传力杆的位置,再摊铺传力杆以上的混凝土拌合物。摊铺机摊铺胀缝另一侧的混凝土时,先拆除端头钢挡板及钢钎,然后按要求铺筑混凝土拌合物。填缝时,必须清除接缝板以上的临时插入物。胀缝两侧相邻板的高差应符合如下要求:高速公路及一级公路不大于 3 mm,其他等级公路不大于 5 mm。

(2) 横向缩缝施工。

混凝土面板的横向缩缝一般采用锯缝的办法形成。混凝土硬结后适时锯缝,合适的锯缝时间应控制在混凝土已达到足够的强度并且收缩变形受到约束时产生的拉应力将混凝土面板拉断之前,可按相关规范的规定或通过试锯确定。缝的深度一般为板厚的 1/4~1/3。

(3) 纵缝施工。

纵缝施工应符合设计规定的构造,保持顺直、美观。纵缝为平缝带拉杆形式时,根据设计要求预先在模板上制作拉杆置放孔,模板内侧涂刷隔离剂,拉杆采用螺纹钢筋制作。缝槽顶面采用锯缝机切割,深度为 3~4 cm,并用填缝料灌缝。不切割顶面缝槽时,及时清除面板上的黏浆。假缝型纵缝施工时,应预先用门形支架将拉杆固定在基层上或在施工时用拉杆置放机将拉杆置入。假缝顶面的缝槽采用锯缝机切割,深 6 cm,使混凝土在收缩时能从切缝处规则开裂。

(4) 施工缝设置。

施工中断形成的横向施工缝应尽可能设置在胀缝或缩缝处,多车道路面的施工缝避免设在同一横断面上。施工缝设在缩缝处应增设一半锚固、另一半涂刷沥青的传力杆,传力杆必须垂直于缝壁、平行于板面。

(5) 填缝。

混凝土养护期满即可填缝。填缝时,接缝必须清洁、干燥。填缝料与缝壁黏附紧密、不渗水,灌注高度一般比板面低 2 mm 左右。当使用加热施工型填缝料时,应加热到规定的温度并搅匀,采用灌缝机或灌缝枪灌缝;气温较低时,应用喷灯加热缝壁,使填缝料与缝壁结合良好。

3.3.2 滑模式摊铺机施工

1. 滑模式摊铺机的特点

滑模式摊铺机的特点是在摊铺机的两侧设置有随机移动的固定滑模板,因此无须另设轨模,整个摊铺机的机架支承在 4 个液压缸上,可以通过控制机械上下移动来调整摊铺机铺层厚度。这种摊铺机可一次性完成摊铺、捣振、整平等多道工序。

滑模摊铺技术已成为我国在高等级公路水泥混凝土路面施工中广泛采用的工程质量最高、施工速度最快、装备最现代化的高新成熟技术。

2. 滑模式摊铺机施工要点

(1) 测量放样,悬挂基准绳。

滑模式摊铺机的摊铺高度和厚度可实现自动控制。摊铺机一侧有导向传感器,另一侧有高程传感器。导向传感器接触导向绳,导向绳沿路面的前进方向安装。高程传感器接触高程导向绳,高程导向绳的空间位置根据路线高程的相对位置确定。

(2) 摊铺机的调整和就位。

摊铺机进入摊铺现场安装后,停在起始位置,使左、右侧模板前后基本和导向绳平行且前后等距;启动发动机与自动方向调整系统使摊铺机慢慢向工作方向行驶,按预设模板与导向绳的距离调整前后转向传感器,使前后模板与导向绳完全平行。完成方向调整之后,在路面纵横方向各找两个点并打桩,用细线将纵向桩连接,使线的位置与路面设计高程对应,然后将机器移至 4 根桩内,使前端有一定进料仰角,调整后退至起始位置。

(3) 混凝土搅拌。

搅拌前,应检查搅拌设备的各机构是否运转正常,并根据实验室提供的配料单将各材料数据输入搅拌设备微机。在接到前方通知后,进行拌和。拌和时,根据拌合物的黏聚性、均质性及强度稳定性试拌,确定最佳拌和时间。生产的拌合物应色泽一致,如有生料、干料、离析或外加剂成团的非均质混合物,严禁用于路面铺筑。

(4) 混凝土拌合物运输与机前布料。

把搅拌好的混凝土拌合物运到摊铺现场,在运输过程中要保证不漏浆、不变干、不离析。卸料时尽量不堆积得太高,卸料高度应不超过 1.5 m。远距离运输或运输桥面、钢筋混凝土路面混凝土拌合物时,宜采用混凝土运输车。机前布料尽量使混凝土在全宽方向厚度较均匀,中间可高一点,布料高度一般以比成型后的路面高出 6~10 cm 为宜。

(5) 摊铺机摊铺。

启动自动找平和自动转向传感器,向前行驶,当布料器接触到混凝土时,应根据料的情况进行二次布料,调整计量门位置使料充分进入振动料仓。振动棒完全接触混凝土后再启动,抹平板和左右侧模板使振实的混凝土相互挤压后,经过传力杆和连接钢筋的安装、搓平梁的搓平、超级抹平器的抹平,形成混凝土路面。滑模式摊铺机应缓慢、匀速、连续作业,严禁料多追赶、随意停机等待、间歇摊铺。摊铺速度应根据拌合物稠度、供料量和设备性能控制。正常摊铺时,振捣的频率应符合规范规定,防止过振、欠振或漏振。摊铺过程中,经常检查振捣棒的工作情况和位置;路面出现拉裂或麻面时,立即停机检查或更换振捣棒;机后出现砂浆带时,必须调整振捣棒的位置。

(6) 对路面进行整修加工。

为保证质量,应对摊铺机摊铺过的路面进行人工检查并及时对有缺陷的部分进行整修抹平,还应及时检测路面的平整度和高程。一定时间后,用拉毛养生机对路面进行防滑和养护处理。

3.3.3 小型配套机具与三辊轴机组施工

小型配套机具施工需要使用拌和机、运输车辆、振捣器、振动梁、抹面机具及锯缝机等按工序联合作业,这些机具应性能稳定可靠、操作简便、易于维修并能满足施工要求。三辊轴机组施工则是在小型配套机具施工方法的基础上,对部分工艺机械进行适当整合,以提高小型配套机具施工的质量和速度。

小型配套机具施工混凝土路面的一般工序如下:施工准备→模板制作与安装→传力杆安设→混凝土拌合物拌和与运输→拌合物摊铺与振捣→接缝施工→

整平提浆与表面整修→养护与填缝。

三辊轴机组施工的工艺流程与小型配套机具施工基本相同,只是其中的某些工序用简易机组来完成。

下面对其中几个重点工序进行介绍。

1. 模板制作与安装

采用三辊轴机组或小型配套机具施工时,通常应采用具有足够刚度的钢模板,以满足路面施工的要求。用于设置纵缝和施工缝的模板,应根据设计要求预留传力杆或拉杆的置放孔。模板高度应与面板的设计厚度一致,误差为 2 mm。模板之间的接头处应设牢固的拼接装置,装拆方便。同时,模板的数量应能满足施工周转要求。

安装模板前检测基层,基层的各项技术指标应符合基层施工规范的质量要求。模板的平面位置与高程应符合设计要求,平面位置偏差不大于 5 mm,纵向高程偏差不大于 3 mm。模板应安装稳固,能承受摊铺、振捣、整平时的冲击和振动作用。模板间的连接应紧密平顺,不得有错缝、错位和不平顺现象。模板接头处及基层与模板之间应填塞紧密,以防止漏浆。模板内侧应涂隔离剂。模板安装就位后,要横向拉线,检查混凝土板中部的厚度,测量值小于设计厚度时,将高出的基层削平,以保证混凝土路面板的厚度。

2. 混凝土拌合物拌和与运输

根据工程量、工程进度、运输工具、拌和质量要求等因素确定混凝土拌和设备的型号和数量,必要时应有备用的拌和机和发电设备,以确保混凝土路面施工连续进行。必须分别堆放拌和场内的粗、细集料,不得混杂;进入拌和机的集料必须准确过磅,使用散装水泥时必须过磅,袋装水泥应抽查质量是否合格;必须严格控制加水量,根据集料的实际含水量和天气情况确定合适的施工配合比。投入拌和机的原材料数量根据混凝土施工配合比和拌和机容量确定,原材料每盘称量的允许误差应不超过下列规定:水泥为±2%,水为±1%,集料为±3%,外加剂为±2%。

拌和前,应在拌和机内用适量的拌合物或砂浆试拌并排除,然后根据规定的施工配合比拌和。向拌和机投料的顺序宜有利于拌和均匀,通常为碎(砾)石→水泥→砂。材料进入拌和机后边拌和边加水,投入外加剂的顺序根据使用规定确定。同时,应每天检查混凝土拌合物的稠度,每班不少于两次,如与规定值不

符,应查明原因并及时纠正。每台班或拌和 200 m³ 混凝土拌合物,应制作两组用于抗折强度试验的试件,必要时可增制抗压强度试件。

装运拌合物的储料斗或车厢内壁应平整、光洁、不漏浆,使用前后应冲洗干净。混合料在运输途中明显离析时,摊铺时应重新拌匀。

3. 拌合物摊铺与振捣

混凝土拌合物摊铺前,应全面检查模板和基层,以确保混凝土面板的几何尺寸等符合设计要求。当混凝土面板的厚度大于 25 cm 时,宜分两层摊铺,下层摊铺总厚度的 3/5。摊铺时,料铲反扣,严禁抛掷,防止拌合物离析。三辊轴机组施工应按作业单元分段摊铺和整平,单元长度通常为 20~30 m,振捣与整平作业之间的时间间隔宜不超过 15 min。三辊轴机组前的混合料宜高于模板顶面 5~20 mm,并根据情况及时补料或铲除。

插入式振捣器与平板式振捣器配合使用时,先用插入式振捣器振捣。插入式振捣器的移动距离宜不大于作用半径的 1.5 倍,至模板边缘的距离应不大于作用半径的一半。振捣时,避免碰撞模板、钢筋、传力杆和拉杆。平板式振捣器纵横振捣时重叠 10~20 cm。振捣器在每个位置的停留时间应足够长,平板式振捣器宜不少于 15 s,插入式振捣器宜不少于 20 s,以便将混凝土拌合物振捣密实。

振捣时辅以人工找平,并随时检查模板。如模板发生位移、变形或松动,应及时纠正。振捣作业应在混凝土拌合物初凝前完成。混凝土分两次摊铺的,振捣上层混凝土拌合物时,插入式振捣器插入下层拌合物 5 cm 以上,以便上下两层形成整体,上层混凝土拌合物的振捣必须在下层拌合物初凝前完成。当拌合物停止下沉,不再冒气泡并泛出水泥浆时,混凝土即被振捣密实,不应过振。

4. 整平提浆与表面整修

振捣后,立即用振动梁在模板上平移拖振,往返 2~3 遍,使混凝土泛浆,赶出水泡。在拖振过程中,凹陷处用相同配合比的混凝土拌合物补平,严禁用纯砂浆填补。经振动梁整平后,用提浆滚往返滚浆,并保持规定的路拱。根据设计要求的平整度,用 3 m 直尺或刮尺刮平。

混凝土整平提浆后,对板边和接缝进行处理,清除留在表面的黏浆,出现掉边、缺角时应及时修补。表面整修宜分两次进行,先抹面找平,至混凝土表面无泌水时再做第二次抹面。表面整修时,严禁在混凝土表面洒水或撒水泥。可用叶片式或圆盘式抹面机抹面,抹面后混凝土应平整、密实。若遇烈日暴晒或干旱大风,宜设遮阴棚。抹面后沿横坡方向进行纹理制作,根据面层抗滑要求确定纹理构造深度,一般槽深为 23 mm,槽宽为 45 mm,间距为 20 mm。混凝土路面板的构造深度应符合设计要求。纹理不得影响表面平整度。

3.4 路面工程施工实践——以中山市坦洲大道工程为例

3.4.1 项目概况

中山市坦洲大道工程主线长 8.501 km,里程范围为 K0+000～K8+501.360;桥隧比为 40.53%;采用一级公路兼顾城市主干路标准建设;全线设计速度为 60 km/h,辅道设计速度为 40 km/h;路基宽度为 58.0 m,标准横断面为南坦路以北段为双向 10 车道(主六辅四)标准,南坦路以南段为双向 8 车道标准;汽车荷载等级采用公路-Ⅰ级,桥涵设计荷载采用公路-Ⅰ级;共设置 3 处互通式菱形立交、15 处平面立交、下沉式隧道 1145 m/2 处、大桥 2577.19 m/8 座(含立交跨线桥)、中小桥 455.4 m/11 座(含辅道桥)、涵洞 4 处、地下人行通道 2 处,浇筑沥青混凝土路面 32.75×10^4 m³。其中桥梁桩基 840 根,预制梁 1189 片、钢混叠合梁 28 片。本标段合同总工期为 30 个月,含土建、路面、机电、交安、绿化等工程。

3.4.2 垫层、基层及透层、下封层、黏层施工

1. 垫层施工

本项目路面垫层为 15 cm 厚砂砾垫层,方量为 3.8×10^4 m³。垫层采用推土机和装载机初平、平地机精平、18 t 的单钢轮压路机碾压 6～8 遍。施工工艺流程如下。

(1)施工准备。

在铺筑碎石垫层之前,进行路基的移交办理;拆除旧波形护栏,挖除原土路肩;施工超高排水横向排水管;整修路基,把路基上的所有浮土、浮石、杂物全部清除,并整形和压实;测量班按设计图纸在下承层(路基)上放样,直线段每 10

m,曲线每5 m逐桩恢复中线和外边桩,施放出垫层桩位(平面位置、高程、坡度);路床面上的车辙或松软部分和压实不足的地方以及不符合规定要求的表面应翻松,清除或掺加同类材料,重新整形,并压实到符合压实度和规定的线形、坡度的要求。

(2) 场拌混合料。

严格按照施工配合比配料。用水量视天气情况确定,干燥高温天气稳定粒料含水量大于最佳含水量的 0.5%,最大不能超出 1%,以补偿运输及摊铺过程中蒸发的水分;潮湿天气含水量可控制到等于或略小于最佳含水量的 0.5%,防止水分过多产生"弹簧"现象。试验人员在现场检测第一次的拌和料摊铺后、碾压前的含水量,结合气候情况调整含水量。

(3) 摊铺。

在摊铺现场由专人指挥运料车卸料,按每台运输车辆的运料方数计算每车摊铺距离,防止卸料不足或过多;采用梅花形堆料、装载机初步整平、平地机精平。现场人员根据松铺标高拉线检查,对误差大于 1 cm 的进行整修,直至拉线检测误差小于 1 cm;设专人消除离析混合料。

(4) 压实。

经水准仪检测混合料松铺表面高程、横坡度及平整度合格后,及时用压路机压实。碾压工艺如下:先静压一遍,再振动碾压四遍(先小振一遍,再大振两遍,再小振一遍),最后静压光面一遍,直到混合料压实度达到规范要求;每遍的轮迹重叠 1/3,不得漏压,各部位碾压次数相同。压路机在施工面行进时不掉头,不急刹车,防止混合料滑移、形成裂缝、变得松散,在碾压过程中,如发现"弹簧"、松散、起皮、胀包等现象,应人工翻开重新拌和或换填新的混合料;如发现平整度不合适的情况,应及时调整。在碾压过程中,应适当洒水湿润。碾压完成后,再次测量混合料高程,并计算出松铺系数。碾压时,现场跟踪检测压实度,以建立碾压组合与现场压实度的关系,为大面积施工提供参考数据。

(5) 边缘整修。

碾压结束后,边缘采用人工夯实,保证边缘线条顺直、平整、密实。

(6) 交通管制。

垫层施工完成后,立即封闭交通,防止车辆破坏已施工的结构层。

2. 基层施工

本项目基层为 4%~5% 水泥稳定碎石基层,方量 17×10^4 m³,采用水稳拌和站集中拌和、自卸汽车运输、水稳摊铺机摊铺、单钢轮振动压路机静压和振压、轮胎压路机稳压、双钢轮压路机收面的方法施工。施工工艺流程如下。

(1) 准备下承层。

施工前,组织人员检查路槽,对不合格路段采取相应措施,使其达到规范或设计要求后,方可铺筑下基层。

(2) 施工放样及挂线。

用全站仪恢复中线,直线段每隔 20 m、平曲线段每隔 10 m 设一个桩,然后用钢尺从中线向边缘垂直按设计宽度放出边桩,再用水准仪进行水准测量,计算出每个桩的实测高程,并根据设计高程及试验路确定的松铺系数计算出每个桩的松铺厚度及压实厚度。测量资料一式三份,一份交班组用于挂线、一份交施工技术员用于检查、一份交质检工程师用于抽查。施工班组按松铺厚度挂出摊铺线。

(3) 拌和。

采用水稳拌和站集中拌和混合料。首先,在正式开工前,对水泥的计量装置和水流量计等计量装置进行标定;其次,根据确定的配合比调整各料斗的开口大小及皮带转速,保证各种粒径的骨料按设计配合比准确上料;再次,在每天开工前,检测不同材料和不同堆放高度的材料的实际含水量,并以此调整混合料的加水量,避免因原材料的含水量变化过大导致混合料的含水量不合格;最后,在拌和过程中,时刻注意水泥的流量,保证水泥剂量满足配合比设计和施工规范的要求。

拌和站配备专门的试验员控制拌和质量,随时观察混合料的颗粒级配及拌和的均匀性,随时检测混合料的含水量和水泥剂量(水泥剂量不得少于设计值 -1%,含水量根据天气情况及运输距离按大于最佳含水量 1% 控制,使其运输到现场摊铺后碾压时的含水量接近最佳含水量),同时从拌和站取样进行筛分及无侧限抗压强度成型试验,并填写好试验记录。

(4) 装料与运输。

混合料的运输采用自卸汽车,根据拌和站的产量及实际运距配备足够数量的运输车辆,保证拌和及摊铺连续、有序、稳定地进行。试验人员每天根据不同的气温、运距检测在运输过程的含水量损失,然后适当调整拌和过程中的加水量,以保证混合料含水量接近最佳含水量。

装料前,检查车厢尾板是否关闭严密。装料时,按车厢的前、后、中三个位置及顺序移动向自卸汽车放料,以减少粗、细集料的离析现象。混合料不可装得太满,以避免在运输过程中溢漏,造成施工浪费和环境污染。装满料的运料车采用彩条布或帆布覆盖(短距离可以不覆盖)后,尽量选择路况最好、运距最短的运输路线尽快运输到摊铺现场,以减少运输过程中的水分损失、缩短延迟时间。

(5)摊铺。

采用两台水稳摊铺机以梯形作业方式摊铺。摊铺时,靠横坡低的一侧的摊铺机先行,另一台摊铺机相距5~10 m后行,两台摊铺机靠边一侧感应标高控制的基准钢线,纵向接缝处前一台摊铺机感应横坡控制的基准铝合金梁、后一台摊铺机感应前一台摊铺机的摊铺面。摊铺机起步应缓慢平稳,尽量匀速、减少停顿,摊铺速度控制在2 m/min,相邻两条摊铺带的纵缝重叠30~40 cm。

到场的混合料运输车由专人指挥按规定的路线倒车至距摊铺机30 cm处停下,然后缓慢起斗卸料,以避免料车撞击摊铺机。摊铺时,料车靠摊铺机推着前进。摊铺机起步时螺旋布料器内的料位不可太高,刚刚超过螺旋布料器的轴即可。

摊铺过程中,摊铺机后面设专人消除粗、细集料离析现象,特别注意铲除局部粗集料"窝",并用新的均匀的混合料填补。对于较规则的带状离析,应立即查找机械原因,及时调整消除。

(6)碾压。

摊铺机后面紧跟双钢轮压路机(1台)、振动压路机(2台)和轮胎压路机(1台)进行碾压,一次碾压长度一般为50~80 m。碾压段必须层次分明,设置明显的分界标志,并设质监站。

碾压遵循生产试验路段确定的程序与工艺,注意稳压要充分,振压不起浪、不推移。压实时,按照每个分项工程的施工图设计要求采用合适的碾压方案,静压1遍、小振1遍、大振2~3遍、小振1遍、稳压1~2遍,总共6~8遍。整个碾压过程遵循先轻后重再轻的原则,具体碾压顺序及遍数通过试验路段确定,保证压实度达到设计要求。

碾压时,从横断面较低一侧逐步向较高一侧进行,碾压轮迹重叠1/2轮宽,后轮必须超过前后两段的接缝处,后轮压完路面全宽为一遍。压路机的碾压速度,静压控制在1.5~1.7 km/h,以后控制在1.8~2.2 km/h。如碾压过程中含水量偏低,人工用花洒适当洒水,如有"弹簧"、松散等现象应及时处理,使质量达到要求。严禁压路机在未压实的作业段上掉头和急刹车。整个碾压应紧跟摊铺进行,以确保每个作业段的混合料从拌和至碾压结束控制在水泥初凝前完成。

(7)接缝处理。

下基层施工时,注意前后两天相接处的横缝处理。头天施工结束时,将已碾压密实且高程及平整度符合要求的末端凿成一个横向(与中线垂直)垂直向下的断面,第二天接着摊铺时,横缝处新铺混合料应比前一天已压实混合料高出数厘米,具体数值根据试验路测定的松铺系数计算,以形成一个平顺接缝,再沿横向碾压成型。碾压时,压路机先横向碾压,伸入所铺混合料层的宽度不超高 20 cm,每压一遍向新铺混合料移动 20 cm,直至压路机全部在新铺层上碾压,然后实行振动碾压和纵向碾压。下基层施工时,在路基半幅全宽范围内一次性铺筑,不设纵向接缝。

(8)养护。

碾压成型、压实度检测合格后,立刻用洒水车全宽洒水润湿一遍,然后覆盖土工膜(一布一膜)进行保湿养护,养护期不得少于 7 d;搭接宽度在 20 cm 以上,用可重复利用的预制块压住搭接位置及边缘,禁止用土压接头。在养护期间,安排相关人员定时(间隔时间需视气候情况而定)补灌水进行保湿,严格封闭交通,禁止除洒水车之外的车辆或机械通行。

3. 透层、下封层、黏层施工

(1)透层施工。

根据施工图设计,本标段在下基层顶面设置透层,透层油采用喷洒型阳离子乳化沥青,透层紧接在下基层养护结束、经检验合格并清扫干净后浇洒。沥青洒布量按规范或设计要求控制,一般为 1.0 L/m^2,具体用量通过试洒确定,保证全面积覆盖又不在表面形成油膜,且保证渗透深度达到设计规定的 5 mm 以上。透层油洒布前,应覆盖可能被污染的构造物,防止受污染。采用先进的、计算机自动控制的沥青洒布车按设计用量一次性洒布,对于局部漏洒的地方,人工补洒。为了使透层油不被运输车辆破坏,应在乳化沥青渗透且水分蒸发后尽快施工下封层。

(2)下封层施工。

下封层采用热沥青+瓜米石,碎石粒径为 5~10 mm,热沥青采用 70 号石油沥青,沥青用量为 $1.4\sim1.6 \text{ kg/m}^2$,碎石覆盖率为 60%~70%,下封层矿料用量宜为 $12\sim14 \text{ m}^3/1000 \text{ m}^2$,采用同步封层车撒布,撒料应及时、均匀、全面覆盖,厚度一致,既不重叠,也不露出沥青。

(3)黏层施工。

沥青混凝土面层间设黏层,黏层沥青采用 PC-3 乳化沥青,采用带计算机控制的沥青洒布车喷洒,沥青洒布量在 0.5 kg/m^2 范围内,具体用量通过试洒确定,黏层沥青宜在当天洒布,黏层沥青洒布后,禁止除沥青层施工之外的一切车辆和人员通行,并尽快施工后续沥青面层。

3.4.3 沥青混凝土面层施工

本项目沥青混凝土面层包含 AC-13、AC-20、AC-25 三种,方量合计 $6×10^4$ m^3,其中新建段 K0+000~K4+700(包括环洲北立交、德溪路互通)方量为 $3×10^4$ m^3,扩建段 K4+700~K8+501.360(包括南坦路互通)方量为 $3×10^4$ m^3。

1. 施工要求

各沥青混凝土结构层均采用间歇式沥青拌和站拌和,自卸汽车运输,沥青摊铺机摊铺,双钢轮压路机、轮胎压路机组合碾压的工艺方法进行机械化连续施工。沥青混凝土面层施工总体指导思想与材料要求如下。

(1)沥青路面施工必须符合国家环境和生态保护的规定。

(2)沥青路面不得在气温低于 10 ℃ 以及雨天、路面潮湿的情况下施工。

(3)沥青面层要连续施工,避免与可能污染沥青层的其他工序交叉干扰,以杜绝施工和运输污染。两层沥青层的施工间隙中不得进行任何有可能污染沥青层的作业。中分带防水混凝土浇筑与填土、路缘石等有可能因开挖或回填作业造成路面污染的工序安排在路基和基层施工过程中同步进行,并在上基层施工完成前完成。

(4)路面施工前,应检查路基工程、构造物工程,验收合格后方可进行路面施工;应检查基层,基层质量不符合要求不得铺筑沥青面层。

(5)沥青路面用各种材料运至现场后,必须取样进行质量检验,经评定合格后方可使用。严禁以供应商提供的检测报告或商检报告代替现场检测。选购沥青时,应查明其原油种类及炼油工艺、沥青出厂所附质量检验单,施工单位在购货后进行试验确认。

(6)严格遵照图纸及《公路沥青路面施工技术规范》(JTG F40—2004)的相关规定、要求执行。

2. 施工工艺流程

(1)准备下承层,选择摊铺感应方式。

施工前,按要求检验或检查下承层,发现不合格路段应及时进行处理,直至符合要求。

下面层、中面层采用标高控制的基准钢线控制其摊铺面的纵断高程和平整度。上面层采用平衡梁控制摊铺层厚度及平整度,无须测量放样,但须对下承层(中面层或桥面)顶面的平整状况进行全面普查,并做好记录及标志。对局部平整状况太差的路段或部位,提前进行处理或仍采用挂线施工,以确保中面层、上面层的平整度及结构层的厚度。

(2)沥青混凝土混合料拌和。

拌和时,严格按标准配合比上料,下面层、上面层改性沥青混合料的拌和时间宜为45~55 s,其中干拌时间不得小于5 s。具体拌和时间根据试验路铺筑时的试拌情况确定。

改性沥青混合料拌和时各项温度控制如下:沥青加热温度为165~175 ℃;矿料加热温度为190~210 ℃;沥青混合料出厂温度为175~185 ℃,超过195 ℃应废弃。混合料在储料仓的储料温度降低均不得超过10 ℃。

拌和站配备专门的试验人员检查出厂混合料质量,当发现有花白料、结团成块及严重的粗、细集料离析现象时,立即废弃该锅混合料,不得使用,查明原因并及时调整。按规范规定频率从拌和站取样进行马歇尔试验,检测各项技术指标(如饱和度、空隙率、稳定度及流值等)是否符合规范及设计要求;进行抽提筛分试验,检验油石比和矿料级配与标准配合比的油石比及矿料级配并比较,确定是否超出规范允许偏差范围;进行车辙成型及车辙试验,确定是否满足规定要求。

(3)运输。

热拌沥青混合料宜采用较大吨位的运料车运输。严禁超载运输,运输能力应略有富余。每次使用前或使用后,均须清扫干净运料车,严禁有泥、砂或其他杂物残留车厢,并涂刷适当的油水混合料。从拌和机向运料车上放料时,每卸一斗混合料挪动一下汽车位置,有利于防止混合料离析。

运料车运输过程中,表面必须盖苫布,以利保温、防雨、防污染。运料车到达摊铺现场时,改性沥青混合料的温度不得低于170 ℃。运料车在运输途中不得随意行驶,尽量匀速行进,避免突然刹车。运料车进入施工场地时,轮胎上不得沾有泥土等可能污染路面的脏物,否则宜设水池洗净轮胎方可进入工程现场。

若混合料不符合施工温度要求,或已结成团块、已遭雨淋,则不得铺筑。摊铺时,运料车应停在摊铺机前10~30 cm处,由摊铺机推动前进,运料车不得撞击摊铺机。有条件时,推荐采用转运车经二次拌和后向摊铺机连续均匀供料,以减少离析、避免温度不匀,提高沥青路面综合质量。

(4)摊铺。

沥青混凝土面层均采用具有自动找平功能、有可加热的振动熨平板、性能优良的沥青摊铺机以梯队方式摊铺作业。一台摊铺机铺筑宽度宜不超过 7.5 m(3 车道以上)。通常宜采用两台或更多台数的摊铺机前后错开 10～20 m,以梯队方式同步摊铺,两幅之间应有 30～60 mm 宽度的搭接。摊铺机开工前,提前 0.5～1 h 预热熨平板,使温度不低于 100 ℃。熨平板加宽连接应仔细调节至摊铺的混合料没有明显的离析痕迹。

现场设专人指挥运料车卸料及检测混合料的温度。在卸料前,揭开苫布,逐车检查和记录混合料的温度和外观质量。检查合格后,运料车倒退至沥青摊铺机前 30 cm 起斗卸料,摊铺机布料器螺旋开始不停转动。在保证整个摊铺宽度都有足够的混合料后,摊铺机缓慢起步,均匀、连续地摊铺,禁止突然加速、减速及停顿,同时避免其他物体碰撞摊铺机,以提高平整度,减少混合料的离析。摊铺时,改性沥青混合料的温度按不低于 160 ℃ 控制。面层均采用非接触式平衡梁控制摊铺层厚度及平整度。改性沥青混合料摊铺速度宜控制在 1～3 m/min。当发现混合料出现明显的离析、波浪、裂缝、托痕时,采取措施消除。摊铺机采用自动找平方式。沥青路面不得在气温低于 10 ℃ 时施工,并应符合《公路沥青路面施工技术规范》(JTG F40—2004)的规定。沥青混合料的松铺系数根据混合料类型试铺、试压确定。用机械摊铺的混合料,不宜人工反复整修。当不得不人工做局部找补或更换混合料时,需仔细进行。如果有特别严重的缺陷,应整层铲除。

(5)碾压。

沥青混凝土面层均分初压、复压和终压三个阶段进行碾压,并采用不同的压实机械、碾压速度及碾压温度,力争在最短的时间内将混合料压实成型,以达到要求的密实度。

初压紧跟在摊铺机摊铺后进行,目的是整平和稳定混合料,同时为复压创造有利条件。初压是压实的基础,应特别注意压实的平整性。初压时,改性沥青的温度不得低于 150 ℃,采用双钢轮压路机静压 1～2 遍。碾压时,压路机的驱动轮宜面向摊铺机,碾压顺序为从外侧向中心进行,在超高路段则由低处向高处碾压,在坡道上应从低处向高处碾压。初压后,检查平整度、路拱,有严重缺陷时,进行整修乃至返工。压路机碾压过程中,喷水必须是雾状的,不得自流,必须经常检查喷嘴是否堵塞。

复压紧跟在初压后进行,目的是使混合料密实、稳定、成型,并保证无明显轮迹。复压采用 2 台振动压路机及 2 台轮胎压路机各碾压 2～3 遍,具体碾压工艺及遍数通过试验路确定。振压及轮胎碾压交叉进行,振压的速度控制在 3～4 km/h,轮胎碾压的速度控制在 3～5 km/h。

复压后,尽快进行终压,目的是消除轮迹及其他表面缺陷,形成一个平整的压实面。终压采用 1～2 台双钢轮压路机静压 1～2 遍,终压速度控制在 3～5 km/h,改性沥青的温度不得低于 90 ℃。

碾压时,注意碾压路段长度应与摊铺及碾压速度相匹配,每个复压作业段的起点、终点应有标识,以避免出现漏压。严格控制好每个阶段的碾压温度,现场测温员及时测量碾压作业段的温度,做好温度检测记录,并及时报告施工员指挥压路机碾压。为了不使混合料温度下降过快,下一个碾压带要向摊铺机靠近一些,使折回处不在同一个断面,而是呈阶梯形随摊铺机向前推进。如沥青混合料有黏轮现象,可向光轮洒少量水或加洗衣粉的水,或给轮胎压路机补刷植物油。碾压完毕、尚未冷却的路面,应注意初期保护,严禁任何施工机械等停放,不得散落矿料、油料等杂物。开放交通的路表温度控制在 50 ℃ 以下。

(6) 接缝处理。

全部沥青混凝土面层均采用两台或三台摊铺机半幅全宽摊铺的方法施工,所以纵向接缝全部为热接缝。摊铺时,将先铺一幅留下 10～20 cm 宽暂不碾压,作为后摊铺部分的高程基准面,然后跨接缝碾压,以消除接缝痕迹。所有横向接缝均采用平接缝。施工前一天将需设接缝位置平整度符合要求的断面用切割机切成一个垂直向下的截面,人工配合铲车铲除接缝以外的部分,施工接缝时先涂刷改性乳化沥青,然后跨接缝高出松铺量摊铺已压实路面,再人工整修平顺。横向接缝应先用双钢轮压路机进行横向碾压,碾压时压路机先位于已压实的混合料上,伸入新铺层的宽度为 15 cm,然后每压一遍向新铺混合料移动 15～20 cm,直至全都在新铺层上,再改为正常的纵向碾压。

(7) 交通管制。

沥青混凝土面层在碾压完毕、冷却前,不得让任何车辆、机械在路面上停放(包括加水、加油的压路机),并防止矿料、杂物、油料等落在铺筑好的路面上,路面冷却至 50 ℃ 后才能开放交通。因此,应采取封路措施,必要时派专人对出入口进行看守。

3.4.4 水泥混凝土结构层施工

本项目水泥混凝土结构层采用人工配合三辊轴机组的方式施工,主要见于隧道垫层。施工工艺流程如下所述。

1. 下承层准备与测量放样

面层铺筑前,对基层进行全面的破损检查,对破损部位及时采取有效措施修复。放样时,先准确放出边线和立模定位线,每隔 5~10 m 打桩挂线,放出立模高度线,然后依线立模并跟踪测量,控制模板顶高程,使之与混凝土路面的设计高程一致。

2. 模板安装与钢筋施工

(1) 模板安装。

模板均采用槽钢加工而成,模板应安装稳固、顺直、平整,无扭曲,相邻模板连接紧密平顺,不得有底部漏浆、前后错茬、高低错台;模板应能在承受摊铺、振实、整平设备的负载行进、冲击和振动时不发生位移。

由于模板高度比设计板厚小,安装模板时,在模板下垫预制高强度混凝土块,再用砂浆将下露缝隙填充,防止漏浆。模板外侧用方木条及钢钎在相邻模板的接缝处进行支撑,接缝以外再用两根钢钎加固;模板内则采用紧靠模板将钢钎打入基层的方式进行支挡。

安装模板的过程中,要不断进行水准测量及调整模板顶部标高,使其与设计的混凝土面层顶面高程一致。安装完成后,在钢模内侧面进行湿润,以利于脱模。在模板外侧基层上依据设计的分板长度用喷漆做好标记。

(2) 钢筋施工。

①纵向接缝钢筋。当一次铺筑宽度小于路面宽度时,设置纵向施工缝;当一次摊铺宽度大于 4.5 m 时,应设置带拉杆的假缝形式的纵向缩缝。纵向施工缝按设计要求设置。事先沿施工纵向放置好拉杆钢筋,安排专人在振捣作业之后立即安装拉杆钢筋,人工将拉杆钢筋的 1/2 长度通过模板上的预留孔插进混凝土。外露的钢筋长度应均匀。

②横向接缝钢筋。横向缩缝按设计要求设置。施工时将专门的钢筋支架置于混凝土面板中。施工前,在路侧做缩缝切割位置记号,传力杆设置在 1/2 板厚处。

③横向施工缝钢筋。每天摊铺结束或摊铺过程中因故中断摊铺且中断时间超过混凝土初凝时间的 2/3 时,必须设置横向施工缝。横向施工缝选在缩缝或胀缝处,按设计要求设置。横向施工缝钢筋采用人工的方式在面板振捣密实后由工人通过模板的预留孔插入安装。

3. 设备就位、调试

依次将插入式振捣器、前置传力杆支架以及三辊轴机组置于经监理工程师验收合格的钢模上,摊铺水泥混凝土前,摆放于一侧端头进行调试,确保正常运行。现场配备两台 50 kW 的发电机用于电力供应。

4. 混凝土施工

(1) 混凝土拌和与运输。

各种材料严格按照配合比进行投料,根据当天实测的原材料含水量及气温变化调整混凝土拌和加水量。雨天或阵雨后,必须及时按砂石含水量来调整加水量和砂石料用量。当发现砂石料堆上下层含水量不同时,也要调整加水量。搅拌过程中,严格控制混合料的拌制时间、混合料温度、坍落度损失率和凝结时间等。

为保证混凝土的和易性,每斗料拌和时间按 90 s 控制,其中纯搅拌时间大于 40 s,以保证混凝土拌合物搅拌均匀,具有良好的工作性。同时,严格按规范要求检测混凝土拌合物的坍落度、水灰比、含水量、温度、砂石料含量等技术指标。及时将检测信息反馈到拌和站,以进行适当调整。按规定预留抗折强度试件。

施工过程中,应根据拌和站的产量、每天的运输距离以及前场的摊铺速度,综合考虑和配备足够数量、车况较好的罐车来运输混凝土拌合物。

(2) 布料。

现场布料前,用水车洒少量水使摊铺位置湿润。设专人指挥卸料,当混合料运送至摊铺地点后,分多点均匀倒在安装好的模内;安排工人使用铁锹反扣布料、找补均匀,使布料后的高度比模板顶面略高。布料速度应与摊铺速度匹配。摊铺工作一旦开始,不得中断。

(3) 混凝土振捣。

混凝土均匀摊铺在模板内,长度大于 10 m 时可开始振捣作业;采用插入式振捣器沿横断面慢速、均匀、连续振捣密实,振捣时间宜为 15~30 s。模板边角及企口缝等位置不易振捣到位,采用人工方式使用1根振捣棒补充振捣,振动棒应快插慢提。振捣时间以混凝土混合料停止下沉,表面平坦,不再冒气泡并泛出水泥浆为准。振捣过程中要避免碰撞模板,随时检查振实效果并进行人工补料。振捣过程中若出现模板位移、松动、漏浆等现象,应及时纠正。

5. 三辊轴整平与抹光精平

(1) 三辊轴整平。

三辊轴整平机按作业单元分段整平,每个作业单元长度约为30 m,振捣机振实与三辊轴整平两道工序之间的时间间隔宜不超过15 min。三辊轴整平机在一个作业单元内采用前进振动、后退静滚的方式作业,分别滚压2~3遍。三辊轴滚压振实料位高度宜高于模板顶面5~20 mm,表面大致平整,设专人处理轴前料位的高低情况,过高时人工铲除,轴下有间隙时使用混凝土找补,严禁用纯水泥砂浆找平。滚压完成后,将振动辊轴抬离模板,用整平轴前后静滚整平,直到平整度符合要求、表面砂浆厚度均匀,一般净滚遍数为4~8遍。表面砂浆厚度控制在(4±1) mm,三辊轴整平机前方表面过稠、过稀的砂浆须刮除丢弃。上一单元的砂浆不得向下一单元推赶,否则易造成路面脱皮。

(2) 抹光精平。

抹光机粗抹能起匀浆、粗平及使表层密实的作用。粗抹是决定路面大致平整的关键,因此在3 m直尺检查下进行。通过检查,采取高处多磨、低处补浆(原浆)的方法进行边抹光边找平。用3 m直尺纵横检测,保证其平整度。抹光机行进的方向不同,其效果略有不同,顺路方向行进易保证纵向的平整。

精平是路面平整度的把关工序。在抹光机完成作业后,应采用抹刀进行精平抹面。精平抹面包括清边整缝,清除黏浆,修补缺边、掉角等工作。精平抹面必须快速。精平抹面后,面层表面必须密实、均匀,无抹面印痕,无露骨。精平过程中,用3 m直尺于两侧及中间三处紧贴浆面进行检测,直至平整度满足要求。

6. 抗滑构造、切缝、灌缝施工

(1) 抗滑构造施工。

本项目水泥混凝土面板抗滑构造施工采用等间距刻槽,刻槽前应将道路清扫干净,要横平竖直、外表美观,方向垂直于道路中线。刻槽的槽深、槽宽及槽间距按设置规范要求确定。刻槽机质量宜大不宜小,刻槽时不应掉边角,亦不得中途抬起或改变方向。刻槽后应将路面冲洗干净。

(2) 切缝、灌缝施工。

路面切缝使用切缝机进行。切缝宽度应依据设计要求确定。

切缝方式与施工方法参考表3.1。如果水泥混凝土凝固,硬度过高,则不易切割或容易造成边缘崩落,因此严格控制好切缝时间是防止初期断板的重要措施。最迟切缝时间为24 h。

表3.1 缩缝切缝方式、时间与深度参考表

昼夜温差	缩缝切缝方式与时间	缩缝切割深度
<10 ℃	硬切缝:切缝时不啃边即可开始作业,纵缝切缝时间可略晚于横缝,纵、横缩缝最晚切缝时间均为24 h	缝中无拉杆、传力杆时,深度为1/4~1/3板厚,最浅为60 mm;缝中有拉杆、传力杆时,深度为1/3~2/5板厚,最浅为80 mm
10~15 ℃	软硬结合切缝:每隔1~2条提前用软切缝,其余用硬切缝补切	硬切缝深度同上。软切缝深度应不小于60 mm;不足者应用硬切缝补深到1/3板厚,已断开的缝不补切
>15 ℃	软切缝:抗压强度为1~1.5 MPa、人可行走时开始软切缝,软切缝最迟切缝时间为6 h	软切缝深度应不小于60 mm,未断开的接缝应用硬切缝补深到不小于2/5板厚

切缝前,根据事先做好的标记在面板上弹墨线,再依据墨线切缝,并调整好刀片的进刀深度。切缝时,先按传力杆、拉杆位置切割,可随时调整刀片切割方向。为防止断板,宜先每隔2~3块板切一道横缝,再逐块补切。刀片用水冷却,水的压力不低于0.2 MPa。停止切缝时,先关闭旋钮开关,将刀片提升到混凝土板面以上,停止运转。切缝后,及时用水清洗接缝和面板表面,确保缝壁和边部清洁,满足灌缝要求。

灌缝在混凝土养护期满后及时进行。灌缝前,用小型吹风机清缝,确保缝壁及内部清洁、干燥。先在缝内挤压嵌入泡沫塑料条,再人工浇灌硅酮类填料。按设计规范要求灌缝,如表3.2所示。灌缝深度宜为3~8 mm,最浅不得小于3 mm。灌缝必须饱满、均匀、厚度一致并连续贯通,灌缝料不得缺失、开裂和渗水。灌缝料的养护期,低温天宜为2 h,高温天宜为6 h;在灌缝料养护期间应封闭交通。

表 3.2　灌缝材料的技术要求

试验项目	单位	技术要求
与混凝土的黏结强度	MPa	≥0.4
黏结延伸率	%	≥400
（−10 ℃）拉伸量	mm	≥25
拉伸强度	MPa	1.00～1.85
针入度	0.1 mm	20～40
耐老化性（抗光、氧、热加速老化，采用氙弧灯照射法）	/	180 h 照射后，外观上无流淌、变色、脱落、开裂，−10 ℃拉伸量、与混凝土的黏结强度、黏结延伸率为未老化前的 80%

7. 养护与交通管制

混凝土面层铺筑完成后立即开始养护，采用洒水后覆盖薄膜的方式养护，确保养护期内混凝土表面一直保持湿润状态，一般养护期为 14～21 d，应特别注重前 7 d 的保湿养护。

混凝土路面养护期间，对施工路段进行交通管制，严禁人、畜、车辆通行；面板达到设计弯拉强度后，方可开放交通。

第4章 公路附属工程施工技术

4.1 公路安全设施施工

4.1.1 护栏施工

1. 混凝土护栏

（1）现浇水泥混凝土护栏。现浇水泥混凝土护栏可采用固定模板法和滑动模板法施工。固定模板宜采用钢模板，厚度应不小于4 mm。混凝土浇筑前温度维持在10～32 ℃。滑模机的施工速度根据旋转搅拌车混凝土卸载速度以及成型断面的大小决定。两处伸缩缝之间的混凝土护栏必须一次浇筑完成，伸缩缝与水平面垂直，宽度应符合图纸的规定，缝内不得连浆。混凝土初凝后，严禁振动模板，预埋钢筋不得承受外力。根据气温和混凝土强度确定拆模时间，一般在混凝土终凝后3～5 d拆除混凝土侧模。拆模后，按图纸要求的间距和规格切割假缝，并保证断面光滑、平整。

（2）预制混凝土护栏。预制场地应平整、坚实、排水良好、交通方便；宜采用固定规格的钢模板；每块预制混凝土护栏必须一次浇筑完成。拆模时，混凝土强度应不低于设计强度的70%。混凝土护栏的安装从一端逐步向前推进，护栏的线形应与公路的平纵线形相协调。

2. 波形梁钢护栏

施工前，根据设计图纸进行立柱放样，并以桥梁、涵洞、通道、隧道、立交、中央分隔带开口及紧急电话开口、互通式立体交叉等控制立柱的位置，进行测距定位。放样后，调查每根立柱下的地基状况，如遇地下管线、排水管等设施或构造物顶部埋土深度不足的情况，根据实际情况改变立柱固定方式或调整立柱位置。立柱放样时，可利用调整段调节间距，利用分配方法处理间距零头数。

立柱安装应与图纸相符,并与公路线形相协调。施工可采用打入法、挖埋法和钻孔法。钢立柱打入时,注意不破坏预埋管线;采用挖埋法施工时,回填土采用良好的材料并分层夯实,压实度应不小于规定值;当立柱埋入岩石时,应预先钻洞,立柱定位后用与路基相同的材料填实。

防阻块、托架通过连接螺栓固定于护栏板和立柱之间。在拧紧连接螺栓前,应调整防阻块、托架,使其准确就位。设有横隔梁的中央分隔带护栏,在立柱定位后安装横隔梁。在护栏板安装前,横隔梁与立柱间的连接螺栓不应过早拧紧。

4.1.2 防眩设施施工

防眩设施是在夜间行车时,为防止司机受到对向车辆前照灯照射而在道路上设置的构造物,多用在高速公路、一级公路、快速道路的中央分隔带上,包括防眩板、防眩网、植树防眩三种形式。防眩设施可提高行车的舒适性,保证行车安全。

应根据具体环境造成眩光的因素,考虑采用合理、实用、经济的方式设置防眩设施,尽量减轻甚至消除眩光对驾驶员的影响。

1. 平曲线路段防眩设施的设置

在平曲线路段,车辆前照灯的光线沿曲线切线方向射出。外侧车道上的车辆的前照灯的光线射向路外,不会使对向车道的驾驶员感到刺眼;内侧车道上的车辆的前照灯的光线射向外侧车道,使外侧车道上的驾驶员受到瞬间眩光的照射,使驾驶员心理上感到不舒适,严重时导致驾驶员瞬间失明,甚至使车辆沿切线方向越出路外造成交通事故。为在平曲线路段上获得和直线路段一样的遮光角,应调整防眩设施的遮光角。

2. 竖曲线路段防眩设施的设置

(1)凸形竖曲线路段。

①防眩设施和混凝土护栏配合使用时,其下缘和护栏顶面接触,可完全遮光;与波形梁钢护栏配合时,护栏本身有一定宽度,可计算确定其宽度能否满足阻挡对向车辆前照灯光线的要求,若不能,可考虑采用②、③条的方法。

②防眩设施和护栏高度不变,在中央分隔带上种植密集式矮灌木。

③降低防眩设施的下缘高度。

凸形竖曲线路段防眩设施设置的范围至少为凸形竖曲线顶部两侧各

120 m。

(2) 凹形竖曲线路段。

①根据防眩设施高度的变化,加宽中央分隔带的宽度,种植足够的高树木。

②若防眩设施高度变化幅度较小,可取某一平均高度作为整个凹形竖曲线路段防眩设施的高度。

③在凹形竖曲线路段底部种植树篱。

为使防眩设施的高度与道路的横断面比例协调,不使防眩设施受冲撞后倒在行车道上,以及减少行驶压迫感,防眩设施的高度一般宜不超过 2 m。

4.1.3 视线诱导设施施工

1. 视线诱导设施的分类

视线诱导设施是指在车道两侧设置的,用来指示道路方向、行车道边界以及危险路段位置的设施。

视线诱导设施按功能分为轮廓标、分流或合流诱导标、其中线形诱导标,线形诱导标又可分为指示性线形诱导标和警告性线形诱导标。视线诱导设施按设置方式分为直埋式(柱式)和附着式两种。

2. 施工前提条件

在施工前,核对全线视线诱导设施的埋设条件、位置、数量,并做好详细的施工组织设计。反射器、柱体、支架、连接件质量应满足设计或规范要求,施工前应及时运至现场。基础混凝土用的水泥、砂、碎石、钢筋等原材料的质量应满足设计或规范要求,并根据施工进展情况及时到位。劳动力组织合理,安排专业化班组施工。水、电、道路等作业条件应满足施工需要。

3. 柱式轮廓标施工工序

(1) 测量放样,开挖基础,施工前,根据设计间距要求定出具体位置,用石灰线做标记。按照设计尺寸要求开挖基坑并清理干净。

(2) 浇筑混凝土。人工配合溜槽注入混凝土,用插入式振捣器插捣,找平收光并洒水养生。

(3) 柱体加工。轮廓标的柱体应在鉴定合格的生产厂家集中加工制作,并运输至现场安装。加工质量应符合国家标准的规定。

(4) 柱体安装。轮廓标的柱体应采用装配式,可直接插入预留孔,或采用法兰盘连接,也可采用现浇混凝土基础方式。安装过程中应注意以下几点:①设置高度(反射器的中心高度)与附着式轮廓标的高度大致相同;②轮廓标反射器的安装方向,无论在直线段还是在曲线段上,尽可能与司机视线方向垂直;③反射器与柱体或者支架黏结牢固,以免脱落;④柱体垂直于地平面,三角形柱体的顶面平分线垂直于道路中心线。

4. 附着式轮廓标、线形诱导标施工工序

(1) 放样。根据设计间距要求,定出具体位置,并做标记。

(2) 轮廓标安装。附着于波形梁上时,根据建筑物的种类及埋置的部位采用不同形状的轮廓标和不同的连接方式。附着于波形梁钢护栏中间的槽内时,反射器为梯形,与后底板铆接在一起,后底板固定在护栏与立柱的连接螺栓上且不能采用气割孔进行螺栓固定。后底板应做成一定的角度,角度的大小以保证汽车前照灯光能大致与后底板垂直为原则。附着于混凝土护栏、隧道侧墙上时,先按设计高度、间距要求做好标记,再用电钻在侧墙上打孔,采用膨胀螺栓固定支架;打孔时不得损坏混凝土结构物。

(3) 线形诱导标安装。立柱通过抱箍与护栏柱连接固定,面板与驾驶员视线尽量垂直,安装高度应满足设计要求,安装过程中应保持面板的平整度。

4.1.4 交通标志施工

1. 施工要点

标志工程的特点是布点分散、结构复杂、类型众多。施工前,应到现场结合图纸踏勘,以便及时发现问题。重点关注标志桩号、版面设计内容与实际是否相符,标志设置后是否有视线干扰,设置位置处是否有高压线(会影响起重机工作),标志基础预留、预埋情况(特别是附着在桥梁上的预留基础),线外路网指路标志的情况等。应综合考虑各种因素,发现问题后应及时上报,努力在施工前解决。

道路交通标志的施画方法有人工漆刷法、热熔涂布法、反光标志带贴附法、钉、钻、埋法,用手推式画线机、画线车画线等。

2. 施工中应注意的问题

（1）注意互通立交区段的开挖，因为立交区内光缆、电缆众多，要防止开挖过程中出现损坏光缆、电缆的情况。

（2）从基坑中挖出的剩余材料，运至监理工程师认可的地方；所有基坑挖方应保证良好的排水；基础的排水方法和采取的措施应取得监理工程师的批准。

（3）通常标志施工设计图纸中标志基础所在的边坡的坡度为1∶1.5，实际中边坡的坡度不尽如此，如果仍按设计施工，可能会出现基础顶面埋设在土中或基础顶端外露过多的情况。

（4）混凝土基础中的预埋地脚螺栓和基底法兰盘的位置要准确，特别是门架、悬臂标志预埋件的位置直接影响标志安装后的角度、板面净空等，应特别注意。

4.1.5 交通标线施工

1. 施工要点

（1）交通标线施工温度和速度对施工质量有相当重要的影响，施工操作人员必须具备有关标线涂料及其施工技术的基础知识。在操作过程中，应根据涂料的不同性能指标调整设备、施工温度和速度，以达到理想的质量效果。

（2）环境温度应为5～32℃。对于气温过高或者车流量较大的施工区域，应延长车辆禁行时间。

（3）振动标线的型号、形状和间距，必须根据使用者的目的、用途、道路特征、车速、车流量等设定。

（4）施工设备应经常维护保养，否则会影响图形的效果。

2. 常见质量问题的解决

标线施工中极易产生气泡、表面不平及毛刺等现象，影响施工效果。产生上述现象的因素有很多，如涂料质量、气温及路面结构等。涂料质量、气温等因素可以通过选择优质材料、调整施工时间等方式改变，但路面结构是不可改变的。目前高速公路路面多采用SMA结构，SMA路面空隙较大，标线施工时易产生表面不平及毛刺现象，应特别注意放慢画线车速度，控制好涂料加热温度。环氧树脂沥青混凝土路面结构含有环氧树脂，在高温（涂料温度为180℃）下易使标线产生气泡,可通过调整涂料加热温度、底层下涂剂的类型及用量等方式来解决气泡问题。

4.2 公路绿化工程施工

4.2.1 公路绿化工程的概念

公路绿化是指在公路用地范围内,以路为中心,通过相应的空间划分和绿化植物的合理配置,对路体各部位实施乔、灌、草、花的定位栽植。公路绿化是高标准的生态工程建设,具有多重效应和综合效益,也是公路建设中的一个内容。绿化的目的是稳固路基、保护路面、美化路容、改善环境、减少噪声、诱导汽车行驶;绿化也是防风、防沙、防雪、防水的重要措施之一。公路绿化工程要求"功能"与"景观"协调统一并贯穿工程设计与施工。

4.2.2 公路绿化施工

1. 公路绿化施工前的准备

(1) 土壤测定。

公路施工会向土壤中遗弃大量废弃物,导致部分土壤的 pH(pondus hydrogenii,酸碱度)通常为 8.0~8.5,使一般绿化植物难以生长;边坡(特别是土边坡)的土壤硬度高,植物的根系很难向深层土壤伸展;边坡的土壤多为生土,缺乏植物生长的必要元素,没有形成土壤团粒结构,保水、保肥性能差。另外,土壤中可能含有对植物生长有害的矿物质。因此,在公路征地范围内种植绿化植物之前对土壤的理化性能,如酸碱性、有机质含量以及土壤硬度等进行比较详尽的测定是非常有必要的。

(2) 整地。

公路绿化的整地不同于一般农业整地,它不仅包括通常的浅耕、耕地、耙地、镇压和中耕等五个步骤,还包括平整场地、削地、换土等。

依照绿化设计的要求,先用推土机等机械设备将场地粗略整治之后进行灌水,把水浇透,使土壤自然下沉并使坑洼的地方暴露出来,防止将来发生土壤塌陷,难以补救。待土壤干燥之后,用推土机等设备平整场地,直至整地达到绿化设计要求。

路桥施工后产生的边坡的土壤多为生土,植物在其上生长非常困难。为了在边坡上种植绿化植物,可以换土,在平整场地时采用人工平整。

(3) 种植前的种子处理。

有些绿化植物,主要是采用种子直播方式建植的草坪和地被植物,在种植之前需要进行处理,以确保苗木的健康生长。种植前的种子处理包括选种和浸种。

①选种。选种的目的是清除杂质,将不饱满的种子及杂草种子等去掉,以获取籽粒饱满、纯净度高的种子。选种可以用清选机清选,也可以用人工筛选扬净。

②浸种。公路施工完成后,越早进行绿化对防护工程的价值越大。加快种子萌发,可以尽早绿化。浸种可以加速种子的萌发。草坪中禾本科种子的浸种时间一般为1~2 d,豆科种子的浸种时间一般为16~22 h;地被植物种类比较多,不同种类的浸种时间稍微有些差异,一般为6~18 h。浸种过程中注意换水2~4次,浸种后置阴凉处,每隔几小时翻动一次,过1~2 d,种子表皮风干,即可播种。

为了促进种子的萌发,可以采用砂藏法。有些种子的休眠期比较长,特别是一些木本植物(如小檗、榆叶梅等)的种子,为了使种子渡过休眠期,顺利萌芽,一般将种子与相当于种子体积1~3倍的湿砂土或其他类似物拌和均匀,然后埋藏于排水性良好的地方。不同植物的种子砂藏的时间不同。此外,有荚壳的种子发芽率低,有芒的禾本科种子不便播种,应在播种之前进行处理,除去荚壳和芒。

有些种子有很厚的不透水的种皮,可采用机械磨损的办法,使种皮破裂吸水萌发。在实际操作中,可以考虑用磨米机摩擦;也可以在种子中掺沙子摩擦或用砖压住在地上轻轻摩擦,使种皮发毛即可;还可以采用药剂处理的方法来腐蚀种皮使其透水,如用溴化钾溶液处理24~48 h能使小叶女贞、槐树等的种子顺利萌发,用浓硫酸处理小冠花种子20~30 min能使其种皮透水。

(4) 植物材料的选取。

①乔木和灌木。乔木主要应用在大型互通式立交区及公路两侧作为行道树。其树体高大,有明显的高大主干。公路上栽植的乔木的高度通常为5~20 m。公路占地范围内的土壤条件比较恶劣,植物生长比较困难。另外,不同公路的要求存在一定的差异,因此在材料的选择上应考虑到这一点。

灌木在公路边坡、中央隔离带、互通和服务区中的应用非常广泛。作为绿化的重要材料,它在美化绿化中起到非常重要的作用。

②草坪和地被植物。草坪和地被植物在一、二级公路和高速公路中的应用面积比较大,主要应用在互通式立交区、边坡、服务区和收费站等处。应用于公路上的草坪和地被植物应具备苗期生长速度快、再生能力强和能够连片生长的生物学特性。

具体来说,路基工程完成后需要马上进行绿化,以防止降雨对其产生侵蚀。苗期生长速度越快,覆盖速度越快,效果越明显。出于满足美化和其他方面的要求,需要经常修剪所种植的草坪和地被植物,只有具有较强的再生能力,才能满足要求。具备连片生长能力能使裸露土壤得到有效覆盖,起到水土保持的作用。所以,具有匍匐茎或根状茎以及分蘖力强的禾本科和豆科植物,如狗牙根、沟叶结缕草、细叶结缕草、紫羊茅、无芒雀麦、白车轴草等经常用于公路绿化。

2. 乔木和灌木的绿化施工

(1) 刨坑。

刨坑时,要找准位置,以所定位置为中心,按规定坑径定出坑的范围。坑壁要随挖随修,使其直上直下,不要呈锅底形。在斜坡处挖坑时,应先做一个平台(以坑径最小为依据),然后在平台上挖坑。

注意分别置放表土与底土,如土质有好有坏,应分开堆放,堆放位置以不影响栽植为宜。刨坑到规定深度后在坑底垫底土。

如发现地下管道、电缆等地下设施,应停止操作,并及时向项目监理工程师报告解决。

(2) 栽植。

①修剪。对高大乔木,应在散苗前后修剪,即在栽植前进行修剪;对高度为3 m以下且无明显主尖的乔木和灌木,为了保证栽后高矮一致、整齐美观,可在栽植后修剪。修剪的剪口应与树干平齐、不留枯枝,以免影响愈合;枝条短截时注意留外芽,剪口距芽的距离要合适,一般离芽 1 cm 左右,剪口应稍斜,为马蹄形;修剪直径为 2 cm 以上的大枝时,剪口应涂防腐剂,以促进愈合并防止病、虫、雨水侵害。此外,栽植前,应修剪露根苗的根系,剪去断根、劈裂根、感染病虫害根、过长的根,剪口要平滑;带土球苗和灌木的围拢树冠的草绳应剪断,以便选择树形好的一面。

②散苗。散苗应掌握"随掘、随运、随散苗、随栽植",尽量缩短根部暴露时间,以利于成活。散苗时要轻拿轻放。行道树散苗时要顺路的方向放树苗,不得横放在路上影响交通;带土球树木散苗时要注意保证土球完整,搬运时不得只搬

树干,尽量少滚动土球;土球直径为 50 cm 以下时可放在坑道,直径为 50 cm 以上时应尽量一次放入坑内并使深浅合适。

③栽植前,检查坑的大小、深度是否与根系、土球规格标准要求的坑径一致,不符时应整修。

④栽树时不得歪斜,保持树木垂直。有树弯时,应保证树尖与根部在同一垂直线上,行道树的树弯应在顺路的方向,与路平行。

⑤栽植露根树木时,应使根系舒展,不得窝根。立直树后,填入表土或好土,将树干轻提几下使土与根系密接,一边填土一边用脚踏实。踏实时不要踩树根,以免将根踩坏。栽植深度应符合相关规定。

⑥栽行道树、行列树时,必须横平竖直,栽植时可每隔 10 株或 20 株按规定位置准确地栽一株标兵树作为依据,再栽植其他树。

⑦栽植带土球树木时,要尽量提草绳入坑,摆好位置和高度后用土铲放,再剪断腰绳和草包。栽绿篱时,如土球完整、土质坚硬,在坑外将包打开,"提干捧坨"入坑。在坑内拆包时,应尽量将包装物取出,如有困难,应剪断草绳、剪开草包,尽量取出多余部分。栽植后填土、踏实,踏实时不要砸坏土坨。

⑧栽植较大规格的常绿树时,应在栽植时埋支柱;支柱埋深在 30 cm 以下,支柱要捆牢,注意不要使支柱与树干直接接触,以免磨伤树皮。立支柱位置应在下风口。

⑨灌水、封堰。栽植后 48 h 之内必须及时浇第一遍水;第二遍水要在浇第一遍水后立即浇;第三遍水在浇第二遍水后 5~10 d 浇。在秋季植树时,如开工较晚,可少浇一遍水,但灌水量要足。

3. 草坪和地被植物的绿化施工

(1) 播种与灌溉。

草坪种子一般较小,拱土能力差,不宜深播,所以多采用撒播的方式播种。播种后,用钉齿耙沿一个方向耙,然后镇压,保证种子与土壤充分接触。播种后要注意保湿,保证种子发芽必需的水分,同时防止土壤板结。最好加覆盖,以防止土壤水分蒸发,防止阵雨或灌溉造成的土壤板结和水土流失,进行保温,促使种子尽早出苗。

由于边坡与平地的环境条件相差较大,在边坡上植草时,必须进行特殊处理。坡面植草的方法很多,每种方法都有优缺点,应该选择适应当地的土质条件和施工时期的方法。具体应做好以下几点工作。

①判断种草的可能性。应用硬度计测定土壤的硬度。硬度在 23 mm 以下,草容易扎根,超过这一指标,扎根逐渐困难;当土壤硬度超过 27 mm 时,草无法扎根。

②选择合适的草种。最好选用具有深根系、耐干旱和有匍匐茎或根状茎的草坪草,因为边坡首先要考虑防止水土流失,确保路基稳定。在我国的北方,可选用野牛草、老芒麦、无芒雀麦、紫羊茅、小冠花和结缕草;在南方,宜选用香根草、狗牙根、假俭草、细叶结缕草、沟叶结缕草等。

③选择适当的施工工艺。可供选择的施工工艺有植生带、喷播、土工网垫(或三维土工网垫)、穴播、条播,如表 4.1 所示。每种方法都有优缺点。

表 4.1　不同边坡植草施工工艺比较

名称	施工方法	特点
植生带	用无纺布构成,中间夹有草,使用时将其平铺在边坡上,上面覆盖一层砂质壤土	施工方便;可用于坡度为 1:1.5~1:2.0 的边坡;可以全面绿化
喷播	将种子、肥料、土壤稳定剂、覆盖材料和水按一定比例混合成泥浆状喷射到边坡上	可以在陡坡上施工;可以全面绿化,速度最快;如不追肥,容易发生缺肥现象
喷播	将种子、肥料、碎稻草或麦秸在水中拌匀,用泵喷射到边坡上	可以大面积迅速施工;可以全面绿化;容易缺肥
土工网垫(或三维土工网垫)	修好坡面,施足基肥,撒种,铺上土工网并覆土	可以在陡坡上施工;护坡效果好;可以全面绿化;造价较高
穴播	在坡面上挖穴,在穴中放入固体肥料、加土、撒种、培土、喷洒保水剂	主要使用在不良土质的挖掘面;覆盖速度较慢
条播	在坡面上每隔 10 cm 挖 5~10 cm 深的沟,沟内放入肥料,垫土、播种、培土填压	用于坡度为 1:1.5~1:2.0 的边坡;成本较低;可以大面积施工;覆盖较慢

④边坡的立地条件差,如果管理工作不到位,当年种植的草坪,经过 2~3 年后,随着外来种的入侵,逐步被取而代之。所以,为了使草坪保存时间更长,可以选用当地野生的多年生低矮的禾本科或豆科牧草作为草坪用草,可以在当年种

植的草坪中适当加入一些豆科牧草以增强土壤肥力。对于一些土质不稳定的边坡,单纯依靠植物护坡往往不可靠,所以常采用与防护工程相结合的方式。一种常用方式是做水泥蜂窝块,在块内种草;另一种常用的方式是做拱形或网格护坡,在拱内或网格内种草。

(2) 无性繁殖方式。

无性繁殖是利用草坪草的匍匐茎或根状茎以及草皮块进行植草的种植方式。

利用无性繁殖建植的步骤如下:①选择健壮的苗;②松土,这是植草中非常重要的一环,松土厚度为 20～30 cm,应清理土中的碎石块及其他杂物;③施肥,以有机肥为主,培肥的同时改善土壤结构,为草坪的生长创造一个适宜的环境;④预先浇水,增加土壤含水量;⑤植草。注意,采用无性繁殖方式有一段时间的缓苗期,在这段时间应特别注意保湿,促使幼苗生根。

无性繁殖的建植方法很多,公路上可能采用的方法有以下几种。

①铺草皮块。此方法见效最快,但成本较高。

②开沟植茎。此方法主要针对一些具有匍匐茎的草坪。先开沟,沟与沟之间的距离约为 50 cm,沟深 4.5 cm,把根茎埋入沟中后覆土填压。

③草塞法。在边坡上挖穴,把成丛带根的草塞入穴中。草最好带一些原土,有条件时可以在保水剂中浸泡,以增强保水力。

④撒茎覆土法。在立交或缓边坡处,整地完成后,将草坪的根茎撒在土壤表面,覆土、浇水。狗牙根草坪适合采用此法。

⑤移苗。此方法的关键在于选好壮苗,整好坪床。种植时选择带有 2～4 个节的嫩枝,扦插时将其中 1～2 个节埋入地下用于生根,使另一端带有叶片的部分露出地面,种后压实,使之与土壤水分有效接触,便于生根。

4. 补植

在公路绿化施工中,再理想的管护措施也难免出现部分苗木死亡的现象,因此需要补植。补植方法与一般栽植基本相同,但由于种植时间滞后,不在植物最适合的生长季节,因此需要采取特殊的措施。

夏季补植主要针对春季栽植死亡的树木。发现死亡时,如果正是植物生长旺季,不宜补植。树木在夏季有 20 天左右生长比较缓慢,此时春梢停滞生长,其他枝尚未发芽,如果此时补植,宜选择春梢停止生长的苗,配合重剪和向枝叶上喷水控制小气候。如果是裸根,可以采用泥浆沾根或适当带部分原来的土壤。

此外,可以用生长素处理根系,促使植物生根。对于土球苗木,可以加大土球量,并采用重剪、叶面喷水等措施改善小气候条件,减少水分蒸发。

夏季种植的苗木主要为常绿树种(松柏类占的比重很大),发现死亡时多在秋季,如果种植地的冬季不是很冷、风不大,可以在秋季补植。

第5章 桥梁基础施工技术

5.1 明挖扩大基础施工

5.1.1 基础定位放样

基础定位放样是将设计图纸上的结构物的位置、形状和尺寸在实地标定出来,它贯穿整个施工过程。

在桥梁施工过程中,基础定位放样的步骤如下:①建立施工控制网;②进行桥梁轴线标定和墩台中心定位;③进行墩台施工放样,定出基础和基坑的尺寸。

桥梁的施工控制网除了用来测定桥梁长度外,还用于位置控制,保证上部结构的正确连接。施工控制网常用三角控制网,应根据总平面图设计和施工地区的地形条件来布设,并作为整个工程施工设计的一部分。布网时,要考虑施工程序、方法以及施工场地的布置情况,可以用桥址地形图拟定布网方案。

桥梁轴线是在桥梁勘测设计中根据路线的总走向、地形、地质、河床情况等选定的,在施工时必须现场恢复桥梁轴线位置,并进行墩台中心定位。中小桥梁一般采用直接丈量法标定桥梁轴线并定出墩台的中心位置,有条件的可以用测距仪或全站仪直接确定位置。

基础放样根据实地标定的墩台中心位置进行。在无水地点,可直接将经纬仪安置在中心位置,用木桩准确定位基础纵横轴线和基础边缘。由于定位桩随着基坑开挖必将被挖去,因此必须在基坑开挖范围以外设置定位桩的保护桩,以备施工中随时检查基坑位置或基础位置是否正确。基坑外围通常用龙门板固定或在地上用石灰线标出。

对于建筑物标高的控制,常将拟建建筑物区域附近设置的水准点引测到施工现场附近不受施工影响的地方,设置临时水准点。

5.1.2 陆地浅基础施工

1. 基坑开挖

主要以施工机械为主进行基坑开挖,局部采用人工配合。常用的机械为挖掘机和抓土斗等,施工方法较简单且易操作。当采用机械挖土挖至距设计标高约 0.3 m 时,采用人工整修,以保证地基土结构不被扰动破坏。

在基坑开挖过程中,应根据坑壁是否稳定,选择对坑壁不设围护或设置围护。

(1) 不设围护的基坑。

当基坑较浅,地下水水位较低或渗水量较少,不影响坑壁稳定时,坑壁可不设置围护。此时可将坑壁挖成竖直形或斜坡形。竖直坑壁只适宜在岩石地基或基坑较浅又无地下水的硬黏土中采用。在一般土质条件下开挖基坑时,应采用放坡开挖的方法。

当基坑深度在 5 m 以内、施工期较短、地下水在基底以下、土的湿度接近最佳含水量、土质构造较均匀时,基坑坡度可参考表 5.1 选用。

表 5.1 无围护基坑的坡度

坑壁土类	坑壁坡度		
	基坑顶缘无荷载	基坑顶缘有静载	基坑顶缘有动载
砂类土	1∶1	1∶1.25	1∶1.5
碎卵石类土	1∶0.75	1∶1.0	1∶1.25
粉质砂土	1∶0.67	1∶0.75	1∶1.0
粉质黏土、黏土	1∶0.33	1∶0.5	1∶0.75
极软岩	1∶0.25	1∶0.33	1∶0.67
软质岩		1∶0.1	1∶0.25

地基土的湿度较大可能引起坑壁坍塌时,坑壁坡度应适当放缓。当基坑顶缘有动荷载时,基坑顶缘与动荷载之间至少留 1 m 宽的护道。如地质水文条件较差,应增宽护道或采取加固等措施,以增加边坡的稳定性。基坑深度大于 5 m 时,可将坑壁坡度适当放缓或加设平台。

必要时,在基坑顶缘四周适当位置设置截水沟,以避免地表水冲刷坑壁,影响坑壁稳定性。应经常观察坑边缘顶面土是否有裂缝,坑壁是否有松散、塌落现象,以确保安全施工。

(2)设置围护的基坑。

当基坑较深、坑壁土质松软、地下水影响较大导致边坡不易稳定,放坡开挖受到现场的限制,放坡开挖造成土方量过大时,采用加设围护结构的竖直坑壁基坑,既可保证施工安全,又可大量减少土方量。

基坑围护的方法很多,常用的基坑围护结构有挡板、板桩墙、混凝土与桩体围护等。

①挡板围护。挡板围护适用于开挖面积不大、地下水水位较低、开挖深度较浅的基坑。挡板围护的施工特点是先开挖基坑后设置挡板围护。挡板有木挡板、钢木结合挡板和钢结构挡板等。

a. 木挡板。木挡板围护由立木、横枋、顶撑及衬板组成。为便于运土,顶撑应设置在同一竖直面内。衬板厚度为4~6 cm。基坑开挖时,若坑壁土质密实,不会随挖随坍,可将基坑一次性挖到设计标高,然后沿着坑壁竖向撑衬板(密排或间隔排),再在衬板上压横木,在中间用顶撑撑住;若坑壁土质较差或所挖基坑较深,坑壁土有可能随挖随坍时,可用水平衬板支撑,分层开挖,随挖随撑。在路桥基础开挖施工中,除在特定条件下,木挡板已较少采用。

b. 钢木结合挡板。当基坑深度在3 m以上、支撑过多影响基坑出土时,可沿基坑周围每隔1.5 m左右打入一根型钢,打至坑底面以下1 m左右,以钢拉杆把型钢上端锚固于锚桩上,随着基坑下挖设置水平衬板,并在型钢与衬板之间用木楔塞紧,如图5.1所示。

c. 钢结构挡板。对于大型基坑,可用定型钢模板作为挡板,用型钢作为立木和纵横支撑。钢结构挡板的优点是强度高,便于安装、拆卸,材料消耗少,有利于标准化、工业化生产,可周转使用。

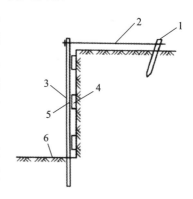

图 5.1 钢木结合挡板

1—锚桩;2—钢拉杆;3—型钢;
4—衬板;5—木楔;6—基坑底

②板桩墙围护。当基坑面积较大、较深,基坑底面在地下水水位以下超过1 m且涌水量较大,不宜采用挡板围护时,可采用板桩墙围护。板桩墙的施工方法与挡板不同,其施工特点如下:在基坑开挖前将板桩垂直打至坑底以下一定深度,然后边挖边设支撑,始终在板桩支护下进行基坑开挖。

板桩有木板桩、钢筋混凝土板桩和钢板桩三种。木板桩易加工，但强度较低，长度受限制，已很少采用。钢筋混凝土板桩耐久性好，但制作复杂，质量重，运输和施工不便，防渗性能差，桥梁基础施工中也很少采用。钢板桩的厚度较薄，质量轻，强度大，能穿过较坚硬土层，施工方便，锁口紧密，不易漏水，可以焊接接长，能重复使用，断面形式较多，可适应不同形状的基坑，因此应用较广泛，但价格较贵。

板桩墙分无支撑式、支撑式和锚撑式三种。支撑式板桩墙按设置支撑的层数可分为单支撑板桩墙和多支撑板桩墙。由于板桩墙多应用于较深基坑的开挖，多支撑板桩墙应用较多。

③混凝土围护。混凝土围护适用于除流沙和呈流塑状态的黏性土外的各类土的基坑，尤其适用于直径较大、较深的圆形或椭圆形土质基坑。混凝土围护的施工可采用喷射或现浇混凝土的方法，一般随挖随喷（浇），直至坑底。

a. 喷射混凝土围护。喷射混凝土围护的基本原理是以高压空气为动力，将搅拌均匀的砂、石、水泥和速凝剂干料，由喷射机经输料管吹送到喷枪，在通过喷枪的瞬间加入高压水进行混合，自喷嘴射出，喷射在坑壁，形成环形混凝土护壁结构，以承受土压力。喷射混凝土围护宜用于土质较稳定、渗水量不大、深度小于 10 m，直径为 6～12 m 的圆形基坑。

采用喷射混凝土围护时，坑壁可根据土质和渗水等情况接近陡立或稍有坡度。每开挖一层喷护一层，每层高度为 1 m 左右，土层不稳定时应酌减，渗水量较大时宜不超过 0.5 m。混凝土的喷射顺序：对无水、少量渗水的坑壁，可由下向上一环一环进行；对渗水量较大的坑壁，喷护由上向下进行，以防新喷的混凝土被水冲走；对有集中渗水的基坑，可从无水或水小处开始，逐步向水大处喷护，最后用竹管将集中渗水引出。喷射作业应沿坑周分若干区段进行，区段长度一般不超过 6 m；对极易坍塌的流沙、淤泥层，可先在坑壁上打入小木桩或在小木桩上缠绕竹篱等，在有大量流沙处塞入草袋，再喷射混凝土。

喷射混凝土厚度主要取决于地质条件、渗水量、基坑直径和基坑深度等因素。根据实践经验，对于不同土层，可取下列数值：对于一般黏性土、砂土和碎卵石类土层，如无渗水，厚度为 3～8 cm，如有少量渗水，厚度为 5～10 cm；对于稳定性较差的土，如淤泥、粉砂等，如无渗水，厚度为 10～15 cm，如有少量渗水，厚度为 15 cm，如有大量渗水，厚度为 15～20 cm。

一次喷射是否能达到规定的厚度，主要取决于混凝土与土之间的黏结力和渗水量。如一次喷射达不到规定的厚度，应在混凝土终凝后补喷，直至达到规定厚度。

b. 现浇混凝土围护。喷射混凝土围护要求有熟练的技术工人和专门的设备，对混凝土用料的要求也较严。现浇混凝土围护的适应性较强，可以按一般混凝土施工，适用于基坑深度为 15～20 m，除流沙及呈流塑状态的黏土外的其他各种土类的基坑。

现浇混凝土围护也是用混凝土环形结构承受土压力，但其混凝土壁是现场浇筑的普通混凝土，壁厚比喷射混凝土大，一般为 15～30 cm。

采用现浇混凝土围护时，基坑自上而下分层垂直开挖，开挖一层后随即灌注一层混凝土壁。为防止已浇筑的围圈混凝土在施工时因失去支承而下坠，顶层混凝土应一次整体浇筑，以下各层均间隔开挖和浇筑，并将上下层混凝土纵向接缝错开。开挖面应均匀分布、对称施工，及时浇筑混凝土壁支护，每层坑壁无混凝土壁支护总长度应不大于周长的 1/2。分层高度以垂直开挖面不坍塌为原则，一般顶层高 2 m 左右，以下每层高 1～1.5 m。

现浇混凝土应紧贴坑壁灌注，不用外模，内模可做成圆形或多边形。施工中应注意使层、段间各接缝密贴，防止夹泥土和有浮浆等而影响围圈的整体性。现浇混凝土一般采用 C15 早强混凝土。为使基坑开挖和支护工作连续进行，在围圈混凝土抗压强度达到 2500 kPa 时拆除模板。和喷射混凝土围护一样，要防止地面水流入基坑，避免在坑顶周围土的破坏棱体范围内有不均匀附加荷载。

此外，可以采用混凝土预制块分层砌筑来代替就地灌注混凝土，这样能省去现场混凝土灌注和养护时间，使开挖与支护砌筑连续进行，使混凝土质量容易得到保证。

④桩体围护。在软弱土层中的较深基坑可以采用钻孔灌注桩或深层搅拌桩等，按密排或格框形布置成连续墙，形成支挡结构。

在一些基础工程施工中，对局部坑壁的围护也常因地制宜、就地取材采用灵活多样的围护方法。

2. 基坑排水

如果基坑在地下水水位以下，随着基坑的下挖，渗水将不断涌进基坑，因此施工过程中必须不断排水，以保持基坑干燥，保证基坑挖土和基础的砌筑与养护。常用的基坑排水方法有集水坑排水法和井点降低地下水水位法两种。

（1）集水坑排水法。

集水坑排水法也称"表面排水法"或"明式排水法"，是在基坑整个开挖过程、基础砌筑和养护期间,在基坑四周开挖集水沟汇集坑壁及基底的渗水,并引向一个或数个比集水沟挖得更深的集水坑的方法。集水沟和集水坑应设在基础范围以外。在基坑每次下挖以前,必须先挖集水沟和集水坑。集水坑的深度大于抽水机吸水龙头的高度,在吸水龙头上套竹筐或木笼用以围护,以防泥、砂堵塞吸水龙头。

这种排水方法设备简单、费用低,一般土质条件下均可采用。但当地基土为饱和粉细砂土等黏聚力较小的细粒土层时,抽水会引起流沙现象,造成基坑破坏和坍塌,应避免采用该方法。

(2) 井点降低地下水水位法。

对粉质土、粉砂类土等,采用表面排水法极易引起流沙现象,影响基坑稳定,此时可采用井点降低地下水水位法排水。根据使用设备的不同,井点主要有轻型井点、喷射井点、电渗井点和深井泵井点等多种类型,可根据土的渗透系数、要求降低水位的深度及工程特点选用。

轻型井点降水(见图 5.2)是在基坑开挖前在基坑四周打入(或沉入)若干根井管降水的方法。井管下端 1.5 m 左右为滤管,上面钻有若干直径约为 2 mm 的滤孔,外面用过滤层包扎。各井管通过集水管(横管)连接并抽水。由于使井管两侧一定范围内的水位逐渐下降,各井管相互影响形成了一个连续的疏干区。在整个施工过程中不断抽水,可以保证在基坑开挖和基础砌筑的过程中基坑始终保持无水状态。该法可以避免产生流土和边坡坍塌现象。在滤管部分包铜丝过滤网,可以避免带走过多土粒而引起土层的潜蚀现象。

喷射井点降水是用来降低地下水水位的一种降水方法。喷射井点如果以压缩空气为介质,则称为"喷气井点";如果以水为介质,则称为"喷水井点"。当基坑较深而地下水水位较高时,采用轻型井点降水要采用多级井点,这样会增加基坑挖土、延长工期并增加设备数量,显然不经济。所以当降水深度超过 8 m 时,宜采用喷射井点,降水深度可达 8~20 m。喷射井点主要由喷射井管、高压水泵和管路系统组成。

电渗井点降水是以井点管作阴极,在其内侧插入钢筋或钢管作阳极,通入直流电后,在电场的作用下,土中的水加速向阴极渗透,流向井点管的降水方法。这种方法耗电多,只在特殊情况下使用。

当降水深度超过 15 m 时,在管井井点采用一般的潜水泵和离心泵满足不了降水的要求,可加大管井深度,改用深井泵。深井泵井点一般可降低水位 30~40 m,有的甚至可以降低水位 100 m 以上。常见的深井泵有两种类型:电动机

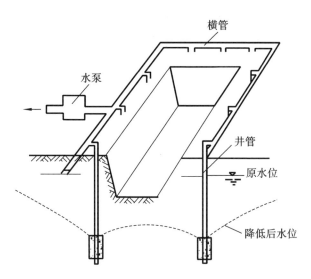

图 5.2 轻型井点降水

在地面上的深井泵及深井潜水泵(沉没式深井泵)。

在采用井点降低地下水水位法时,应将滤管尽可能设置在透水性较好的土层中,还应注意到水位下降对邻近建筑物的影响,这是因为水位下降,土的自重应力增加,可能引起邻近结构物的附加沉降。

3. 基底检验

挖好基坑后,在基础浇筑前,应按规定对基底进行检验,看基底是否符合设计要求。基底检验的主要内容包括以下方面。

(1) 基底平面位置、尺寸和基底标高是否与原设计相符。根据《公路工程质量检验评定标准　第一册　土建工程》(JTG F80/1—2017)第 8.5.1 条的规定,基础平面尺寸的允许偏差为±50 mm,基础底面高程的允许偏差为±50 mm(土质)、−200～+50 mm(石质),基础顶面高程的允许偏差为±30 mm,轴线偏位的允许偏差为≤25 mm。

(2) 基底土质是否与原设计相符,如有出入,应取样进行土质分析试验。

(3) 基底地基承载力是否满足设计要求,如低于设计要求,应进行加固处理。

基底检验应根据桥涵大小、地基土质复杂情况(如溶洞、断层、软弱夹层、易溶岩等)、地基是否有特殊要求等,按以下方法进行。对于小桥涵的地基,一般采用直接观察或触探方法,必要时进行土质试验。特殊设计的小桥涵对地基沉降有严格要求且土质不良时,宜进行荷载试验。对于加固处理后的特殊地基,一般采用触探或做密实度检验等方法。对于大桥、中桥和填土 12 m 以上涵洞的地基,一般由检验人员用直接观察、触探、挖试坑或钻探(钻深至少 4 m)试验等方法,确定土质容许承载力是否符合设计要求。对于地质条件特别复杂,在设计文件中有特殊要求,经加固处理并经触探、密实度检验后尚有疑问的地基,需进行荷载试验,确认符合设计要求后,方可进行基础结构物施工。

5.1.3 水中浅基础施工

在水中修筑桥梁基础时,开挖基坑前需在基坑周围先修筑一道防水围堰,把围堰内的水排干后,再开挖基坑修筑基础。如排水较困难,也可在围堰内进行水下挖土。挖至预定标高后,先灌注水下封底混凝土,再抽干水继续修筑基础。在围堰内,施工人员可以修筑浅基础,也可以修筑桩基础等。

下面主要介绍水中围堰一般要求和常用围堰的形式及施工要求。围堰施工完成后,水中浅基础施工中的基坑开挖、排水等要求,与陆地浅基础施工相同。

1. 水中围堰一般要求

水中围堰有土围堰、草袋围堰、钢板桩围堰、套箱围堰等。围堰类型应根据当地水文条件、地质条件、材料来源及基础形式而定。但无论哪种类型的围堰,均需满足下列基本要求。

(1)围堰顶面标高应高出施工期间可能出现的最高水位 0.70 m 以上,有风浪时应适当加高,用于防御地下水的围堰宜高出水位或地面 20~40 cm。

(2)修筑围堰将压缩河道断面,使流速增大,引起冲刷或堵塞河道影响通航,因此一般要求河道断面压缩不超过流水断面积的 30%。可能对两边河岸、河堤或下游建筑物造成危害时,必须采取防护措施。

(3)围堰内面积应满足基础施工的要求,应留有适当工作面积,基坑边缘至堰脚距离一般不少于 1 m。

(4)围堰结构应能承受施工期间产生的土压力、水压力以及其他可能产生的荷载,满足强度和稳定性要求。

(5)围堰应具有良好的防渗性能,以减轻排水工作。

2. 常用围堰的形式及施工要求

（1）土围堰和草袋围堰。

在水较浅（2 m 以内）、流速缓慢、河床渗水量较小的河流中修筑基础时，可采用土围堰或草袋围堰。

土围堰可用任意土料筑成，但以黏土或砂类黏土填筑最好。无黏性土时，也可用砂土填筑，但须加宽堰身以加大渗流长度，砂土颗粒越大，堰身越厚。围堰断面应根据使用土质条件、渗水程度及水压力作用下的稳定性确定。若堰外流速较大，可在外侧用草袋成排防护，还可以采用竹笼片石围堰和木笼片石围堰（由内外两层装片石的竹笼、木笼中间填黏土心墙组成）。黏土心墙的厚度应不小于 2 m。为避免片石笼对基坑顶部的压力过大，并为必要时变更基坑边坡留余地，片石笼围堰内侧一般应距基坑顶缘 3 m 以上。

（2）钢板桩围堰。

当水较深时，可采用钢板桩围堰。它具有材料强度高、防水性能好、穿透土层能力强、堵水面积小、可重复使用的优点。钢板桩围堰一般适用于河床为砂土、碎石土和半干硬性黏土的情况，可嵌入风化岩层。围堰内抽水深度最大可达 20 m。

钢板桩围堰的支撑（一般为万能杆件构架，也可采用浮箱拼装）和导向（由槽钢组成内外导环）框架结构系统称为"围图"或"围笼"（见图 5.3）。在深水中进行钢板桩围堰施工时，先在岸边或驳船上拼装围图，然后运到基础位置定位，在围图中打定位桩，将围图固定在定位桩上作为施工平台，撤走驳船，在施工平台上沿导环插打钢板桩。

插桩顺序应能保证钢板桩在流水压力作用下紧贴围图，一般自上游靠主流一角开始分两侧插向下游合龙，并使

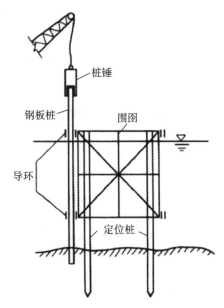

图 5.3 钢板桩围堰

靠主流侧所插桩数多于另一侧。插打能否顺利合龙关键在于桩身是否垂直和围堰周边能否被钢板桩数均分。插打合龙后，将钢板桩打至设计标高。打桩应由

合龙桩开始向两边依次进行。如钢板桩垂直度较好,可一次打桩至要求的深度;如垂直度较差,宜分两次打,即先将所有桩打入约一半深度,再打到要求深度。

为加快打桩进度并减少锁口渗漏,宜事先将 2~3 块钢板桩拼成一组。组拼后的钢板桩两端都应平齐,误差不大于 3 mm;每组上下宽度一致,误差不大于 30 mm。

在使用钢板桩围堰的过程中,应防止围堰内水位高于围堰外水位,一般可在低于低水位处设置连通管,到围堰内抽水时再予以封闭。

围堰内除土一般采用空气吸泥机进行,吸泥达到预计标高即可清底并灌注水下混凝土封底,然后抽出围堰内的水,清除封底混凝土顶面的浮浆和污泥,修筑基础及墩身;墩身出水后可拆除钢板桩围堰,钢板桩可以周转使用。

围堰使用完毕,拔除钢板桩时,将钢板桩与导梁间的焊接物切除,在围堰内灌水至高出围堰外水位 1~1.5 m,使钢板桩较易与水下混凝土脱离;在下游选择一组或一块较易拔除的钢板桩,略锤击振动后拔高 1~2 m,依次将所有钢板桩拔高 1~2 m;钢板桩都松动后,从下游开始分两侧向上游依次拔除。

在深水中修筑钢板桩围堰,基坑范围大导致不便设置支撑时,为确保围堰不透水,可采用双层钢板桩围堰。

(3) 套箱围堰。

套箱围堰适用于无覆盖层或覆盖层比较薄的水中基础。如图 5.4 所示,套箱为无底的围套,内部设木或钢支撑,组成支架。木套箱在支架外面钉装两层企口木板,用油灰捻缝以防漏水。钢套箱则设焊接或铆合而成的钢板外壁。

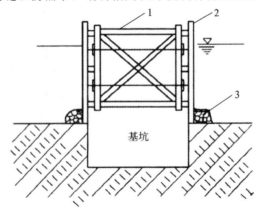

图 5.4 套箱围堰

1—套箱支架;2—套箱外壁;3—土袋护脚

木套箱采用浮运就位,然后加重下沉。钢套箱利用船运起吊就位下沉。在下沉套箱之前,应清理河床覆盖层并整平岩层。套箱沉至河底后,宜在箱脚外侧填黏土或用装土草(麻)袋护脚。

5.2 桩基础施工

5.2.1 预制沉桩施工

1. 沉桩前准备

可在预制厂预制桩,当预制厂距离较远且运桩不经济时,宜在现场选择合适的场地预制。场地应尽量靠近打桩地点,防止被洪水淹没;地基要平整密实,铺设混凝土地坪或专设桩台;场地布置要紧凑;制桩材料的进场路线与成桩运往打桩地点的路线不应相互干扰。

预制桩的混凝土必须连续一次浇筑完成,宜用机械搅拌和振捣,以确保桩的质量。桩上应标明编号、制作日期,并填写制桩记录。桩的混凝土强度必须大于设计强度的70%方可吊运;达到设计强度时方可使用。核验沉桩的尺寸和质量,并在每根桩的一侧用油漆画上长度标记,便于随时检查沉桩入土深度。此外,应备好沉桩地区的地质和水文资料、沉桩施工方案以及试桩资料等。

2. 锤击沉桩法

锤击沉桩法所用的基桩主要为预制的钢筋混凝土桩或预应力混凝土桩。锤击沉桩法是靠桩锤的冲击能量将桩打入土中,因此桩径不能太大(在一般土质中桩径不大于 0.6 m),桩的入土深度也不宜太深(在一般土质中不超过 40 m),否则对打桩设备要求较高,打桩效率差。锤击沉桩法一般适用于松散、中密砂土,黏性土。

锤击沉桩法常用的设备是桩锤和桩架。此外,锤击沉桩法还要使用射水装置、桩帽和送桩等辅助设备。

(1)桩锤。

常用的桩锤有坠锤、单动汽锤、双动汽锤及柴油锤等。

坠锤是最简单的桩锤,是由铸铁或其他材料做成的锥形或柱形重块,锤击力为 2～20 kN。使用方法是用绳索或钢丝绳通过吊钩由人力或卷扬机沿桩架导杆提升 1～2 m，然后使锤自由落下锤击桩顶。此方法打桩效率低，每分钟仅能打数次，但设备较简单，适用于小型工程中打木桩或小直径的钢筋混凝土预制桩。

单动汽锤、双动汽锤的使用方法是利用蒸汽或压缩空气将桩锤在桩架内顶起，下落锤击基桩。单动汽锤的锤击力为 10～100 kN，每分钟冲击 20～40 次，冲程为 1.5 m 左右；双动汽锤的锤击力为 3～10 kN，每分钟冲击 100～300 次，冲程为数百毫米，打桩效率高。单动汽锤适用于打钢桩和钢筋混凝土实心桩；双动汽锤冲击频率高，一次冲击动能较小，适用于打较轻的钢筋混凝土桩或钢板桩，还可以用于拔桩。

柴油锤实际上是一个柴油汽缸，工作原理同柴油机，即利用柴油在汽缸内压缩发热点燃而爆炸将汽缸沿导杆顶起，下落时锤击桩顶。导杆式柴油锤适用于打木桩、钢板桩；筒式柴油锤宜用于打钢筋混凝土管桩、钢管桩。柴油锤不适合用于在过硬或过软的土中沉桩。另外，施工中可使用防音罩包裹整个柴油锤，达到防止噪声和油烟扩散的目的。

打桩施工时，应适当选择桩锤重量。桩锤过轻，桩难以打下，效率太低，还可能将桩头打坏；桩锤过重，各机具、动力设备都需加大，不经济。

(2) 桩架。

桩架的作用是装吊桩锤、插桩、打桩、控制桩锤的方向，由导杆、起吊设备(滑轮、绞车、动力设备等)、撑架(支撑导杆)及底盘(承托以上设备)等组成。

桩架在结构上必须有足够的强度、刚度和稳定性，保证在打桩过程中的动力作用下不发生移动和变位。桩架的高度应满足桩吊立就位时的需要，并适应锤击的必要冲程。

常用的桩架有木桩架和钢制桩架。木桩架只适用于坠锤或小型的单动汽锤。柴油锤本身带有钢制桩架(由型钢装成)。桩架移动时可在底盘托板下面垫滚筒，或用轮子和钢轨等方式，利用动力装置牵引移动。钢制桩架的底盘带有转台和车轮(下面铺设钢轨)，撑架可以调整导杆的斜度，因此它能沿轨道移动、在水平面做 360°旋转，也能打斜桩，施工很方便；钢制桩架笨重，拆装运输较困难。

在水中施工墩台桩基础时，应打好水中支架桩(小型的钢筋混凝土桩或木桩)，在上面搭设打桩工作平台。当水中墩台较多或河水较深时，可采用船上打桩架施工。

(3) 射水装置。

在锤击沉桩的过程中,若下沉遇到困难,可用射水方法助沉。利用高压水流通过射水管冲刷桩尖或桩侧的土,减小桩的下沉阻力,从而提高桩的下沉效率。

(4) 桩帽与送桩。

桩帽的作用是直接承受锤击、保护桩顶,并保证锤击力作用于桩的断面中心。因此,桩帽应构造坚固,桩帽尺寸应与锤底、桩顶及导杆相吻合,顶面与底面均应平整且与中轴线垂直,应设吊耳以便吊起。桩帽上部为由硬木制成的垫木,下部套在桩顶上;桩帽与桩顶间宜填麻袋或草垫等缓冲物。

送桩构造如图5.5所示。送桩可用硬木、钢或钢筋混凝土制成。当桩顶位于水下、地面以下或打桩机位置较高时,可用一定长度的送桩套连在桩顶上,使桩顶沉到设计标高。送桩长度应按实际需要确定,为施工方便,应多备几根不同长度的送桩。

沉桩施工常见问题及预防与处理措施见表5.2。

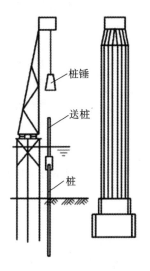

图 5.5 送桩构造

表 5.2 沉桩施工常见问题及预防与处理措施

问题	产生原因	预防与处理措施
桩顶破损	1. 桩顶部分混凝土质量差,强度低; 2. 锤击力偏心,即桩顶面与桩轴线不垂直,锤与桩面不垂直; 3. 未安置桩帽、帽内无缓冲垫或缓冲垫不良没有及时调换; 4. 遇坚硬土层,中途停歇后阻力增大,用重锤猛打	1. 加强桩预制、装、运的管理,确保桩的质量符合要求; 2. 施工中及时纠正桩位,使锤击力顺桩轴方向; 3. 采用合适的桩帽,并及时调换缓冲垫; 4. 选用合适的桩锤,施工时每根桩的沉桩要一气呵成
桩身破裂	1. 桩质量不符合设计要求; 2. 吊装时吊点或支点不符合规定,悬臂过长或中跨过多; 3. 打桩时,桩的自由长度过大,产生较大纵向挠曲和振动; 4. 锤击或振动过快	1. 加强桩预制、装、运、卸的管理; 2. 木桩可用8号镀锌铁丝捆绕加强; 3. 混凝土桩破裂位置位于水上时用钢夹箍加螺栓拉紧焊接补强加固,位于水中时用套筒横板浇筑混凝土加固补强; 4. 适当减小桩锤落距或降低锤击频率

续表

问题	产生原因	预防与处理措施
桩身扭转或位移	桩尖不对称,桩身弯曲	用棍撬、慢锤低击纠正,偏心不大时可不处理
桩身倾斜或位移	1. 桩头不平,桩尖倾斜过大; 2. 桩接头破坏; 3. 一侧遇石块等障碍物,土层有陡的倾斜角; 4. 桩帽、桩身不在一条直线上	1. 偏差过大时,应拔出移位再打; 2. 入土深度小于1 m,偏差不大时,可利用木架顶正,再慢锤打入; 3. 障碍物不深时,可挖除回填后再继续沉桩
桩涌起	土较软或遇流土现象	应选择涌起量较大桩做静载试验,如合格,可不再复打,如不合格,进行复打或重打
桩急剧下沉,有时产生倾斜或位移	1. 遇软土层、土洞; 2. 接头破裂或桩尖劈裂; 3. 桩身弯曲或有严重的横向裂缝; 4. 落锤过高,接桩不垂直	1. 暂停沉桩,查明情况,再决定处理措施; 2. 如不能查明,可将桩拔起,检查改正; 3. 重打或在靠近原桩位做补桩处理
桩贯入深度突然减小	1. 桩由软土层进入硬土层; 2. 桩尖遇到石块等障碍物	1. 查明原因,不能硬打; 2. 改用能量较大的桩锤; 3. 配合射水沉桩
桩不易沉入或达不到设计标高	1. 遇旧埋设物、坚硬土夹层或砂夹层; 2. 打桩间歇时间过长,摩阻力增大; 3. 定错桩位	1. 遇障碍或硬土层时,用钻孔机钻透后复打; 2. 根据地质资料正确确定桩长,如确实已达要求,可将桩头截除
桩身跳动,桩锤回弹	1. 桩尖遇障碍物,如树根或坚硬土层; 2. 桩身弯曲,接桩过长; 3. 落锤过高; 4. 冻土地区沉桩困难	1. 检查原因,穿过或避开障碍物; 2. 如入土不深,将桩拔起,避开或换桩重打; 3. 将冻土挖除或解冻

3. 振动沉桩法

振动沉桩法是用振动打桩机(振动桩锤)将桩打入土中的施工方法。其原理是用振动打桩机使桩产生上下方向的振动,在克服桩与周围土层间摩擦力的同时使桩尖地基松动,从而使桩贯入或拔出。振动沉桩法一般适用于砂土、硬塑及软塑的黏性土和中密及较软的碎石土。振动沉桩法施工具有以下特点:不仅可用于打桩,还可用于拔桩;虽然是振动下沉,但噪声较小;在砂性土中最有效,在硬地基中难以打进;施工速度快;不会损坏桩头;不用导向架也能打进;移位操作方便;需要的电源功率大;桩的断面大、桩身长,桩锤重量大;随地基的硬度加大,桩锤的重量也应增大;振动力大,桩的贯入速度快。

采用振动沉桩法时,每次振动的时间应根据土质情况及振动机能力大小,通过实地试验决定,一般宜不超过 10~15 min。振动时间过短,土的结构尚未彻底破坏;振动时间过长,振动机的部分零件易磨损。在有射水配合的情况下,可以减短振动持续时间。振动下沉速度由慢变快时,可以继续振动,振动速度由快变慢;下沉速度小于 5 cm/min 或桩头冒水时,应停振。振幅过大(一般应不超过 14~16 mm)而桩不下沉,表示桩尖端土层坚实或桩的接头已振松,应停振,继续射水或另做处理。

振动沉桩停振控制以通过试桩验证的桩尖标高控制为主,以最终贯入度或可靠的振动承载力公式计算的承载力作为校核。如果桩尖已达标高而最终贯入度或计算承载力相差较大,应查明原因,报有关单位研究后确定解决措施。

4. 射水沉桩法

射水沉桩法是利用小孔喷嘴以 300~500 kPa 的压力喷射水,使桩尖和桩周围土松动,使桩受自重作用而下沉的方法。它极少单独使用,常与锤击沉桩法和振动沉桩法联合使用。当射水沉桩到距设计标高尚差 1~1.5 m 时,停止射水,用锤击或振动恢复其承载力。这种施工方法适用于黏性土、砂性土,在细砂土层中特别有效。射水沉桩不会损坏较小尺寸的桩;施工时的噪声和振动极小。

采用射水沉桩法时,水泵应尽量靠近桩位,减少水头损失,确保有足够的水压和水量。采用桩外射水时,射水管应对称、等距离地装在桩周围,并使其能沿着桩身上下移动,以便在任何高度处冲刷土壁。为检查射水管嘴位置与桩长的关系和射水管的入土深度,应在射水管上自上而下标示尺寸。

沉桩过程中,不能随意停水;如因停水射水管或管桩被堵塞,可将射水管提起几十厘米,再强力冲刷疏通水管。管桩下沉到位后,如设计需要以混凝土填芯,应用吸泥等方法除泥,用水下混凝土填芯。在受到管外水压影响时,管桩内的水头必须保持高出管外水面 1.5 m 以上。

5. 静力压桩法

静力压桩法是用液压千斤顶或在桩头加重物施加顶进力将桩压入土层的施工方法。静力压桩法的特点如下:施工时产生的噪声和振动较小;桩头不易损坏;桩在贯入时相当于给桩做静载试验,故可准确知道桩的承载力;不仅可用于竖直桩,而且可用于斜桩和水平桩;机械的拼装移动等均需要较多的时间。

5.2.2 钻孔灌注桩施工

钻孔灌注桩施工工序为:根据土质、桩径、入土深度和机具设备等条件选用适当的钻具和钻孔方法,以保证能顺利达到预计孔深;清孔,吊放钢筋笼架,灌注水下混凝土。下面介绍其主要工序。

1. 准备工作

(1) 准备场地。施工前,应将场地平整好,以便安装钻架进行钻孔。当墩台位于无水岸滩时,钻架位置处应整平夯实,清除杂物,挖换软土;场地有浅水时,宜采用土或草袋围堰筑岛;当场地有深水或陡坡时,可用木桩或钢筋混凝土桩搭设支架,安装施工平台支承钻机(架)。在深水中,水流较平稳时,可将施工平台架设在浮船上,就位锚固稳定后在水上钻孔。应事前验算水中支架的结构强度、刚度和船只的浮力、稳定性。

(2) 埋置护筒。护筒的作用如下:固定钻孔位置;开始钻孔时,对钻头起导向作用;保护孔口,防止孔口土层坍塌;隔离孔内、孔外表层水,保证钻孔内水位高出施工水位,以产生足够的静水压力稳固孔壁。护筒一般用木材、薄钢板或钢筋混凝土制成,护筒内径比钻头直径稍大,旋转钻大 0.1~0.2 m,冲击或冲抓钻大 0.2~0.3 m。护筒埋设方式如下:下埋式适合旱地埋置,如图 5.6(a)所示;上埋式适合旱地或浅水筑岛埋置,如图 5.6(b)和图 5.6(c)所示;下沉埋设式适合深水埋置,如图 5.6(d)所示。

(3) 泥浆制备。泥浆在钻孔中的作用是:泥浆在孔内产生较大的静水压力,防止坍孔;泥浆向孔外土层渗漏,在钻进过程中,由于钻头的活动,孔壁表面形成一层胶泥,具有护壁作用;泥浆将孔外水流切断,稳定孔内水位;泥浆比重大,具

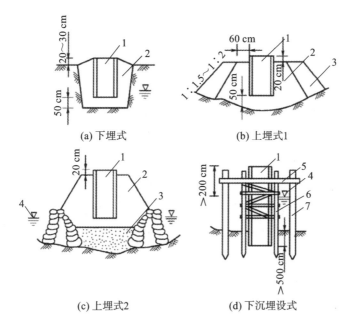

图 5.6　护筒埋设方式

1—护筒；2—夯实黏土；3—砂土；4—施工水位；5—工作平台；6—导向架；7—脚手桩

有挟带钻碴作用，有利于排土。因此，在钻孔过程中，孔内应有一定稠度的泥浆，比重宜为 1.1～1.3（在冲击钻进大卵石层时可在 1.4 以上），黏度为 20 mPa·s，含砂率小于 3%。在较好的黏性土层中钻孔也可灌入清水，使钻孔时孔内自造泥浆，达到固壁效果。

（4）安装钻机或钻架。钻架是钻孔、吊放钢筋笼、灌注混凝土的支架。我国生产的定型旋转钻机和冲击钻机均附有定型钻架，钻架有木制和钢制的四脚架、三脚架或人字扒杆。在钻孔过程中，成孔中心应对准桩位中心，钻机（架）应保持平稳，不发生位移、倾斜和沉陷。钻机（架）安装就位时，应详细测量，底座用枕木垫实塞紧，顶端用缆风绳固定平稳，经常检查。

2. 钻孔

（1）旋转钻进成孔。

旋转钻进成孔的施工方法受机具和动力的限制，适用于较细软的土层，如各种呈塑性状态的黏性土、砂土、夹少量粒径为 100～200 mm 的砂的卵石土层，也可用于软岩。这种钻孔方法的深度可达 100 m 以上。旋转钻进成孔的方法有普通旋转钻机成孔法、人工机动推钻与全叶式螺旋钻成孔法、潜水钻机钻孔法。

普通旋转钻机成孔法利用钻具的旋转切削体钻进,并在钻进的同时采用循环泥浆的方法护壁排碴,继续钻进成孔。按泥浆循环的程序,普通旋转钻机成孔有正、反循环回转钻之分。泥浆以高压通过空心钻杆,从底部射出,挟带钻碴上升而溢出流至井外沉浆池,待沉淀净化后再循环使用的方式,称为"正循环";泥浆由钻杆外流入井孔,旧泥浆由钻杆吸走的方式称为"反循环"。反循环钻机的钻进及排碴效率较高,但在接长钻杆时装卸较麻烦;如果钻碴粒径超过钻杆内径(一般为 120 mm),易堵塞管路,不宜采用。

人工机动推钻与全叶式螺旋钻成孔法用人工或机动旋转钻具钻进,钻孔时利用电动机带动钻杆转动,使钻头螺旋叶片旋转削土成孔,使土块随叶片上升排出孔外。此方法的孔深为 8~12 m,钻进速度较慢,遇大卵石、漂石土层时不易钻进。

潜水钻机钻孔法利用密封电动机、变速机构带动钻头在水中旋转削土,并在端部喷出高速水流冲刷土体,以水力排碴(同正循环,压入泥浆,钻碴随泥浆上升溢出井口),连续钻进、排土成孔。

(2) 冲击钻进成孔。

冲击钻进成孔是使用钻锥(冲击力为 10~35 kN),不断提锥、落锥,反复冲击孔底土层,把土层中泥、砂、石块挤向四壁或打成碎碴,使钻碴悬浮于泥浆中,利用掏碴筒取出的成孔方法。

冲击钻进成孔适用于含有漂石、卵石、大块石的土层及岩层,也能用于其他土层。成孔深度一般宜不大于 50 m。

(3) 冲抓钻进成孔。

冲抓钻进成孔是利用冲抓锥张开的锥瓣向下冲击切入土石,收紧锥瓣将土石抓入锥中,提升出孔外卸去土石,再向孔内冲击抓土的循环钻进的成孔方法。施工时,泥浆仅起护壁作用。当土层较好时,可不用泥浆护壁,用水头护壁。用冲抓钻钻进时,应以小冲程稳且准地开孔,待锥具全部进入护筒,再松锥进行正常冲抓。提锥应缓慢,冲击高度一般为 1.0~2.5 m。

冲抓钻进成孔适用于较松或密实的黏性土、砂性土及夹有碎石、卵石的砂砾土层,成孔深度一般小于 30 m。

采用以上方法钻孔的过程中,应防止坍孔、钻孔偏斜、卡钻、掉钻、扩孔及缩孔等事故。钻孔中常见的施工事故及预防与处理措施见表 5.3。

表 5.3 钻孔中常见的施工事故及预防与处理措施

事故种类	原因分析	预防与处理措施
坍孔	1. 护筒埋置太浅,周围封填不密实而漏水; 2. 操作不当,如提升钻头、冲击(抓)锥、掏碴筒或吊放钢筋骨架时碰撞孔壁; 3. 泥浆稠度小,起不到护壁作用; 4. 泥浆水位高度不够,对孔壁压力小; 5. 向孔内加水时流速过大,直接冲刷孔壁; 6. 在松软砂层中钻进时进尺太快	1. 孔口坍塌时,可拆除护筒,回填钻孔、重新埋设护筒再钻; 2. 轻度坍孔,可加大泥浆相对密度和提高水位; 3. 严重坍孔,投入黏土泥膏(或纤维素),待孔壁稳定后采用低速钻进; 4. 处于汛期或潮汐地区水位变化过大时,应采取升高护筒、增加水头或用虹吸管等措施保证水头相对稳定; 5. 提升钻头、下钢筋笼架等保持垂直,尽量不要碰撞孔壁; 6. 在松软砂层钻进时,应控制进尺速度,应用较好泥浆护壁; 7. 坍塌情况不严重时,可回填至坍孔位置以上 1~2 m,加大泥浆比重继续钻进; 8. 遇流土坍孔情况严重时,可用砂夹黏土或小砾石夹黏土,甚至块片石加水泥回填,重新钻进
钻孔偏斜	1. 桩架不稳,钻杆导架不垂直,钻机磨耗,部件松动; 2. 土层软硬不均,致使钻头受力不均; 3. 钻孔时遇较大孤石或探头石; 4. 扩孔较大处,钻头摆偏向一方; 5. 钻杆弯曲,接头不正	1. 将桩架重新安装牢固,并对导架进行水平和垂直校正,检修钻孔设备; 2. 偏斜过大时,填入石子、黏土,重新钻进,控制钻速,慢速提升、下降,往复扫孔纠正; 3. 如有探头石,宜用钻机钻透,用冲孔机时用低锤密击,把石打碎; 4. 基岩倾斜时,可用混凝土填平,待凝固后再钻

续表

事故种类	原因分析	预防与处理措施
卡钻	1. 孔内出现梅花孔、探头石、缩孔等未及时处理； 2. 钻头被坍孔落下的石块或误落入孔内的大工具卡住； 3. 入孔较深的钢护筒倾斜或下端被钻头撞击严重变形； 4. 钻头尺寸不统一，焊补的钻头过大； 5. 下钻头太猛或吊绳太长，使钻头倾斜卡在孔壁上	1. 对于向下能活动的上卡可用上下提升法，即上下提动钻头，并将钢丝绳左右拔移、旋转； 2. 上卡时还可用小钻头冲击法； 3. 对于下卡和不能活动的上卡，可采用强提法，即除用钻机上的卷扬机提拉外，还可采用滑车组、杠杆、千斤顶等设备强提
掉钻	1. 卡钻时强提强拉、操作不当，使钢丝绳或钻杆疲劳断裂； 2. 钻杆接头不良或滑丝； 3. 电动机接线错误，使不应反转的钻机反转，使钻杆松脱	1. 卡钻时应设保护绳才准强提，严防钻头空打； 2. 经常检查钻具、钻杆、钢丝绳和联结装置； 3. 掉钻后可采用打捞叉、打捞钩、打捞活套、偏钩和钻锥平钩等工具打捞
扩孔及缩孔	1. 扩孔是孔壁坍塌造成的； 2. 缩孔原因有 3 种：钻锥补焊不及时，磨耗后的钻锥直径缩小，地层中的软塑土遇水膨胀使孔径缩小	1. 扩孔不影响进尺时可不必处理，影响钻进时按坍孔事故处理； 2. 缩孔时可采用上下反复扫孔的方法扩大孔径

3. 清孔与吊放钢筋骨架

清孔的目的是除去孔底沉淀的钻碴和泥浆，以保证钢筋混凝土的灌注质量，保证桩的承载力。常用清孔方法有以下几种。

（1）抽浆清孔。抽浆清孔是用空气吸泥机吸出含钻碴的泥浆，达到清孔的目的。用风管将压缩空气输进排泥管,使泥浆形成密度较小的泥浆空气混合物,在水柱压力下沿排泥管向外排出泥浆和孔底沉碴,同时用水泵向孔内注水,保持水位不变,直至喷出清水或沉碴厚度达到设计要求。此方法清孔较彻底,适用于孔壁不易坍塌的采用各种钻孔方法的柱桩和摩擦桩。此方法一般用反循环钻机、空气吸泥机、水力吸泥机或真空吸泥泵等进行。

(2) 掏碴清孔。掏碴清孔是用抽碴筒、大锅锥或冲抓锥清掏孔底粗钻碴,仅适用于机动推钻、冲抓、冲击钻孔的各类土层摩擦桩的初步清孔。掏碴前,可投入 1~2 袋水泥,再以钻锥冲击数次,使孔内泥浆、钻碴和水泥形成混合物,然后用掏碴工具掏碴。当要求清孔质量较高时,可使用高压水管插入孔底射水,使泥浆相对密度逐渐降低。

(3) 换浆清孔。换浆清孔适用于正循环钻孔法的摩擦桩。钻孔完成后,提升钻锥距孔底 10~20 cm,继续循环,以相对密度较小(1.1~1.2)的泥浆压入,把钻孔内的悬浮钻碴和相对密度较大的泥浆换出。

(4) 喷射清孔。喷射清孔只适合配合其他清孔方法使用,是在灌注混凝土前对孔底进行高压射水或射风数分钟,使剩余少量沉淀物飘浮后,立即灌注水下混凝土的方法。

钻孔桩的钢筋应按设计要求预先焊成钢筋骨架,整体或分段就位,吊入钻孔。钢筋骨架吊放前,检查孔底深度是否符合设计要求;孔壁是否有妨碍骨架吊放和正确就位的情况。钢筋骨架可利用钻架或另立扒杆吊放。吊放时,应避免骨架碰撞孔壁并保证骨架外混凝土保护层厚度,应随时校正骨架位置。钢筋骨架达到设计标高后,将骨架牢固定位于孔口,立即灌注混凝土。

4. 灌注水下混凝土

我国多采用直升导管法灌注水下混凝土。将导管居中插入,离孔底 0.30~0.40 m(不能插入孔底沉积的泥浆中),导管上口接漏斗,在接口处设隔水栓,以隔绝混凝土与导管内水的接触。在漏斗中储备足够数量的混凝土后,放开隔水栓,储备的混凝土连同隔水栓向孔底猛落,这时孔内水位骤涨外溢,说明混凝土已灌入孔内。当灌注足够数量的混凝土时,将导管内水全部压出并使导管下口埋入孔内混凝土内 1~1.5 m 深,保证钻孔内的水不可能重新流入导管。随着混凝土不断通过漏斗、导管灌入钻孔,钻孔内初期灌注的混凝土及其上面的水或泥浆不断被顶托升高,不断提升导管和拆除导管,这时应保持导管的埋入深度为 2~4 m,最大宜不大于 4 m,拆除导管时间不超过 15 min,直至钻孔灌注混凝土完毕。

为了保证水下灌注混凝土的质量,应按设计强度等级提高设计混凝土配合比;混凝土坍落度宜为 180～220 mm;每立方米混凝土中水泥用量不少于 350 kg,水灰比宜为 0.5～0.6,可适当将含砂率提高至 40%～50%,使混凝土有较好的和易性;为防止卡管,石料尽可能用卵石,适宜粒径为 5～30 mm,最大粒径应不超过 40 mm。

为了随时掌握钻孔内混凝土顶面的实际高度,可用测绳和测深锤直接测定。测深锤一般用锥形锤,锤底直径为 15 cm 左右,高为 20 cm,质量为 5 kg,外壳可用钢板焊制,内装铁砂配重后密封。为保证灌注桩成桩后的质量,可用超声波法等进行无损检测。

5.2.3　挖孔灌注桩施工

挖孔灌注桩适用于无地下水或有少量地下水且较密实的土层或风化岩层。桩的直径(或边长)宜不小于 1.4 m,孔深一般宜不超过 20 m。若孔内产生的空气污染物超过规定的浓度限值,必须采用通风措施,方可采用人工挖孔施工。每个桩孔的开挖、提升出土、排水、支撑、立模板、吊装钢筋骨架、灌注混凝土等作业都应事先做好准备,紧密配合。

1. 开挖桩孔

一般采用人工开挖,开挖之前,清除现场四周及山坡上的悬石、浮土等,排除一切不安全的因素,做好孔口四周临时围护和排水设备。孔口应采取措施,防止土石掉入孔内,安排好排土提升设备(卷扬机或木绞车等),布置好弃土通道,必要时应搭雨棚。

挖孔过程中,随时检查桩孔尺寸和平面位置,防止产生误差。注意施工安全,下孔人员必须佩戴安全帽和安全绳,经常检查提取土碴的机具。孔深超过 10 m 时,应经常检查孔内二氧化碳含量,如超过 0.3%,应增加通风措施。孔内如用爆破施工,采用浅眼爆破法,严格控制炸药用量并在炮眼附近加强支护,以防止振坍孔壁。孔深大于 5 m 时,应采用电雷管引爆,爆破后先通风排烟 15 min,经检查孔内无毒后,施工人员方可下孔继续开挖。

2. 护壁和支撑

挖孔桩开挖过程中,开挖和护壁两个工序必须连续作业,以确保孔壁不坍塌。应根据地质条件、水文条件、材料来源等情况因地制宜选择支撑及护壁方法。

桩孔较深、土质较差、出水量较大或遇流土等情况时，宜采用就地灌注混凝土护壁，每下挖 1～2 m 灌注一次，随挖随支，如图 5.7(a)所示。护壁厚度一般为 0.15～0.20 m，混凝土强度等级为 C15～C20，必要时可配置少量钢筋，也可采用下沉预制钢筋混凝土圆管护壁。土质情况尚好，渗水量不大时，也可用荆条、竹笆作护壁，随挖随护壁，以保证挖土安全进行。

土质较松散而渗水量不大时，可考虑用木料做框架式支撑或在木框架后面铺架木板支撑，如图 5.7(b)所示。木框架或木框架与木板间用扒钉钉牢。

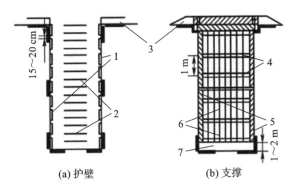

图 5.7　护壁和支撑

1—就地灌注混凝土护壁；2—固定在护壁上供人上下用的钢筋；3—孔口围护；
4—木框架支撑；5—支撑木板；6—木框架间支撑；7—不设支撑地段

3. 排水

如孔内渗水量不大，可采用人工排水（手摇木绞车或小卷扬机配合提升）；渗水量较大，可用高扬程抽水机抽水或将抽水机吊入孔内抽水。若同一墩台有几个桩孔同时施工，可以安排一个孔超前开挖，使地下水集中在这个孔中。

4. 吊装钢筋骨架与灌注水下混凝土

挖孔达到设计深度后，应进行孔底处理。必须做到孔底表面无松碴、泥、沉淀土，以保证桩身混凝土与孔壁及孔底密贴、受力均匀。如地质条件复杂，应通过钎探了解孔底以下地质情况是否能满足设计要求，若不满足要求，应与监理工程师、设计单位研究处理。吊装钢筋骨架与灌注水下混凝土的有关方法与钻孔灌注桩基本相同。

5.3 沉井基础施工

5.3.1 旱地沉井施工

旱地沉井施工可以就地进行,施工内容包括定位放样、平整场地、浇筑底节沉井、拆模和抽除垫木、挖土下沉沉井、接高沉井、地基检验及处理、封底、填充井孔及浇筑盖板。

1. 定位放样、平整场地、浇筑底节沉井

做好定位放样工作,确保准确性;将基础所在地的地面进行整平和夯实,在地面上铺设厚度不小于 0.5 m 的砂或砂砾垫层,铺垫木,立底节沉井模板,绑扎钢筋。在砂垫层上,在刃脚踏面处对称地铺设垫木,垫木一般为方木(可用 200 mm×200 mm 方木),其数量可按垫木底面压力不大于 100 kPa 计算。布置垫木时应考虑抽除方便;在垫木上面放出刃脚踏面大样,铺上踏面底模,安放刃脚的型钢,立刃脚斜面底模、隔墙底模和沉井内模,绑扎钢筋;立外模和模板拉杆。在场地土质较好处,也可采用土模。

在浇筑混凝土之前,必须检查核对模板尺寸和钢筋布置是否符合设计要求、支撑及各种紧固联系是否安全可靠。浇筑混凝土时要随时检查是否漏浆和支撑是否良好。混凝土浇好后要注意养护,夏季防暴晒,冬季防冻结。

2. 拆模和抽除垫木

混凝土达到设计强度的 25% 时可拆除内、外侧模,达到设计强度的 75% 时可拆除各墙底面和刃脚斜面模板,强度达到设计强度后才能抽撤垫木。按一定的顺序抽撤垫木,以免引起沉井开裂、移动或倾斜:先撤除内隔墙下的垫木,再撤除沉井短边下的垫木,最后撤除长边下的垫木。撤除长边下的垫木时,以定位垫木(最后抽撤的垫木)为中心,对称地由远到近拆除,最后拆除定位垫木。在抽垫木过程中,抽除一根垫木应立即用砂回填并捣实。

3. 挖土下沉沉井

垫木抽完后,检查沉井位置是否移动或倾斜,位置正确,即可在井内挖土。

沉井下沉施工可分为排水下沉和不排水下沉。当沉井穿过稳定的土层,不会因排水产生流土时,可采用排水下沉,并人工挖土或用机械除土。人工挖土时,应采取施工安全措施,要有规律、分层、对称、均匀地开挖,使沉井均匀下沉。通常先挖井孔中心,再挖隔墙下的土,最后挖刃脚下的土,一般高差宜不超过 50 cm。挖到一定程度,沉井即可借自重切土下沉一定深度,实现不断挖土、下沉。不排水下沉一般采用抓土斗或水力吸泥机。使用吸泥机时要不断向井内补水,使井内水位高出井外水位 1~2 m,以免发生流土或管涌现象。在井孔内均须均匀除土,否则易使沉井产生较大的偏斜。

在沉井下沉过程中,要经常检查沉井的平面位置和垂直高度。有偏斜时要及时纠正,否则下沉越深纠偏越难。

4. 接高沉井

当沉井顶面离地面 1~2 m 时,如还要下沉,应停止挖土,接筑上一节沉井。每节沉井高度以 4~6 m 为宜。接高的沉井中轴应与底节沉井中轴重合。为防止沉井在接高时突然下沉或倾斜,必要时应回填刃脚下的土,接高时尽量对称均匀加重。混凝土施工接缝应按设计要求布置好接缝钢筋,清除浮浆并凿毛,然后立模浇筑混凝土,待接筑沉井达到设计强度,即可继续挖土下沉,直至井底达到设计标高。如最后一节沉井顶面在地面或水面下,在沉井上加筑井顶围堰,围堰的平面尺寸略小于沉井,其下端与井顶预埋锚杆相连,视其高度分别砌混凝土、砌石、砌砖。围堰是临时性的,待墩台出水后可拆除。

5. 地基检验及处理

沉井下沉至设计标高后,必须检验基底的地质情况是否与设计资料相符,检验地基是否平整;能抽干水的可直接检验,否则由潜水员下水检验,必要时用钻机取样鉴定。如检验符合要求,宜尽可能在排水的情况下立即清理和处理地基。基底应尽量整平、清除污泥,并使基底没有软弱夹层;基底为砂土或黏性土时,应铺一层砾石或碎石垫层至刃脚踏面以上 20 cm;基底为风化岩时,应将风化层凿掉,以保证封底混凝土、沉井与地基连接紧密。

6. 封底、填充井孔及浇筑盖板

地基经检验、处理合格后立即封底,且封底宜在排水情况下进行;抽干水有困难时,用水下浇筑混凝土的方法,待封底混凝土达到设计强度后方可抽水,然后填井孔。对填砂砾或空孔的沉井,必须在井顶浇筑钢筋混凝土盖板。盖板达到设计强度后,方可砌筑墩台。

5.3.2 水中下沉沉井的措施

当沉井下沉施工处于水中时,可以采用筑岛法和浮运法,一般根据水深、流速、施工设备及施工技术等条件选用。

1. 筑岛法

在河流的浅滩或施工最高水位不超过 4 m 时,可用筑岛法,即先修筑人工岛,再在岛上制作沉井和挖土下沉。筑岛材料为砂或砾石,所筑的人工岛常称作"砂岛"。砂岛分无围堰和有围堰两种。无围堰砂岛应保证在施工期在水流冲刷作用下有足够的稳定性,一般用于水深不超过 1~2 m 且水流速度不大时,砂岛边坡坡度通常为 1∶2,周围用草袋、卵石、竹笼等护坡。砂岛面的宽度应比沉井面宽 2.0 m 以上,岛面高度应高出施工最高水位 0.5 m 以上。当河流较深或流速较大时,宜用钢板桩围堰筑岛。

2. 浮运法

在深水河流中,水深如超过 10 m,用筑岛法有困难或不经济,可采用浮运沉井的方法进行施工。

采用浮运法的沉井有两种形式:一种是普通沉井,在刃脚处安装临时性不漏水的木底板,就位后在井内灌水下沉,沉到河底再拆除底板,如图 5.8(a)所示;另一种是空腹薄壁沉井,井壁可用钢筋混凝土、水泥钢丝网或钢壳制成,空腹中设置支撑。向空腹中灌水或混凝土即可下沉,如图 5.8(b)所示。浮运沉井一般

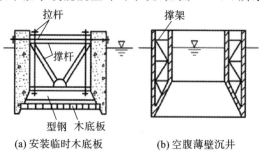

图 5.8 浮运沉井结构

先在岸上预制,再用滑道等方法放入水中(浮于水面),最后拉运到墩位处。

沉井准确就位后,用水或混凝土灌入空体使沉井徐徐下沉直至河底,或在悬浮状态下接长沉井及填充混凝土使沉井逐步下沉至河底,然后在水中挖土下沉。在浮运、下沉沉井的过程中,沉井顶面到水面的高度均不得小于 1 m。

5.3.3　沉井下沉常遇到的问题及处理方法

1. 突然下沉

在软土地基沉井施工中,常发生突然下沉现象。突然下沉的原因可能是井壁外的摩阻力很小,刃脚附近土体挖除后,沉井失去支承而剧烈下沉。突然下沉容易使沉井产生较大的倾斜或超沉,应避免。采用均匀挖土、增大踏面宽度或加设底梁等措施可以解决沉井突然下沉的问题。

2. 沉井偏斜

在沉井开始下沉阶段,井体入土不深,下沉阻力较小,沉井大部分还在地面上,外侧土体的约束作用很小,容易产生偏斜。在这个阶段,应控制挖土的程序和深度,注意均匀挖土。继续挖土时,可在沉井高的一侧集中挖土,还可以采取不对称加重、不对称射水和施加侧向力把沉井扶正等措施。在开始阶段,要经常检查沉井的平面位置,注意防止较大的倾斜;在中间阶段,可能会出现下沉困难的现象,但接高沉井后,下沉又变得顺利,但易出现偏移。

如沉井中心位置发生偏移,可先使沉井倾斜,均匀挖土,让沉井斜着下沉,直到井底中心位于设计中心线上,再将沉井扶正。

根据《公路工程质量检验评定标准　第一册　土建工程》(JTG F80/1—2017)第 8.5.6 条的规定,沉井实测项目中,一般沉井中心偏位(纵、横向)的允许偏差≤$H/100$(H 为井高,单位为 mm,后同),浮式沉井中心偏位(纵、横向)的允许偏差≤$H/100+250$ mm,竖直度的允许偏差≤$H/100$。

3. 沉井下沉困难

沉井下沉至最后阶段,主要问题是下沉困难。导致沉井下沉困难的主要原因如下:井外壁摩阻力太大,超过了自重;刃脚遇到大的障碍物。当刃脚遇到障碍物时,必须清除后再下沉沉井。清除方法可以是人工排除,如遇树根或钢材可烧断或锯断,遇大孤石可用炸药炸碎。在不能排水的情况下,由潜水员进行水下切割或水下爆破。解决摩阻力过大而使下沉困难的方法可从增加沉井自重和减小沉井外壁的摩阻力两方面来考虑。

(1)增加沉井自重。可以在沉井顶面铺设平台,然后在平台上放置重物,如砂袋、块石、铁块等,但应防止重物倒塌。对不排水下沉的沉井,可从井孔中抽出一部分水,从而减小浮力,增加向下压力使沉井下沉。此方法对渗水性大的砂、卵石层效果不大,对易发生流土的土也不适合。

(2)减小沉井外壁的摩阻力。可以将沉井设计成台阶形、倾斜形或在施工中尽量使外壁光滑;也可以在井壁内埋设高压射水管组,利用高压水流冲松井壁的土,使水沿井壁上升并润滑井壁,减小井壁摩阻力,帮助沉井下沉。沉井下沉至一定深度后,如下沉困难,可用炮震法强迫沉井,即在井孔的底部埋置适量的炸药(一般每个爆炸点用药 0.2 kg 左右),利用引爆产生的力迫使沉井下沉,但要避免震坏沉井。

对下沉较深的沉井,为减小井壁摩阻力,常用泥浆润滑套或空气幕帮助沉井下沉。泥浆润滑套法是把按一定比例配置好的泥浆灌注在沉井井壁周围形成一个具有润滑作用的泥浆套,可大大减小沉井下沉时的井壁摩阻力,使沉井顺利下沉。

射口挡板可用角钢或钢板制作,置于每个泥浆射出口处,固定在井壁台阶上。它的作用是防止泥浆管射出的泥浆直冲土壁,起缓冲作用,防止土壁局部坍落堵塞射浆口。为了保持土壁的稳定性及一定数量的泥浆储备,压入泥浆应高出地面,因此须在地面设置围圈。围圈由混凝土或钢板制成,高为 1.5~2.0 m,顶面高出约 0.5 m,圈顶面加盖,以防土石掉入泥浆套。泥浆套的施工按压浆管与井壁的位置关系分为内管法和外管法。厚壁沉井多采用内管法,薄壁沉井多采用外管法,如图 5.9 所示。

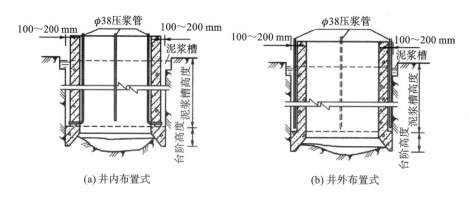

图 5.9 井内、外压浆管布置图

在沉井下沉过程中,要不断补充泥浆,泥浆面不得低于地表围圈的底面。同时,要注意使沉井孔内外水位相近,以防发生流土、漏水使泥浆套受到破坏。当沉井达到设计标高时,压进水泥砂浆把触变泥浆挤出,使井壁与四周的土重新产生摩阻力。在卵石、碎石层中,采用泥浆润滑套的效果一般较差。

空气幕法是在井壁四周按喷气管分担范围设置空气管喷射高压气流,使气流沿喷气孔喷出,再沿沉井外井壁上升,形成一圈空气幕,使井壁周围土松动,减小井壁摩阻力,促使沉井顺利下沉。

施工时,喷气管分层设置,由竖管和水平横管组成。每层水平横管上钻有很多小孔,压缩空气通过小孔向外喷射。压气沉井所需的压力可取静水压力的2.5倍,空气幕法在停气后可恢复土和井壁的摩阻力。空气幕法的下沉量易控制,施工设备简单,可以水下施工,经济效果好。空气幕法适用于细、粉砂类土和黏性土中。

5.4 桥梁基础施工实践——以江津至泸州北线高速公路项目二分部工程为例

5.4.1 人工挖孔桩施工

1. 施工准备

设备、人员、材料进场后,确认挖孔桩基坑四周排水沟顺畅、施工现场的出碴道路畅通。按施工图纸准确放线,放出桩位中心线和桩径,并认真进行技术复核,经驻地监理工程师确认后,才能开挖桩身部分。挖孔前,从桩中心位置向桩的四周引出四个桩心控制点,用牢固的钢桩标定。

2. 孔口开挖与安全防护

作业人员用锹、镐挖掘,深度约 1 m,立模,用 C30 混凝土浇筑井口护壁圈。井口护壁圈厚 20 cm,且高出地面 30 cm。孔口四周 0.6 m 范围内用砂浆硬化,孔口四周挖好排水沟,阻止地表水流入井中。弃土地点应离孔边至少 3 m,出土达到一定数量或影响施工作业时,组织人工、机械及时清运。

孔口四周设置装配式安全防护围栏,高度不低于 1.2 m。停止作业时,孔口加盖锁口围护,并设置警告标识牌,防止人员掉入孔中。此外,为防止雨水侵入桩孔,应在孔口上搭设防雨棚(防雨棚的高度大约为 2 m,以方便人员作业),同时在孔内设置半月搭板作为孔内防护。

3. 安装提升设备

(1)根据施工需要,采用电动卷扬机绞车作为提升设备。安装提升设备时,首先要考虑施工的安全,其次要考虑进料出碴方便灵活、拆装容易。吊斗容量与起重能力必须相适应,起重安全系数要大于 6。

(2)挂钩及吊斗活门既要牢固,又要有安全措施;人员上下移动使用安全爬梯,严禁使用卷扬机。

(3)电动卷扬机绞车应高出井口 60~80 cm。安装轻型起重吊机时,必须对吊机安装基座范围内场地进行平整夯实处理。

(4)严格控制吊机前鹰嘴吊点中心与桩孔中心基本重合,误差不得大于 5 cm,以避免出碴桶升降过程中接触孔壁而发生安全事故。吊钩必须有锁扣,后座设置相应的压重块进行配重。

(5)在使用过程中,必须经常检查提升设备相关部件,发现缺陷时及时处理。

4. 护壁施工

混凝土护壁采用内齿式 C30 混凝土护壁,浇筑节长为 1 m,护壁壁厚为 10~15 cm;孔口设 300 mm×300 mm C30 混凝土井圈,高出地面 30 cm;护壁外侧为直径为"桩基直径+护壁厚度"的圆柱,内侧为圆台;上、下护壁混凝土搭接长度不小于 5 cm。

第一节混凝土护壁必须高出地面 30 cm 左右,以便于挡水和定位。孔口附近不得有危石、重型机械,不得摆放重物,防止塌孔或土、石、杂物等滚入孔中伤人。将桩控制轴线高程引到第一节混凝土护壁上,每节以十字线对中,以吊线锤控制中心位置。

(1)安装第一节护壁模板。护壁模板采用组合式弧形钢模板,钢模板面板的厚度不得小于 4 mm,模板高度可根据施工需要取 0.5~1 m。混凝土护壁采用下喇叭口型,其成型几何尺寸为上口壁厚不小于 15 cm、下口壁厚不小于 10 cm。

(2)浇筑第一节护壁混凝土。护壁采用 C30 混凝土。护壁模板安装就位并检查合格后,立即浇筑混凝土。护壁混凝土采用混凝土拌和厂、强制式拌和机集中拌和,采用混凝土运输车运至现场。浇灌护壁混凝土时,用敲击模板及钢筋插捣的方法捣固。护壁混凝土强度等级与桩身混凝土相同,坍落度控制在7～9 cm。护壁施工中,应确保护壁厚度,发现厚度不足时及时修凿孔壁。

(3) 第二节开挖。待第一节护壁混凝土达到设计强度的85%后,拆除模板及加固支撑,开挖第二节桩孔。开挖过程中,在人的头顶设置半圆形遮板等防石块掉落的防护措施,孔内弃碴利用垂直提升设备运输至孔口,用手推车运走。

(4) 安装第二节护壁模板。第二节桩基开挖成型并经检查合格后,安装第二节护壁模板,第二节护壁模板径向厚度为15～20 cm。具体要求与上一节护壁模板相同。施工时,下节护壁混凝土嵌入上节护壁5 cm,确保节段接缝密合且不漏水。

(5) 浇筑第二节护壁混凝土。第二节护壁混凝土施工与上一节护壁混凝土相同。

循环以上作业步骤,将桩基开挖至设计标高。

5. 爆破施工

本项目人工挖孔桩采取间隔开挖,即在平面上采用隔墩隔桩交叉的顺序开挖。在相邻的桩孔,注意在深度上以错位下挖的形式进行。桩基开挖采用爆破方法施工。

6. 挖进、出碴及终孔

出碴采用人工孔底装碴、卷扬机提升出孔的方式,孔内弃碴吊出后,碴料顺桩平台水平外弃,保证挖孔废料堆放整齐、规范。弃土集中堆放在桩孔边缘3 m范围以外的开阔地,堆积高度不大于1.5 m;弃土应及时清运至弃土场。孔口周围必须保持整洁、无杂物,避免物体掉入孔内造成作业人员的伤亡。

将桩孔挖至设计标高,用钢钎插探桩底地质情况是否与图纸相符,清除虚土。基底地质情况与设计不符时,应即时上报监理工程师,签署验底记录。

5.4.2 旋挖钻、冲击钻施工

1. 平整场地

根据施工现场实际条件对场地进行平整,清除杂物,换除软土,夯打密实,并用枕木铺垫,保证钻机能平稳作业。修筑施工时临时通道,以满足场地内排水、供水、供电、交通、设备停放条件,保证吊车、混凝土运输车、运碴车等安全、顺利通行。

2. 桩位放样

(1) 审核、计算桩位设计坐标,确定无误后,进行施工放样。

(2) 检查测量仪器状况及校验日期。

(3) 选择桩位附近导线点,用全站仪根据控制测量确定的坐标及桩基设计坐标,对施工桩位进行初步放样,确定桩基所处位置。

(4) 根据初步放样的桩位结果,制订桩基施工作业平台的搭设和处理方案,规划桩施工顺序。

(5) 场地平整完成后,采用全站仪放出桩中心线及桩的准确位置。每根桩需设置十字护桩,以便于复核桩位。

3. 埋设钢护筒

当钻孔灌注桩桩位经监理工程师检查合格后,可埋设护筒。护筒采用 1 cm 厚的钢板制作,高度为 2 m。钢护筒采用挖埋法施工,埋设钢护筒的坑塘应大致为圆形,直径比桩基直径大 20 cm 以上,深度为 2 m,必须挖至原地基坚实土以下。钢护筒埋设时,必须根据灌注桩桩位护桩严格对中、整平,平面误差不大于 50 mm,竖直线倾斜率不大于 1%,顶面高出原地面不小于 30 cm。钢护筒埋设后,外侧四周及底部必须用黏土分层夯实,夯实时每层厚度不大于 10 cm;在桩基四周埋设护桩位,护桩采用混凝土桩,其制作尺寸与控制点制作尺寸一致,护桩十字线必须与设计桩位重合;用全站仪复测桩位坐标,确定无误后,测量钢护筒高程,用油漆做好标记,以便反算桩底高程。

4. 钻机就位

钻机就位必须严格控制对中情况及钻杆垂直度。钻机对中后,确保钻头中心、护筒中心及桩中心基本重合。为确保成桩桩位偏差满足规范和设计要求,钻机就位后的中心偏位宜不大于 50 mm。钻机整平后,用水平尺法或垂线法检测主钻杆垂直度,其倾斜率严禁超过 1%。钻机就位后,应对其进行固定,固定必须牢固、可靠,以防止在施工过程中机身振动造成实际偏位。

5. 制备泥浆

向孔内投放优质黏土或化学造浆剂造浆护壁。钻孔时,始终保证孔内水位高于地下水水位 1.0~1.5 m。施工现场随时测定泥浆相对密度、黏度、含砂率等性能指标,并根据不同的地质情况采用不同的泥浆比重。必要时,为改善泥浆质量,掺入适量的外加剂。钻孔时,泥浆性能要求如下:根据首根桩试验测得相对密度,黏度控制在 22~30 mPa·s,含砂率≤4%,胶体率≥95%,失水率≤20 mL/30 min,泥皮厚≤3 mm/30 min。钻进时,随时检验泥浆指标,并填写泥浆试验记录。

桩基施工时,在两排桩基中间设置泥浆池或沉淀池。根据计算,每两排桩按道路设计线在左右各设置一个泥浆池,泥浆池大小为 12 m×8 m;墩位另一侧设置为施工作业平台,供钻机及吊车现场作业用。施工便道位于桥梁的左侧,成品待安装钢筋笼及导管等材料运至现场后可临时存放在便道左侧。特殊桩位可利用护筒或者泥浆储备器(现场采用钢板加工,可储备泥浆 20 m³)。施工现场的泥浆利用泥浆车进行外运处理,严禁随意排放污染环境。

6. 钻进

(1) 旋挖钻钻孔。下钻前,拉护桩定出桩中心点,使钻头对中。钻头中心与护筒中心偏差不得大于 5 cm。钻孔前,必须检查钻头保径装置和钻头直径、磨损情况,施工过程中及时更换磨损超标的钻头。

(2) 冲击钻钻孔。分项工程开工报告报送监理工程师批复后,才能正式开钻。钻进过程中,应经常检查泥浆性能和钻孔中心位置,并采取措施及时改进,防止事故发生。分班连续进行钻进作业,认真填写冲孔记录。在土层变化处捞取碴样,判明土层,以便与地质剖面图核对。当土层与地质剖面图严重不符时,及时向监理工程师及设计方汇报。

(3) 成孔检测。钻孔达到设计深度后开始清孔,当孔内抽出的泥浆(泥浆比重为 1.03~1.10,含砂率小于 2%,黏度为 17~20 mPa·s,胶体率不小于 98%)满足要求后,申请监理工程师验孔。采用检孔器检测桩基直径:利用三脚架或吊车将检孔器放入孔内,在护桩上拉十字线确保检孔器对中,使检孔器上吊点固定不动,使检孔器靠自重下沉,若检孔器能在自重作用下顺利沉到孔底,则说明孔径满足设计要求。

7. 清孔

当孔径满足设计要求并达到设计孔深时,经值班技术人员判定并经监理工程师认可后方允许终孔。旋挖钻采用一次清孔,冲击钻采用两次清孔。

(1) 旋挖钻一次清孔。用挖斗反复捞取松碴,直到松碴厚度符合规范要求。

(2) 冲击钻第一次清孔。桩孔成孔后,进行第一次清孔(采用正循环)。清孔时将钻具提离孔底 0.3~0.5 m,缓慢转动,同时加大泵量,每隔 10 min 停泵一次,将钻具提高 3~5 m,再开泵清孔,确保第一次清孔后孔内无杂物。清孔后泥浆指标为:相对密度为 1.03~1.10,胶体率不小于 98%,含砂率小于 2%,黏度为 17~20 mPa·s。

(3) 冲击钻第二次清孔。灌注水下混凝土前,检查孔底沉碴厚度(不大于 5 cm),如沉碴厚度超出规范要求,则利用导管进行第二次清孔。

不得采用加深钻孔深度的方式代替清孔。清孔结束后,再次测量孔底标高,确认无误后方可拆除钻头,进行下一道工序施工。

5.4.3 钢筋笼加工与安装

1. 原材料的验收与堆放

在钢筋进场前,必须按照图纸和规范要求检验,检验合格后方可使用。材料进场后存放在钢筋存放区域,不得直接堆放在地面或者平台上,采用方木或其他枕梁垫起不低于 30 cm,在雨天时加盖棚布,即上盖下垫。

2. 钢筋下料与加工

(1) 按设计要求加工制作钢筋笼,采用匹配法分节制作,每节最长为 9 m,分节原则为 $n×9+L$(n 为节数),即若钢筋笼长度大于 9 m,分节制作取 9 m 的 n 倍,剩余不足 9 m 的部分为 L,单独制作。钢筋下料时,设计好下料尺寸,确保在钢筋笼制作过程中接头错开 1.5 m 以上,从而保证在同一断面上钢筋焊接面积小于等于整个断面钢筋总面积的 50%,保证钢筋笼长度。

(2) 丝头加工。钢筋端部平头使用钢筋切割机切割。按照钢筋规格所需的调整试棒调整好滚丝头内孔最小尺寸。按钢筋规格更换涨刀环,并按规定的丝头加工尺寸调整好剥肋加工尺寸。调整剥肋挡块及滚轧行程开关位置,保证剥肋及滚轧螺纹的长度符合丝头加工尺寸的规定;标准型接头的丝头有效螺纹长度应不小于1/2连接套筒长度,且允许误差为+2P(P为螺纹的螺距)。丝头加工时,应用水性润滑液,不得使用油性润滑液。钢筋丝头加工完毕经检验合格后,立即带上丝头保护帽或拧上连接套筒,防止装卸钢筋时损坏丝头。

(3) 在加强圈自动弯曲、切断焊接区加工钢筋笼加强圈,加工时采用双面焊接,焊接长度不小于$5d$(d为钢筋直径)。

3. 钢筋笼制作

在滚焊机上制作钢筋笼:根据图纸调整滚焊机,保证钢筋笼尺寸符合设计要求,将主筋抖落分布于分料盘的圆周上,同时穿在固定盘和移动盘环形模板的导管内,并在移动盘的导管内用螺栓加紧,加紧时注意每根主筋的错位长度。

钢筋加工具体要求如下。

(1) 钢筋笼堆放场地要平整、坚实,钢筋笼底下要垫方木,排水要通畅。

(2) 钢筋在钢筋加工场地分段制作,采用平板车运至现场,用吊车或履带吊吊入孔内。钢筋用切筋机切断,也可用气割或手动剪切,禁止用电焊机烧断。可采用钢筋切断机、砂轮切割机等下料,不得用气割下料。钢筋下料时,要求切口端面与钢筋轴线垂直,不得有马蹄形或挠曲,端部不直时须调直。

(3) 钢筋笼制作时,按节段进行预拼,然后拆除。确保钢筋笼起吊、倒运、安装过程中两头不变形,避免增加现场连接的难度。所有钢筋笼节段在起吊过程中均要配辅助吊钩。测量组以书面形式提供护筒标高,现场技术员按此控制钢筋笼顶面标高。钢筋笼加工时,严格控制间距;同一钢筋笼必须在检查确定可以完全对接后,方可运输至施工场地。对于个别错位接头,采用焊接方式,且必须保证焊缝长度满足相关要求、焊缝饱满、无焊碴。

(4) 必须清除端部的浮锈、油污等脏物,保持干燥;下节钢筋顶经锤击后的变形部分应割除。钢筋除锈通常采用锤击、砂纸擦或化学药剂清洗等方法。钢筋除锈在加工前进行;加工后,要防止受潮,尽快使用,以免生锈而不易清除。加工后的钢筋表面伤痕不应使钢筋截面积减少5%以上。

(5) 主筋外缘至设计桩径混凝土表面净保护层厚度满足设计要求。桩基加强筋设在主筋内侧,自上而下每2 m设一道,至钢筋笼底部;其零数可在最下两段内调整,但其间距不大于2.5 m。

(6) 钢筋骨架用吊车或履带吊起吊,第一段放入孔内后,用钢管或型钢临时搁置在护筒口旁的方木上,再起吊另一段,对正位置焊接后,逐段放入孔内至设计标高。钢筋骨架在下放过程中禁止碰撞孔壁,如放入困难,应查明原因,不得强行插入。

(7) 焊接地线应与钢筋接触良好,防止接触不良而烧伤主筋。

(8) 对于检查合格的丝头,及时将其一端戴上塑料保护帽,另一端拧上同规格的连接套筒并拧紧,并按规格堆放整齐待用。钢筋连接之前,先回收丝头上的塑料保护帽和套筒端头的塑料密封盖,检查螺纹丝扣是否完好无损、清洁。如发现杂物或锈蚀,用铁刷刷干净。每连接完一个接头,立即用油漆做标记,防止漏拧。

4. 钢筋笼存放与运输

钢筋笼存放在钢筋场成品区,保证钢筋笼离地面 30 cm 以上;每组钢筋笼按墩桩号、节段号排序,并在钢筋笼上设置二维码"身份证",扫描钢筋笼上的二维码即可知其参数及部位。

钢筋笼运输采用平板运输车;起吊采用四点吊,不另外设置吊耳,吊点的位置设置在两端第二道加劲箍筋和主筋连接处。起吊时,拴好钢丝绳和卡环,在钢筋笼的一头拴上一根长绳子,绳子的另一头控制在人手里;吊车慢慢起钩,控制绳子的人拉住绳子,控制钢筋笼方向,保证钢筋笼不旋转;慢慢旋转扒杆,将钢筋笼安放在指定位置,使用钢丝绳将钢筋笼固定于平板运输车上。

5. 钢筋笼安装

成孔后第一次清孔达到标准,核测无误后开始钢筋笼安装。钢筋笼入孔时由吊车吊装。在安装钢筋笼时,采用两点起吊。第一吊点设在骨架的上部,使用吊车的大钩;第二吊点设在骨架下部 1/3 处,使用吊车的小钩。整个钢筋笼同时起吊,在空中竖起调整。适当增加吊点处箍筋,控制焊接质量,以保证钢筋笼在起吊时不变形或脱落。吊放钢筋笼入孔时,要对准孔,保持垂直,轻放、慢放入孔,入孔后徐徐下放,不宜左右旋转,严禁摆动、碰撞孔壁。若遇阻碍要停止下放,查明原因并进行处理。严禁高提猛落和强制下放。

6. 钢筋笼接长

钢筋笼接长时,按照制作顺序从下至上依次进行。上节钢筋笼下放完成后,采用固定底盘进行临时固定和限位;底盘共设置 4 个支脚,通过将支脚伸入加强圈及吊耳下方拖住上节钢筋笼实现上、下节钢筋笼的接长。下放完毕后,采用两根吊筋将钢筋笼顶部与护筒连接固定,防止混凝土浇筑过程中钢筋骨架上浮。

5.4.4 混凝土灌注

1. 干桩混凝土灌注

混凝土采用集中拌和,采用罐车运输,采用插入式振捣器振捣。每个孔配置两名振捣工人,采用50型或70型振捣棒进行振捣作业。混凝土在施工现场应做坍落度试验,坍落度应控制在18~22 cm。

混凝土放料时,其自由倾落高度宜不超过2 m且以不发生离析为度。当倾落高度超过2 m时,应通过串筒、溜管等设施下落。

2. 水桩混凝土灌注

(1) 安放导管。

混凝土采用导管灌注,导管内径为200~300 mm。导管使用前,使用气泵进行水密承压试验,观察导管是否有漏水现象。检查导管外观,导管内壁应圆滑、顺直、光洁和无局部凹凸,局部沾有灰浆处应清理干净,有局部凸凹的导管不得使用。进行导管试拼、编号。根据护筒顶面标高、孔底标高,考虑垫木高度,计算导管所需长度(标准导管长度一般为4 m、3 m、2.5 m、2 m、1 m、0.5 m),对导管进行试拼,符合长度要求后,对导管进行编号。试拼时,最上端导管用单节长度较短的导管(0.5 m),最底节导管采用单节长度较长的导管(4.0 m)。导管采用吊车配合人工安装,导管安放时,人工配合扶稳使导管的位置在钢筋笼中心,然后稳步沉放,防止卡挂钢筋骨架和碰撞孔壁。安装时,用吊车先将导管放至孔底,再将导管提起40 cm,使导管底距孔底40 cm;导管高度确定后,用枕木调整导管卡盘高度,用卡盘将导管卡住。

(2) 二次清孔。

钢筋笼下放完毕后,下灌注导管至距孔底10 cm处。将风管从灌注导管内下放至距导管底口20 cm处,并将风管的另一端与空压机组连接。将接碴篮放在出碴口下,保证孔内泥浆高度,以防塌孔。

开启空压机清孔,风量、风压由小到大,正常风量为13 m^3/min,正常风压为0.4~1.0 MPa。

测量孔内沉碴厚度(<15 cm)和泥浆比重(1.03~1.1),确认达到质量标准后,关闭空压机,卸下导管帽,拔出风管,进行正常灌注。

(3) 水下混凝土的拌和与运输。

混凝土拌和前,试验室提供混凝土配合比,并测定拌和料场砂、石的含水量,换算施工配合比,指导拌和站严格按施工配合比拌制混凝土。

混凝土拌和坍落度控制在 160～200 mm。每车混凝土出站前,试验室试验人员检测混凝土的出站坍落度和出站温度,若不合格,不准出站。混凝土出站时,试验室试验人员须在运输单上填写出站时间、出站坍落度。冬季施工时,还须填写混凝土的出站温度。

混凝土采用罐车运输。冬季施工时,罐车运输罐用棉被或其他保温材料包裹保温,以减少混凝土在运输过程中的温度损失。

(4) 灌注水下混凝土。

每车混凝土灌注前,检测混凝土出场、入模的坍落度和出场、入模的温度,坍落度应为 180～220 mm,温度应在 5 ℃以上。

混凝土由罐车运至现场后,采用吊车吊储料斗灌注。为确保灌注顺利进行,要准确计算出首批混凝土方量,满足埋置深度(≥1.0 m)和填充导管底部的需要。首批混凝土灌注后,灌注混凝土由混凝土运输车溜槽直接对料斗放料进行灌注。

灌注中,每车混凝土灌注完成或预计拔导管前量测孔内混凝土面位置,以便及时调整导管埋深。导管埋深一般控制在 4～6 m。在灌注将结束时,核对混凝土的灌入数量,以确定所测混凝土的灌注高度是否正确。灌注完的桩顶标高应比设计标高高出 0.5 m,高出部分在混凝土强度达到 80%后凿除,凿除时防止损毁桩身。灌注完毕后,拔出护筒。

第6章 桥梁结构施工技术

6.1 桥梁下部结构施工

6.1.1 承台和系梁施工

1. 承台施工

(1) 围堰及开挖方式的选择。

当承台处于干处时,一般直接采用明挖基坑,并根据基坑状况采取一定措施后,在其上安装模板,浇筑承台混凝土。

当承台位于水中时,一般先设围堰(钢板桩围堰或吊箱围堰)将群桩围在堰内,然后在堰内河底灌注水下混凝土封底,凝结后,将水抽干,使桩处于干处,再安装承台模板,在干处灌注承台混凝土。

若承台底位于河床以上的水中,采用有底吊箱或其他方法在水中将承台模板支撑和固定,如利用桩基或临时支撑。承台模板安装完毕后抽水,堵漏,即可在干处灌注承台混凝土。

承台模板支承方式的选择应根据水深、承台类型、现有条件等因素综合考虑。

(2) 承台底处理。

①低桩承台。当承台底层土质有足够的承载力,又无地下水或能排干水施工时,可按在天然地基上修筑基础的施工方法施工。当承台底层土质为松软土,且能排干水施工时,可挖除松软土,换填 10~30 cm 厚砂砾土垫层,使其达到基底的设计标高并整平,然后立模灌注承台混凝土。

②高桩承台。当承台底以下河床为松软土时,可在板桩围堰内填入砂砾至承台底面标高。填砂时视情况决定,可抽干水填入或静水填入,要求能达到承受灌注封底混凝土的质量。

(3) 模板及钢筋制作。

模板一般采用组合钢模,纵、横楞木采用型钢。在施工前必须精心设计模板,以保证模板有足够的强度、刚度和稳定性,能可靠地承受施工过程中可能产生的各项荷载,保证结构形状、尺寸准确,要求模板平整,接缝严密,拆装容易,操作方便。模板一般先拼成若干大块,再由吊车或浮吊(水中)安装就位,支撑牢固。

严格按技术规范及设计图纸的要求制作钢筋,墩身的预埋钢筋位置要准确、牢固。

(4) 混凝土浇筑。

混凝土的配制除要满足技术规范及设计图纸的要求外,还要满足施工的要求,如泵送对坍落度的要求。为改善混凝土的性能,根据具体情况掺加合适的混凝土外加剂,如减水剂、缓凝剂、防冻剂等。

采用拌和站集中拌和混凝土,混凝土罐车通过便桥或船只运输到浇筑位置,采用溜槽、漏斗或泵车浇筑,也可由混凝土地泵直接在岸上泵入。

混凝土浇筑时要分层,根据振捣器的功率确定分层厚度,要满足技术规范的要求。

(5) 混凝土养护和拆模。

混凝土浇筑后,要适时进行养护,尤其是混凝土体积较大、气温较高时要防止混凝土开裂。混凝土强度达到拆模要求后再拆模。

2. 系梁施工

具体施工工艺方法如下。

(1) 铺设底模。按墩身系梁位置进行底模铺设。

(2) 钢筋安装。钢筋在加工场地预制成型,运至施工现场,采用常规方法焊接、安装。在焊接主筋(水平筋)接头时,将预埋筋按单面焊的搭接长度进行搭接,并满足同一搭接长度区段内接头错开50%,焊接执行施工规范的要求。安装时应注意预埋盖梁预埋钢筋。

(3) 模板安装。模板找正采用经纬仪跟踪测量、水平仪测量顶面高程的方法进行。模板支立前,涂刷优质脱模剂,以保证混凝土外观质量及拆模便利。

(4) 混凝土浇筑。系梁混凝土采用集中搅拌站拌和、人工手持振捣棒分层浇筑振捣、塑料布覆盖洒水保湿养护的方法施工。

(5)拆模。混凝土强度达到设计规定强度后再拆模,采用人工配合吊车扶模拆卸。拆模时应注意不能损坏台体混凝土。

6.1.2 墩台施工

1. 钢筋混凝土墩台施工

就地浇筑的钢筋混凝土墩台施工有两个主要工序:一是墩台模板制作与安装;二是混凝土浇筑。

(1)墩台模板制作与安装。

常见模板有拼装式模板、整体吊装模板及组合型钢模板。

拼装式模板是将各种尺寸的标准模板利用销钉连接,并与拉杆、加劲构件等组成墩台所需形状的模板。将墩台表面划分为若干小块,尽量使每部分板扇尺寸相同,以便周转使用。板扇高度通常与墩台分节灌注高度相同,一般可为3~6 m,宽度可为1~2 m,具体视墩台尺寸和起吊条件而定。拼装式模板在厂内加工制造,板面平整、尺寸准确、体积小、质量轻、拆装容易、快速,运输方便,故应用广泛。

整体吊装模板是将墩台模板水平分成若干段,每段模板组成一个整体,在地面拼装后吊装就位的模板。分段高度可视起吊能力而定,一般可为2~4 m。整体吊装模板具有以下特点:安装时间短,无须设置施工接缝,可以加快施工进度、提高施工质量;将拼装模板的高空作业改为平地操作,有利于施工安全;模板刚性较强,可少设或不设拉筋,节约钢材;可将模外框架作为简易脚手架,无须搭施工脚手架;结构简单,装拆方便,对建造较高的桥墩较为经济。

组合型钢模板是用定型的连接件将各种长度、宽度及转角标准构件拼成的模板,具有体积小、质量轻、运输方便、装拆简单、接缝紧密等优点,适用于在地面拼装、整体吊装的结构。

各种模板在工程中可根据墩台高度、墩台形式、机具设备、施工期限等条件因地制宜,合理选用。模板安装前,应检查模板尺寸;安装时,要坚实牢固,以免振捣混凝土时引起跑模漏浆;安装位置、允许偏差要符合结构设计要求。

根据《公路桥涵施工技术规范》(JTG/T 3650—2020)第5.3.6条的规定,模板制作、安装的精度应分别符合表6.1和表6.2的规定。

表 6.1 模板制作的允许偏差

项目			允许偏差/mm
木模板制作	模板的长度和宽度		±5
木模板制作	不刨光模板相邻两板表面高低差		3
木模板制作	刨光模板相邻两板表面高低差		1
木模板制作	平板模板表面最大的局部不平	刨光模板	3
木模板制作	平板模板表面最大的局部不平	不刨光模板	5
木模板制作	拼合板中木板间的缝隙宽度		2
木模板制作	榫槽嵌接紧密度		2
钢模板制作	外形尺寸	长和高	+0,-1
钢模板制作	外形尺寸	肋高	±5
钢模板制作	面板端偏斜		0.5
钢模板制作	连接配件(螺栓、卡子等)的孔眼位置	孔中心与板面的间距	±0.3
钢模板制作	连接配件(螺栓、卡子等)的孔眼位置	板端中心与板端的间距	+0,-0.5
钢模板制作	连接配件(螺栓、卡子等)的孔眼位置	沿板长、宽方向的孔	±0.6
钢模板制作	板面局部不平		1
钢模板制作	板面和板侧挠度		±1

注:板面局部不平用 2 m 靠尺、塞尺检测。

表 6.2 模板安装的允许偏差

项目		允许偏差/mm
模板高程	基础	±15
模板高程	柱、梁	±10
模板高程	墩台	±10
模板尺寸	上部结构的所有构件	+5,0
模板尺寸	基础	±30
模板尺寸	墩台	±20
轴线偏位	基础	15
轴线偏位	柱	8
轴线偏位	梁	10
轴线偏位	墩台	10
装配式构件支承面的高程		+2,-5

续表

项目	允许偏差/mm
模板相邻两板表面高低差	2
模板表面平整	5
预埋件中心线位置	3
预留孔洞中心线位置	10
预留孔洞截面内部尺寸	+10,0

(2) 混凝土浇筑。

墩(台)身混凝土施工前,应将基础顶面冲洗干净,凿除表面浮浆,整修连接钢筋。灌注混凝土时,应经常检查模板、钢筋及预埋件的位置和保护层的尺寸,确保位置正确,不发生变形。混凝土施工中,应切实保证混凝土的配合比、水灰比和坍落度等技术性能指标满足规范要求。

①混凝土的运输。混凝土的运输要适应所浇筑混凝土的初凝速度或浇筑速度的需要,使浇筑工作不间断,并使混凝土运到浇筑地点时仍保持均匀性和规定的坍落度。

混凝土的运输分为水平运输和垂直运输。水平运输时,有搅拌运输多采用混凝土搅拌运输车,无搅拌运输多采用混凝土输送泵、皮带运输机、轻轨斗车、机动翻斗车、自卸汽车等;垂直运输时,主要采用塔式起重机、井架运输机、汽车起重机、龙门式起重机等。

②混凝土的浇筑。当浇筑的平面面积过大,不能在前层混凝土初凝或重塑前浇筑完成次层混凝土时,为保证结构的整体性,宜分块浇筑。分块时,各分块面积不得小于 50 m²,高度宜不超过 2 m;块与块间的竖向接缝面与墩(台)身或基础平截面短边平行,与平截面长边垂直;上下邻层间的竖向接缝应错开位置做成企口,并按施工接缝处理。

为防止墩台基础第一层混凝土中的水分被基底吸收或基底水分渗入混凝土,对墩台基底的处理除应符合天然地基的有关规定外,还应满足以下要求:基底为非黏性土或干土时,应将其湿润;为过湿土时,应在基底设计高程下夯填一层 10～15 cm 厚的片石或碎(卵)石层;为岩石时,应加以润湿,铺一层 2～3 cm 厚的水泥砂浆,然后于水泥砂浆凝结前浇筑第一层混凝土。

墩(台)身钢筋的绑扎应和混凝土的浇筑配合进行。在配置第一层垂直钢筋时,应有不同的长度,同一断面的钢筋接头应符合施工规范的规定,水平钢筋的接头也应内外、上下互相错开。钢筋保护层的净厚度应符合设计要求。如无设计要求,墩(台)身受力钢筋的净保护层厚度应不小于 30 mm,承台基础受力钢筋的净保护层厚度应不小于 35 mm。墩(台)身混凝土宜一次连续浇筑,否则应按相关要求,处理好连接缝。墩(台)身混凝土终凝前不得泡水。

根据《公路工程质量检验评定标准 第一册 土建工程》(JTG F80/1—2017)第 8.6.1 条的规定,现浇墩、台身实测项目应满足表 6.3 的要求。

表 6.3 现浇墩、台身实测项目

项次	检查项目		规定值或允许偏差	检查方法和频率
1△	混凝土强度/MPa		在合格标准内	按《公路工程质量检验评定标准 第一册 土建工程》(JTG F80/1—2017)的附录 D 检查
2	断面尺寸/mm		±20	尺量:每施工节段测 1 个断面,不分段施工的测 2 个断面
3	全高竖直度/mm	$H \leqslant 5$ m	≤5	全站仪或垂线法:纵、横向各测 2 处
		5 m<$H \leqslant 60$ m	≤H/1000,且≤20	全站仪:纵、横向各测 2 处
		$H > 60$ m	≤H/3000,且≤30	
4	顶面高程/mm		±10	水准仪:测 3 处
5△	轴线偏位/mm	$H \leqslant 60$ m	≤10,且相对前一节段≤8	全站仪:每施工节段测顶面边线与两轴线交点
		$H > 60$ m	≤15,且相对前一节段≤8	
6	节段间错台/mm		≤5	尺量:测每节每侧面
7	平整度/mm		≤8	2 m 直尺:每侧面每 20 m² 测 1 处,每处测竖直、水平两个方向
8	预埋件位置/mm		满足设计要求,设计未要求时≤5	尺量:每件测

注:1. △为关键项目。

2. H 为墩、台身高度,计算规定值或允许偏差时以 mm 计。

2. 石砌墩台施工

(1) 对石料、砂浆与脚手架的要求。

石砌墩台是用片石、块石及粗料石通过水泥砂浆砌筑的,石料与砂浆的规格要符合有关规定。浆砌片石一般用于高度小于 6 m 的墩(台)身、基础、镶面以及各式墩(台)身填腹;浆砌块石一般用于高度大于 6 m 的墩(台)身、镶面或应力要求大于浆砌片石砌体强度的墩台;浆砌粗料石一般用于磨耗及冲击严重的分水体及破冰体的镶面工程、有整齐美观要求的桥墩(台)身等。

采用的石料应质地坚硬、不易风化、无裂纹,砌前应用水清洗、湿润并去掉泥污。拌制砂浆时,应控制好水泥、砂、水的计量精度,通过试验确定配合比。搅拌砂浆时,应保证其成分、颜色和可塑性均匀一致。如工程量较大,使用搅拌机拌制;如工程量较小,可人工拌制。

用于砌石的脚手架应环绕墩台搭设,用以堆放材料并支承施工人员砌镶面定位行列及勾缝。脚手架常用固定式轻型脚手架(适用于 6 m 以下的墩台)、简易活动脚手架(适用于 25 m 以下的墩台)以及悬吊式脚手架(适用于较高的墩台)。

(2) 砌筑要点。

砌筑前,应按设计图放出实样,挂线砌筑。砌筑基础的第一层砌块时,如果基底为土质,在已砌石块的侧面铺上砂浆即可,无须坐浆;如果基底为石质,应将其表面清洗、润湿后,先坐浆再砌石。砌筑斜面墩台时,斜面应逐层放坡,以保证规定的坡度。砌块间应用砂浆黏结并保持一定的缝宽,所有砌缝应砂浆饱满。

形状比较复杂的工程,应先做出配料设计图,注明块石尺寸;形状比较简单的工程,也要根据砌体高度、尺寸、错缝等,先行放样,配好料石再砌。

(3) 砌筑方法。

同一层石料及水平灰缝的厚度要均匀一致,每层按水平砌筑,丁顺相间,砌石灰缝应互相垂直。砌石顺序为先角石,再镶面,最后填腹。填腹石的分层高度与镶面相同;圆端、尖端及转角形砌体应自顶点开始,按丁顺排列安砌镶面石。圆端形桥墩的圆端顶点不得有垂直灰缝,砌石从顶端开始,先砌石块①,然后依丁顺相间排列,安砌四周的镶面石,如图 6.1(a)所示;尖端形桥墩的尖端及转角处不得有垂直灰缝,砌石从两端开始,先砌石块①,再砌侧面转角②,然后依丁顺相间排列,安砌四周的镶面石,如图 6.1(b)所示。

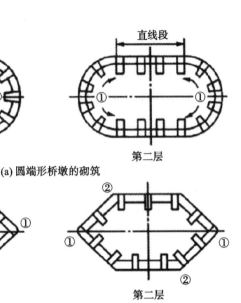

图 6.1　桥墩的砌筑

3. 装配式墩台施工

装配式墩台适用于山谷架桥,跨越平缓无漂流物的河沟、河滩等的桥梁,特别是在工地干扰多、施工场地狭窄、缺水与砂石供应困难地区效果更为显著。装配式墩台有砌块式、柱式、管节式和环圈式等类型。下面主要介绍砌块式墩台和柱式墩台施工。

(1) 砌块式墩台施工。

砌块式墩台施工与石砌墩台大体相同,只是预制砌块的形式因墩台形式不同有很多变化。

(2) 柱式墩台施工。

装配式柱式墩台将桥墩分解成若干轻型部件,在工厂或工地集中预制,再运送到现场装配桥梁。其形式有双柱式、排架式、板凳式等。

柱式墩台施工工序为预制构件、安装连接与混凝土养护等。预制构件中,拼装接头是关键工序,既要牢固、安全,又要结构简单、便于施工。常用的拼装接头有以下几种形式。

①承插式接头:将预制构件插入相应的预留孔内,插入长度一般为 1.2～

1.5倍的构件宽度,底部铺设2 cm厚的砂浆,四周以半干硬性混凝土填充。这种接头常用于立柱与基础的接头连接。

②钢筋锚固接头:构件上预留钢筋或型钢,插入另一构件的预留槽内,或将钢筋焊接,再灌注半干硬性混凝土。这种接头多用于立柱与顶帽处的连接。

③焊接接头:将预埋在构件中的铁件与另一构件的预埋铁件用电焊连接,外部用混凝土封闭。这种接头易调整误差,多用于水平连接杆与立柱的连接。

④扣环式接头:相互连接的构件按预定位置预埋环式钢筋,安装时柱脚先落在承台的柱芯上,上下环式钢筋互相错接,扣环间插入U形短钢筋焊牢,四周绑扎一圈钢筋,立模浇筑外围接头混凝土。这种接头要求上下扣环预埋位置正确,施工较为复杂。

⑤法兰盘接头:在相互连接的构件两端安装法兰盘,连接时用法兰盘连接。法兰盘预埋位置必须与构件垂直。接头处可不用混凝土封闭。

装配式柱式墩台施工时,应注意以下几个问题。

①墩台柱构件与基础顶面预留环形基座应编号,并检查各墩台高度是否符合设计要求;杯口基础四周与柱边的空隙不得小于2 cm。

②墩台柱吊入基坑内就位时,应在纵、横方向测量,使柱身垂直度或倾斜度以及平面位置均符合设计要求;对重大、细长的墩柱,应用风缆或撑木固定,方可摘除吊钩。

③在墩台柱顶安装盖梁前,应检查盖梁口预留槽眼位置是否符合设计要求,若不符合设计要求,应先修凿。

④柱身与盖梁(顶帽)安装完毕并检查符合要求后,可在基坑空隙与盖梁槽眼处灌注稀砂浆。待其硬化后,撤除楔子、支撑或风缆,在楔子孔中灌填砂浆。

在基础或承台上安装预制混凝土管节、环圈作为墩台的外模时,为使混凝土基础与墩台联结牢固,应由基础或承台中伸出钢筋插入管节、环圈中间的现浇混凝土内,插入钢筋的数量和锚固长度符合设计规定或通过计算决定。管节或环圈的安装、管节或环圈内的钢筋绑扎和混凝土浇筑,按《公路桥涵施工技术规范》(JTG/T 3650—2020)有关章节的规定执行。

根据《公路工程质量检验评定标准 第一册 土建工程》(JTG F80/1—2017)第8.6.1条的规定,预制墩身实测项目应满足表6.4的要求。

表6.4 预制墩身实测项目

项次	检查项目		规定值或允许偏差	检查方法和频率
1△	混凝土强度/MPa		在合格标准内	按《公路工程质量检验评定标准 第一册 土建工程》(JTG F80/1—2017)的附录D检查
2	断面尺寸/mm	外轮廓	±15	尺量:测2个断面
		壁厚	±10	
3	高度/mm		±10	尺量:测中心线处
4	平整度/mm		≤5	2 m直尺:每侧面测1处,每处测竖直、水平两个方向
5	支座垫石预留锚孔位置/mm		≤10	尺量:每个检查
6	墩顶预埋件位置/mm		≤5	尺量:每件测

注:1. △为关键项目。

2. 实际工程中未涉及的项目不检查。

4. 高墩滑模施工

(1)滑动模板构造。

滑动模板是将模板悬挂在工作平台上,沿着所施工的混凝土结构截面的周界组拼装配,并随着混凝土的灌注由千斤顶带动向上滑升。由于桥墩类型、提升工具的类型不同,滑动模板的构造也稍有差异。但其主要部件与功能大致相同,主要由工作平台、内模板、外模板、混凝土平台、工作吊篮和提升设备等组成,见图6.2。图6.2(a)所示为等壁厚收坡滑模半剖面(螺旋千斤顶),图6.2(b)所示为不等壁厚收坡滑模半剖面(液压千斤顶),图6.2(c)所示为工作平台半剖面。

①工作平台。工作平台由外钢环、辐射梁、内钢环、栏杆、步板组成,除提供施工操作的场地外,还将滑模的其他部分与顶杆连接,使整个滑模结构支承在顶杆上。工作平台是整个滑模结构的骨架,因此应具有足够的强度和刚度。

②内模板、外模板。内模板、外模板采用薄钢板制作。用于上下壁厚相同的直坡空心墩的滑模的内模板、外模板均通过内、外立柱固定在工作平台的辐射梁上;用于上下壁厚相同的斜坡空心墩的收坡滑模的内模板、外模板仍固定在立柱上,但立柱架(或顶架横梁)不是固定在辐射梁上,而是通过滚轴悬挂在辐射梁上,可利用收坡螺杆沿辐射方向移动立柱架及内模板、外模板;用于斜坡式不等壁厚空心墩的收坡滑模的内、外立柱固定在辐射梁上,模板与立柱间安装收坡丝

杆,以便分别移动内模板、外模板。

③混凝土平台。混凝土平台由辐射梁、步板、栏杆等组成,利用混凝土平台柱支承在工作平台的辐射梁上,供堆放及浇筑混凝土的施工操作使用。

④工作吊篮。工作吊篮悬挂在工作平台的辐射梁和内模板、外模板的立柱上,随着模板的提升而向上移动,供施工人员对刚脱模的混凝土进行表面修饰和养护等操作使用。

⑤提升设备。提升设备由千斤顶、顶杆、顶杆导管等组成,通过工作平台的辐射梁提升整个滑模。

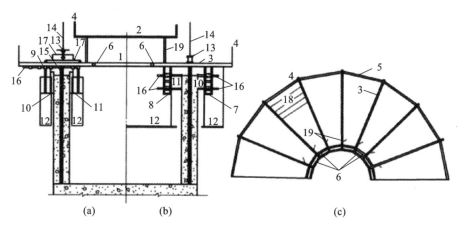

图 6.2 滑动模板构造示意图

1—工作平台;2—混凝土平台;3—辐射梁;4—栏杆;5—外钢环;6—内钢环;7—外立柱;
8—内立柱;9—滚轴;10—外模板;11—内模板;12—工作吊篮;13—千斤顶;14—顶杆;
15—顶杆导管;16—收坡螺杆;17—顶架横梁;18—步板;19—混凝土平台柱

(2) 滑动模板提升工艺。

滑动模板提升设备主要有千斤顶、顶杆及液压控制装置等部分。下面主要讲解提升千斤顶的过程。

①螺旋千斤顶提升步骤。转动手轮使螺杆旋转,使千斤顶顶座及顶架上的横梁带动整个滑模徐徐上升。此时,上卡头、卡瓦、卡板卡住顶杆,而下卡头、卡瓦、卡板则沿顶杆向上滑行,当滑至与上下卡瓦接触或螺杆不能再旋转时,即完成一个行程的提升。

向相反方向转动手轮。此时,下卡头、卡瓦、卡板卡住顶杆,整个滑模处于静止状态。仅上卡头、卡瓦、卡板连同螺杆、手轮沿顶杆向上滑行,直至上卡头与顶架上横梁接触或螺杆不能再旋转,即完成整个循环。

螺旋千斤顶提升示意图如图6.3所示。

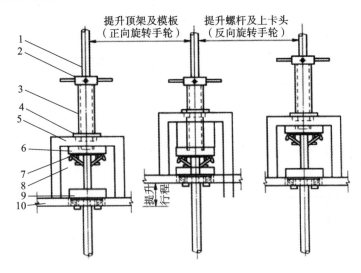

图6.3 螺旋千斤顶提升示意图

1—顶杆;2—手轮;3—螺杆;4—顶座;5—顶架上横梁;6—上卡头;
7—卡瓦;8—卡板;9—下卡头;10—顶架下横梁

②液压千斤顶提升步骤。进油提升:利用油泵将油压入缸盖与活塞间,在油压作用时,上卡头立即卡紧顶杆,使活塞固定于顶杆上;随着缸盖与活塞间进油量的增加,缸盖连同缸筒、底座及整个滑模结构一起上升,直至上卡头、下卡头顶紧,提升暂停,此时缸筒内排油弹簧完全处于压缩状态。排油归位:开通回油管路,解除油压,利用排油弹簧推动下卡头,使其与顶杆卡紧,同时推动上卡头将油排出缸筒,在千斤顶及整个滑模位置不变的情况下,使活塞回到进油前位置。进油提升和排油归位构成一个提升循环。为了使各液压千斤顶能协同一致地工作,应将油泵与各千斤顶用高压油管连通,由操作台统一控制。

液压千斤顶提升示意图如图6.4所示。

提升时,滑模与平台上的临时荷载全由顶杆承受。顶杆多用A3与A5圆钢制作,直径为25 mm,A5圆钢的承载能力约为12.5 kN,A3圆钢的承载能力约为10 kN。顶杆一端埋置于墩台结构的混凝土中,一端穿过千斤顶芯孔,每节长2～4 m,用工具锚接或焊接。为了节约钢材,使顶杆能重复使用,可在顶杆外安上套管,使套管随整个滑模结构一起上升。待施工完毕,拔出顶杆。

(3)滑模浇筑混凝土施工要点。

①滑模组装。在墩位上就地进行组装时,安装步骤如下:首先,在基础顶面

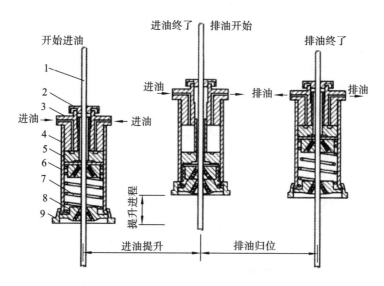

图 6.4 液压千斤顶提升示意图

1—顶杆；2—行程调整帽；3—缸盖；4—缸筒；5—活塞；
6—上卡头；7—排油弹簧；8—下卡头；9—底座

搭枕木垛，定出桥墩中心线；其次，在枕木垛上先安装内钢环并准确定位，再依次安装辐射梁、外钢环、立柱、千斤顶、模板等；最后，提升整个装置，撤去枕木垛，将模板落下就位，安装余下的设施，待模板滑升至一定高度，及时安装内、外吊架。在安装模板前，表面需要涂润滑剂，以减少滑升时的摩阻力；组装完毕后，必须按设计要求及组装质量标准全面检查，并及时纠正偏差。

②混凝土浇筑。滑模宜浇筑低流动度或半干硬性混凝土，浇筑时应分层、分段对称地进行，分层厚度以 20~30 cm 为宜，浇筑后混凝土表面距模板上缘宜不小于 10 cm。

混凝土入模时要均匀分布，采用插入式振捣器捣固，振捣时避免触及钢筋及模板，振捣器插入下一层混凝土的深度不得超过 5 cm；脱模时混凝土强度为 0.2~0.5 MPa，以防其在自重压力下坍塌变形，因此，可根据气温、水泥强度等级经试验后掺入一定量的早强剂，以加速提升；脱模后 8 h 左右开始养护，用吊在下吊架上的环绕墩身的带小孔的水管进行。养护水管设在距模板下缘 1.8~2.0 m 处效果较好。

③提升与收坡。整个桥墩浇筑过程可分为初次滑升、正常滑升和最后滑升三个阶段。

从开始浇筑混凝土到模板首次试升为初次滑升阶段。初灌混凝土的高度一一般为 60～70 cm,分几次浇筑;底层混凝土强度达到 0.2～0.4 MPa 时即可试升。将所有千斤顶同时缓慢提升 5 cm,观察底层混凝土的凝固情况。现场鉴定可用手指按压刚脱模的混凝土表面,若基本按不动但留有指痕、砂浆不沾手、用指甲划过有痕、滑升时能听到"沙沙"的摩擦声,表明混凝土已具有 0.2～0.4 MPa 的出模强度,可以再缓慢提升 20 cm。

初升后,全面检查设备,即可进入正常滑升阶段。每浇筑一层混凝土,滑模提升一次,使每次浇筑的厚度与每次提升的高度基本一致。在正常气温条件下,提升时间宜不超过 1 h。

最后滑升阶段是混凝土已经浇筑到需要高度,不再继续浇筑,但模板尚需继续滑升的阶段。最后一层混凝土浇筑完成后,每隔 1～2 h 将模板提升 5～10 cm,滑动 2～3 次后即可避免混凝土模板胶合。滑模提升时,做到垂直、均衡一致,顶架间高差不大于 20 mm,顶架横梁水平高差不大于 5 mm,并要求三班连续作业,不得随意停工。

随着模板的提升,应转动收坡螺杆,调整墩壁曲面的半径,使之符合设计要求的收坡坡度。

④接长顶杆、绑扎钢筋。模板每提升至一定高度后,需要穿插进行接长顶杆、绑扎钢筋等工作。为了不影响提升时间,应事先配好钢筋接头,并注意将接头错开。对预埋件及预埋的接头钢筋,滑模抽离后,要及时清理,使之外露。

在整个施工过程中,工序的改变或发生意外事故会使混凝土的浇筑工作停滞较长时间,需要进行停工处理。例如,每隔 0.5 h 稍微提升模板一次,以免黏结;停工时在混凝土表面插入短钢筋等,以加强新、旧混凝土的黏结;复工时将混凝土表面凿毛,用水冲走残碴,湿润混凝土表面,浇筑一层厚度为 2～3 cm 的 1:1 水泥砂浆,再浇筑原配合比的混凝土,继续滑模施工。

爬升模板施工与滑动模板施工相似,不同的是支架通过千斤顶支承于预埋在墩壁中的预埋件上。浇筑好的墩身混凝土达到一定强度后,将模板松开;千斤顶上顶,把支架连同模板升到新的位置,模板就位后,再继续浇筑墩身混凝土;如此往复循环,逐节爬升,每次升高约 2 m。

翻升模板施工采用一种特殊钢模板,一般由 3 层模板组成一个基本单元,并配置有随模板升高的混凝土接料工作平台。浇筑完上层模板的混凝土后,将最下层模板拆除翻上来拼装成第 4 层模板,循环施工。翻升模板也能够用于有坡度的桥墩施工。

6.2 桥梁上部结构施工

6.2.1 桥梁上部结构装配式施工技术

1. 先张法预制梁板

先张法的施工程序示意图如图 6.5 所示。

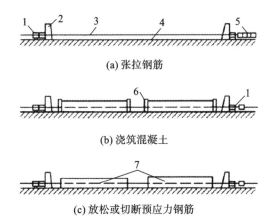

图 6.5 先张法的施工程序示意图

1—锚具；2—台座；3—预应力钢筋；4—台面；5—张拉千斤顶；6—模板；7—预应力混凝土构件

台座是先张法施工的主要设备之一，承受预应力钢筋的全部张拉力，应具有足够的强度和稳定性，以免台座变形、倾覆、滑移而引起预应力损失，如图 6.6 所示。台座由一个框架（由两根固定横梁和两根受压柱构成）和两根活动横梁组成，固定横梁和活动横梁间设置千斤顶，预应力钢筋两端用工具锚固在活动横梁的锚固板上。千斤顶顶起活动横梁，使预应力钢筋受张拉。全部张拉力由框架承受。

压柱的承压形式可为中心受压和偏心受压，一般采用偏心受压。前者省料但作业不方便，后者则相反。

采用先张法预制梁板的重要工序如下。

（1）模板制作与安装。

预制梁的模板是施工过程的临时结构，不仅关系到预制梁尺寸的精度，而且

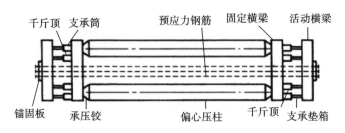

图 6.6 台座示意图

对工程质量、施工进度和工程造价有直接的影响。

按材料分类,预制梁的模板有钢模板、木模板、土木组合模、土模以及钢木组合模等数种。预制工厂常采用钢模板和钢木组合模。

模板分为底模、侧模、端模和内模。

底模支承在底座上或设置在流水台车上,可用 12～16 mm 厚的钢板制成。将先张台座的混凝土底板作为预制构件的底模时,要求地基不产生非均匀沉陷;底板制作必须平整光滑、排水畅通。梁端部的底模应满足强度要求和重复使用的要求。底模在构造上应注意设置底模与侧模、底模与端模以及底模接长的联系构件,还应注意在底模与台座之间设置减振垫。

侧模由侧板、水平加劲肋、斜撑等构件组成。钢侧模一般采用 4～8 mm 厚钢板,采用 L50～L100 加劲角钢。侧模在构造上应考虑悬挂振捣器的构件,要加强侧模间的连接构造,并设置拆模的设施。先张法制作预应力梁板时,预应力钢筋放松后梁板压缩量为 1% 左右。为保证梁体外形尺寸准确,侧模要增长 1%。

端模设置在梁的两端,安装时连接在侧模上,用于形成梁端形状。端模预应力筋孔的位置要准确,安装后应与定位板上对应的预应力筋孔在一条中心线上。由于实际施工中存在偏差,预应力钢筋张拉时的筋位有移动,制作时,端模预应力筋孔直径可按预应力钢筋直径扩大 2～4 mm,预应力筋孔水平向还可做成椭圆形。

内模是空心截面梁、板的预制关键。其结构形式直接影响制作是否经济、拆装是否方便、周转率高低等问题。

在制作模板时,应保证表面平整,转角光滑,连接孔配合准确。对于钢模,要考虑焊缝收缩对长度的影响;对于木模,要在构造上采取措施以防漏浆。在制作底模时,应考虑预制梁的预拱度。可在工作平台上组装模板。模板的安装应与钢筋工作配合进行。在底模整平以及钢筋骨架安装后,安装侧模和端模;也可先安装端模,后安装侧模。模板安装的精度要求高于预制梁安装的精度要求。每次模板安装完成后,验收合格后方可进入下一道工序。

(2) 预应力钢筋的张拉。

预应力钢筋通常采用高强钢丝、钢绞线和精轧螺纹钢筋。

预应力混凝土预制梁制造过程中,张拉预应力钢筋、对梁施加预应力是一项十分重要的工作。施加预应力过多或不足都会影响梁的预制质量,必须按设计要求准确地施加预应力。

先张法梁的预应力钢筋是在底模整理后,在台座上张拉已加工好的预应力钢筋。先张法梁通常一端张拉,另一端在张拉前要设置好固定装置或安放好预应力钢筋的放松装置。张拉前,应在端横梁上安装预应力钢筋的定位钢板,同时检查其孔位和孔径是否符合设计要求,然后在台座安装预应力钢筋,穿钢筋时不能刮碰掉台面上的隔离剂。安装张拉设备时,应使张拉力的作用线与钢筋中心线一致。张拉时,采用应力与伸长值双控制。如发现伸长值异常,应停止张拉,查明原因。此外,在张拉过程中要重视施工安全。

根据《公路桥涵施工技术规范》(JTG/T 3650—2020)第 7.7.3 条的规定,先张法预应力钢筋的张拉程序应符合设计规定;设计未规定时,张拉程序可按表 6.5 的规定进行。

表 6.5　先张法预应力钢筋张拉程序

预应力钢筋种类		张拉程序
钢丝、钢绞线	夹片式等具有自锚性能的锚具	低松弛预应力钢筋:0→初应力→σ_{con}(持荷 5 min 锚固)
	其他锚具	0→初应力→$1.05\sigma_{con}$(持荷 5 min)→0→σ_{con}(锚固)
螺纹钢筋		0→初应力→$1.05\sigma_{con}$(持荷 5 min)→$0.9\sigma_{con}$→σ_{con}(锚固)

注:1. 表中 σ_{con} 为张拉时的控制应力值,包括预应力损失值。

2. 超张拉数值超过《公路桥涵施工技术规范》(JTG/T 3650—2020)第 7.6.3 条规定的最大超张拉应力限值时,应按该规范第 7.7.3 条规定的限制张拉应力进行张拉。

3. 张拉螺纹钢筋时,应在超张拉并持荷 5 min 后放张至 $0.9\sigma_{con}$ 时再安装模板、普通钢筋及预埋件等。

(3) 预应力混凝土施工。

混凝土工程质量是保证混凝土达到设计强度等级的关键,将直接影响钢筋混凝土结构的强度和耐久性。

①预应力混凝土配料。预应力混凝土配料除符合普通混凝土有关规定外,尚应符合如下要求。

a. 必须全面检查预应力混凝土所用的一切材料,各项指标均应合格。

b. 水、水泥、减水剂用量应准确到±1%;骨料用量应准确到±2%。

c. 配制高强度等级的混凝土应选择级配优良的配合比,在构件截面尺寸和配筋允许下,尽量采用粒径大、强度高的骨料;含砂率不超过 0.4,水泥用量宜不超过 500 kg/m³,最大不超过 550 kg/m³,水灰比不超过 0.45,一般可采用低塑性混凝土,坍落度不大于 30 mm,以减少因徐变和收缩引起的预应力损失。

d. 可在拌和料中掺入适量的减水剂(塑化剂),以达到易浇筑、早强、节约水泥的目的。掺入量可由试验确定,也可参考经验值。拌和料不得掺入氯化钙、氯化钠等氯盐及引气剂,不宜掺用引气减水剂。

②预应力混凝土浇筑。混凝土浇筑前,除按操作规程检查外,对于先张构件,还应检查台座受力、夹具、预应力钢筋数量、位置及张拉吨位是否符合要求等。

当构件的高度(或厚度)较大时,为了保证混凝土振捣密实,应采用分层浇筑法,在下层混凝土初凝之前浇筑上层混凝土并振捣完毕。T 形梁一般采用水平层浇筑,也可采用斜层浇筑。

混凝土浇筑不得任意中断,由于技术上或组织上的原因必须间歇时,应根据环境温度、水泥性能、水灰比、外加剂类型及混凝土硬化条件确定间歇时间。无试验资料时,对不掺外加剂的混凝土,间歇时间宜不超过 2 h;当温度高于 30 ℃时,应减少为 1.5 h;当温度低于 10 ℃时,可延长至 2.5 h。

③预应力混凝土振捣。混凝土浇筑与混凝土振捣要密切配合,分层浇筑,分层振捣。

在预制梁时,组织强力振捣是提高施工质量的关键。由于预制梁截面形状复杂、梁高、壁薄、钢筋密集,在浇筑梁下层或下马蹄处的混凝土时,可使用底模和侧模下排的振捣器联合振捣,并依照浇筑位置调整振捣部位;浇筑到梁的上层或梁肋混凝土时,主要使用侧模振捣,辅以插入式振捣;浇筑桥面混凝土时,可使用侧模上排振捣器、插入式振捣器和平板式振捣器联合振捣。

应严格控制混凝土的振捣时间。振捣时间过长,容易引起混凝土的离析现象;振捣时间过短,不能达到要求的密实度。一般以振捣至混凝土不再下沉、无显著气泡上升、混凝土表面出现浮浆、表面平整为适度。当用附着式振捣器时,因振捣效率差,一般约需 120 s;当用插入式振捣器时,效果较好,一般只需 20~30 s;当用平板式振捣器时,在每个位置上的振捣时间为 25~40 s。

④预应力混凝土养护与拆模。为保持混凝土硬化时所需的温度与湿度,混

凝土浇筑后应进行养护。预应力混凝土梁一般采用蒸汽法养护。养护开始时恒温，温度按设计规定控制，不得任意提高，以免造成不可补救的预应力损失。

拆模的施工质量直接影响预制梁的质量和模板的周转使用。不承重的侧模，在混凝土强度达到 2.5 MPa 时可以拆除。侧模可用千斤顶协助脱模，为使模板单元安全脱模，常用旋转法拆模，其转动中心可设在侧模的下端或上端。承重的底模应在混凝土强度能承受自重和其他可能的外荷载时拆除。

拆模后，如发现有缺陷，应进行修补。对有面积小、数量不多的蜂窝或露石的混凝土，先用钢丝刷或加压水洗刷基层，然后用 1∶2～1∶2.5 的水泥砂浆抹平；对有较大面积的蜂窝、露石和露筋的混凝土，应按其全部深度凿去薄弱层，然后用钢丝刷或加压水冲刷，再用比原混凝土强度等级高一个级别的细骨料混凝土填塞，并仔细捣实；对影响结构性能的缺陷，应与设计单位研究处理。

（4）预应力钢筋的放松。

当混凝土强度达到设计强度的 70%～80%，可在台座上放松受拉预应力钢筋，对预制梁施加预应力。放松过早，会造成较多的预应力损失（主要是收缩、徐变损失）；放松过迟，会影响台座和模板的周转。放松操作时，速度不应过快，尽量使构件受力对称均匀。预应力钢筋被放松后，才能切割每个构件端部的钢筋。

放松预应力钢筋较多采用千斤顶。在混凝土达到规定强度后，安装千斤顶重新张拉钢筋，施加的应力应不超过原有的张拉控制应力，将固定在横隔梁定位板前的双螺帽慢慢旋动，再将千斤顶回油，让钢筋慢慢放松，使构件均匀对称受力。当逐根放松预应力钢筋时，严格按有利于梁受力的次序分阶段进行，通常自构件两侧对称地向中心放松，以免较后一根钢筋断裂时使梁承受大的水平弯曲冲击作用。

2. 后张法预制梁板

后张法的施工程序示意图如图 6.7 所示。

（1）后张法预制梁板施工工序。

①施工准备。

按施工需要规划预制场地，整平压实，完善排水系统，确保场内不积水；统筹规划梁（板）拌和站及水、电管路的布设安装。

根据预制梁的尺寸、数量、工期，确定预制台座的数量、尺寸，台座用表面压光的梁（板）筑成，应坚固、不沉陷，确保底模沉降不大于 2 mm，台座上铺钢板底模或用角钢镶边作为底模。当预制梁跨大于 20 m 时，要按规定设置反拱。

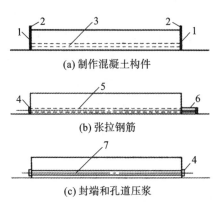

图 6.7 后张法的施工程序示意图

1—预埋钢板；2—模板；3—预留孔道；4—锚具；
5—预应力钢筋；6—张拉千斤顶；7—孔道压浆

根据需要及设备条件，选用塔吊或跨梁龙门吊作吊运工具，并铺设轨道。

②模板工程。

预制模板由钢板、型钢组焊而成，应有足够的强度、刚度和稳定性，尺寸规范、表面平整光洁、接缝紧密、不漏浆。试拼合格后方可投入使用。

在绑扎工作台上将钢筋绑扎焊接成钢筋骨架，把制孔管按坐标位置定位固定，使用橡胶抽拔管时要插入芯棒。

用龙门吊机将钢筋骨架吊装入模，绑扎隔板钢筋，埋设预埋件，在孔道两端及最低处设置压浆孔，在最高处设排气孔。安设锚垫板后，先安装端模，再安装涂有脱模剂的钢侧模，统一紧固调整和安装必要的支撑后交验。构件脱模后，要标明型号、预制日期及使用方向。

③混凝土工程。

将质量合格的梁(板)混凝土用专用设备运输，卸入吊斗，由龙门吊从梁的一端浇筑向另一端，水平分层，先捣实下部，再捣实腹板、翼板；浇筑至接近另一端时，改从另一端向相反方向顺序下料，在距梁端 3～4 m 处浇筑合龙，一次整体浇筑成型。当梁高跨长或混凝土拌制无法跟上浇筑进度时，可采用斜层浇筑，也可采用纵向分段、水平分层浇筑。

梁(板)混凝土的振捣以紧固安装在侧模上的附着式振捣器为主，以插入式振捣器为辅。振捣时，要掌握好振动的持续时间、间隔时间和钢筋密集区的振捣，力求使梁(板)混凝土达到最佳密实度又不损伤制孔管道。

梁(板)混凝土浇筑完成后，将表面抹平、拉毛，收浆后适时覆盖，洒水湿养不少于 7 d，蒸汽养护恒温宜不超过 80 ℃，也可喷洒养护剂。

④预应力工程。

将力学性能和表面质量符合设计要求的预应力钢丝或钢绞线按计算长度下料，梳理顺直，编扎成束，人工或者用卷扬机或其他牵引设备穿入孔道。当梁(板)混凝土达到规定强度时，安装千斤顶等张拉设备，准备张拉。张拉使用的张拉机及油泵、锚、夹具必须符合设计要求，并配套使用，定期校验，以准确标定张拉力与压力表读数的关系曲线。

按设计要求在两端同时对称张拉,张拉时,千斤顶的作用线必须与预应力轴线重合,两端各项张拉操作必须一致。根据《公路桥涵施工技术规范》(JTG/T 3650—2020)第 7.8.5 条的规定,后张法预应力钢筋张拉程序应符合设计规定;设计未规定时,可按表 6.6 的规定进行。

表 6.6 后张法预应力钢筋张拉程序

锚具和预应力钢筋类别		张拉程序
夹片式等具有自锚性能的锚具	钢绞线束、钢丝束	低松弛预应力钢筋:0→初应力→σ_{con}(持荷 5 min 锚固)
其他锚具	钢绞线束	0→初应力→1.05σ_{con}(持荷 5 min)→σ_{con}(锚固)
	钢丝束	0→初应力→1.05σ_{con}(持荷 5 min)→0→σ_{con}(锚固)
螺母锚固锚具	螺纹钢筋	0→初应力→σ_{con}(持荷 5 min)→0→σ_{con}(锚固)

注:1. 表中 σ_{con} 为张拉时的控制应力,包括预应力损失值。

2. 两端同时张拉时,两端千斤顶升降压、画线、测伸长等工作应基本一致。

3. 超张拉数值超过《公路桥涵施工技术规范》(JTG/T 3650—2020)第 7.6.3 规定的最大超张拉应力限值时,应按该规范第 7.8.5 条规定的限值进行张拉。

预应力张拉采用应力控制方法张拉,同时以伸长值进行校核。实际伸长值与理论伸长值之差应满足规范要求,否则要查明原因并采取补救措施。张拉过程中的断丝、滑丝数量不得超过设计规定,否则要更换钢筋或采取补救措施。预应力钢筋锚固要在张拉控制应力处于稳定状态时进行,其钢筋内缩量不得超过设计规定。

预应力钢筋张拉后,将孔道冲洗干净,吹除积水,尽早压注水泥浆。

(2)后张法张拉时的施工要点。

①对受力钢筋施加预应力之前,对构件进行检验,外观尺寸应符合质量标准要求。张拉时,构件混凝土强度应符合设计要求;设计无要求时,应不低于设计强度等级值的 80%。

②对预留孔道,用通孔器或压气、压水等方法检查。端部预埋铁板与锚具和垫板接触处的焊渣、毛刺、混凝土残碴等应清除干净。当采用先穿束的方法时,用压气、压水方法进行检查较好。

③钢筋穿束前,螺丝端杆的丝扣部分用水泥袋纸等缠 2~3 层,并用细钢丝扎牢;在钢丝束、钢绞线束、钢筋束等穿束前,将一端找平,顺序编号。对于短束,人工从一端向另一端穿束;对于较长束,应套上穿束器,由引线及牵引设备从另一端拉出。

④预应力钢筋张拉端的设置应符合设计要求,当设计无具体要求时,应符合以下规定:钢束长度小于 20 m 的直线预应力钢筋可在一端张拉;曲线预应力钢筋、钢束长度大于或等于 20 m 的直线预应力钢筋应采用两端张拉方法。

⑤预应力钢筋在张拉控制应力达到稳定后方可锚固。预应力钢筋锚固后的外露长度宜不小于 30 mm,锚具应用封端混凝土保护。需长期外露时,应采取防止锈蚀的措施。一般锚固完毕并经检验合格后即可切割端头多余的预应力钢筋,严禁用电弧焊切割,应用砂轮机切割。

⑥张拉切割后即可封堵。用素灰将锚头封住,然后用塑料布将其裹住进行养护,防止裂缝使锚头漏浆、漏气,影响压浆质量。

3. 预制梁的架设方法

(1) 联合架桥机法。

以联合架桥机并配备若干滑车、千斤顶、绞车等辅助设备架设安装的预制梁适用于多孔、孔径为 30 m 以下的装配式桥梁。

联合架桥机主要由龙门架、导梁和蝴蝶架组成。龙门架用工字形钢梁架设,在架上安放两台吊车,架的接头处和上、下缘用钢板加固,主柱为拐脚式,横梁的高程由两根预制梁的叠高加上平板车的高度和起吊设备的高度决定。龙门架用来起落预制构件和导梁,并对预制构件进行墩上横移和就位。导梁用钢桁梁拼成,以横向框架连接,其上铺钢轨供运梁行走。蝴蝶架是专供托运龙门吊机在轨道上移动的支架,用角钢拼成,上设有供升降用的千斤顶。

架梁时,先铺设导梁和轨道,用绞车将导梁拖移就位后,把蝴蝶架用平板小车推上轨道,将龙门吊机托运至墩上,用千斤顶将吊机降落在墩顶并用螺栓固定在墩的支承垫块上,然后用平车将梁运到两墩之间,由吊机起吊、横移、下落就位。全跨梁就位后,向前铺设轨道,用蝴蝶架把吊机移至下一跨架梁。

联合架桥机法的优点是可完全不设桥下支架,不受洪水威胁,架设过程不影响桥下通车、通航,预制梁的纵移、起吊、横移、就位比较便利;缺点是架设备用钢材较多(可周转使用)。

(2) 双导梁穿行式架设法。

双导梁穿行式架设法是在架设跨间设置两组导梁。导梁是用贝雷梁或万能构件组装的钢桁架,其梁长大于 2 倍桥梁跨径,前段为引导部分,由前端钢支架与前方墩上的预埋螺栓连接,中段为承重部分,后段为平衡部分。导梁顶面铺设小平车轨道,预制梁由平车在导梁上运至桥孔,由设在两根横梁上的卷扬机吊起,下落在两个桥墩上,之后在滑道垫板上进行横移就位。先安装两个边梁,再安装中间的梁。全跨安装完毕、横向焊接后,将导梁向前推,安装下一跨。双导梁穿行式架桥机示意图如图6.8所示。

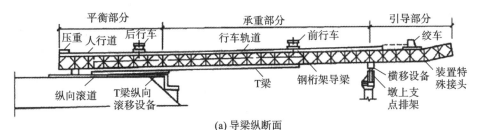

图6.8 双导梁穿行式架桥机示意图

(3) 扒杆架设法。

扒杆架设法又称"吊鱼架设法",是指利用人字扒杆来架设桥梁上部结构构件,而不需要特殊的脚手架或木排架。

人字扒杆又有一副扒杆和两副扒杆两种。两副扒杆架设中,一副是吊鱼滑车组,用于牵引预制梁悬空拖曳;另一副是绞车,用于牵引前进,梁的尾端设有制动绞车,起溜绳配合作用。后扒杆的主要作用是预制梁吊装就位时,配合前扒杆吊起梁端,抽出木垛,落梁就位,如图6.9所示。一副扒杆架设中,基本方法与两副扒杆架设相同,不同之处是采用千斤顶顶起预制梁,抽出木垛,落梁就位。

采用此法架梁时,必须以预制梁的质量和墩台间跨径为基础,在竖立扒杆、放倒扒杆、转移扒杆或吊梁进行横移等各个阶段,对扒杆、牵引绳、控制绳等零件进行受力分析和应力计算,以确保设备的安全。该法不受架设孔墩台高度和桥

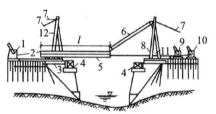

图 6.9 扒杆架设示意图

1—制动绞车;2—滑道木;3—滚轴;
4—临时木垛;5—预制梁;6—吊鱼滑车组;
7—缆风绳;8—前扒杆;9—牵引绞车;
10—吊鱼用绞车;11—转向滑车;12—后扒杆

孔下地基、河流水文等条件的影响,适用于起吊高度不大和水平移动范围较小的中、小跨径的桥梁。

(4)自行式吊车架梁法。

在桥不高、场内可设置行车便道的情况下,用自行式吊车(汽车吊车或履带吊车)架设中、小跨径的桥梁比较方便。此法视吊装质量不同,可采用单吊(一台吊车)或双吊(两台吊车)。此方法的特点是机动性好、不需要动力设备、不需要准备作业、架梁速度快,适用于陆地架设。

(5)跨墩龙门架吊车架梁法。

跨墩龙门架吊车架梁法适用于岸上和浅水滩以及不通航浅水区域安装预制梁。

两台跨墩龙门架吊机分别设于待安装孔的前、后墩位置,预制梁由平车顺桥向运至安装孔的一侧,移动跨墩龙门架吊机上的吊梁平车,对准梁的吊点放下吊架,将梁吊起。当梁底超过桥墩顶面后,停止提升,用卷扬机牵引吊梁平车慢慢横移,使梁对准桥墩上的支座,然后落梁就位,接着准备架设下一根梁,如图6.10所示。

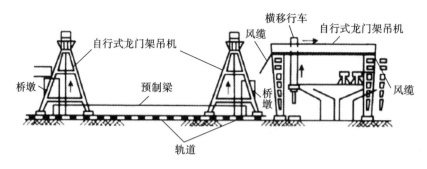

图 6.10 跨墩龙门架吊车架梁示意图

在水深不超过 5 m、水流平缓、不通航的中小河流上的小桥孔,也可采用跨墩龙门架吊车架梁。这时必须在水上桥墩的两侧架设龙门架吊机轨道便桥,便桥基础可用木桩或钢筋混凝土桩,在水浅流缓而无冲刷的河上也可用木笼或草袋筑岛。便桥的梁可用贝雷梁组拼。

(6) 浮吊架设法。

在海上和深水大河上修建桥梁时,用可回转的伸臂式浮吊架梁比较方便,也可用钢制万能杆件或贝雷钢架拼装固定的悬臂浮吊架梁。这种架梁方法高空作业较少,施工比较安全,吊装能力也大,工效高,但需要大型浮吊。鉴于浮吊船来回运梁航行时间长,要增加费用,一般采取用装梁船存梁后成批一起架设的方法。

浮吊架梁时,须在岸边设置临时码头来移运预制梁。架梁时,浮吊要认真锚固。流速不大时,可以预先抛入河中的混凝土锚作为锚固点。

6.2.2 桥梁上部结构支架施工技术

1. 模板、支架和拱架的类型

施工所用模板有组合钢模板、木模板、木胶合板模板、竹胶合板模板、硬铝模板、塑料模板、各类纤维材料板,施工时根据结构物的外观要求选用。

按构造分,支架可分为立柱式支架、梁式支架和梁柱式支架。立柱式支架构造简单,可用于陆地或不通航河道,以及桥墩不高的小跨径桥梁施工;梁式支架中,根据跨径不同,梁可采用工字钢、钢板梁或钢桁梁;当桥梁较高、跨径较大或必须在支架下设孔通航或排洪时,可用梁柱式支架。按材料分,支架可分为木支架、钢支架、钢木混合支架和万能杆件拼装的支架等。

按结构分,拱架可分为桁式、扇形、支柱式、撑架式、组合式等;按材料分,拱架可分为木拱架、钢拱架、竹拱架和土牛拱胎。

2. 模板、支架和拱架的制作与安装

(1) 钢模板制作。

钢模板宜采用标准化的组合模板。组合钢模板的拼装应符合现行国家标准《组合钢模板技术规范》(GB/T 50214—2013)的规定。各种螺栓连接件应符合国家现行有关标准的规定。

钢模板及其配件应按批准的加工图加工,成品经检验确认合格后,方可使用。

(2) 木模板制作。

木模板可在工厂或施工现场制作,木模板与混凝土接触的表面应平整、光滑,多次重复使用的木模板内侧应加钉薄铁皮。木模板的接缝可做成平缝、搭接

缝或企口缝。当采用平缝时，应采取措施防止漏浆。木模板的转角处应加嵌条或做成斜角。

重复使用的模板应始终保持表面平整、形状准确，不漏浆，有足够的强度和刚度。

(3) 模板安装的技术要求。

混凝土的模板板面应采用下列板面之一：金属板、木制板、高分子合成材料面板、硬塑料板、玻璃钢板。外露面的模板板面宜采用钢模板、胶合板。为减少模板的拼缝，对于大面积的混凝土，其每块模板的面积宜大于 $1.0~m^2$。梁及墩台帽的突出部分应做成倒角或削边，以便脱模。结构物的某些部位应设置凸条或凹槽等装饰线。在模板内的金属连接件或锚固件，按图纸规定及监理工程师的要求拆卸或截断，不损伤混凝土。模板内应无污物、砂浆及其他杂物。以后要拆除的模板，在使用前应涂脱模剂或其他代用品，确保易脱模并使混凝土不变色。

模板安装的具体技术要求如下。

①模板与钢筋安装工作配合进行。妨碍绑扎钢筋的模板，应待钢筋安装完毕后安设。模板不应与脚手架连接（模板与脚手架整体设计时除外），避免引起模板变形。

②安装侧模时，应防止模板移位和凸出。基础侧模可在模板外设支撑固定，墩、台、梁的侧模可设拉杆固定。浇筑在混凝土中的拉杆，应按拉杆拔出或不拔出的要求采取相应的措施。对小型结构物，可使用金属线代替拉杆。在安装模板过程中，必须设置防倾覆设施。模板安装完毕后，应检查模板平面位置、顶部标高、节点联系，以及纵、横向稳定性，签认后方可浇筑混凝土。

③所有和模板有关的工作完成，待浇混凝土构件中所有预埋件亦安装完毕，才能浇筑混凝土。这些工作应包括清除模板中的所有污物、碎屑物、木屑、水及其他杂物。浇筑时，发现模板有超过允许偏差的可能时，应及时纠正。

④当结构自重和汽车荷载（不计冲击力）产生的向下挠度超过跨径的 1/1600 时，钢筋混凝土梁、板的底模应设预拱度，预拱度等于结构自重和 1/2 汽车荷载（不计冲击力）产生的挠度。纵向预拱可做成抛物线或圆曲线形式。

⑤后张法预应力梁、板，应注意预应力、自重和汽车荷载等综合作用产生的上拱或下挠，设置适当的预挠或预拱。

(4) 支架和拱架的制作与安装。

①支架和拱架宜采用标准化、系列化、通用化的构件拼装。无论使用哪种材

料的支架和拱架,均应进行施工图设计,并验算强度和稳定性。

②制作木支架、木拱架时,应尽量减少长杆件接头,两相邻立柱的连接接头应尽量分设在不同的水平面上。主要压力杆的纵向连接使用对接法,并用木夹板或铁夹板夹紧。次要构件的连接可用搭接法。

③安装拱架前,详细检查拱架立柱和拱架支承面,准确调整拱架支承面和顶部标高,并复测跨度,确认无误后方可安装。各片拱架在同一节点处的标高应尽量一致,以便于拼装平联杆件。在风力较大的地区,应设置风缆。

④支架和拱架应稳定、坚固,能抵抗在施工过程中可能发生的偶然冲撞和振动。安装时应注意以下几点:支架立柱必须安装在有足够承载力的地基上,立柱底端应设垫木来分布和传递压力,并保证浇筑混凝土后不产生超过允许值的沉降量;施工用的脚手架和便桥不应与结构物的模板支架连接,以避免施工振动时影响混凝土浇筑质量;在船只或汽车通行孔两边的支架应加设护桩,夜间应用灯光标明行驶方向。施工中易受漂流物冲撞的河中支架应设坚固的防护设备。

⑤支架或拱架安装完毕后,应全面检查平面位置、顶部标高、节点连接,以及纵、横向稳定性,符合要求后,方可进行下一道工序。

⑥在浇筑混凝土及砌筑拱圈的过程中,应安排人员随时测量和记录支架和拱架的变形及沉降量。

⑦现浇混凝土的梁(板)结构,在支架架设后,应按图纸要求对支架进行预压,加在支架上的预压荷载应不小于梁(板)自重。

3. 模板、支架和拱架的拆除

(1) 拆除期限的原则规定。

模板、支架和拱架的拆除期限应根据结构物特点、模板部位和混凝土所达到的强度来决定。非承重侧模,应在混凝土强度能保证其表面及棱角不因拆模损坏时拆除,一般在混凝土抗压强度达到 2.5 MPa 时方可拆除。芯模和预留孔道内模,在混凝土强度能保证其表面不发生塌陷和产生裂缝时方可拔除,拔除时间可按《公路桥涵施工技术规范》(JTG/T 3650—2020)的有关规定确定。钢筋混凝土结构的承重模板、支架和拱架,在混凝土强度能承受其自重及其他可能的叠加荷载时方可拆除。当构件跨度不大于 4 m 时,承重模板、支架、拱架在混凝土强度达到设计强度标准值的 50% 后拆除;当构件跨度大于 4 m 时,承重模板、支架、拱架在混凝土强度达到设计强度标准值的 75% 后拆除。如设计对拆除承重模板、支架、拱架另有规定,应按照设计规定执行。

浆砌石拱桥,须待砂浆强度达到设计要求后卸架。跨径小于 10 m 的小拱桥,宜在拱上建筑全部完成后卸架;中等跨径的实腹式拱桥,宜在护拱砌完后卸架;大跨径空腹式拱桥,宜在拱上小拱横墙砌好(未砌小拱圈)后卸架。当需要进行裸拱卸架时,应对裸拱进行截面强度及稳定性验算,并采取必要的稳定措施。

(2) 拆除时的技术要求。

按设计的顺序拆除模板,设计无规定时,遵循先支后拆、后支先拆的顺序,拆时严禁抛扔。宜在其上部结构施工前拆除墩、台模板。拆除模板,卸落支架、拱架时,不允许采用猛烈敲打和强扭等方法。模板、支架和拱架拆除后,应维修整理,分类妥善存放。

为便于支架和拱架的拆卸,应根据结构形式、承受的荷载及需要的卸落量,在支架和拱架适当部位设置木楔、木马、砂筒或千斤顶等落模设备。

卸落支架和拱架应按拟定的卸落程序进行,分几个循环卸完,卸落量开始宜小,以后逐渐增大。在纵向应对称均衡卸落,在横向应同时卸落。在拟定卸落程序时,应注意以下几点。①在卸落前,在卸落设备上做好每次卸落量的标记;卸落拱架时,设专人用仪器观测拱圈挠度和墩台变化情况并详细记录,另设专人观察是否有裂缝。②卸落满布式拱架时,可从拱顶向拱脚依次卸落;拱式拱架可在两支座处同时均匀卸落。③简支梁、连续梁宜从跨中向支座依次卸落;悬臂梁应先卸挂梁及悬臂的支架,再卸无铰跨内的支架;④多孔拱桥卸落时,若桥墩允许承受单孔施工荷载,可单孔卸落,否则应多孔同时卸落或各连续孔分阶段卸落。

4. 施工工序

(1) 地基处理。

应根据箱梁的断面尺寸及支架的形式对地基的要求决定地基处理方式。支架的跨径大,对地基的要求就高,须加强地基的处理要求,反之可相对减弱。地基处理时,要做好排水,防止雨水或混凝土浇筑和养护过程中的水对地基的影响。

(2) 支架工程。

支架的布置根据梁截面大小并通过计算确定,以确保强度、刚度、稳定性满足要求。计算时,除考虑梁体混凝土质量外,还需考虑模板及支架质量,施工荷载(人、料、机等),作用在模板、支架上的风力,其他可能产生的荷载(如雪荷载,保证设施荷载)等。

根据技术规范的要求进行支架预压,以收集支架、地基的变形数据,作为设置预拱度的依据。设置预拱度时,要考虑张拉上拱的影响。预拱度一般按两次抛物线设置。

支架的卸落设备可根据支架形式选择使用木楔、砂筒、千斤顶、U形顶托等,卸落设备应有足够的强度。

（3）模板工程。

模板由底模、侧模及内模三个部分组成,一般预先分别制作成组件,使用时再拼装。模板以钢模板为主,在齿板、堵头或棱角处采用木模板。模板的楞木采用方钢、槽钢或方木组成,布置间距以75 cm左右为宜,具体的布置需要根据箱梁截面尺寸确定,并通过计算进行验算。

（4）普通钢筋、预应力钢筋的布设。

①在安装并调好底模及侧模后,开始底、腹板普通钢筋的绑扎及预应力管道的预设。混凝土采用一次浇筑时,在底、腹板普通钢筋及预应力管道完成后,安装内模,再绑扎顶板钢筋及预应力管道;混凝土采用二次浇筑时,底、腹板普通钢筋及预应力管道完成后,浇筑第一次混凝土,混凝土终凝后,再支内模顶板,绑扎顶板钢筋及预应力管道,进行第二次混凝土浇筑。

②按规范的要求对普通钢筋及预应力钢筋做好各种试验,严格按设计图纸的要求布设。对于腹板钢筋,一般根据其起吊能力,预先焊成钢筋骨架,吊装后再绑扎或焊接成型,钢筋绑扎、焊接要符合技术规范的要求。

③预应力管道采用镀锌钢带制作。按设计要求准确布设预应力管道,并采用每隔50 cm一道的定位钢筋固定。接头要平顺,用胶布缠牢;管道的高点要设置排气孔。

④安装锚垫板前,检查锚垫板的几何尺寸是否符合设计要求。锚垫板要牢固地安装在模板上,使垫板与孔道严格对中,并与孔道端部垂直,不得错位。

⑤通过计算确定预应力钢筋的下料长度,计算时应考虑孔道曲线长、锚夹具长度、千斤顶长度及外露工作长度等因素。预应力钢筋穿束前,要对孔道进行清理。

（5）混凝土浇筑。

浇筑前,做混凝土配合比设计及各种材料试验,并根据实际情况综合比较确定箱梁混凝土采用一次、两次或三次浇筑。浇筑时,要安排好浇筑顺序,确定的浇筑速度要确保下层混凝土初凝前覆盖上层混凝土。采用插入式振捣器振捣,振捣器的移动间距不超过其作用半径的1.5倍,插入下层混凝土5～10 cm。对于每个振捣部位,必须振捣到该部位混凝土密实为止,但也不得超振。

(6) 预应力张拉。

在张拉前,必须对千斤顶、油泵进行配套标定,并每隔一段时间进行一次校验。有几套张拉设备时,要进行编组,不同组号的设备不得混用。当梁体混凝土强度达到设计规定的张拉强度时,可进行张拉。

张拉按技术规范的要求进行。张拉过程中的断丝、滑丝不得超过规范或设计的规定。预应力张拉采用双控,即以张拉力控制为主,以钢束的实际伸长值校核,实测伸长值与理论伸长值的误差不得超过规范要求,否则应停止张拉。

根据《公路桥涵施工技术规范》(JTG/T 3650—2020)第7.6.3条的规定,预应力钢筋的理论伸长值 ΔL_L(mm)可按式(6.1)计算。

$$\Delta L_L = \frac{P_P L}{A_P E_P} \tag{6.1}$$

式中:P_P 为预应力钢筋的平均张拉力(N),直线钢筋取张拉端的拉力,两端张拉的曲线钢筋的计算方法应符合《公路桥涵施工技术规范》(JTG/T 3650—2020)附录 F 的规定;L 为预应力钢筋的长度(mm);A_P 为预应力钢筋的截面面积(mm²);E_P 为预应力钢筋的弹性模量(N/mm²)。

同时,由于预应力钢筋张拉时应先调整到初应力 σ_0(该初应力宜为张拉控制应力 σ_{con} 的 10%~25%),伸长值应从初应力时开始量测。预应力钢筋的实际伸长值除量测的伸长值外,尚应加上初应力以下的推算伸长值。预应力钢筋张拉的实际伸长值 ΔL_S(mm)可按式(6.2)计算。

$$\Delta L_S = \Delta L_1 + \Delta L_2 \tag{6.2}$$

式中:ΔL_1 为从初应力至最大张拉应力间的实测伸长值(mm);ΔL_2 为初应力以下的推算伸长值(mm),可采用相邻级的伸长值。

(7) 压浆、封锚。

张拉完成后,尽快进行孔道压浆和封锚,压浆所用灰浆的强度、稠度、水灰比、泌水率、膨胀剂剂量按施工技术规范及试验标准的要求控制。

每个孔道压浆到最大压力后,应有一定的稳定时间。压浆应使孔道另一端饱满和出浆,并使排气孔排出与规定稠度相同的水泥浓浆。压浆完成后,将锚具周围冲洗干净并凿毛,设置钢筋网,浇筑封锚混凝土。

6.2.3 桥梁上部结构逐孔施工技术

1. 逐孔施工法类型

从施工技术方面来看,逐孔施工法有以下三种类型。

(1) 采用临时支承组拼预制节段逐孔施工。对于多跨长桥,在缺乏较大能力的起重设备时,可将每跨梁分成若干段,在预制现场生产。架设时,采用一套临时支承梁承担组拼节段的自重,并在支承梁上张拉预应力钢筋,同时保证将安装跨的梁与施工完成的桥梁结构按照设计的要求连接,完成安装跨的架梁工作,然后移动临时支承梁,进行下一桥跨的施工。

(2) 使用移动支架逐孔现浇施工。此法亦称"移动模架法",是在可移动的支架、模板上完成一孔桥梁的全部工序。此法是在桥位上现浇施工,可免去大型运输和吊装设备,桥梁整体性好,还具有在桥梁预制厂生产的特点,可提高机械设备的利用率和生产效率。

(3) 整孔吊装或分段吊装逐孔施工。这种施工方法是早期连续梁桥采用逐孔施工的唯一方法,可用于混凝土连续梁桥和钢连续梁桥的施工。

2. 采用临时支承组拼预制节段逐孔施工

(1) 节段划分。

①桥墩顶节段。桥墩顶节段要与前一跨连接,须张拉钢索或接长钢索,因此桥墩顶节段有一定的构造要求。此外,在墩顶处,桥梁的负弯矩较大,梁的截面要符合受力要求。

②标准节段。前一跨桥墩顶节段与安装跨第一节段间可以设置就地浇筑混凝土封闭接缝,用来调整安装跨第一节段的准确程度。封闭接缝宽 15~20 cm,拼装时由混凝土垫块调整。在施加初预应力后,用混凝土封填,这样可以调整节段拼装和节段预制的误差。

(2) 支承梁。

①钢桁架导梁。钢桁架导梁应设置预拱度,要求当每跨箱梁节段全部组拼之后,钢桁架导梁上弦符合桥梁纵断面标高要求;应准备一些附加垫片,用于临时调整标高。

②下挂式高架钢桁架。在节段组拼过程中,架桥机前臂必然下挠,安装桥跨第一块中间节段的挠度调整是安装的关键,因此要求当一跨节段全部由架桥机吊起后,第一个中间节段与墩上节段的接触面全部吻合。

3. 使用移动支架逐孔现浇施工

当桥墩较高、桥跨较长或桥下净空受到约束时,可以采用非落地支承的移动模架逐孔现浇施工。移动模架法适用于多跨长桥,桥梁跨径可达 50 m。设备可周转使用。

移动模架法施工的主要工序如下:侧模安装就位、安装底模、支座安装、预拱度设置与模板调整、绑扎底板及腹板钢筋、预应力系统安装、内模就位、顶板钢筋绑扎、箱梁混凝土浇筑、内模脱模、施加预应力、管道压浆、落模、拆底模及滑模纵移。

4. 整孔吊装或分段吊装逐孔施工

整孔吊装或分段吊装逐孔施工需要用到的吊装机具有桁式吊、浮吊、龙门式起重机、汽车起重机等,可根据起吊物重力、桥梁所在位置、现有设备和掌握机具使用的熟练程度等因素决定。

施工时,应注意以下几个问题。

(1) 采用分段组装逐孔施工的接头可以设在桥墩处,也可设在梁的1/5附近;前者多为由简支梁逐孔施工连接成连续梁桥;后者多为将悬臂梁转换为连续梁。在接头位置可设0.5~0.6 m宽的现浇混凝土接缝,当混凝土达到足够强度后,张拉预应力钢筋,完成连续。

(2) 桥在横向是否分隔,主要根据起重能力和截面形式确定。在桥梁较宽、起重能力有限的情况下,可以采用T梁或工字梁截面,分片架设之后再进行横向整体化。为了加强桥梁的横向刚度,梁间翼缘板有0.5 m宽的现浇接头。采用大型浮吊横向整体吊装可以简化施工并加快安装速度。

(3) 对于先简支后连续的施工方法,通常在简支梁架设时使用临时支座,连接和张拉后期钢索完成连续时拆除临时支座,放置永久支座。为使临时支座便于卸落,可在橡胶支座与混凝土垫块之间设置一层硫黄砂浆。

(4) 在梁的反弯点附近设置接头,在可能的情况下,可在临时支架上进行接头。桥梁上部结构各截面的恒载内力根据各施工阶段进行内力叠加计算。

6.2.4 桥梁上部结构悬臂施工技术

1. 悬臂拼装施工

(1) 悬臂拼装施工的优点。

悬臂拼装施工包括块件的预制、运输、拼装及合龙。它与悬浇施工具有相同的优点,不同之处在于悬臂拼装用吊机将预制好的梁段逐段拼装。悬臂拼装还具备以下优点:①梁体的预制可与桥梁下部构造施工同时进行,可以缩短建桥周期;②预制梁的混凝土龄期比悬浇法的长,可以减少悬臂拼装成梁后混凝土的收缩和徐变;③预制场或工厂化的梁段预制生产有利于整体施工的质量控制。

(2) 悬臂拼装施工的梁段预制方法。

梁段预制方法分长线法及短线法。

长线法是指组成梁体的所有梁段均在固定台座上的活动模板内浇筑,且相邻段的拼合面应相互贴合浇筑。缝面浇筑前,涂抹隔离剂,以利于脱模。优点是由于台座固定可靠,成桥后梁体线性较好;缺点是占地面积较大,地基要求坚实,混凝土的浇筑和养护分散。

短线法是指梁段在固定台座能纵移的模内浇筑。待浇梁段一端设固定模架,另一端为已浇梁段(配筑梁段),已浇梁段达到强度后,运出已浇梁段。台座仅需3个梁段。优点是场地较小,浇筑模板及设备基本不需要移动,可调的底模、侧模便于平竖曲线梁段的预制;缺点是精度要求高,施工要求严,施工周期相对较长。

2. 梁段拼接施工

(1) 0号块梁段。为了确保连续梁分段悬臂拼装施工的平衡和稳定,常将T构支座临时固结。必要时,在墩两侧加设临时支架,以满足悬臂拼装的施工需要。

(2) 1号块梁段。1号块梁段是紧邻0号块梁段两侧的第一箱梁节段,也是悬臂拼装T形钢构桥的基准梁段,是全跨安装质量的关键,一般采用湿接缝连接。湿接缝拼装梁段施工程序如下:吊机就位→提升、起吊1号块梁段→安设铁皮管→测量中线→丈量湿接缝的宽度→调整铁皮管→测量高程→检查中线→固定1号块梁段→安装湿接缝的模板→浇筑湿接缝混凝土→湿接缝养护、拆模→张拉预应力钢筋→拼装下一梁段。

(3) 其他梁段拼装。其他梁段采用胶接缝拼装,拼装施工程序如下:吊机就位→起吊梁段→初步定位试拼→检查并处理管道接头→移开梁段→穿临时预应力钢筋入孔→在接缝面上涂胶接材料→正式定位、贴紧梁段→张拉临时预应力钢筋→放松起吊索→穿永久预应力钢筋→张拉预应力钢筋后移挂篮→拼装下一梁段。

3. 预制梁块悬臂拼装施工

预制梁块悬臂拼装施工的要点如下。

(1) 梁段的存放场地应平整,承载力应满足要求,支垫位置应与吊点一致。

(2) 预制梁块的测量要求如下:箱梁基准块出坑前,必须测量所有梁块,详细记录,并根据其在桥上的设计位置校正;在箱梁顶面埋置 4~6 个箱梁标高控制点和挠度观测点;在预制梁段上标出梁号、中轴线、横轴线。

(3) 预制梁块悬臂拼装方法可依据设备和现场条件选用。方便在陆地或便桥上施工时,可采用自行式吊车、门式吊车拼装;对于水中桥跨,可采用水上浮吊安装;对于高墩身的桥跨,可利用各种吊机进行高空悬臂拼装施工。

(4) 桥墩顶梁段及桥墩顶附近梁段施工时,可采用托架或膺架为支架就地浇筑混凝土。托架或膺架应经过设计,计算其弹性及非弹性变形量。

(5) 保证拼装的第一个梁块(基准块)的预制精度,安装时,对纵、横轴线,高程进行精确定位测量,为以后的拼装创造条件。

(6) 采用悬臂拼装法修建预应力悬臂梁桥时,应先将梁、墩临时锚固或在墩顶两侧设立临时支撑,待全部块件安装完毕后,再撤除临时锚固或支撑。

(7) 采用悬臂吊机、缆索、浮吊悬拼安装时,按施工荷载进行强度、刚度、稳定性验算,使安全系数大于 2.0。施工中还应注意以下事项。

①块件起吊安装前,应对起吊设备进行全面的安全技术检查,并按照设计荷载的 60%、100% 和 130% 分别进行起吊试验。

②吊机的最大承重能力应符合设计要求,注意吊机的定位和锚固,经检查符合要求后再进行起吊拼装。

③移动吊机前,尽量将纵向主桁架上所有活动部件移动到主桁架后端,方可松锚固螺栓。

④桥墩两侧块件宜对称起吊,以保证桥墩两侧平衡受力。

⑤移动吊机时,沿箱梁纵轴线对称地向两端推进。

⑥墩侧相邻的 1 号块件提升到设计标高初步定位后,应立即测量、调整 1 号块件的纵轴线,使之与梁顶块件纵轴线的延伸线重合,使其横轴线与梁顶块件的横轴线平行且间距符合设计要求;检查梁顶块件与 1 号块件间孔道的接头情况,调整并制作接缝间孔道接头后,方可将 1 号块件牢靠固定;其他块件连接时,均按本条规定测量、调整位置。

⑦在施工前绘制主梁安装挠度变化曲线,悬臂拼装过程中,随时观测桥轴线安装挠度曲线的变化情况,并与设计值进行对比,有较大偏差时及时处理,以便控制块件的安装高程。

⑧吊机就位后,须将支点垫稳,固定后锚固螺栓,平车移动到起吊位置,进行下一块件的拼装。

(8) 非 0 号、1 号块件拼装时一般在接缝上设置定位榫齿或钢定位器。

（9）采用胶接缝拼装的块件，涂胶前应就位试拼。胶粘剂一般采用环氧树脂，使用前应经过试验，符合设计要求方可使用。

（10）湿接缝块件待混凝土强度达到设计强度的70％以上时，才能张拉预应力束。如设计文件有要求，按设计文件要求处理，但不能低于设计强度的70％。

（11）应按设计顺序进行体系转换。

4．悬臂浇筑施工

悬臂浇筑施工（悬浇）适用于大跨径的预应力混凝土悬臂梁桥、连续梁桥、T形刚构桥、连续刚构桥。其特点是无须建立落地支架，不需要大型起重与运输机具，主要设备是一对能行走的挂篮。

（1）施工准备。

①挂篮设计及加工。挂篮是悬浇箱梁的主要设备，它是沿着轨道行走的活动脚手架及模板支架。按结构形式，挂篮可分为桁架式、三角斜拉带式、预应力束斜拉式、斜拉自锚式；按行走方式，挂篮可分为滑移式和滚动式；按平衡方式，挂篮可分为压重式和自锚式。对某一具体工程，应根据梁段分段情况以及挂篮的质量、要求承受荷载及施工经验对挂篮进行认真详细的设计。挂篮除必须满足强度、刚度、稳定性要求外，还应行走、锚固方便可靠，质量不大于设计规定。挂篮由主桁架、锚固、吊杆、平衡系统及纵横梁等部分组成，在工厂或现场根据挂篮设计图纸加工而成。挂篮试拼后，必须进行荷载试验。

②0号块、1号块的施工。挂篮是利用已浇筑的箱梁段作为支撑点，通过桁架等主梁系统、底模系统，人为创造一个工作平台。对于0号块、1号块，挂篮没有支撑点或支撑长度不够，需采用其他方式浇筑，一般采用施工托架浇筑。施工托架可用万能杆件、贝雷片或其他装配式杆件组成，可支撑在桥墩基础承台上或墩身上。施工托架除须满足承重强度要求外，还须具有一定的刚度；各连续点应连接紧密，螺栓应旋紧，以减少变形，防止梁段下沉和裂缝。施工托架示意图如图6.11所示。

③临时固结。对于连续箱梁，梁与墩未固结在一起，施工时，两侧悬浇施工难以保持绝对平衡，必须在施工中采取临时固结措施，使梁具有抗弯能力。临时固结一般采用在支座两侧临时加预应力钢筋、梁和墩顶之间浇筑临时混凝土垫块的方法。梁固结在桥墩上，具有一定的抗弯能力。在条件成熟时，采用静态破碎方法解除固结。

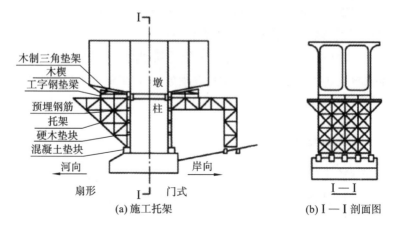

图 6.11 施工托架示意图

(2)施工要点。

①主梁长度划分。应充分考虑主梁的形式、跨径、墩宽、挂篮的形式以及施工周期来确定主梁各部分的长度。0 号块梁段长度一般为 5~20 m,悬浇分段长度为 3~5 m。

②临时固结支承。悬臂施工过程中,若梁身与墩身采用非刚性连接,为保证结构的稳定性,悬臂梁桥和连续梁桥应采取 0 号块梁段与桥墩间临时固结支承措施;对于刚性连接的 T 形刚构梁、连续刚构梁,因结构本身已具有一定的抗弯能力,可根据设计和施工要求采用在墩旁架设临时托架等方法施工。

临时固结支承可采用如下措施。

a. 将 0 号块梁段与桥墩钢筋或预应力钢筋临时固结,解除固结时再将其切断。

b. 在桥墩一侧或两侧设置临时支承或支墩。

c. 顺桥向用扇形或门式托架将 0 号块梁段临时支承,悬浇到至少一端合龙后恢复原状。

d. 临时固结支承可用硫黄水泥砂浆块、砂筒或混凝土块等卸落设备,以使体系转换时较方便地撤除临时支承。采用硫黄水泥砂浆块作临时固结支承的卸落设备并采用高温熔化撤除支承时,必须在支承块之间设置隔热措施,以免损坏支座部件。

③挂篮安装。挂篮安装时应保证安全、稳定、可靠。挂篮的主纵、横梁的分联和移动操作应特别精细,以防急剧塌落和倾覆现象;浇筑混凝土时,后端应锚固于已完成的梁段上,后锚和移动架可采取保险锚、保险索或保险手动葫芦等安

全措施;挂篮桁架在已完成的梁段上行走时,应于后端压重稳定;挂篮桁架行走和浇筑混凝土时的稳定系数均不得小于1.50;挂篮组拼后,全面检查安装质量,并对挂篮进行试压,以消除结构的非弹性变形。挂篮试压的最大荷载一般可按最大悬浇梁段质量的1.3倍考虑。挂篮试压通常采用水箱加压法、试验台加压法及砂袋法。

④安装模板。安装模板并校正中线,外模及框架的长度和高度应能适应各节段的变化。内模由侧模、顶模和内框架组成,应便于拆模和修改。上一节段施工后出现中线或高程误差需要调整时,应在模板安装时调整。模板和前一节段的混凝土面应平整密贴。安装模板后,应严格核准中心位置及标高、校正中线。

⑤预应力管道安装。安装预应力管道时,应保证管道连接紧密、管道定位准确。放置预应力管道时,应注意和前一段的管道连接接头严密对准并用胶布包贴,防止灰浆渗入管道;还应设置足够的定位钢筋,以保证预留管道在浇筑混凝土过程中位置正确、线形平顺。纵向预应力管道用塑料波纹管时,必须设置塑料内衬管,内衬管外径可比波纹管内径小3~4 mm。定位钢筋的纵向水平间距应不大于100 cm,曲线段间距应不大于50 cm。

⑥挂篮行走。挂篮行走前,要测定已完成节段梁端标高,并定出箱梁中轴线。解除挂篮的后锚固后,挂篮沿箱梁中轴线对称向两端前进,每前进50 cm做一次同步观测,防止挂篮转角、偏位造成挂篮受扭。

⑦梁段混凝土浇筑。在梁段混凝土浇筑前,应对挂篮(托架或膺架)、模板、预应力钢筋管道、钢筋、预埋件、混凝土材料、配合比、机械设备、混凝土接缝处理情况进行全面检查,经确认后方可浇筑。浇筑时,可视箱梁截面高度情况采用一次或二次浇筑法。无论采用哪种方法浇筑,梁段自重误差应在±3%范围内。

采用一次浇筑时,可在箱梁顶板中部留一个窗口,浇筑底板混凝土,浇好底板后立即补焊钢筋封洞,同时浇筑肋板混凝土,最后浇筑顶板混凝土,一次完成。浇筑肋板混凝土时,两侧肋板应同时分层进行。浇筑顶板混凝土时,应从外侧向内侧一次完成,以防产生裂纹。

采用两次浇筑时,各梁段应错开施工。箱梁分层浇筑时,底板可一次浇筑完成;腹板可分层浇筑,分层间隔时间宜控制在混凝土初凝之前且应使层与层覆盖住。为缩短两次浇筑混凝土的时间间隔,可一次支立外侧模,分次接高内侧模(内侧模接高应待底板混凝土达到一定强度后进行),同时做好钢筋的绑扎和预应力钢筋的定位、布设工作,然后浇筑肋板上段和顶板混凝土。接缝除按施工缝要求进行处理外,还应采取预埋型钢、预留凹槽等抗剪措施。

施工中还应注意以下内容:检查钢筋、管道、预埋件的位置;检查已浇混凝土表面的润湿情况;浇筑时随时检查锚垫板的固定情况;检查压浆管是否通畅牢固;严密监视模板与挂篮的变化情况,发现问题及时处理;检查对称浇筑进度。

箱梁截面混凝土浇筑应按设计要求进行,若设计无明确要求,一般按下列顺序浇筑:浇筑混凝土时,必须从悬臂端开始,两个悬臂端应对称均衡地浇筑;应加强振捣,高箱梁混凝土施工可采用内侧模开仓振捣;在浇筑混凝土的同时应注意对预应力管道的保护,浇筑后应及时对管道进行清孔,以利穿束。

为提高混凝土的早期强度,以加快施工速度,在设计混凝土配合比时,一般加入早强剂或减水剂。混凝土梁段浇筑周期一般为 5~7 d,为防止混凝土出现过大的收缩、徐变,应在配合比设计时按规范要求控制水泥用量。

分期浇筑混凝土时,新、旧混凝土的结合面应凿毛、洗净;应严格控制相邻两次混凝土浇筑的龄期差,一般在任何情况下都不得大于 20 d;应控制水灰比降低骨料温度,减小模板与混凝土间的摩阻力。

混凝土浇筑完毕后应进行养护,强度达到设计强度的 75% 并经过孔道检查、修理管口弧度后即可进行穿束、张拉、压浆和封锚等工作。

⑧消除挂篮变形的措施。梁段拆模后,应对梁端的混凝土表面进行凿毛处理,以加强接头混凝土的连接。悬浇梁段分次浇筑混凝土时,如处理不当,后浇筑混凝土的重力会引起挂篮变形,导致先浇筑的混凝土开裂,因此应采取措施消除后浇筑混凝土引起的挂篮变形,一般可采用表 6.7 所列方法。

表 6.7 消除后浇筑混凝土引起的挂篮变形的措施

方法	内容
水箱法	浇筑混凝土前先在水箱中注入相当于混凝土质量的水,在混凝土浇筑过程中逐渐放水,保持挂篮负荷和挠度基本不变
混凝土一次浇筑	箱梁混凝土可采用一次浇筑,施工时应在浇筑混凝土前预留准确的下沉量,并在底板混凝土凝固之前全部浇筑完毕,即要求挂篮的变形全部发生在混凝土塑性状态,避免产生裂纹
调整高度	浇筑混凝土时,可根据混凝土质量的变化,随时调整吊带高度
抬高挂篮的后支点	混凝土浇筑前,将模板前端抬高,同时用千斤顶顶起挂篮后支点,将底模梁支承在千斤顶上;浇筑混凝土时,随混凝土质量的变化,随时调整底模梁下的千斤顶,抵消挠度变形。斜拉式挂篮的总变形小,一般可在浇筑混凝土前预留下沉量,不必在浇筑过程中进行调整

(3) 施工注意要点。

桥墩两侧梁段悬臂施工进度应对称、平衡,实际不平衡偏差不超过设计要求值。设计无要求时,两端允许的不平衡质量最大不超过一个梁段的底板自重。

悬臂浇筑前端底板和桥面的标高,根据挂篮前端的垂直变形量及预拱度设置。施工过程中要监测实际高程,如与设计值有较大出入,会同有关部门查明原因并及时调整。

在每一梁段施工过程中,出现大风预报时应停止施工并使两悬臂端不出现不平衡荷载,确保挂篮的牢固性。

6.3 桥梁结构施工实践——以江津至泸州北线高速公路项目二分部工程为例

6.3.1 下部构造施工

1. 承台施工

承台施工工艺流程如下:施工准备→测量放线→基坑开挖、桩头处理→浇筑垫层→承台平面位置精确放样→钢筋加工及安装→模板安装→混凝土浇筑→混凝土养护及拆模→基坑回填。下面介绍部分工艺流程的施工要点。

(1) 施工准备。

基坑开挖前,必须做好施工测量,测定承台的中心桩,纵、横边和中线,以及临时水准基点,做好断面测量,放出基坑边桩。核对无误后,方可施工。

(2) 测量放线。

浇筑 5 cm 厚混凝土垫层,在垫层上测放承台轴线、边线,用墨斗将承台范围线及钢筋间距弹在垫层上,依照弹线绑扎钢筋、架立模板。

(3) 基坑开挖、桩头处理。

开挖时,先用挖机清除表层土,平整场地后开挖,采用机械配合人工的开挖方式。基坑开挖宽度比设计宽度大 50~100 cm,并按 1∶1 的坡度放坡。在基底以上预留 30 cm 采用人工开挖或采用小型机械开挖,夯实至设计高程。在土质松软层开挖时,应先进行支护,发现坑沿顶面出现裂缝、坑壁松塌或遇涌水、涌砂时,立即停止施工,加固后方可继续施工。

基坑开挖延续时间不可过长,应快速连续施工;承台施工完成后应及时回填,防止基底受水浸泡。合理排除基坑积水,经处理的承台不得再受水浸泡。基坑开挖后,应立即做好基坑防护,并做好安全标志。基坑四周应设置防护围栏,并设夜间用的红色警示灯,防止行人、车辆跌入基坑。

桩头混凝土强度达到 15 MPa 并经超声波检测合格后方可破桩头,应使用风镐或人工凿除,不得使用大功率镐头机。

(4) 钢筋加工及安装。

应在钢筋加工场内按照设计要求加工钢筋。加工前,应根据设计长度下料,按设计尺寸加工;半成品应运至现场绑扎。

预埋钢筋绑扎位置应正确,桩伸入承台的钢筋、承台伸入墩的钢筋等均应按图纸绑好,扎结牢固或焊牢,标高、位置、搭接锚固长度等尺寸应准确,不得遗漏或移位。当承台钢筋与桩身钢筋深入承台部分冲突时,可适当调整承台钢筋间距。

(5) 模板安装。

模板采用组合钢模板,须具有一定的刚度和强度,外露混凝土表面应光洁平整。模板板面之间应平整,接缝严密,不漏浆,保证结构物外露面平整美观、线条顺直。模板安装使用的对拉杆外套 PVC(polyvinyl chloride,聚氯乙烯)管,保证对拉杆可拆卸和重复利用。模板开孔时,采用机械钻孔且布置规则、整齐,不得采用焊割和氧割。

安装模板前,应先进行标高、中线及模板边线的测量放样,确保各尺寸无误后,方可进行立模。根据放线焊接限位支撑。安装模板时,应设临时支撑固定,严禁将模板系于结构钢筋上。模板安装完毕后,应对其平面位置、顶部标高、节点联系,以及纵向、横向稳定性进行检查,符合要求后方可浇筑混凝土。

模板、钢筋安装工作应配合进行,妨碍绑扎钢筋的模板应待钢筋安装完毕后安设。

(6) 混凝土浇筑。

浇筑混凝土之前,模板应涂刷脱模剂。模板内侧脱模剂应涂抹均匀,不得使用废机油等油料且不得污染钢筋及混凝土的施工缝,确保混凝土外观美观。

承台混凝土由拌和站集中提供。混凝土拌和前,试验人员根据设计配合比,砂、石料含水量确定施工配合比,检验混凝土各项指标是否合格,合格后方可运输至施工现场。

混凝土的运输能力应满足混凝土凝结速度和浇筑速度的需要,使浇筑工作不间断,并使混凝土运到浇筑地点时仍保持均匀性和规定的坍落度。混凝土运输采用搅拌罐车,途中以 2~4 r/min 的速度慢速搅动。混凝土运至浇筑地点后,如果离析、严重泌水或坍落度不符合要求,应进行二次搅拌。若二次搅拌后仍不符合要求,不得使用。

混凝土宜选择避开高温时段浇筑。浇筑混凝土前,应将模板内的杂物、积水及钢筋上的污垢等清理干净,及时堵塞模板的缝隙和孔洞,使接茬严密,防止漏浆;应对支架、模板、钢筋和预埋件等进行检查,并做好记录,复核设计及规范要求后方可进行浇筑。采用直径为 50 mm 的插入式振捣器振捣混凝土,直至混凝土停止下沉、不出现气泡、表面有浮浆。混凝土浇筑完成后,及时整修、抹平混凝土顶面,定浆后再抹第二遍并压光或拉毛。抹面时严禁洒水,并防止过度操作影响表面混凝土的质量。

浇筑混凝土期间,设专人检查支架、模板、钢筋和预埋件等的稳固情况,发现松动、变形、移位时应及时处理。技术员必须旁站,跟班作业,做好混凝土灌注记录,并及时处理在浇筑过程中出现的问题。此外,在施工过程中,要及时清除模板上溅的水泥浆,并安排专人用小锤轻敲模板以清除模板边的气泡,确保混凝土表面光洁并避免出现气泡孔。

(7) 混凝土养护及拆模。

混凝土的洒水养护时间一般为 7 d,每天洒水的次数以能保持混凝土表面处于湿润状态为度。混凝土养护用水质量要求与拌和用水质量要求一致。

在混凝土强度能保证其表面及棱角不因拆除模板而受损时,方可拆模。大体积混凝土模板拆除应在养护期后进行。

处理与墩身连接处的施工缝时,按墩身位置和尺寸在承台顶面放线,线内部分人工凿毛,标准是凿去浮浆和松动石子,露出新鲜混凝土面,在立模板前清扫冲洗干净。

(8) 基坑回填。

混凝土浇筑、模板拆除完成后,应及时进行基坑回填。回填时,分层填筑、分层压实,严禁将淤泥及含水量较大的土作为填料,按照路基填筑压实标准进行填筑。回填时,注意对承台的保护,防止对承台造成损伤。

2. 墩柱施工

立柱采用在已浇筑完成的桩顶或系梁上支设钢模,配置导管浇筑。其施工工艺流程如下:凿毛、清洗桩头→测量放样→钢筋制作与安装→支设钢模板→浇筑混凝土→养护及拆模。

(1) 凿毛、清洗桩头。

采用机械进行桩头开挖,按设计标高凿除桩头混凝土,将桩基的桩顶部分凿毛并清理干净杂物,用清水冲洗桩头钢筋,焊接立柱钢筋接桩头,以备立柱施工。

(2) 测量放样。

在桩顶或系梁的顶面放出立柱中心位置,并用墨斗弹出其中心线,以作为立模基准。

(3) 钢筋制作与安装。

墩柱钢筋在钢筋加工场集中加工,然后运至现场,用吊车安装。钢筋焊接工必须持考试合格证上岗。钢筋连接应满足规范及设计要求。

(4) 支设钢模板。

立柱模板采用定型钢模,面板厚 6 mm,模板的接缝、平整度应符合要求。模板进场后,应涂刷一层水泥浆,使用前清除水泥浆并进行模板抛光。模板安装要保证模板中心位置正确,平面尺寸允许偏差为±10 mm,垂直度允许偏差为2‰。立模完毕后,应对模板平面位置、顶部标高、节点联系,以及纵向、横向稳定性进行检查,经监理工程师签认后方可浇筑混凝土。

(5) 浇筑混凝土。

混凝土在搅拌站集中拌制,用混凝土运输车运输;垂直运输用吊车配吊斗。在浇筑现场检查混凝土的均匀性和坍落度,符合要求后方可入模。

混凝土按一定厚度、顺序和方向分层浇筑,每层厚度不大于 300 mm;振捣器要垂直插入混凝土,插入下一层混凝土 50~100 mm,以保证新浇混凝土与先浇混凝土结合良好。当混凝土由高处落下的高度超过 2 m 时,采用溜槽或导管。导管和溜槽应保持干净,使用过程中应避免发生混凝土离析。

混凝土振捣采用插入式振捣器,插入下层混凝土 50~100 mm。每处振捣完毕后,应边振捣边徐徐提出振捣棒,避免振捣棒碰撞模板、钢筋及其他预埋件。振捣密实的标志是混凝土停止下沉、不冒气泡并泛浆、表面平坦,捣实后 24 h 之内不能受到振动。

施工时应注意混凝土的坍落度和和易性,保证混凝土质量。混凝土浇筑时要控制好顶面高程,为确保柱顶混凝土的质量,浇筑至设计标高以上 10 cm;盖梁施工前将多余部分凿除。

(6) 养护及拆模。

混凝土施工完毕,适时采取覆盖淋水养护措施,24~36 h 拆模。拆模后,用土工布直接紧密包裹墩柱,再使用薄膜包裹在养护布外,在墩顶放置一个底部穿小孔的大水桶,并将抽水管放置在水桶内固定好,抽水到墩柱顶往水桶灌水,水漏出后,通过湿润养护布达到养护目的,养护期不少于 7 d。

3. 盖梁、中系梁施工

(1) 测量放样。

在盖梁施工前,使用全站仪在矩形墩内放出墩的中心线及方向线,以方便底模的安装;使用水准仪测出墩顶的四角高程,以方便底模的标高控制。

(2) 墩顶凿毛。

对墩顶进行凿毛处理,凿除顶部的水泥砂浆和松弱层,直至露出混凝土粗骨料,用水冲洗干净。标高控制在比设计标高高 1 cm 左右,以便安装盖梁底模。

(3) 穿心棒安装。

在墩身施工时,在距墩顶 1.1 m、两侧 0.5 m 的位置各用薄壁铁桶预留穿心棒的位置;盖梁施工时,吊车配合人工安装穿心棒,然后在穿心棒上点焊一块铁平板用来放置千斤顶。为了预防穿心棒滚动,可以用钢管把两侧的铁板连接起来。承重横梁采用工字钢安装在承重千斤顶上。为防止工字钢侧向倾覆,两根工字钢之间用直径为 16 mm 的对拉螺杆穿过工字钢腹板连接,内侧用钢管支撑,对拉螺栓穿过钢管。工字钢上面放一排长 4 m,尺寸为 10 cm×10 cm 的方木,方木间距不大于 30 cm 并与工字钢绑扎牢固。

(4) 架设底模。

模板采用工厂预制的组合钢模板,使用前进行调校并除锈,穿心棒安装完毕后开始架设底模。用吊车把拼装好的底模安装就位,待测量人员对底模高程进行复测后,调整底模至设计标高,调整好后对底模进行固定。盖梁底模标高安装施工误差应在±5 mm 范围内,轴线偏位误差应在±10 mm 范围内。模板接缝间要垫 3 mm 厚的橡胶条,防止接缝漏浆造成混凝土面色差或麻面。底模架设完成后,经现场监理工程师确认后方可进行下道工序。

(5) 钢筋制作与安装。

钢筋采用钢筋加工厂加工半成品,运输至现场后用 25 t 吊车安装成型。钢筋进场时,出厂质量合格证应齐全,按规范规定进行抽样试验,试验合格后再加工使用。使用前,钢筋表面油渍、漆皮等应清除干净,钢筋应平直、无局部弯折。

钢筋骨架预先在钢筋加工厂绑扎好骨架片,由平板车运输至施工现场,再用 25 t 吊车吊装至盖梁底模上进行整体绑扎。安装好的钢筋骨架要顺直,主筋及弯起钢筋的位置、尺寸严格符合设计要求,钢筋笼绑扎时接头错开布置,同一断面的接头不超过该截面钢筋总数的50%,接头断面距离不小于35倍的主筋直径。钢筋焊接时,双面焊接长度不小于5倍的钢筋直径,单面焊接长度不小于10倍的钢筋直径。吊装至盖梁底模上后应交错放置混凝土垫块,以确保钢筋保护层的厚度符合要求。

(6) 安装盖梁侧模、端模。

侧模、端模采用工厂预制的组合钢模板。使用前,进行调校并除锈,安装前均匀涂刷脱模剂。侧模整体拼装后,模板外侧分上、中、下布置3道横梁,竖向布置间距为80 cm的双排钢管,采用直径为16 mm的对拉螺杆固定。

(7) 垫石、挡块的位置放样。

测量人员在盖梁侧模上把垫石、挡块的位置放出,然后人工绷线预埋垫石、挡块的钢筋,用水准仪控制钢筋的顶面标高。待盖梁浇筑完成后,再在混凝土面上放出垫石及其挡块的位置,安装模板。

(8) 混凝土浇筑。

混凝土采用拌和站集中拌和、混凝土罐车运输、泵车泵送入模。浇筑顺序为从与墩柱连接部位开始向两端分层浇筑,混凝土要连续灌注,水平分层、一次灌成,每层厚度不超过30 cm,在下层混凝土初凝或能重塑前浇筑完上层混凝土。

(9) 养护及拆模。

混凝土初凝后,用土工布或塑料布覆盖,洒水养护。当盖梁混凝土抗压强度达到2.5 MPa以上并能保证不致因拆模而受损坏时,可拆除盖梁侧模板。拆模时,用锤轻轻敲击板体,使之与混凝土脱离,再用吊车拆卸。侧模拆除后,立即用土工布或塑料布覆盖,洒水养护。当盖梁混凝土强度达到设计强度的80%以上时,拆除承重底模。拆模后,立即用土工布或塑料布覆盖,继续洒水养护。

6.3.2 上部构造施工

1. 现浇箱梁施工

本项目现浇箱梁采用钢管加贝雷梁方法施工。

(1) 基础施工。

原地面清表后,在跨中位置开挖基坑,基坑尺寸为13 m×5 m×1 m(长×宽×高);机械开挖至距基底20 cm处,剩余部分由人工完成,以保证原状土特性。开挖完成后,检测基底承载力,基底承载力必须满足验算要求。承载力符合要求后，进行条形基础施工；条形基础混凝土的强度等级为 C25。

条形基础底部和顶部各设置一层钢筋网片，钢筋间距为 15 cm。钢筋施工时，预埋钢管支柱下钢板以及地脚螺栓。在施工过程中，应加强对预埋件的保护，防止预埋件移位。基础施工完成后，在线路红线内横桥向设置 1% 排水坡，保证排水畅通，避免浸泡基础。

(2) 支架搭设。

支架采用钢管贝雷梁支架，根据墩高不同，钢管支柱有三排、四排两种设置形式。钢管采用直径为 529 mm 的钢管，钢管柱之间采用槽钢进行横向连接加固，钢管柱之间的连接方式为对焊。钢管柱安装过程中，随时采取吊线的方式或水平尺控制钢管柱的垂直度，防止垂直度偏差过大导致钢管柱倾覆。

在每根钢管顶部设置砂箱，砂箱中填充的砂采用石英砂。砂箱上部设置 36 号工字钢作为横梁，36 号工字钢横梁上设置 9 组贝雷梁，每节贝雷片之间采用销栓连接。为保证贝雷梁的相对稳定，采用支撑架（花架）将两排贝雷梁连接为一个整体，间距均为 45 cm。贝雷梁安装就位后，在下底面沿支架横向每 6.0 m 使用 [10 槽钢横联设置横向钢结构连接系上下各一道，以保证贝雷梁整体受力。

贝雷片上方横向设置 12 号工字钢分配梁，分配梁上方安装箱梁底模，箱梁侧模下方采用丝杆杆件支撑于下方横向分配梁上。

(3) 模板安装。

模板安装前，在分配梁上放出底模纵向、横向中心线；模板由中间向两边铺设；模板安装要拼接密实，模板拼缝处贴软塑双面胶以防止漏浆，待模板拼接后，铲除多余软塑双面胶，可达到拼缝严密、不漏浆的要求。侧模分标准节和非标准节，标准节的长度为 3.0 m，非标准节的长度为 2.8 m；外模用机械丝杠调节支撑。模板安装完成后进行打磨，错台、平整度须满足规范要求，脱模剂须涂刷均匀。

(4) 支架预压。

进行支架预压，以检验支架安全性、强度和刚度是否满足要求，确保施工安全；消除地基、支架非弹性变形的影响，同时确定支架的弹性变形量，以利于桥面线形控制。

加载时，支架预紧力为实际施工荷载的 1.2 倍。装卸按以下顺序分级：预装为 0、60%、100%、120%、100%、60%、0。施工人员在支架加载过程中，要仔细检查各杆件的焊缝，防止其出现开裂，在检查的同时详细记录加载施力和位移的数据。

每级支架加载完成之后,施工人员要及时观测支架,检查是否出现变形;每隔 6 h 监测位移量的变化。需要注意的是,支架连续两次的位移变化不超过 2 mm 时,才能对支架继续加载。当所有的预压荷载加荷完成后,还要实时监测位移量,时间控制在 6 h 左右,支架监测的位移差不超过 2 mm 才达到拆除预压荷载的条件。在观测和监测过程中,相关人员应做好记录工作,对所观测的高度进行测量和标记。

在卸载 6 h 后,监测所有的沉降观测点,记录下支架的顶标高和地面的标高。

(5) 钢筋、预应力管道安装。

先安装底板和腹板钢筋,然后在安装内膜后,将顶板的钢筋,底板、腹板绑扎的钢筋一起安装。

波纹管定位钢筋间距要求如下:直线段间距 50 cm,曲线段间距 30 cm,预应力预留孔道偏差为 4 mm。布设预应力管道并穿钢绞线,在混凝土浇筑过程中要经常安排人员来回抽动。在穿塑料内衬管之前,必须布设预应力管道,使管道变得圆顺。施工人员还要用钢筋支架垫起底板的上、下钢筋网片,并且焊牢。

(6) 混凝土浇筑。

混凝土浇筑采用两台汽车泵泵送。混凝土运输采用罐车,配置 8 辆罐车,保证泵车用混凝土不间断。混凝土浇筑时,施工用电以现场电网为主,为防止混凝土浇筑期间停电影响箱梁施工,准备一台发电机。

箱梁混凝土浇筑顺序为由跨中向两端浇筑,保证底板、腹板交接处混凝土密实。混凝土分层厚度根据混凝土生产供应能力、浇筑速度、捣固能力和梁体结构特点等条件确定,一般宜不超过 40 cm。横桥向按"先底板,再腹板,最后顶板"的顺序浇筑;两侧腹板混凝土的高度保持基本一致,防止梁体偏重造成模板倾斜或爆模。

混凝土浇筑完成后采用塑料膜加土工布覆盖,洒水养护,养护时间根据环境湿度确定,不少于 14 d。

(7) 预应力施工。

预应力施工时,分为三个阶段,分别是预张拉、初张拉以及终张拉。其中最为重要的是终张拉,要确保所有施工在 10 d 内完成且混凝土的强度和弹性模量达到施工标准。终张拉后,应在 48 h 内进行孔道压浆。

(8) 支架拆除。

拆除顺序：侧模板滑移至下一梁段→落砂箱→脱底模→抽拉横向分配梁→拖拉贝雷架→拆除贝雷支架下部结构。

拆除外模时，用卷扬机分块，并运到下一个梁体区域，用铲子撬开预留的孔洞，使内部不残留砂。要控制好卷扬机的速度，一般在 5 m/min 左右。砂箱按照先落中间，再落两边的顺序卸落。砂箱卸落后，拆除底模。底模拆除后，拆除分配梁。

在拆除贝雷梁时，尽量断开贝雷片并拔出销子。必要时，采用两台 25 t 吊车分组拆贝雷片。在拆除钢管和砂箱时，先拆除横向和纵向支撑的钢管，然后割断钢管柱和基础的预埋钢板，从而将钢管一一放倒并拆除。拆除过程要安排专人统一指挥，并在桥下做好安全防护工作。

2. T 梁预制

（1）钢筋加工。

钢筋到场后，及时按批次报验，检验钢筋原材和焊接质量，合格后方可使用。钢筋的级别、直径、数量和间距必须符合设计要求。绑扎或焊接的钢筋网和钢筋骨架不得变形、松脱和开焊。钢筋离地不小于 30 cm，做好钢筋的覆盖工作，防止钢筋生锈。

钢筋的焊接弯制和末端的弯钩要符合设计要求，不得随意缩短。钢筋焊接前，应根据施工条件进行试焊，试验合格后方可焊接。焊工必须持考试合格证上岗。双面焊缝长不小于 $5d$，单面焊缝长不小于 $10d$（d 为钢筋的直径）；焊缝要饱满、不咬边，不允许有开缝或焊瘤。

钢筋绑扎前，应熟悉钢筋图纸，仔细斟酌钢筋绑扎顺序；钢筋接头应避免设置在钢筋应力最大处；配置在同一截面内的受力钢筋的接头的截面面积占受力钢筋总面积的百分率应符合要求；电弧焊接头错开且搭接不短于 1 m，钢筋绑扎的位置必须在误差范围之内，与预埋件及波纹管有干扰时做适当调整；钢筋搭接点至钢筋弯曲点的距离不小于 10 倍钢筋直径，且不宜位于构件的最大弯矩处。

（2）钢筋安装。

①肋板、横隔板钢筋。肋板钢筋集中下料，加工成半成品，在台座上使用胎架辅助安装。钢筋安装与预应力管道冲突时，要合理避让，严禁将钢筋切断。

钢筋主筋采用直螺纹机械连接，齿板钢筋、马蹄钢筋、环形钢筋等采用绑扎，必要时可用点焊焊牢。钢筋绑扎时，将 T 梁底部预埋钢板连接钢筋与钢筋骨架焊接牢固，避免支座钢板在浇筑混凝土时偏移。环形钢筋、马蹄钢筋应与主筋垂直,扎丝丝头向内,不得侵入混凝土保护层。

钢筋交叉点采用10号铁丝扎牢。拐角处的钢筋交叉点必须全部绑扎;中间平直部分的交叉点可成梅花形交错绑扎,绑扎点占全部交叉点的50%以上。

梁底保护层垫块在肋板钢筋绑扎之前安装,肋板和横隔板垫块在钢筋安装完成后绑扎。保护层垫块的强度必须与梁体混凝土相同,经试验室检测合格后方可使用。肋板主筋垫块采用梅花形,腹板垫块采用圆饼形。

安装横隔板钢筋时,使用钢筋定位架精确安装。

②翼缘板钢筋。翼缘板环形钢筋安装前,先安装负弯矩齿板钢筋,然后安装顶板环形钢筋。安装负弯矩齿板钢筋时,严格定位齿板钢筋,确保其与负弯矩锚垫板的相对位置正确,避免齿板钢筋安装不到位造成后期负弯矩张拉后齿板出现裂缝或崩裂。齿板箍筋平行于锚垫板端面,负弯矩波纹管穿于齿板箍筋内并平行于齿板纵向钢筋,与齿板箍筋有冲突时可适当调整箍筋,确保波纹管平顺。齿板钢筋安装完成后,安装顶板钢筋。在梁体纵向钢筋与齿板钢筋的交界处,纵向钢筋要穿过齿板环形钢筋,严禁将纵向钢筋切断。

翼缘板钢筋绑扎完成后,待T梁模板安装完成后整体吊装。

(3)波纹管安装。

①正弯矩波纹管定位及安装。肋板环形钢筋及马蹄钢筋安装完成后,先安装孔道定位钢筋,将其点焊固定在梁肋钢筋上(弯曲部分应适当加密定位钢筋)并按照胎架上波纹管坐标标尺精确安装,然后安装波纹管。波纹管的连接采用大一号混凝土类型波纹管作为接头管,长度不低于规范要求,在波纹管连接处用密封胶带封口,确保不漏浆。安装波纹管后,用"井"形卡将波纹管固定牢固,并将其焊接到环形钢筋上,保证波纹管位置准确无误。

②负弯矩波纹管定位及安装。翼缘板钢筋绑扎的同时,进行齿板钢筋安装及负弯矩波纹管定位、安装。安装时,严禁将负弯矩槽处的梁肋环形钢筋割断或降低。定位及安装要同正弯矩波纹管定位及安装。端部负弯矩预应力波纹管预留长度为5~10 cm,不得过长或太短,通过包裹进行保护,以便吊装后连接。

(4)模板安装。

模板进场后,要进行试拼、打磨及验收,合格后方可投入使用。安装前,将肋板按照试拼次序编号。安装时,打磨底座,在底座两侧贴满止浆条,然后按照编号顺序将侧模靠于底座两侧,下沿包裹台座5 cm,模板支腿用5 cm×5 cm的方木结合顶托进行支垫,用对拉螺栓拉紧固定。根据梁底预埋钢板调节量计算表调节梁底预埋钢板调节装置四角的螺栓,使调节装置钢板角度与梁底预埋钢板角度一致,然后在底模及肋板模板上均匀涂抹脱模剂。钢筋安装前,将预埋钢板放到调节装置上。

肋板堵头模板由厂家制作成定型模板;T梁翼缘板端模根据钢筋位置用10 mm厚钢板割孔作为挡板,挡板两端焊接加劲钢板并打螺栓孔,以方便与梳形板连接、拆卸。检查模板各处接缝及端头模板钢筋穿孔,用泡沫胶封堵,确保混凝土施工时不漏浆。

安装横隔板底模时,在横隔板底模四周贴满胶条,使横隔板与侧模和横隔板堵头模板接缝严密。拆除横隔板底模时,将横隔板底座与侧模连接螺栓松开,拆除横隔板侧模,不拆底模,确保横隔板的底模仍能起到支撑作用,直至张拉施工完成。

堵头模板安装的同时可安装梳形板。严格按照出厂时编号顺序安装,在环形钢筋与肋板钢筋加劲竖肋交叉处,在竖肋上开槽,确保翼缘板环形钢筋间距准确,严禁将其掰弯设置。混凝土浇筑前,梳形板外侧用与环形钢筋等宽的橡胶板封堵,并用木板结合木楔固定。

(5) 混凝土施工。

混凝土由1号、2号拌和站集中拌和,混凝土罐车运至1号、2号T梁预制场。混凝土拌和前,应检查各种计量衡器,并随时检验骨料的含水率,调整骨料和水的用量。试验人员应检验混凝土出场、到场时的各项指标,随时检查混凝土的坍落度、和易性,满足施工要求后方可进行下一步施工。

混凝土浇筑采用10 t小龙门吊吊装吊斗浇筑,必须保证浇筑过程连续,纵向分段,横向分层。混凝土进入料斗后,由浇筑车吊卸至模板内,料斗下口距梁顶面不大于20 cm,保证T梁混凝土在浇筑过程中不离析。

混凝土浇筑时,考虑运输距离、浇筑速度、气温和振捣效果,根据梁高确定分几层浇筑:一般首先浇筑马蹄部分,其次浇筑梁腹中部,接着浇筑梁腹上部,最后浇筑面板部。分层浇筑时,每层厚度不得大于30 cm,上、下层浇筑时间相隔宜不超过1.5 h,上层混凝土必须在下层混凝土振捣密实后浇筑,以保证混凝土有良好的密实度。分段浇筑时,分段长度宜取4~6 m,必须在前一段混凝土初凝前开始浇筑下段混凝土,以保证混凝土的连续性。混凝土浇筑因故必须中断时,最长间歇时间按所用水泥凝结时间、混凝土的水灰比及混凝土的硬化条件确定。

采用30型、50型插入式振捣器及GPZ-150型附着式振捣器振捣,以插入式振捣器为主,以附着式振捣器为辅。

在混凝土浇筑完成后,及时进行梁顶抹平、收浆,必要时进行二次收浆,确保梁顶平整度满足施工设计要求。混凝土初凝之前,进行梁顶拉毛,标准为以梁顶露出小石子为宜。拉毛结束后,将混凝土试块置于梁顶,并覆盖土工布进行同条件养护。

(6) 拆模、养护。

混凝土强度达到 2.5 MPa 时,可拆除非承重模板;拆除横隔板端、堵头模板后,用墨线弹出横隔板端及梁端凿毛区域,采用大功率气动凿毛锤进行凿毛处理,控制标准为以凿毛面均露出粗骨料为宜,然后将凿除的松散混凝土用水冲洗干净,修补梁体混凝土损伤部位。

整片梁浇筑完成后,及时进行养护。在未拆模之前,采取顶板覆盖土工布洒水养护的方式,使混凝土处于湿润状态。模板拆除完毕后,将喷淋管道悬挂于横隔板钢筋处,采用高压水泵供水至喷淋管结合塑料薄膜进行养护。喷头间距为 1.5 m,喷头对准翼缘板根部进行喷淋,养护时间宜不少于 7 d。

(7) 锚具安装。

本工程使用的锚具在出厂时应有检验证书及本批产品出厂检验、外观检查、硬度检查和静载锚固能力试验等的检验数据。

锚具使用煤油或柴油洗净全部零部件表面的油污、铁屑、泥、砂等杂物。

在锚垫板上,采用适当定位措施,保证锚环与孔道的同心度,在每个锚孔中装入楔形夹片并轻快打齐,切忌用力过大,以免打坏夹片。

(8) 钢绞线加工及安装。

在浇筑混凝土前进行穿束。钢绞线伸出锚垫板长度在张拉端为 0.62 m,下料前,务必按图纸核对长度,确定无误后方可下料。切割钢绞线时,应在每端离切口 30~50 cm 处用铁丝绑扎。切割用切断机或砂轮锯,不得使用电弧焊机。钢绞线编束时,每隔 1.5 m 绑扎一道铁丝,铁丝扣向里,绑好的钢绞线束应编号挂牌堆放。钢丝束运输时,手携、肩扛或吊升点的间距不超过 3 m,端部悬出长度不大于 1.5 m。

未经检查验收合格的产品不得使用,保管中严禁雨淋,防止锈蚀,绝不允许沾染油污。

(9) 预应力张拉。

混凝土构件强度达到设计强度的 85% 且龄期不小于 7 d,方可张拉钢束。

采用高强度低松弛 7 丝捻制的预应力钢绞线,公称直径为 15.20 mm,公称面积为 140 mm^2,标准强度 $f_{pk}=1860$ MPa,弹性模量 $E_p=1.95\times10^5$ MPa,1000 h 后应力松弛率不大于 2.5%,其技术性能必须符合中华人民共和国国家标准

《预应力混凝土用钢绞线》(GB/T 5224—2023)的规定。管道采用塑料波纹管。

T 梁预应力钢束采用两端张拉,在张拉过程中必须采取措施,以防梁体发生过大侧弯。张拉作业按下述作业顺序进行:$50\%N_2 \to 100\%N_3 \to 100\%N_2 \to 100\%N_1$。施工张拉程序如下:$0 \to 10\%\sigma_{con} \to 20\%\sigma_{con} \to 100\%\sigma_{con}$(持荷 2 min 后量伸长值并锚固)。$N_2$、$N_3$、$N_1$ 为预应力孔道编号,σ_{con} 为张拉时的控制应力,包括预应力损失值。

张拉过程采取张拉力与伸长值双重控制,由经验丰富的技术员负责整个预应力张拉工作。张拉作业人员必须持证上岗。张拉时,按设计要求在两端同时对称张拉,张拉时千斤顶的作用线与预应力轴线重合。

预应力钢筋张拉伸长值的量测应在建立初应力之后进行。预应力钢筋张拉时,校核伸长值可以综合反映张拉力是否足够、孔道摩阻损失是否偏大以及钢绞线是否有异常现象等。因此,对张拉伸长值的校核,如误差超过±6%,应认真查明原因,重新张拉。

(10) 压浆。

待整片 T 梁所有预应力束张拉完后,在 24 h 内进行压浆。压浆前,用无油分的压缩空气吹干管道,并填封锚具周围的钢丝间缝隙和孔洞,以防冒浆。

压浆液的水灰比、压浆液稠度应符合要求,压浆液的泌水率控制在 2% 以内;28 d 抗压强度不小于设计值。配制后的各项性能指标(凝结时间、流动度、泌水率、压力泌水率、自由膨胀率、充盈度)符合《公路桥涵施工技术规范》(JTG/T 3650—2020)第 7.9.3 条的规定。

当气温或构件温度低于 5 ℃时,不得进行压浆,否则应采取保温措施,如采用暖棚法或蒸汽法。压浆液温度不得超过 32 ℃。管道内压浆液注入后 48 h 内,结构混凝土温度不得低于 5 ℃。当白天气温高于 35 ℃时,压浆宜在晚上进行。浆端的水泥压力应大于 0.5 MPa,最少维持 120 s。

压浆顺序是先下后上,集中将一处的孔压完。若因故停歇,应将孔道内的压浆液冲洗干净,以便重新压浆时孔道畅通无阻。当压浆分两次完成时,两次间隔时间不少于 30 min。第二次压浆应检查注入端及出气孔的压浆液密实情况,需要时进行处理。从拌压浆液到开始向孔道压浆,间隔时间不超过 30 min。压浆液在使用前和压注过程中应经常搅动。压浆液压注在一次作业中连续进行,并让出口处冒出废浆,直至不含水沫气体的浆液排出,其稠度与压注的浆液稠度相同时即停止(流出浆液的喷射时间不少于 10 s),然后封闭所有出浆口和孔眼。

压浆饱满、压浆液达到设计混凝土强度的 80%后,方可吊装预制梁。150

mm×150 mm×150 mm 立方体试件标准养护 28 d 测得的抗压强度应不低于 50 MPa。每个工作班应制取不少于 3 组试块,标准养护 28 d,检查其抗压强度,作为评定水泥质量的标准。压浆过程中认真填写施工记录。

(11) 封锚。

待 T 梁孔道压浆完成后,立即将梁端水泥浆冲洗干净,用砂轮片切去端头多余钢绞线,使钢绞线外露长度不小于 3 cm。钢绞线切除完成后,进行封锚准备工作,清除锚具及端部混凝土的污垢,将端部混凝土凿毛并清理干净,进行封端混凝土浇筑。

封端混凝土浇筑的主要程序如下:①设置端部钢筋网;②妥善固定封端模板,以免在浇筑混凝土时跑模;③安装封锚模板,安装时根据纵坡考虑封锚梁端角度,确保伸缩缝线形,为后期伸缩缝安装奠定基础;④浇筑封端混凝土,浇筑时采用 C50 微膨胀混凝土,仔细操作并认真插捣,使锚具处的混凝土密实;⑤封端混凝土浇筑完毕,待混凝土初凝后,带模浇水养护,脱模后在常温下养护时间不少于 7 d。

(12) 存梁。

待压浆强度达到设计强度的 90% 后,将 T 梁运送至存梁区,存梁层数不得大于 2 层。T 梁采用龙门式起重机吊装。下层梁储存时,用龙门式起重机将 T 梁提放到枕梁上储存;上层梁储存时,用枕木结合楔块,在两侧翼板及横隔板处进行支撑,防止失稳倾覆。

3. T 梁运输及安装

(1) 施工准备。

预制 T 梁的回弹强度达到要求后,才可进行 T 梁安装施工。

墩台帽施工完毕后,测量人员精确地放出支座放置的位置,将支座安装稳固。测量放样时将设计图上标明的支座中心位置标在支座垫石上;支座准确安放在垫石上,支座中心线和垫石中心线重合;安装过程中测量监控标高,保证标高准确、无误差。

支座安装前,检查产品合格证书中的有关技术性能指标,如不符合设计要求,不得使用;将支座垫石处清理干净,并保证顶面标高符合设计要求。

T 梁吊装前,检修使用机械,保证运转正常,并做好吊装现场的清理工作,保证道路平顺、畅通。吊装现场应平坦、坚实。桥位两侧沿途路线要修平碾压,并对填方处进行整平碾压,保证其有足够的压实度,确保运输途中 T 梁的安全。提前做好架桥机的进场检验以及组装,安装完成后要进行试运行验收。

(2) 永久支座安装。

T 梁安装前先进行永久支座的安装,安装工序如下。

支座安装前,测量校核支座垫石的标高、位置,确保与设计标高、位置无误差。必须将支座垫石清理干净,使支座表面保持清洁,清除支座附近的杂物及灰尘,不符合要求时必须处理。

把环氧树脂均匀地涂刷在支座垫石和支座下钢板上,然后将支座下钢板置于支座垫石上,使环氧树脂充分接触黏结,下钢板的十字线与垫石上的十字线保持一致。确保支座安装位置无误后,用环氧树脂砂浆填充支座垫石预留孔,确保环氧树脂砂浆密实。

环氧树脂砂浆没有凝固前,不能撞击支座并使支座移动,不能把 T 梁直接落在支座上,以免支座移动、T 梁偏移。

(3) 临时支座安装。

T 梁安装时,临时支座采用砂筒临时支座,砂筒临时支座的安装及解除方法如下。

①砂筒临时支座的安装。临时支座采用圆形砂筒,底部焊接 3 mm 厚的正方形钢板用于支撑,在砂筒侧面加工泄砂口并用螺钉堵口。砂筒中填充的砂须进行筛分,晾晒或烘烤干燥,避免 T 梁架设完成后出现沉降。支座在 T 梁架设前安放在 T 梁连续端,安装时按照弹出的临时支座中心线使临时支座居中放置。每个 T 梁梁端设 2 个临时支座。

设计梁底支撑总高度为 30 cm,内钢管与砂箱钢管高度均取 20 cm。临时支座安装顶标高比设计标高高约 20 mm(具体根据砂子高度及其压缩系数确定),使临时支座在落梁荷载作用下刚好达到设计标高。

②砂筒临时支座的解除。桥梁整体施工完成后,可以将临时支座解除。解除临时支座时要对称进行,两侧对称安排人员,按统一指令,步调一致,打开砂筒的螺栓孔,使细砂均匀流出,使 T 梁平稳均匀下落,同时做好测量观测记录。梁体重量全部由永久支座承担时,取出砂筒,继续下跨施工,完成体系转换。

(4) T 梁吊装捆绑。

将运梁车停放在预制场运梁便道上。T 梁强度达到要求后进行吊运。吊运前,检查运梁车的机械性能。吊运时,用钢丝绳兜住 T 梁(在梁体与钢丝绳内侧包厚橡胶垫,以免吊装 T 梁时损坏 T 梁),使吊点离梁端 90 cm,用梁场 2 台 80 t

龙门式起重机将梁移至运梁车位置。T梁落在运梁车上时,T梁与运梁车支撑点间垫放枕木作为缓冲,以便保护T梁混凝土。在T梁绑扎稳固前,严禁取下吊装钢丝绳。

(5) T梁运输。

运输时,安排架梁队伍兼职交通观察员分布于运梁便道转弯处以及道路狭窄处,提醒过往车辆避让,防止安全事故发生。运输过程中,安排专职安全员全程跟踪运梁车行走,密切观察运梁车两头T梁加固情况,发现纵向滑移现象时及时停车进行重新加固,防止发生T梁倾覆事故。运梁过程中(尤其运梁路线纵坡较大时),前后运梁车分别配备专人看守,发现纵向滑移现象时及时采取制动措施,并用方木挡住轮胎。

运梁车在架设好的T梁上行走时,轮压应尽量在T梁肋板位置,以免受力不均损坏T梁。

(6) T梁架设。

T梁采用两台40 m T梁双导梁架桥机架设。

①喂梁。运梁车将T梁前段送至前吊桁车下方时,捆绑、吊梁,使T梁前段在脱离运梁车的状态下运行,运行速度为3 m/min;T梁后端送到后吊桁车下方时再捆梁,吊起T梁后端,使T梁在全悬吊状态下进行对位。运梁车在运梁时,两车采用相同的速度,前起吊天车吊梁后,前起吊天车和后运梁车以4.25 m/min的速度运行,直到后起吊天车起吊梁后,两台天车以4.25 m/min的速度运行。喂梁工作完成后,运梁车返回。

a. 架设中梁。架设中梁程序如下:喂梁→前、后起吊天车起吊梁→前、后吊天车将T梁纵向运到前跨预定位置→落下梁并脱开→完成中梁的就位安装。

架设中梁时,架桥机架设位置中心线与第4片梁中心位置一致。运梁车将T梁运至架桥机前起吊天车起吊位置,由前起吊天车吊起T梁前端;后运梁车配合,进行第一次纵移。当预制梁后端至后起吊天车位置时,停止纵移,由后起吊天车将T梁后端吊起,运梁车返回;进行第二次纵移,前、后起吊天车同步纵移到位;前、后起吊天车纵移到位后,架桥机携梁横移;横移到位后落梁,起吊天车升降速度为0.75 m/min;摘除吊梁钢丝绳,进行支撑并与旁边预制梁进行局部横向焊接,吊梁天车后退。在架好的梁端部用边长为15 cm的枕木斜撑进行加固,一端用两根;每片梁用4根支撑(根据实际情况增加)。

b. 架设边梁。架设边梁程序如下:喂梁→前、后起吊天车起吊梁,将边梁纵向运到前跨位→缓慢同步落梁,距支座顶10 cm时停止(必须保持梁的稳定)→

整机携梁横移至离边梁最近的位置,改用起吊天车横移边梁→起吊天车携梁横向移至边梁位置下落就位→完成边梁就位安装。

运梁车运送边梁至架桥机尾部,由前起吊天车吊起预制梁前端;后运梁车配合,进行第一次纵移;当预制 T 梁后端运至后起吊天车位置时,停止纵移,由后起吊天车将 T 梁吊起,运梁车返回;进行第二次纵移,前、后起吊天车同步纵移到位;前、后起吊天车纵移到位后,架桥机携边梁横移至边梁位置;横移到位后落梁;摘除吊梁钢丝绳,并做好临时防护;两台起吊天车同时把边梁吊起,离支座 10 cm,整机横移到边梁位置;落下边梁,加固、支护预制梁,摘除钢丝绳。在架好的梁端部用边长为 15 cm 的枕木斜撑进行加固,一端用两根;每片梁用 8 根支撑,尤其是边梁外侧要着重加固、支撑,视情况适当增加支撑。

②架桥机过孔。两台起吊天车移至架桥机后部,运梁车移至架桥机后部,前支腿上部与主梁下弦锚固,利用手动葫芦将前支腿与盖梁拉紧加固;顶起前支腿千斤顶和后部千斤顶,利用前起吊天车把中支腿移动到前面,调整中支腿到预定位置;前起吊天车返回架桥机后部,后起吊天车吊起预制梁作为配重,调整前腿千斤顶,使架桥机前端比后端高出 20 cm,拆除前支腿与主梁下弦的锚固,收起后部千斤顶;利用前、中支腿行走机构及后运梁平车的动力使架桥机前导梁纵移至预定盖梁位置;前、中支腿上部与主梁下弦锚固,后部顶高千斤顶与桥面支撑,拆除运梁车与主梁之间的联结,运梁车返回,架桥机过孔完成。

第7章 支座、桥面系及附属工程施工技术

7.1 支座安装

7.1.1 板式橡胶支座

1. 板式橡胶支座分类

随着橡胶工业的发展,从20世纪50年代起,桥梁工程领域已尝试应用优质合成橡胶来制造桥梁支座。使用经验表明,与其他金属刚性支座相比,橡胶支座具有构造简单、加工方便、造价低、结构高度小、安装方便等优点,因此橡胶支座在桥梁工程中获得了广泛应用。此外,橡胶支座能方便地适应任意方向的变形,故对于宽桥、曲线桥和斜交桥具有特别的适应性。橡胶的弹性还能消减上、下部结构所受的动力作用,对减振十分有利。

板式橡胶支座由数层薄橡胶片与薄钢板镶嵌、黏合、压制而成。它具有足够的竖向刚度,可以承受垂直荷载,能将上部结构的反力可靠地传递给墩台;有良好的弹性,可以适应梁端的转动;有较大的剪切变形能力,可以满足上部结构的水平位移。

板式橡胶支座适用于中、小跨径的公路桥梁。标准跨径20 m以内的梁和板桥,一般可采用板式橡胶支座,但在实际应用中往往超越上列跨径限制,只要严格按设计原则考虑,均能取得满意的结果。

根据《公路桥梁板式橡胶支座》(JT/T 4—2019)第4.1条的规定,公路桥梁板式橡胶支座有两种分类方式。

按结构形式,公路桥梁板式橡胶支座分为普通板式橡胶支座和滑板橡胶支座。前者又分为矩形板式橡胶支座(代号为J)和圆形板式橡胶支座(代号为Y);后者又分为矩形滑板橡胶支座(代号为JH)和圆形滑板橡胶支座(代号为YH)。

按支座适用温度,公路桥梁板式橡胶支座分为常温型橡胶支座(代号为CR)和耐寒型橡胶支座(代号为NR)。前者的适用温度为-25~60 ℃,采用氯丁橡胶生产;后者的适用温度为-40~60 ℃,采用天然橡胶生产。

2. 板式橡胶支座安装

根据《公路桥涵施工技术规范》(JTG/T 3650—2020)第23.2.10条的规定,板式橡胶支座的安装施工应符合下列规定。

(1) 支座在安装时,应对其顶面和底面进行检查核对,避免反置。对矩形滑板橡胶支座,应按产品表面顺桥向和横桥向的方向标注进行安装。

(2) 支座垫石的顶面高程应准确无误。在平坡情况下,一片梁(板)中两端的垫石和同一墩(台)上的垫石,其顶面高程应一致,相对高差应不超过±1.5 mm,同一垫石上的四角高差应小于0.5 mm;当顺桥向有纵坡导致两相邻墩(台)的垫石顶面高程不同时,对高程的控制应符合设计的规定,且同一片梁(板)在考虑坡度后其相邻墩垫石顶面高程的相对误差应不超过3 mm。

(3) 梁、板吊装时,应采取有效措施防止对支座产生偏压或产生过大的初始剪切变形。梁、板的就位应准确且其底面应与支座顶面密贴,否则应将梁、板吊起,对支座进行重新调整、安装;梁、板在安装时不得采用使用撬棍移动梁、板的方式进行就位。

7.1.2 盆式支座

1. 盆式支座分类

盆式支座是利用密封在钢盆中的橡胶板承受上部结构恒载和活载,并将荷载传递到下部结构的支座。

根据《公路桥梁盆式支座》(JT/T 391—2019)第4.1条的规定,公路桥梁盆式支座有两种分类方式。

按使用性能,公路桥梁盆式支座分为以下七种。

(1) 双向活动支座:具有竖向承载、竖向转动和双向滑移性能,代号为SX。

(2) 纵向活动支座:具有竖向和横向水平承载、竖向转动和纵向滑移性能,代号为ZX。

(3) 横向活动支座:具有竖向和纵向水平承载、竖向转动和横向滑移性能,代号为HX。

(4) 固定支座:具有竖向和纵向水平、横向水平承载,竖向转动性能,代号为 GD。

(5) 减震型纵向活动支座:具有竖向和横向水平承载、竖向转动、纵向滑移和减震性能,代号为 JZZX。

(6) 减震型横向活动支座:具有竖向和纵向水平承载、竖向转动、横向滑移和减震性能,代号为 JZHX。

(7) 减震型固定支座:具有竖向和纵向水平、横向水平承载,竖向转动和减震性能,代号为 JZGD。

按适用温度范围,公路桥梁盆式支座分为以下两种。

(1) 常温型支座:适用于 -25~60 ℃,代号为 C。

(2) 耐寒型支座:适用于 -40~60 ℃,代号为 F。

以活动盆式支座为例,双向活动支座、纵向活动支座和横向活动支座由顶板、不锈钢冷轧钢板、高性能滑板、高性能滑板密封圈、中间钢板、橡胶板、黄铜密封圈、钢盆、锚固螺栓、套筒、螺杆、橡胶密封圈和防尘围板等组成,纵向活动支座和横向活动支座的顶板挡块上还包括侧向不锈钢冷轧钢条,对应的中间钢板两侧设有 SF-1 三层复合板导向滑条。

2. 盆式支座安装

根据《公路桥涵施工技术规范》(JTG/T 3650—2020)第 23.2.11 条的规定,盆式支座的安装施工应符合下列规定。

(1) 梁、板底面和垫石顶面的钢垫板应埋置稳固。垫板与支座间应平整密贴,支座四周不得有宽 0.3 mm 以上的缝隙,并应保持清洁。

(2) 活动支座的改性聚四氟乙烯板和不锈钢冷轧钢板不得有刮伤、撞伤。改性聚四氟乙烯板应密封在钢盆内,应排除空气,保持紧密。

(3) 安装活动支座前,应采用适宜的清洁剂擦洗各相对滑移面,擦净后应在四氟滑板的储油槽内注满硅脂类润滑剂。

(4) 盆式支座的顶板和底板可焊接或采用锚固螺栓栓接在梁体底面和垫石顶面的预埋钢板上。采用焊接时,应对称、间断焊接,并应防止温度过高对改性聚四氟乙烯板和不锈钢冷轧钢板以及对周边混凝土的影响;安装锚固螺栓时,外露螺杆的高度不得大于螺母的厚度。锚固螺栓栓接和焊接部位均应进行防腐处理。

7.1.3 球型支座

1. 球型支座分类

根据《桥梁球型支座》(GB/T 17955—2009)第3.1条的规定,球型支座具有承受额定竖向荷载并能各向转动的功能,一般按其水平向位移特性分类,具体分为以下三种。

(1)双向活动支座:具有双向位移性能,不承担水平向荷载的作用,代号为SX。

(2)单向活动支座:具有单向位移性能,承受单向水平荷载的作用,代号为DX。

(3)固定支座:承受各向水平荷载的作用,各向无水平位移,代号为GD。

随着大跨径桥梁结构的发展,要求桥梁支座的承载能力大,同时具备适应大位移和转角的要求。球型支座传力可靠、转动灵活,不但具备盆式支座承载能力大、允许支座位移大的特点,而且能更好地适应支座大转角的需要。

2. 球型支座安装

根据《公路桥涵施工技术规范》(JTG/T 3650—2020)第23.2.12条的规定,球型支座的安装施工应符合下列规定。

(1)支座的安装高度应符合设计要求,安装时应保证支座平面水平,支座支承面的四角高差应不大于2 mm。

(2)安装支座板及地脚螺栓时,下支座板四周宜采用钢楔块进行调整,使支座水平。在支座安装过程中,不得松开上顶板与下底盘的连接固定板。

(3)灌浆料应采用质量可靠的专用产品,灌浆应饱满、密实。灌浆料硬化并达到规定的强度后,应及时拆除支座四角的临时钢楔块,钢楔块抽出的位置采用相同的灌浆料填塞密实。

(4)在梁体安装完毕或现浇混凝土梁体形成整体并达到设计要求强度后,张拉梁体预应力之前,应拆除支座上顶板与下底盘的连接固定板,解除约束,使梁体能正常转动和发生位移。

(5)拆除连接固定板后,应对支座进行清洁,检查无误后灌注硅脂,并应及时安装支座外防尘罩。

(6)当支座采用焊接连接时,应在支座准确定位后,采用对称、间断的方式焊接。焊接时应采取适当措施防止损伤支座的钢构件、聚四氟乙烯板、硅脂以及周边的混凝土等;焊接后应对焊接部位进行防腐处理。

除了上述三种支座,支座还有拉力支座、防腐支座、竖向和横向限位支座、减隔震支座等具有特殊功能和规格的支座。这些支座的除应按《公路桥涵施工技术规范》(JTG/T 3650—2020)第 23.2 条的规定安装外,还应按相应产品推荐的方法安装。

根据《公路工程质量检验评定标准 第一册 土建工程》(JTG F80/1—2017)第 8.12.6 条的规定,支座安装实测项目应符合表 7.1 和表 7.2 的规定。

表 7.1 支座安装实测项目

项次	检查项目		规定值或允许偏差	检查方法和频率
1△	支座中心横桥向偏位/mm		≤2	尺量:测每支座
2	支座中心顺桥向偏位/mm		≤5	尺量:测每支座
3△	支座高程/mm		满足设计要求;设计未要求时为±5	水准仪:测每支座中心线
4	支座四角高差/mm	承压力≤5000 kN	≤1	水准仪:测每支座
		承压力>5000 kN	≤2	

注:1. △为关键项目。
2. 对直接安放于垫石上的支座,表中项次 4 可不检查。

表 7.2 斜拉桥、悬索桥的支座安装实测项目

项次	检查项目	规定值或允许偏差	检查方法和频率
1△	竖向支座的纵、横向偏位/mm	≤5	全站仪、钢尺:每支座纵、横各测 2 点
2△	支座高程/mm	±10	水准仪:每支座测 5 处
3	竖向支座垫石钢板水平度/mm	≤2	水平仪、钢尺:每支座测 5 处
4	竖向支座滑板中线与桥轴线平行度/mm	滑板长度的 1/1000	全站仪、钢尺:每支座测滑板中线两端
5	横向抗风支座支挡竖直度/mm	≤1	角度仪:每支座测 5 处

续表

项次	检查项目	规定值或允许偏差	检查方法和频率
6	横向抗风支座与支挡表面平行度/mm	≤1	卡尺:每支座测5处
7	支挡表面与横向抗风支座表面间距/mm	±2	卡尺:每支座测5处

注:△为关键项目。

7.2 伸缩装置安装

7.2.1 伸缩装置的施工程序

为了保证桥跨结构在气温变化、活载作用、混凝土收缩与徐变等影响下按静力图示自由地伸缩变形,两梁端之间以及梁端与桥台背墙之间应设置横向的伸缩缝(亦称"变形缝")。伸缩缝的构造多种多样,依据桥梁变形量和活载的大小而异,不但要能适应梁的自由变形,而且要使车辆能平顺地通过,防止雨水、垃圾、泥土等渗入堵塞。

桥面的平整度一直是各类公路工程、桥梁工程质量检验评定的一个很重要的指标,桥梁的伸缩装置则是影响桥面平整度的重要元素之一。如果由于施工程序不合理或施工不慎,在 3 m 长度范围内,伸缩装置的高程与桥面铺装的高程有误差,将造成行车的不舒适,甚至会造成伸缩装置的破坏。因此,遵照伸缩装置的施工程序并谨慎施工是桥梁伸缩装置安装成功的重要保证。

伸缩装置的施工程序分为两类:无缝式伸缩装置的施工程序自成一体,其他类型的伸缩装置的施工程序相同。无缝式伸缩装置一般用于伸缩量较小的小桥,其上部结构多为板式结构,板上面还设有约 10 cm 厚的整体化桥面混凝土,基于这一特点,伸缩装置的施工质量要求较高。其他类型的伸缩装置宜在桥面铺装完成后,采取反开槽的方式安装。采取先安装再铺装桥面的方式时,应采取有效措施妥善保护安装好的伸缩装置。

7.2.2 伸缩装置的安装施工

实践证明,桥梁伸缩装置破坏的原因多数与锚固系统有关。锚固系统薄弱,本身就容易破坏；锚固系统范围内的高程控制不严，容易造成跳车，造成车辆的反复冲击，会导致伸缩装置过早破坏。因此，伸缩缝锚固系统的安装相当重要。下面介绍几种主要伸缩装置的安装施工要点。

1. 梳齿板式伸缩装置

钢质支承式伸缩装置是用钢材装配制成的、能直接承受车轮荷载的一种伸缩装置。这种伸缩装置以前多用于钢桥，现也用于混凝土梁桥。钢质支承式伸缩装置的形式、尺寸和种类较多。其中，面层板呈齿形，从左右伸出桥面板间隙处相互啮合的悬臂式构造，或者面层板呈悬架的支承式构造，统称为"梳齿板式伸缩装置"。梳齿板式伸缩装置由梳形板、连接件及锚固系统组成，有的梳齿板式伸缩装置的梳齿之间填塞有合成橡胶，起防水作用。

及时拆除定位角铁，以保证伸缩装置因温度变化而自由伸缩；也可采用其他方法，把相对的梳齿板固定在两个不同的定位角铁上，让它们连同相应的角铁自由伸缩。

应仔细安装，防止产生梳齿不平、扭曲及其他变形。安装时，将构件固定在定位角铁上，以保证安装精度。严格控制好梳齿间的横向间隙；由于伸缩方向性的误差及横向伸缩等原因，在最高温度时，梳齿横向间隙应不小于 5 mm，梳齿的间隙应不小于 15 mm。当构件安装及位置固定好后，浇筑锚固系统的树脂混凝土。为了使锚固系统可靠、牢固，必须配备较多的连接钢筋及钢筋网，这给树脂混凝土浇筑带来不便。因此，必须细心浇筑混凝土，尤其要振捣密实角隅周围的混凝土。在钢梳齿根部可适当钻直径为 20 mm 的小孔，以利于浇筑混凝土时排除空气。

小规模的伸缩装置的清扫和维修比较困难，故一般不做接缝内的排水设施，但此时必须考虑支座、台座的排水与清扫等。因此，梳齿板式伸缩装置较多用于跨河流或不怕漏水场地的桥跨结构。此外，应在运营中对伸缩装置做好养护，及时清除掉梳齿之间的灰尘、石子等杂物，以保证正常使用。对于焊接而成的梳齿形构件，焊缝一定要考虑汽车反复冲击下的疲劳强度。施工中，应使锚固系统可靠，防止锚固螺栓松动、螺帽脱落，并设置橡胶密封条防水。

2. 橡胶伸缩装置

采用橡胶伸缩装置时，材料的规格、性能应符合设计要求。根据桥梁跨径大小或连续梁（包括桥面连续的简支梁）的每联长度，可分别选用纯橡胶式、板式、组合式橡胶伸缩装置。下面仅对板式橡胶伸缩装置进行介绍。

板式橡胶伸缩装置是利用橡胶材料剪切模量低的原理设计、制造而成的。该装置在剪切型橡胶伸缩体内设上、下凹槽,在橡胶伸缩体内埋设承重钢板和锚固钢板,并设有预留螺栓孔,通过螺栓与梁端连成整体,依靠上、下凹槽之间的橡胶体剪切变形来满足梁体结构的相对位移要求,依靠橡胶伸缩体内预埋钢板跨越梁端间隙承受车辆荷载。

板式橡胶伸缩装置具有构造简单、安装方便、经济实用等优点。安装时,应根据气温高低,对橡胶伸缩体进行必要的预压缩。气温在 5 ℃ 以下时,不得进行橡胶伸缩装置的施工。采用后嵌式橡胶伸缩体时,应在桥面混凝土干燥收缩完成且徐变大部分完成后安装。

安装时,首先,检查桥面板端部预留的槽口的尺寸、钢筋,沥青混凝土桥面铺装宜采用后开槽工艺安装伸缩缝,以提高与桥面的顺适度;其次,根据安装时的环境温度计算板式橡胶伸缩装置的模板宽度与螺栓间距,将准备好的加强钢筋与螺栓焊接就位,浇筑混凝土并洒水养护;最后,将混凝土表面清洁后,涂防水胶粘材料,根据气温和缝宽进行必要的调整,再将伸缩装置安装就位,使其处于受压状态。向伸缩装置螺栓孔内灌注防蚀剂后,注意及时盖好盖帽。

3. 模数式伸缩装置

随着我国高等级公路和城市高架桥建设事业的迅速发展,桥梁的长大化取得突破性进展,这就要求有结构合理、大位移量的桥梁伸缩装置来适应这一发展的需要。板式橡胶制品类的伸缩装置很难满足大位移量的要求;钢质伸缩装置很难做到密封,而且容易造成对车辆的冲击,影响车辆的行驶舒适性。因此,缓冲性能好、容易密封的橡胶材料,与强度高、刚性好的异型钢材组合,在大位移量情况下能承受车辆荷载的各种类型模数支承式(模数式)桥梁伸缩装置系列出现。

模数式伸缩装置是由 V 形截面和其他截面形状的橡胶密封条(带)嵌接于异型边梁钢和中梁钢内组成的可伸缩密封体,其优点主要是密封性能好、行车性能好、可满足大位移量的要求。

伸缩装置中所用异型钢梁沿长度方向的直线度应满足 1.5 mm/m 的要求,全长应满足 10 mm/m 的要求。伸缩装置钢构件外观应光洁、平整,不允许扭曲变形,且应进行有效的防腐处理。

必须在工厂组装伸缩装置,对组装钢构件进行防护处理;用明显的颜色标明吊装位置;出厂时应附有效的产品质量合格证明文件。在运输伸缩装置时,避免阳光暴晒、雨淋雪侵,保持清洁,防止变形,不能与其他物质接触,注意防火。

安装前,要按照设计核对预留槽尺寸,预埋锚固钢筋不符合设计要求时必须处理,满足设计要求后方可安装伸缩装置;按照安装时的气温调整安装时的位置,用专用卡具将其固定。安装时,伸缩装置的中心线与桥梁中心线重合,顶面高程与设计高程吻合,按桥面横坡定位、焊接;在按桥面横坡定位、焊接固定后,进行绑扎其他钢筋和铺设防裂钢筋网等工作。浇筑过渡段混凝土前,将间隙填塞;浇筑时,防止混凝土渗入伸缩装置的位移控制箱内或洒落在密封橡胶带缝中及表面,如发生此现象,应立即清除;浇筑混凝土后,及时取出填塞物。伸缩装置两侧的过渡段混凝土应覆盖洒水养护不少于7 d,强度满足设计要求后方可开放交通。

4. 伸缩缝施工质量标准

根据《公路工程质量检验评定标准 第一册 土建工程》(JTG F80/1—2017)第 8.12.7 条的规定,伸缩装置安装实测项目应符合表 7.3 的规定。

表 7.3 伸缩装置安装实测项目

项次	检查项目		规定值或允许偏差	检查方法和频率
1	长度/mm		满足设计要求	尺量:测每道
2△	缝宽/mm		满足设计要求	尺量:每道每 2 m 测 1 处
3	与桥面高差/mm		≤2	尺量:伸缩装置两侧各测 5 处
4	纵坡/(%)	一般	±0.5	水准仪:每道测 5 处
		大型	±0.2	
5	横向平整度/mm		≤3	3 m 直尺:每道顺长度方向检查伸缩装置及锚固混凝土各 2 尺
6	焊缝尺寸		满足设计要求;设计未要求时,按焊缝质量二级	量规:检查全部,每条焊缝检查 2 处
7△	焊缝探伤			超声法:检查全部

注:1. △为关键项目。
  2. 项次 2 应按安装时气温折算。
  3. 项次 6、7 应为工地焊缝。

7.3 桥面铺装层施工

7.3.1 沥青混凝土桥面铺装

1. 沥青混凝土桥面铺装介绍

沥青混凝土桥面铺装是混凝土铺装层的其中一类。沥青混凝土以其独特的性质和性能提高并完善了桥面铺装层的功能。随着桥梁建设事业、桥梁形式及规模的不断发展,沥青混凝土铺装工艺和技术也随之推陈出新,并在实践中形成了双层式 SMA、浇筑式沥青混凝土及环氧沥青混凝土等多种铺装材料和工艺。沥青混凝土铺装不仅适用于钢筋混凝土桥面,而且可用于解决钢桥面防渗水、钢桥面板与沥青铺装层的黏结、提升沥青铺装层的使用性能及耐久性能等方面的问题。

沥青混凝土桥面铺装应按设计要求施工。沥青混凝土的配合比设计、铺筑、碾压等施工程序,应符合《公路沥青路面施工技术规范》(JTG F40—2004)的有关规定。具体施工要点详述如下。

2. 施工要点

(1) 准备工作。

铺装沥青混凝土面层前,应检查混凝土桥面的平整度、粗糙度等,桥面应平整、粗糙、干燥、整洁并符合规定的设计要求;测设中线和边线的高程;根据所需铺筑沥青混凝土的最小、最大及平均厚度计算沥青混凝土的数量,做好用料计划。

清扫桥梁混凝土面层,保持清洁、干燥,并喷洒黏层油。黏层沥青宜采用快裂的洒布型乳化沥青,也可采用快、中凝液体石油沥青或煤沥青,采用机械喷布工艺,用量一般控制在 $0.3 \sim 0.4 \text{ kg/m}^2$,要求洒布均匀。

(2) 洒布黏层沥青。

洒布黏层沥青前,宜在路缘石上方涂刷石灰水或粘贴保护纸张,以免沥青沾染路缘石。黏层沥青应均匀洒布(亦可涂刷),应刮洒布过量的局部地段或积聚油量较多地段。气温低于 10 ℃或水泥混凝土桥面层潮湿(或不洁),不得洒布黏层沥青。洒布黏层沥青后,严禁除沥青混合料运输车以外的其他车辆、行人通过,应立即铺筑沥青混凝土面层(乳化沥青应等待破乳、水分蒸发完后铺筑)。

(3) 伸缩缝处理。

铺筑沥青面层时,伸缩缝宜用黄沙等松散材料临时铺垫,与水泥混凝土顶面相平;沥青混凝土面层可连续铺筑。铺筑完成后,根据所用伸缩装置的宽度画线切割,挖除伸缩缝部分的沥青混凝土后,安装伸缩装置。

(4) 热拌沥青混合料的运输。

沥青混凝土面层铺筑用沥青混合料应采用较大吨位的自卸汽车运输,车厢应清扫干净。为防止沥青与车厢板黏结,车厢侧板和底板可涂一薄层油水混合液(柴油与水的比例可为 1∶3),但不得有余液积聚在车厢底部。宜用篷布覆盖运料车,用以保温、防雨、防污染,夏季运输时间短于 0.5 h 时可不覆盖。

运料车应在摊铺机前 10～30 cm 处停住,不得撞击摊铺机;卸料过程中,运料车应挂空挡,靠摊铺机推动前进。沥青混合料运至摊铺地点后凭运料单接收并检查拌和质量及温度要求,已经结成团块或遭遇淋湿的混合料不得铺筑在桥面、道路上。

(5) 沥青混凝土面层的铺筑。

沥青混凝土面层采用机械摊铺,宜以伸缩缝的间距确定一次铺筑长度,相邻两个伸缩缝之间尽量不设施工缝。每次铺筑的纵向接缝宜在上次铺筑的沥青混凝土的实际温度未降至 100 ℃ 时铺筑并碾压。

根据混凝土桥面层的平整度、沥青混凝土面层的厚度和结构层次决定一次铺筑或两次铺筑。沥青混凝土面层厚度大于 6 cm 时,宜采用两次铺筑,以提高沥青混凝土面层的平整度。沥青混合料必须缓慢、均匀、连续地摊铺,摊铺过程中不得随意变换速度或停顿。摊铺速度一般控制在 2～6 m/min,可根据沥青混合料供应,机械配套情况,摊铺层厚度、宽度确定。

摊铺好的沥青混合料应立即碾压,碾压方法、要求可参照沥青路面施工有关规定。因故不能及时碾压或遇雨时,应停止摊铺,并对卸下的沥青混合料进行覆盖保温。当先铺筑的沥青混凝土的实际温度降至 80 ℃ 以下时,与后铺筑的沥青混凝土按冷接缝方法处理,即铣刨接缝处的沥青混凝土使接缝顺直。纵缝的铣刨宽度宜为 20～30 cm,横缝的铣刨宽度用直尺测量后决定,一般宜不小于 100 cm。无铣刨机时,可先画线,然后用切缝机切割,最后凿除。

沥青混凝土面层的铺筑和碾压宜从下坡向上坡进行。施工车辆和施工机械不允许停留在新铺装的沥青混凝土面层上,柴油之类的油料不允许滴漏在沥青混凝土面层上,以免引起沥青混凝土软化、拥包。当采用刻槽方式增加沥青混凝土铺装层与混凝土桥面的啮合,提高其抗滑能力时,刻槽的宽度宜为 20 mm,槽间距宜为 20 m,槽深宜为 3~5 mm。

(6) 施工质量标准。

根据《公路工程质量检验评定标准 第一册 土建工程》(JTG F80/1—2017)第 8.12.2 条的规定,沥青混凝土桥面铺装实测项目应符合表 7.4 的规定。

表 7.4 沥青混凝土桥面铺装实测项目

项次	检查项目		规定值或允许偏差		检查方法和频率
			高速公路、一级公路	其他公路	
1△	压实度		≥试验室标准密度的 96%(*98%) ≥最大理论密度的 92%(*94%) ≥试验段密度的 98%(*99%)		按《公路工程质量检验评定标准 第一册 土建工程》(JTG F80/1—2017)附录 B 检查,长度不大于 200 m 时测 5 点,每增加 100 m 增加 2 点
2	厚度/mm		+10,-5		水准仪:以同桥面板产生相同挠度变形的点为基准点,测量桥面铺装施工前后相对高差:长度不大于 100 m 时每车道测 3 处,每增加 100 m 每车道增加 2 处
3	平整度	σ/mm	≤1.2	≤2.5	平整度仪:全桥每车道连续检测,每 100 m 计算 σ、IRI
		IRI/(m/km)	≤2.0	≤4.2	
		最大间隙 h/mm	—	≤5	3 m 直尺:每 200 m 测 2 处×5 尺
4	渗水系数 /(mL/min)		满足设计要求;设计未要求时,SMA 铺装≤120,其他≤200		渗水试验仪:长度不大于 200 m 时测 5 处,每增加 100 m 增加 1 处
5	横坡 /(%)		±0.3	±0.5	水准仪:长度不大于 200 m 时测 5 个断面,每增加 100 m 增加 1 个断面

续表

项次	检查项目	规定值或允许偏差		检查方法和频率
		高速公路、一级公路	其他公路	
6	抗滑构造深度/mm	满足设计要求	—	铺砂法:长度不大于200 m时测5处,每增加100 m增加1处

注:1. △为关键项目。

2. 表中压实度,高速公路、一级公路应选用2个标准评定,以合格率低的作为评定结果;其他等级公路选用1个标准进行评定。带 * 号者是指SMA路面指标。

3. 表中 σ 为平整度仪测定的标准差;IRI为国际平整度指数;h 为3 m直尺与面层的最大间隙。

4. 小桥(中桥视情况)可并入路面进行检验。

5. 当沥青混合料、施工工艺与路面相同时,压实度、渗水系数可并入路面进行检验,压实度可在路面上取芯。

7.3.2 水泥混凝土桥面铺装

1. 普通水泥混凝土桥面铺装

如图7.1所示,水泥混凝土桥面铺装结构层次比较简单,除了桥面铺装的材料性能之外,其施工的焦点集中在桥面铺装层的上下两个界面上。表面是行车面,应耐磨、抗滑且具有规范要求的平整度,提供一个舒适、安全、美观的行车环境;下表面与混凝土桥面板的上表面接触,需要保证两者间黏结牢固,在行车荷载作用下不出现剥离现象,保证整个铺装结构的耐久性,使其在设计年限内不出现破坏。

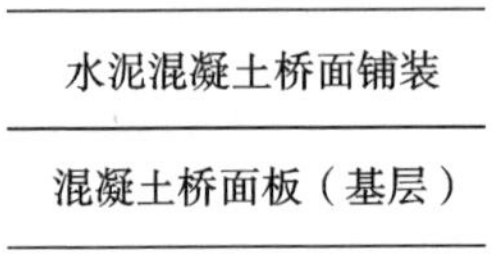

水泥混凝土桥面铺装
混凝土桥面板(基层)

图7.1 水泥混凝土桥面铺装结构

影响桥面板与桥面铺装的黏结的因素主要有铺装前桥面板表面的清洁程度、微裂缝、水泥混凝土浮浆,铺装层混凝土的振捣、养护,桥面板表面的潮湿程度、粗糙程度,桥面板表面的黏结剂选用等。此外,钢筋绑扎、混凝土的浇筑也是铺装施工的关键环节。因此,针对各种影响因素,制订好相应的措施用以指导施工,才能铺筑出满足使用要求的桥面铺装。具体施工要点如下:

(1) 准备工作。

在横向连接钢板焊接工作完成后,方可浇筑面层铺装混凝土,以免后焊的钢板胀缩引起桥面混凝土在接缝处产生裂纹。浇筑混凝土前,使梁、板顶面粗糙,清洗干净,按设计要求铺设纵向接缝钢筋和桥面钢筋网,并复测梁板间高程,如果测预应力混凝土梁,则每跨至少复测跨中和支点处的中线和边线高程;如果铺装层的最小厚度不能满足设计要求,必须调整设计高程,应事先取得监理工程师的同意和签证。桥面铺装混凝土如设计为防水混凝土,施工时应按防水要求施工,防水层不得漏水或使水渗入结构本体。

(2) 钢筋绑扎。

桥面钢筋的绑扎根据设计要求和有关规定执行。必须注意纠正钢筋位置,对斜交桥梁,按图纸规定方向放置桥面钢筋,防止有误。所有钢筋均应正确留有保护层厚度。采用双层钢筋网时,两层钢筋之间应有足够数量的定位撑筋,以保证两层钢筋的位置正确。

(3) 混凝土浇筑。

浇筑桥面混凝土时,为防止浇筑层出现收缩裂缝,宜采用分仓浇筑施工法。应按桥面宽度及无伸缩缝桥面的长度来考虑分仓原则,并在施工组织设计中有计划地事先做好周密部署,重大工程尤其不可疏忽。

(4) 注意事项。

浇筑铺装层时,必须严格要求,不得在钢筋上搁置重物、使运输小车在钢筋网上推运、人为践踏而使钢筋变位,必须搭设走道支架,必须在浇筑过程中随时纠正钢筋位置。

浇筑混凝土时,宜从下坡向上坡进行;路拱应符合设计规定,面层必须平整、粗糙;桥面纵坡较大必须进行压纹处理。水泥混凝土面层上还需铺装沥青混凝土时,面层应采取防滑措施,并分两次铺装。第二次抹平后,应沿横坡方向拉毛或采用机具压槽,拉毛或压槽的深度应符合现行行业标准《公路水泥混凝土路面施工技术细则》(JTG/T F30—2014)的有关规定,用以增强与沥青混凝土面层的黏结。沥青混凝土面层宜采用粗糙度较大的防滑层结构。连续桥面的施工应符合有关设计规定的要求。

(5) 施工质量标准。

根据《公路工程质量检验评定标准 第一册 土建工程》(JTG F80/1—2017)第8.12.2条的规定,水泥混凝土桥面铺装实测项目应符合表7.5的规定。

表 7.5 水泥混凝土桥面铺装实测项目

项次	检查项目		规定值或允许偏差		检查方法和频率
			高速公路、一级公路	其他公路	
1△	混凝土强度/MPa		在合格标准内		按《公路工程质量检验评定标准 第一册 土建工程》(JTG F80/1—2017)附录 D 检查
2	厚度/mm		+10,−5		水准仪:以同桥面板产生相同挠度变形的点为基准点,测量桥面铺装施工前后相对高差;长度不大于 100 m 时每车道测 3 处,每增加 100 m 每车道增加 2 处
3	平整度	σ/mm	≤1.32	≤2.0	平整度仪:全桥每车道连续检测,每 100 m 计算 σ、IRI
		IRI/(m/km)	≤2.2	≤3.3	
		最大间隙 h/mm	≤3	≤5	3 m 直尺:半幅车道板带每 200 m 测 2 处×5 尺
4	横坡/(%)		±0.15	±0.25	水准仪:长度不大于 200 m 时测 5 个断面,每增加 100 m 增加 1 个断面
5	抗滑构造深度/mm		0.7~1.1	0.5~1.0	铺砂法:长度不大于 200 m 时测 5 处,每增加 100 m 增加 1 处

注:1. △为关键项目。

2. 表中 σ 为平整度仪测定的标准差;IRI 为国际平整度指数;h 为 3 m 直尺与面层的最大间隙。

3. 小桥(中桥视情况)可并入路面进行检验。

2. 钢纤维混凝土桥面铺装

钢纤维混凝土(steel fibre reinforced concrete,SFRC)是一种具有优良力学

性能的特种混凝土。在混凝土中加入一定量的钢纤维后,钢纤维在混凝土中均匀分布,在受载过程中限制了混凝土基体的开裂,因此混凝土表现出较好的抗裂和抗冲击性,其抗拉、抗弯、抗剪性能和耐磨性能得到显著提高,在延长路面的使用寿命和降低养护维修费用等方面优于普通混凝土。同时,钢纤维混凝土具有较高的强度,可以减小铺筑厚度,对一些受高程限制的特殊地段,特别是桥位处的桥面铺装具有重要的使用价值。

钢纤维混凝土桥面铺装除了符合普通混凝土的铺装要求外,还应符合中国工程建设标准化协会发布的《纤维混凝土结构技术规程》(CECS 38∶2004)的规定。

桥面用钢纤维混凝土的强度等级不低于CF30;采用硅酸盐水泥或普通硅酸盐水泥时,水泥强度等级不低于42.5级;水泥用量应不少于360 kg/m³。钢纤维混凝土施工宜采用机械搅拌,钢纤维体积率较高、拌合物稠度较大时,搅拌机一次搅拌量宜不大于其额定搅拌量的80%。搅拌、投料次序和方法应以搅拌过程中钢纤维不结团和保证一定的生产率为原则,并通过试拌或根据经验确定。宜优先采用将钢纤维、水泥、粗集料、细集料干拌后加水湿拌的方法。必要时,可采用钢纤维分散机布料。钢纤维混凝土的搅拌时间通过现场搅拌试验确定,并应比普通混凝土规定的搅拌时间延长1~2 min。采用先干拌后加水湿拌的方式时,干拌时间宜不少于1.5 min。

钢纤维混凝土采用机械振捣,保持钢纤维分布均匀。首先,用平板式振捣器振捣密实,用振动梁振捣整平;其次,用表面带凸棱的金属圆滚将竖起的钢纤维和位于表面的石子和钢纤维压下去;最后,用金属圆滚将表面滚压整平。待钢纤维混凝土表面无泌水时,用金属抹刀抹平。经整修的表面不得裸露钢纤维,也不应有浮浆。抹平的表面应在初凝前做拉毛处理。拉毛时不得带出钢纤维,拉毛可使用刷子和压滚,不得使用木刮板和竹扫帚。钢纤维混凝土可采用与普通混凝土相同的护养方法。

桥面铺装层的厚度应根据当地的气候条件、桥面的使用条件、桥梁结构对桥面的要求和钢纤维混凝土的性能并参考已有工程的经验来确定,一般为80~90 mm,有特殊需求时可适当减薄,但宜不小于60 mm。钢纤维混凝土桥面层内配置的钢筋网应比相应普通混凝土桥面层内配置的钢筋网数量少,宜采用直径为8 mm、间距为200 mm的钢筋网,保护层厚度宜取35 mm。对于小跨径的桥面或有当地工程经验时,可取消钢纤维混凝土桥面层内的钢筋网。

桥面层应采用矩形分块,纵缝和横缝应垂直相交,纵缝两侧的横缝不得错位。纵缝的间距由桥面宽度确定,但应不大于 15 m。单向坡三车道或小于三车道的桥面不可设纵缝。

横缝设为缩缝和胀缝。缩缝间距应依据当地气候条件、钢纤维的性能和体积率、桥面长度等因素确定,宜取 10~15 m,最长不得超过 20 m。胀缝间距可取缩缝间距的 2 倍,胀缝宽度宜取 5~8 mm。

7.4 其他附属工程施工

7.4.1 桥面防水施工

桥面柔性防水层可以同时保护桥面板和主梁钢筋不被破坏,因此在提高混凝土桥面的耐久性时,柔性防水材料使用较多且效果良好。桥面防水层施工是对防水材料的一次再加工,其施工质量直接关系到整个防水系统的成败。

1. 卷材类防水层施工

(1) 施工方法。

大面积铺设卷材前,应做好一些细部(如泄水管处、伸缩缝处等)的密封处理。建材铺设采取"先高后低,先远后近"的施工顺序,即有纵坡的桥面从纵坡低处铺起,横向先铺路拱低处(从两边铺向中间)。卷材的铺设方向宜与桥梁中心线平行,宜沿桥梁纵向铺设。对于弯桥,卷材宜与桥梁中心线成最小的角度铺设,并选择合理的裁剪方式,使裁剪量和搭接缝尽可能少,使表面看起来整洁美观。

卷材间连接采用搭接法,长、短边搭接宽度在考虑材料特殊要求的基础上应分别不小于 100 mm、150 mm,相邻两幅卷材间的接头还应相互错开 300 mm 以上,以免接头处多层卷材重叠而黏结不实,搭接缝处宜用相同成分的黏结密封材料封严。

(2) 施工工艺。

卷材铺设前,应按照桥面准备方法及标准认真清理桥面,特别是平整度不符合要求和浮浆比较严重的区域;根据防水工程的具体情况,确定卷材的铺设顺序和铺设方向并进行试铺。在基层上弹出基准线,以便沿基准线铺设卷材。大多数厂家的卷材都要求底涂,即设下黏层,底涂层材料及其用量一般由卷材提供方配套提供,采用刷或喷涂的方式施工。

采用热熔法铺设卷材时,先把卷材铺展在预定的位置上,用火焰加热器将卷材末端的背面涂盖层熔融,并粘贴固定在预定的基层表面,然后把卷材的其余部分重新卷成一卷并用火焰加热器对准卷成卷的卷材与基层表面的夹角,均匀加热至卷材表面开始熔化。

卷材滚铺时,应排除卷材与基层间的空气,使卷材平展并黏结牢固;卷材的搭接缝应以均匀地溢出沥青为宜,应立即用刮板刮平溢出的沥青,沿边封严。铺设卷材时应注意加热均匀,不得过分加热或使用强火在一处停留不动而烧穿卷材,但也切忌慢火烘烤。喷枪头与卷材面一般应保持 350~500 mm 的距离,与基层的角度以 30°~45°为宜。卷材热熔后立即铺设,在卷材还较柔软时用压辊进行滚压,排除卷材下面的空气并使其黏结牢固。

防水层在路缘石、护栏、伸缩缝等处的细部处理,按照细部结构处理方法实施,应精心设计裁剪方式,做到布局、用料合理,表面美观。在泄水管处卷材宜先直接铺设,然后将泄水口上的卷材剪开,向下贴到管内壁;如果泄水管管径较小,应先在下面垫贴一块卷材。

2. 涂膜类防水层施工

基层应平整、坚实,符合桥面准备标准,不符合时按推荐的处理措施处理。将稀释的防水材料涂层均匀涂布于基层找平层上,涂刷时最好选择在无阳光的时段,以使涂料有充分的时间向基层毛细孔内渗透,增强涂层对底层的黏结力。涂刷时,应做到厚度适宜、涂布均匀,不得有流淌、堆积或漏涂的现象,以利于水分蒸发,避免起泡。

中(间)涂层为加筋涂层,要铺贴胎体材料,一般为玻璃纤维网布或聚酯无纺布。胎体材料可顺着车道方向铺贴,各幅材料间采用搭接法,长、短边搭接宽度分别为 100 mm、150 mm。铺贴胎体材料时,一般边涂防水材料边铺贴胎体材料;为了操作方便,可将胎体卷成圆卷,一边滚一边贴,随即用毛刷将胎体碾压平整,排除气泡,并用刷子在其上面均匀涂刷,使胎体牢固黏结在基层上,使全部胎体布网眼浸满涂料;不得有漏涂现象和皱褶。

按照设计要求,需要设保护层的地方,根据保护层的类型不同,施工方法也不一样。对于预拌沥青碎石,AC-5(或 AC-10)沥青混凝土或表面处理等沥青碎石类保护层可采用沥青混凝土的施工方法和步骤,有时也会直接在防水层上撒铺瓜米石(粒径为 2.36~4.75 mm)后轻压。

3. 防水层施工质量标准

根据《公路工程质量检验评定标准 第一册 土建工程》(JTG F80/1—2017)第 8.12.1 条的规定,混凝土桥面板桥面防水层实测项目应符合表 7.6 的规定。

表 7.6 防水层实测项目

项次	检查项目		规定值或允许偏差	检查方法和频率
1△	防水涂层	厚度/mm	满足设计要求;设计未要求时,平均厚度≥设计厚度,85%检查点的厚度≥设计厚度,最小厚度≥80%设计厚度	测厚仪:每施工段测 10 处,每处测 3 点
		用量/(kg/m²)	满足设计要求	按施工段涂敷面积计算
2△	防水层黏结强度/MPa		在合格标准内	按《公路工程质量检验评定标准 第一册 土建工程》(JTG F80/1—2017)附录 N 检查
3	混凝土黏结面含水率		满足设计要求	含水率测定仪:当施工段不大于 1000 m² 时,每施工段测 5 处,每处测 3 次,取均值;超过 1000 m² 时,每增加 1000 m² 增加 1 处

注:1. △为关键项目。

2. 防水涂层厚度、用量仅需检查一项,渗透性防水涂料检查用量,其他涂料在用测厚仪因难时检查用量。

7.4.2 泄水管施工

为防止雨水滞积于桥面并渗入梁体而影响桥梁的耐久性,除在桥面铺装内设置防水层外,可以设置泄水管使桥上的雨水迅速排除。

1. 泄水管的种类

泄水管一般有铸铁泄水管、钢筋混凝土泄水管及横向排水管道几种。

铸铁泄水管适用于各种形式的铺装结构,泄水管的内径一般为10～15 cm,管下端应伸出行车道板底面15～20 cm。安放泄水管时,泄水管与防水层的接合处要做得特别仔细,防水层的边线要紧夹在管的顶缘与泄水漏斗之间,以便防水层上的渗水通过漏斗上的过水孔流入管内。铸铁泄水管使用效果好,但结构较复杂,通常可以根据具体情况做适当的改进,如将泄水管和钢板焊接等。

钢筋混凝土泄水管适用于不设专门防水层而采用防水混凝土的铺装构造。在制作时,可将金属栅板直接作为钢筋混凝土泄水管的端模板,以使焊于板上的短钢筋锚固于混凝土中。这种预制的泄水管构造简单,可以节约钢材。

对于一些小跨径桥,有时为了简化构造和节省材料,可以采用横向排水管道,即在行车道两侧的安全带或路缘石上预留横向孔,利用铁管、竹管等将水排到桥外。这种泄水管构造简单,但易因孔道坡度平缓而堵塞。

2. 泄水管布置

通常当桥面纵坡大于2%、桥长小于50 m时,桥上可不设泄水管,但应在引道两侧设置流水槽,以免冲刷路基;当桥面纵坡大于2%、桥长大于50 m时,一般每隔12～15 m设置一个泄水管;当桥面纵坡小于2%时,一般每隔6～8 m设置一个泄水管。泄水管过水面积通常为每平方米墙面不少于2～3 cm²。泄水管可沿行车道路两侧对称布置,也可交错布置;弯桥泄水管宜放置于桥面较低的一侧。

7.4.3 桥面防护设施施工

1. 安全带和路缘石

根据《公路桥涵施工技术规范》(JTG/T 3650—2020)第23.7.5条的规定,桥面安全带和路缘石的安装施工,应符合下列规定。

(1)悬臂式安全带构件应在与主梁横向联结或拱上结构完成后方可安装。

(2)安全带梁应采用M20稠水泥砂浆坐浆安装,并应使顶面形成设计规定的横向排水坡。

(3)桥面上的路缘石宜采用混凝土现浇施工。当路缘石为混凝土预制块或石材时,应采用M20稠水泥砂浆坐浆安装。

2. 人行道

人行道通常采用预制块件安装施工方法;有些桥的人行道采用整块预制,分中块和端块两种。若为斜交桥,端块还要做特殊设计。预制时,要严格按照设计尺寸制模成型,保证强度。大部分桥梁人行道采用分构件预制法,一般分为A挑梁、B挑梁、路缘石、支撑梁、人行道板5个部分。

根据《公路桥涵施工技术规范》(JTG/T 3650—2020)第23.7.4条的规定,人行道的安装施工应符合下列规定。

(1)悬臂式人行道构件应在与主梁横向联结或拱上结构完成后安装。

(2)人行道梁应采用M20稠水泥砂浆坐浆安装,并使人行道顶面形成设计规定的横向排水坡。

(3)人行道板应在人行道梁锚固后铺设,无锚固的人行道梁、人行道板按由里向外的次序铺设。

(4)在安装有锚固的人行道梁时,其焊接的质量应符合《公路桥涵施工技术规范》(JTG/T 3650—2020)第8.5节的规定。

根据《公路工程质量检验评定标准　第一册　土建工程》(JTG F80/1—2017)第8.12.9条的规定,人行道铺设实测项目应符合表7.7的规定。

表7.7　人行道铺设实测项目

项次	检查项目	规定值或允许偏差	检查方法和频率
1	人行道边缘平面偏位/mm	≤5	全站仪、钢尺:每200 m测5处
2	纵向高程/mm	+10,0	水准仪:每200 m测5处
3	接缝两侧高差/mm	≤2	尺量:抽查10%的接缝,测接缝高差最大处
4	横坡/(%)	±0.3	水准仪:每200 m测5处
5	平整度/mm	≤5	3 m直尺:每200 m测5处

注:桥长不满200 m时,按200 m处理。

3. 栏杆

栏杆块件必须在人行道板铺设完毕后安装。安装栏杆柱时,必须全桥对直、校平(弯桥、坡桥要求平顺),然后用水泥砂浆填缝固定。钢筋混凝土墙式护栏的高度必须在纵坡变化点处调整,以使线形顺适、美观。钢筋混凝土柱式护栏、金属护栏放样前,应选择桥梁伸缩缝附近的端部立柱作为控制点;立柱宜等距设置,间距出现零数时可用分配办法使尺寸符合规定;轮廓标的安装高度宜尽量统一,连接牢固。

桥上灯柱通常只在城镇的设有人行道的桥梁上设置。灯柱的设置位置有两种:一种是设在人行道上,另一种是设在栏杆立柱上。灯柱应按设计位置安装,必须牢固,线条顺直、整齐美观。灯柱线路必须安全可靠。

根据《公路工程质量检验评定标准 第一册 土建工程》(JTG F80/1—2017)第 8.12.10 条的规定,栏杆安装实测项目应符合表 7.8 的规定。

表 7.8 栏杆安装实测项目

项次	检查项目	规定值或允许偏差	检查方法和频率
1	栏杆平面偏位 /mm	≤4	全站仪、钢尺:每 200 m 测 5 处
2	扶手高度/mm	±10	水准仪、尺量:抽查 20%
	柱顶高差/mm	≤4	
3	接缝两侧扶手高差 /m	≤3	尺量:抽查 20%
4	竖杆或柱纵、横向竖直度 /mm	≤4	铅锤法:抽查 20%,每处测纵、横向

4. 护栏

随着社会发展对行车安全要求的提高,护栏越来越多地应用在桥梁工程中,成为桥梁的重要组成部分。目前常用的护栏为混凝土护栏。

根据《公路桥涵施工技术规范》(JTG/T 3650—2020)第 23.7.1 条的规定,混凝土护栏的施工应符合下列规定。

(1)护栏应在桥面的两侧对称进行施工;结构重心位于梁体以外的悬臂式护栏应在与主梁横向联结或拱上结构完成后施工。

(2)对就地现浇的护栏,宜在顺桥向每隔 5~8 m 设一道断缝或假缝;在温差较大的地区,断缝或假缝的设置间距宜适当减小。

(3)护栏的钢筋应与梁体的预留钢筋可靠连接。

(4)模板宜采用钢模板,支模时宜在其顶部和底部各设一道对拉螺杆或采用其他固定模板的可靠装置。

(5)护栏宜采用坍落度较低的干硬性混凝土浇筑,浇筑应分层进行,分层厚度宜不超过200 mm;振捣时应采取适当的措施使模板表面的气泡逸出。

(6)对预制安装的护栏,在搬运和安装时,应采取适当的保护措施,防止损伤棱角处的混凝土。连接钢板的焊接质量应符合设计要求和规范的相关规定。

(7)施工完成后的护栏的顶面高程和位置应准确,位于弯道上的护栏的线形应平顺。

根据《公路工程质量检验评定标准 第一册 土建工程》(JTG F80/1—2017)第8.12.11条的规定,混凝土护栏实测项目应符合表7.9的规定。

表7.9 混凝土护栏实测项目

项次	检查项目	规定值或允许偏差	检查方法和频率
1△	混凝土强度/MPa	在合格标准内	按《公路工程质量检验评定标准 第一册 土建工程》(JTG F80/1—2017)附录D检查
2	平面偏位/mm	≤4	全站仪、钢尺:每道护栏每200 m测5处
3△	断面尺寸/mm	±5	尺量:每道护栏每200 m测5处
4	竖直度/mm	≤4	铅锤法:每道护栏每200 m测5处
5	预埋件位置/mm	≤5	尺量:测每件

注:1. △为关键项目。

2. 护栏长度不满200 m时,按200 m处理。

7.4.4 桥头搭板施工

台背填土位于路堤与桥梁衔接处,其状态不仅会因自身密实度随时间变化而变化,而且会受地基沉降的影响;不仅承受汽车荷载的作用,而且与跟它的物理力学性质截然不同的桥台之间存在相互作用。台背填土对汽车平稳行驶及桥台乃至全桥稳定意义重大,很受重视。桥台和路堤的刚度、强度差异很大,一旦台背填土发生沉降,台背结构与桥台形成错台或折线,会造成跳车。因此,设计中应考虑台背填土至少15 mm沉降差引起的汽车荷载增加值,增强台背填土的强度和刚度,采用桥头搭板结构,实现桥台、过渡段、路基柔和过渡,消除桥头跳车现象。

钢筋混凝土桥头搭板台背填土的填料应以透水性材料为主,分层压实;应按砌体施工要求填筑;台背回填前应按设计要求做防水处理。台后地基如为软土,应按设计要求依照软基处理方法进行处理。

根据《公路桥涵施工技术规范》(JTG/T 3650—2020)第23.8.3条的规定,钢筋混凝土桥头搭板的施工应符合下列规定。

(1)钢筋混凝土桥头搭板及枕梁宜采用就地浇筑的方式施工。

(2)搭板钢筋与其下的垫层间宜设置垫块并应交错布置。上、下两层钢筋之间应设置支撑,保证其位置准确。

(3)浇筑搭板混凝土时应按搭板的坡度由低处向高处进行,振捣时应避免碰撞钢筋、模板。

根据《公路工程质量检验评定标准 第一册 土建工程》(JTG F80/1—2017)第8.12.13条的规定,桥头搭板实测项目应符合表7.10的规定。

表7.10 桥头搭板实测项目

项次	检查项目		规定值或允许偏差	检查方法和频率
1△	混凝土强度/MPa		在合格标准内	按《公路工程质量检验评定标准 第一册 土建工程》(JTG F80/1—2017)附录D检查
2	枕梁尺寸/mm	宽、高	±20	尺量:每梁测2个断面
		长	±30	尺量:测每梁中心线处
3	板尺寸/mm	长、宽	±30	尺量:各测2处
		厚	±10	尺量:测4处
4	顶面高程/mm		±5	水准仪:测四角及中心附近5处

注:△为关键项目。

第8章 涵洞施工技术

8.1 拱涵、盖板涵施工

8.1.1 拱涵施工

1. 拱涵的施工程序

拱涵的拱圈施工一般有用浆砌片(块)石砌筑和用混凝土浇筑两种方法。

2. 拱涵的拱架

拱涵的拱架一般有钢拱架、木拱架和土牛拱胎。对于钢拱架、木拱架,一定要重视拱架的强度和刚度,防止不均匀变形。

在小桥涵施工中,用土牛拱胎既安全又经济。根据河沟流水情况,土牛拱胎可做成全填土拱胎、设有盲沟的土拱胎、三角形木架木拱胎、木排架木拱胎等。

全填土拱胎施工步骤如下:拱胎填土应在涵台砌筑砂浆和现浇混凝土强度达到设计强度的75%后,分层夯填,每层厚度宜为0.2~0.3 m,土的压实度应在90%以上。填土宽度在端墙外伸0.5~1 m,并保持1∶1.5 的边坡,填土将达拱顶时,分段用样板校正,每隔0.3 m挂线检查。

当用松散砂石料筑土胎时,表面应包300 mm厚黏土、铺设一层油毡或抹一层15 mm厚的水泥砂浆(1∶4~1∶6)作为保护层。较好的保护层用砖或片石砌筑(厚度约为200 mm),然后抹20 mm厚的黏土,再铺油毡。最好的方法是用石灰泥筋抹200 mm厚(石灰∶黏土∶麻筋=1∶0.35∶0.03,质量比),抹后3 d即可浇筑混凝土。

3. 拱涵的施工要点

(1) 拱圈和出入口拱上端墙的砌筑施工,应由两侧向中间同时对称进行。

(2) 现浇混凝土拱圈时,应对称浇筑,最后浇筑拱顶,或在拱顶预留合龙段最后浇筑并合龙。拱圈的现场浇筑在长度方向宜连续进行;当涵身较长不能一次连续完成时,可沿长度方向分段进行浇筑,施工缝应设在涵身的沉降缝处。

(3) 预制拱圈的混凝土强度达到设计强度的85%后,才可搬运安装;拱座与拱圈、拱圈与拱圈的拼装接触面应先拉毛或凿毛(沉降缝处除外),安装前浇水湿润,再以M10水泥砂浆砌筑。

(4) 拱架拆除和拱顶填土要符合以下要求。先拆拱架再进行拱顶填土时,拱圈和护拱的砌筑砂浆或混凝土强度符合设计规定,设计未规定时,达到设计强度的85%后方可拆除拱架,且在拱架拆除时先完成拱脚以下部分回填土的填筑;达到设计强度的100%后,方可进行拱顶填土。在拱架未拆除的情况下进行拱顶填土时,拱圈和护拱砌筑砂浆或混凝土强度应符合设计规定,设计未规定时,应达到设计强度的85%;拱架应在拱圈强度达到设计强度的100%后拆除。

8.1.2 盖板涵施工

1. 盖板涵的组成

盖板涵主要由盖板、涵墩(涵台)、基础、洞身铺底、沉降缝及防水层等组成。

盖板是涵洞的主要承重结构,宜采用钢筋混凝土盖板,跨径较小时亦可采用石盖板;涵墩(涵台)、基础及洞身铺底一般用浆砌片(块)石或混凝土修筑,砂浆强度等级可为M2.5或M5.0。一般情况下,基础厚度为60 cm,铺底厚度为30 cm。

除设置在岩石地基上的涵洞外,涵洞的洞身和基础应根据地基土的情况,按设计要求设置沉降缝,以防不均匀沉降引起涵身断裂。沉降缝一般沿洞身每隔4~6 m设一道,缝宽20~30 mm,填缝料应具有弹性和不透水性(如沥青麻絮等),并填塞紧密。沉降缝应在整个断面(包括基础)断开,沉降缝处的两端面应竖直、平整,上、下不得交错。

为了防止雨水从路基中浸入涵洞结构,影响结构的使用寿命和安全,应在涵洞洞身及端墙在基础面以上被土掩埋部分的表面设置防水层。常用的方法有涂刷热沥青层、设置防水砂浆层和涂抹草筋胶泥等。

2. 盖板涵的施工要点

钢筋混凝土盖板涵施工一般分为盖板预制吊装和现场浇筑两种。

采用盖板预制吊装时,盖板的预制应注意检查盖板上、下面的方向,对斜交涵洞应注意斜交角的方向,避免发生反向错误。预制构件的混凝土强度达到设计强度的85%后,方可搬运安装,设计有规定时从其规定。安装前,应检查构件、涵台的尺寸,检查锚栓孔的位置,并在涵台上标出盖板的安装位置;安装后,盖板上的吊装孔应以砂浆填塞密实。

采用现场浇筑时,盖板涵混凝土的现场浇筑施工在长度方向宜连续进行;当涵身较长不能一次连续完成时,可沿长度方向分段进行浇筑,施工缝设在涵身的沉降缝处。现场浇筑的盖板涵,宜采用钢模板或胶合板模板。

基坑开挖应先准确放样开挖边线,准备好材料、安全措施等,不能贸然开挖,以防地基暴露时间过长。开挖过程中应注意排水和支护,确保安全。

8.2 箱涵、圆管涵施工

8.2.1 箱涵施工

箱涵又称"矩形涵",它与盖板涵的区别如下:盖板涵的台身与盖板是分开的,台身还可以采用砌石圬工,为简支结构;箱涵的顶板、底板与两侧墙身是连续浇筑的,称为"刚性结构"。箱涵的基础分为有圬工基础和无圬工基础两种。箱涵施工分预制安装和现场浇筑两种。

1. 预制箱涵施工

预制箱涵节段的质量应符合钢筋混凝土的施工要求。节段在运输、装卸过程中的受力符合设计规定,尤其应注意吊点位置的选择;应选择合适的运输和装卸机具,保证运输、装卸过程中构件的安全,使其免受碰撞。

设计未规定时,预制构件的混凝土强度达到设计强度的85%,方可吊运、安装;构件安装前,应完成构件、地基、定位测量等的验收工作。箱涵管节拼装时,接缝两侧的混凝土表面应采用清水冲洗干净,再按设计要求进行拼接施工。

2. 现浇箱涵施工

现浇箱涵可视情况分段施工,宜先进行底板和梗肋的混凝土浇筑,再完成剩余部分的混凝土浇筑;也可先浇筑底板和2/3箱身,混凝土养护至设计强度的

70%后,再立顶模浇筑1/3墙身和顶板。若箱涵高度和跨径不是很大,也可设置整体内模,浇筑完底板后支立或安放内模,浇筑侧墙混凝土、绑扎顶板钢筋,浇顶板,即箱涵一次浇筑成型。

箱涵施工中应注意施工缝不设置在受力较大处,底部倒角处的混凝土振捣密实,顶部仰角处钢筋的连接符合要求,模板不漏浆并支立坚固。

混凝土强度达到设计强度的85%时,方可拆除支架;达到设计强度的100%后,方可进行涵顶回填施工。设计有具体要求时从其规定。

8.2.2 圆管涵施工

1. 圆管涵的组成

圆管涵主要由管身、基础、接缝及防水层等组成。管身是圆管涵的主要组成部分,通常由混凝土、钢筋混凝土或波纹钢制成。钢筋混凝土管身管径一般小于1.50 m,管身多采用预制安装,预制长度通常有0.5 m、1.0 m和2.0 m等几种。

2. 圆管涵的管节施工要点

(1) 管节的预制、运输与装卸。

圆管涵管节成品要做到管节端面平整并与其轴线垂直;斜交圆管涵进出水口管节的外端面应按斜交角度进行处理。

在运输与装卸管节过程中,应采取措施防止管节因碰撞而损坏。运输管节的工具,可根据道路情况和设备条件采用汽车、拖拉机、拖车等。运输途中每个管节底面宜铺稻草,用木块、圆木楔紧,并用绳索捆绑固定,防止管节滚动、相互碰撞破坏。管节的装卸可根据工地条件,使用各种起重设备,如龙门式起重机、汽车起重机和小型起重工具滑车、链滑车等。

(2) 管节安装。

管节安装通常使用吊机、绳索配合滚木、撬杠等。管节安装应从下游开始,使接头面向上游。每节涵管应紧贴于垫层或基座上,管座或垫层的弧形面必须与管身弧度吻合,使其紧密贴合,保证涵管受力均匀。所有管节应顺水流方向安装平顺,符合轴线和图纸坡度要求。当管壁厚度不一致时,应调整高度使下部内壁齐平。管节应垫稳,安装完成后管内不得遗留泥土等杂物。

插口管安装时,接口应平直,环形间隙应均匀,并安装特制的胶圈或用沥青、麻絮等防水材料填塞。平接管安装的接缝宽度宜为10~20 mm,应用有弹性的不透水材料嵌塞密实,严禁用加大接缝宽度的方式来满足涵洞长度的要求。管节的接缝不得有间断、裂缝、空鼓、漏水等现象。

根据《公路工程质量检验评定标准 第一册 土建工程》(JTG F80/1—2017)第9.2.2条的规定,涵洞总体实测项目应符合表8.1的规定。

表8.1 涵洞总体实测项目

项次	检查项目		规定值或允许偏差	检查方法和频率
1	轴线偏位/mm	明涵	≤20	全站仪:测中心线5处
		暗涵	≤50	
2	流水面高程/mm		±20	水准仪:测洞口、中点和其他四分点附近5处
3	涵底铺砌厚度/mm		+40,−10	尺量:测5处
4	长度/mm		+100,−50	尺量:测中心线处
5	跨径或内径/mm	波形钢管涵	±2%D	尺量:每5 m测1处且不少于3处,测相互垂直两个方向
		其他	±30	尺量:测5处
6	净高/mm	明涵	≥设计值−20	尺量:测洞口及中心共3处
		暗涵	≥设计值−50	

注:1. D为管涵直径,计算规定值或允许偏差时以mm计。

2. 实际工程未涉及的项目不检查。

8.3 涵洞施工实践——以江津至泸州北线高速公路项目二分部工程为例

8.3.1 盖板涵施工工艺

本标段共有涵洞28道,其中盖板涵25道、拱涵3道。

1. 施工放样

根据现场实际地形情况,对场地进行清理、平整,清除杂物。场地平整后,测量队按设计图纸放出涵洞基坑位置,用白灰撒出开挖线,并测量原地面标高。

2. 基坑开挖

涵洞基坑采用全断面法施工，人工配合挖掘机开挖。基坑开挖前，根据涵洞设计基底标高和实测原地面标高计算出基坑开挖深度，然后按照已撒出的开挖线开挖。根据地质情况，按照规范要求进行放坡处理；挖出的土用运输车运至指定的弃土场，严禁堆放在开挖区附近，以确保施工安全。

基坑开挖完成后，若基坑底为软土地基或地基承载力不满足要求，请总包、设计代表、监理三方到现场确定处治方案并按照处治方案处理，合格后进行下道工序施工。

3. 钢筋与模板施工

涵洞工程（基础、墙身、盖板）钢筋在钢筋加工厂集中加工，用运输车运至现场绑扎成型。钢筋进场后，根据钢筋型号、规格分类存放，同时通知监理工程师进行取样试验，合格后方可用于工程施工。

基础钢筋绑扎时，根据沉降缝分节绑扎，先绑扎纵向钢筋，再绑扎水平钢筋，最后绑扎箍筋。钢筋交叉点绑扎时，采用梅花形布置并严格控制钢筋保护层的厚度。墙身钢筋绑扎时，采用绑扎搭接形式，在每道沉降缝处断开。基础、墙身和盖板沉降缝应保持一致，上、下垂直贯通。

钢筋安装完毕报监理工程师验收合格后，开始安装模板。涵洞基础、墙身模板采用定型钢模板，人工配合吊车安装。安装前，进行表面除锈打磨，然后涂刷脱模剂。模板安装、加固完成后，先自检合格，然后报监理工程师验收，合格后浇筑混凝土。

4. 混凝土浇筑

模板安装完成并报监理工程师验收合格后，开始浇筑混凝土。浇筑前，测量模板顶面高程，按照设计标高计算出混凝土浇筑位置，并用油漆或双面胶带做出标记。混凝土采用拌和站集中拌和，采用罐车运送至现场。基础采用溜槽浇筑。

基础浇筑完毕后，及时预埋墙身钢筋，并在墙身位置混凝土表面进行拉毛或凿毛处理，以便于基础和墙身良好连接。

墙身钢筋与模板安装完成并验收合格后，开始浇筑墙身混凝土。墙身采用吊车配合料斗接串筒法浇筑。

5. 拆模及养护

基础、墙身混凝土初凝后,用土工布或塑料布覆盖,洒水养护。当混凝土抗压强度达到 2.5 MPa 且不会由于拆模受到损坏时,可拆除模板。拆模时,可用锤轻敲板体使模板与混凝土顺利脱离,然后用吊车拆卸。模板拆除后,应及时养护,养护时间不少于 7 d。

6. 盖板施工

(1) 预制场布置。根据预制盖板的数量、规格考虑,利用红线内空余地方硬化一块场地,设置 6 排盖板台座,在台座上铺设 3 mm 厚钢板或直接利用已有平模板。

(2) 钢筋加工与安装。在预制场内加工盖板钢筋,下料时严格按照图纸要求尺寸进行,下好料的钢筋分类存放并进行标识。盖板钢筋可以在台座上安装绑扎,也可以在台座外绑扎完成后吊装到台座上。

(3) 模板制作与安装。盖板模板采用组合钢模板,模板应具有足够的刚度和强度,模板表面应平整、光洁。安装前,模板内侧和底板均匀涂抹脱模剂,接缝处采用双面胶条黏结。安装时,模板必须加固牢固,根据盖板尺寸和模板厚度用钢筋制作成简易 U 型卡,使模板固定。模板安装完成后,检查模板的模内尺寸、垂直度和牢固性,报监理工程师验收合格后才能浇筑盖板混凝土。

(4) 浇筑混凝土。混凝土采用拌和站集中拌制,采用罐车运输至场内。混凝土应按一定的厚度、顺序和方向分层浇筑,一次浇筑成型。分层浇筑厚度宜不超过 30 cm。振捣采用插入式振捣棒,振捣棒与侧模保持 5~10 cm 的距离且插入下层混凝土 10 cm 以上,避免振动棒碰撞模板或其他预埋件。

(5) 混凝土养护。混凝土初凝后,采用土工布覆盖,洒水养护。混凝土养护时间不少于 7 d,混凝土强度达到 2.5 MPa 时可拆除模板。

(6) 盖板存放和吊装。浇筑混凝土时,在现场制作混凝土同条件养护试件,同盖板一起养护。混凝土试件强度达到设计强度的 70% 后,才能移动盖板;达到设计强度的 80% 后,才能起吊和安装盖板。

7. 洞口施工与台背回填

洞口八字墙、铺砌和截水墙按照图纸设计采用浆砌或混凝土浇筑而成。洞口工程施工完成后,派专人养护。养护一般采用覆盖洒水养护,养护期不短于 7 d。

涵洞台背必须在盖板施工完毕,混凝土强度达到设计强度的75%后填筑。台背回填前,对沉降缝进行防水处理,以沥青、麻絮填塞或用防水砂浆灌封,表面涂刷沥青等。填筑时,涵洞两侧必须同步对称进行,禁止先填筑一侧,再填筑另一侧。分层压实厚度宜不大于150 mm,填料粒径宜小于100 mm,涵洞两侧回填填料粒径宜小于50 mm,压实度应不小于96%。台背回填碾压范围1 m内采用人工配合小型打夯机夯实,1 m以外可用压路机碾压密实,压实度控制以图纸设计为准。

8.3.2 拱涵施工工艺

1. 测量放样

按地质、水文资料,结合现场情况决定开挖坡度和支护方案,定出开挖范围;依据基坑四周地形做好地面防排水工作;复核基坑中心线方向、高程。

2. 基坑开挖与基础施工

基坑开挖时,严格控制平面尺寸和标高,严禁扰动基底;采用挖掘机开挖,人工配合。机械开挖至基底标高以上0.3 m时,人工清理、平整基底至设计标高。

基础施工时,应校核基底标高和中线,按设计位置及长度精确定出沉降缝位置,安放2 cm厚沥青浸制木板。沉降缝的位置、尺寸、构造形式等都必须符合设计要求。立好基础模板后,浇筑混凝土。

3. 拱涵墙身施工

墙身施工应先做好测量工作,使墙身中心线、基础中心线在同一条线上,弹出墙身的十字线并按设计弹出墙身沉降缝位置(缝宽2 cm)。施工墙体混凝土时,模板采用大块平面钢模板。在模板施工前,模板内涂刷脱模剂并安装牢固。

墙身分两次浇筑成型。混凝土采用拌和站集中拌和,采用混凝土输送车运输,泵送入模。混凝土坍落度要严格按照试验的数据控制,混凝土自由倾落高度超过2 m时,必须用滑槽或串筒灌注,串筒出口距混凝土表面1.5 m左右。施工过程中应注意混凝土振捣,保证混凝土密实。

混凝土养护期间,应重点加强混凝土的湿度和温度控制,尽量减少表面混凝土的暴露时间,及时对混凝土暴露面进行紧密覆盖(可采用篷布、塑料布等覆盖),防止表面水分蒸发。混凝土带模养护期间,应采取带模包裹、浇水、喷淋洒水等措施进行保湿养护,保证模板接缝处不致失水干燥。

4. 拱圈施工

拱圈外模用组合钢模板拼装,钢管横带,方木支撑,并用可调节支撑支立在涵身基础上。支立拱架前,在地面制作出拱圈大样,用来控制拱架安装高度和拱圈结构形式;依次安装拱架,调整底脚可调支撑,符合安装高度要求后固定。拱模逐片安装,模板间用 U 型卡连接紧密。拱圈两侧用加工的弧形侧模封端,并加三角撑与拱架支撑牢固。

拱圈的施工应由两侧拱脚向拱顶同时对称进行。拱圈混凝土的现场浇筑施工应连续进行,尽量避免出现施工缝。当涵身较长时,可沿长度方向分段进行,每段应连续一次浇筑完,施工缝应设在涵身沉降缝处。在进行二次节段浇筑时,拱圈按照图纸预留沉降缝,注意沉降缝与基础施工时的沉降缝顺接、无错缝。

混凝土强度达到设计强度时方可拆除拱圈支架。拆除时,先拆除跨中段,再拆除拱脚段,最后拆除剩余部分。拆除过程中应做好拱圈变形监测,若有过大变形,应立即停止拆架,查明原因后再做后续处理。

5. 出入口铺砌及墙背回填

出入口按设计要求放样开挖后,出入边坡、沟床、垂裙等采用 M7.5 水泥浆砌片石砌筑。砌筑完成后,由专人负责洒水养护,养护时间不得少于 7 d。

拱涵在路基缺口填筑施工时,应采用合适的渗水材料。应用渗水土由两侧分层、对称、水平填筑并夯实,防止压力不平衡、单侧压力过大使涵身或基础受到破坏。

涵洞处路堤填筑应满足以下规定。

(1) 路堤填筑施工必须在涵身结构达到设计强度后进行。

(2) 墙背回填材料用渗水性材料(如砂砾、碎石土)等,填料的最大粒径不超过 150 mm。

(3) 墙背回填时,将已成路堤挖出台阶,分层对称填筑,分层厚度应不大于 0.2 m。填石路堤施工时,涵身顶面 1.0 m 高度内分三层填筑:底层为 20 cm 厚黏性土;中层为 50 cm 厚碎石、卵石、粗砂、中砂;顶层为 30 cm 厚小片石。

(4) 距墙背 1 m,机械不能到达的地方,人工配合打夯机进行夯实,不得用重型压路机碾压。涵身两侧与涵顶的填土密实度均应满足设计要求。涵洞顶填土厚度不到 1 m 时,严禁施工机械通行。

6. 防水层施工

防水层施工之前,应对施工混凝土表面进行检查和验收。基层应平整、无尖锐异物,不存在起砂、起皮及凹凸不平的现象。平整度用 1 m 长靠尺检查,空隙只允许平缓变化,宽度不大于 3 mm。此外,应采用高压风枪清除基层表面灰尘。

防水层均匀喷涂于涵身表面,采用人工涂刷。按照先倒主剂后倒固化剂的顺序将液体倒入容器并充分搅拌使其混合均匀。涂刷时,应分两次进行,防止气泡存于涂膜内。第一次刮涂时使用平板在基面上刮涂一层厚度为 0.2 mm 左右的涂膜,间隔 1~2 h 进行第二次刮涂。配制好的涂料应在 20 min 内用完,随配随用。平面部位优先涂刷,垂直部位使用毛刷或辊子刷涂。

防水层施工注意事项如下:严禁雨中施工;不得使用风扇或类似工具来缩短干燥时间;喷涂后 4 h 或涂刷后 12 h 内须防止霜冻、雨淋及暴晒;四级以上强风天气不宜进行防水层施工;环境温度低于 5 ℃时,应采取保温措施;为改善防水涂料的稠度,可在搅拌的同时加入聚氨酯防水涂料重量为 3%~5% 的专用稀释剂。

第 9 章　隧道施工方法

9.1　新　奥　法

9.1.1　新奥法概述

1. 定义

新奥法是奥地利学者 L. V. Rabcewicz 在总结锚喷支护技术的基础上提出的,简称为"NATM"(new Austrian tunnelling method)。新奥法是采用锚杆和喷射混凝土作为初期支护使围岩基本稳定,隧道开挖成型后再逐步施作内层衬砌作为安全储备,以保持隧道长期稳定的施工方法。

2. 特点

(1) 各工序的组合和调整的灵活性很大,地质条件发生变化时依然表现出很强的适应性。长期的实践已使工程人员积累了丰富的施工经验,形成了较为科学合理、完整成熟的施工方案。

(2) 与传统矿山法的钢木构件临时支撑相比,新奥法的锚喷初期支护具有显著的灵活性、及时性、密贴性、深入性、柔韧性、封闭性等工程特点。

(3) 施工机械和设备的配套比较灵活,且多数是常规设备,组装简单、转移方便,重复利用率高。

(4) 现代隧道工程使用的钢拱架和内层衬砌是力学意义上的承载环,其设计计算方法仍沿用并改进了传统松弛荷载理论的设计计算方法。

9.1.2　新奥法施工的原则与基本程序

1. 新奥法施工的原则

根据对隧道及地下工程的基本问题("开挖与支护的关系")的认识,对围岩的"三位一体特性"的认识(围岩是产生围岩压力的原因,也是承受这个压力的承载结构,还是构成这个结构的天然材料),以及对支护的"加固和维护作用"的认识,现代围岩承载理论认为"围岩是工程加固的对象,是不可替代的;支护是加固的手段,是可以选择的"。

围岩承载理论在新奥法成功应用的基础上,运用岩体力学分析方法,充分考虑围岩在施工过程中的动态变化,逐步形成了"以维护和利用围岩的自承能力为基本出发点,以锚杆和喷射混凝土为主要支护措施,以对围岩和支护的变形和应力进行测量为监视控制手段,来指导隧道和地下工程设计施工"的基本思路,并进一步总结出提供支护帮助的基本原则,即"围岩不稳,支护帮助,遇强则弱,遇弱则强,按需提供,先柔后刚,监控量测,动态调整"。

根据以上解决问题的基本思路和支护设计的基本原则,作为一种施工方法,新奥法施工的基本原则可以归纳为"少扰动,早锚喷,勤量测,紧封闭"。

(1) 少扰动。少扰动是指在开挖隧道时,尽量减少对围岩的扰动次数,降低对围岩的扰动强度,缩小对围岩的扰动范围,缩短对围岩的扰动持续时间。因此,隧道施工应根据围岩级别选择合理的开挖方法、掘进进尺和作业循环。具体措施如下:能用机械开挖的不用钻爆法开挖;采用钻爆法开挖时,严格控制爆破作业;尽量采用大断面开挖,以减少对围岩的扰动次数;对自稳性差的围岩,宜采用分部开挖、小循环作业,并且掘进进尺应短一些;最好采用机械开挖,必要时可采用松动爆破;支护要尽量紧跟开挖面,以缩短围岩应力松弛时间。

(2) 早锚喷。早锚喷是指开挖后及时施作锚喷初期支护,使围岩的变形进入受控状态,从而使围岩不致因变形过度而产生坍塌失稳,并使围岩变形适度发展,以充分发挥围岩的自承能力。必要时,可采取超前预支护,甚至注浆加固(地层改良)措施。具体措施如下:根据围岩级别采用喷射混凝土、锚杆、钢拱架和模筑混凝土衬砌等不同组合形式的初期支护,及时调整支护时机、支护参数,以求达到最佳支护效果。

(3) 勤量测。勤量测是指以直观、可靠的量测方法获得量测数据来判断围岩(或围岩加支护)的稳定状态及动态发展趋势,评价支护的作用和效果,以便及时调整支护时机、支护参数、开挖方法、施工速度,确保施工安全和顺利进行。具体措施如下:在隧道施工中,对围岩进行地质素描、拱顶下沉观测、水平收敛观测、仰拱隆起观测及锚杆抗拔力测试等。量测是掌握围岩动态变化过程的手段和修改支护参数、调整施工措施的依据,也是现代隧道及地下工程理论的重要标志之一。

(4) 紧封闭。一方面,紧封闭是指采用喷射混凝土等防护措施,避免围岩长时间暴露而导致强度和稳定性衰减,尤其是对于易风化的软弱围岩;另一方面,紧封闭是指要适时对围岩进行封闭性支护,使之形成"力学意义上的封闭的承载环",即围岩和支护共同形成无薄弱部位且整体稳定的环状(筒状)结构物。这样做不仅可以及时阻止围岩的过度变形,保证隧道的稳定,而且可以使支护和围岩进入良好的共同工作状态,以发挥支护体系的作用。具体措施如下:在一般破碎围岩地段的施工中,及时加固薄弱部位;在软弱破碎围岩地段的施工中,采用短台阶或超短台阶法开挖,及时修筑仰拱,使初期支护尽早形成封闭的承载环。

值得注意的是,在一般围岩条件下,原则上模筑混凝土内层衬砌是在初期支护与围岩共同工作并已基本稳定(变形收敛)的条件下修筑的,因此内层衬砌的作用是承受围岩后期压力和提供安全储备。但在围岩自稳能力很弱并具有较强流变特性时,及时采用刚度较大的强支护措施显得非常有必要。

2. 新奥法施工的基本程序

新奥法主要采用锚杆和喷射混凝土作为维护围岩稳定的初期支护,以帮助围岩初步稳定,施作后的锚喷支护即成为永久性承载结构的一部分,不拆除,在此基础上施作内层衬砌作为安全储备,称为"二次衬砌"。初期支护、二次衬砌与围岩共同构成永久的隧道结构体系。

新奥法施工的基本程序如图 9.1 所示。

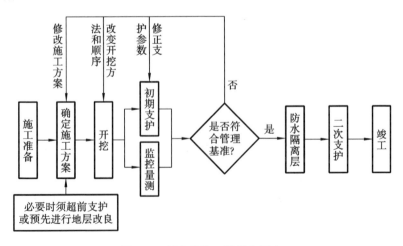

图 9.1　新奥法施工的基本程序

新奥法是我国山岭隧道工程中广泛使用的施工方法。锚杆、喷射混凝土和钢拱架等初期支护与围岩共同工作,不受隧道断面尺寸和形状的限制,适用于大多数地质条件。对于某些特殊地质条件,在辅助工法的支持下,新奥法仍然适用,使隧道施工的安全性和隧道结构的可靠度均大大增加。

9.1.3 新奥法施工方法

1. 进洞方法

山岭隧道洞口,或长或短有一段埋深比较浅,称为"浅埋段"。因此,洞口施工除应遵循以上施工原则以外,还要注意进洞方法。进洞方法主要是研究如何维护边坡、仰坡的稳定,保证安全、顺利进洞。

一般而言,必须先做好截水沟等洞口防排水设施,减少或避免雨水对边坡、仰坡的危害,再安排进洞施工。

洞口仰坡比较陡表明浅埋段较短,基岩(围岩)稳定性较好,可在清除地表虚土并进行简单的防护后直接开挖进洞。

洞口仰坡比较平缓或者洞口傍山斜交表明浅埋段较长,基岩(围岩)稳定性较差或存在偏压,边坡、仰坡易坍塌,应遵循先护后挖准则,做好进洞施工。在这种条件下,应加固边坡、仰坡,必要时应采用"超前支护"等特殊稳定措施来维护边坡、仰坡(围岩)的稳定,然后进洞开挖。常见的方法有超前小导管进洞和超前管棚进洞两种。无论采用哪种方法,都必须先在洞口设置钢筋混凝土套拱,并在套拱中按设计要求预埋导管,以便向洞内施作小导管或长钢管(必要时注浆),形成超前支护。

无论洞口边坡、仰坡较缓还是较陡,在施工时均要采用短进尺、弱爆破、强支护的方法,并随时观测支护的工作状况和地层的变形或下沉情况。

2. 开挖方法

在隧道的开挖过程中,虽然围岩的稳定状态主要取决于围岩本身的工程地质条件,但不同的开挖方法对围岩稳定状态也有直接、重要的影响。因此,隧道开挖的基本原则如下:在保证围岩稳定或减少对围岩的扰动的前提条件下,选择恰当的开挖方法和掘进方式,并尽量提高掘进速度。在选择开挖方法和掘进方式时,一方面,应考虑隧道围岩地质条件及其变化情况,选择能很好地适应地质条件及其变化并能保证围岩稳定的开挖方法和掘进方式;另一方面,应考虑隧道影响范围内岩体的坚硬程度,选择能快速掘进并能减少对围岩的扰动的开挖方法和掘进方式。

新奥法较常采用的开挖方法有全断面法、台阶法、环形开挖留核心土法、CD法(中隔壁法)、CRD法(交叉中隔壁法)和侧壁导坑法。

(1) 全断面法。

全断面法适用于地质条件较好的围岩。为了减少对地层的扰动次数,在采取局部注浆等辅助施工措施加固地层后,也可采用全断面法施工。全断面法有较大的作业空间,有利于采用大型配套机械作业,可以提高施工速度;施工操作比较简单,工序少,便于施工组织和管理。全断面法的开挖面较大,围岩稳定性降低,且每个循环工作量较大。对于岩质隧道,每次深孔爆破引起的振动较大,因此要进行精心的钻爆设计并严格控制爆破作业。

(2) 台阶法。

台阶法是隧道施工最常用的一种方法,因开挖步序少、施工速度快而被工程技术人员广泛采用。根据台阶长度不同,台阶法分为长台阶法、短台阶法和微台阶法三种。

①长台阶法。长台阶法开挖断面小,有利于维持开挖面的稳定,适用范围比全断面法广,一般适用于地质条件较差的Ⅲ、Ⅳ、Ⅴ级围岩。长台阶法是在上、下两个台阶上分别进行开挖、支护、运输、通风、排水等作业,因此台阶长度应适当大一些,至少为 50 m;台阶长度过大,如大于 100 m,会增加轨道的铺设长度,使通风排烟、排水的难度大大增加,反而会降低施工的综合效率,因此推荐台阶长度为 50~80 m。

②短台阶法。短台阶法适用于地质条件差的Ⅳ、Ⅴ级围岩。台阶长度为 10~15 m,即 1~2 倍开挖宽度,主要是考虑拉开工作面、减少干扰。上台阶一般采用少药量的松动爆破,出碴采用人工或小型机械转运至下台阶,一般不考虑有轨运输,因此台阶长度不宜过大,超过 15 m 的出碴所需时间过长。短台阶法的优点是可缩短支护闭合时间,改善初期支护的受力条件,有利于控制围岩变形;缺点是上部出碴对下部断面施工的干扰较大,不能全部平行作业。

③微台阶法。微台阶法是全断面法的一种变异形式,适用于Ⅰ、Ⅱ、Ⅲ级围岩,一般台阶长度为 3~5 m。台阶长度小于 3 m 时,无法正常进行钻眼和拱部的喷锚支护作业;台阶长度大于 5 m 时,利用爆破将石碴翻至下台阶有较大的难度,必须采用人工翻碴。微台阶法上、下断面相距较近,机械设备集中,作业时相互干扰大,生产效率低,施工速度慢。根据地层情况不同,微台阶法采用不同的开挖长度。在地层不良地段,每次开挖进尺采用 0.5~0.8 m,甚至更短,由于开

挖距离短,可争取时间架立钢拱架,及时喷射混凝土,减少坍塌现象的发生。

施工中采用哪种台阶法,要根据两个条件来决定:一是对初期支护形成闭合断面的时间要求,围岩的地质条件越差,要求闭合时间越短;二是对上部断面施工采用的开挖、支护、出碴等机械设备需要施工场地大小的要求。对软弱围岩,主要考虑前者,以确保施工安全;对地质条件较好的围岩,主要考虑如何更好地提高机械设备的效率,保证施工中的经济效益,因此多考虑后者。

(3) 环形开挖留核心土法。

环形开挖留核心土法常用于Ⅵ级围岩单线和Ⅴ～Ⅵ级围岩双线隧道掘进。施工顺序如下:人工或用单臂掘进机开挖环形拱部,架立钢支撑,挂钢丝网,喷射混凝土;在拱部初期支护保护下,开挖核心土和下半部,随即接长边墙钢支撑,挂网喷射混凝土,并进行封底;根据围岩变形,适时施作二次衬砌。

施工时,环形开挖进尺一般为 0.5～2.0 m。开挖后,应及时施作锚喷支护、安设钢架支撑,每两榀钢架之间采用连续钢筋连接并加锁脚锚杆。当围岩的地质条件差,自稳时间较短时,开挖前在拱部设计开挖轮廓线并进行超前支护。

环形开挖留核心土法施工开挖工作面稳定性好,施工较安全,但施工干扰大、工效低,在土质及软弱围岩中使用较多。

(4) CD 法和 CRD 法。

CD 法主要适用于地层较差和不稳定Ⅴ～Ⅵ级岩体且地面沉降要求严格的地下工程施工。当 CD 法不能满足要求时,可在 CD 法的基础上加设临时仰拱,即采用 CRD 法。CRD 法的最大特点是将大断面施工变成小断面施工,各局部封闭成环的时间短,控制早期沉降的效果好,每个步序受力体系完整,因此结构受力均匀,形变小。另外,由于支护刚度大,施工时隧道整体下沉微弱,地层沉降量不大且容易控制。

CRD 法减少地面沉降的效果优于 CD 法,但 CRD 法施工工序复杂,隔墙拆除困难,成本较高,进度较慢,一般在地面沉降要求严格时才使用。

(5) 侧壁导坑法。

侧壁导坑法分为单侧壁导坑法和双侧壁导坑法。侧壁导坑法的优点是可以减少对周围地层的扰动、提高施工安全性,并有效地控制地层的变形和收敛,保证隧道结构的稳定性。

单侧壁导坑法是在隧道一侧开挖一个导坑,然后在导坑内进行隧道主体开挖,是一种适用于软弱地层和地下水丰富的地层的隧道开挖方法。

双侧壁导坑法也称"眼镜工法",是在隧道两侧开挖两个导坑,然后在导坑内进行隧道主体开挖。双侧壁导坑法是变大跨度为小跨度的施工方法,实质是将大跨度分成三个小跨度进行作业,主要适用于地层较差、断面很大、三线或更多线大断面公路隧道及地下工程。双侧壁导坑法的工序较复杂,导坑的支护拆除困难,可能由于测量误差引起钢架连接困难从而加大下沉值,成本较高,进度较慢。双侧壁导坑法一般采用人工和机械混合开挖,人工和机械混合出碴。

选择合理的施工方法,可以安全地施工隧道,并将地表沉降控制在设计要求范围内。因此,选择一种合理的施工方法是工程成功的关键。从经济性及工期角度考虑,施工方法选择的顺序如下:全断面法→台阶法→环形开挖留核心土法→CD法→CRD法→侧壁导坑法。从安全性角度考虑,施工方法选择的顺序正好相反。在工程实践中,应根据地质条件、断面大小、地面环境等因素,从施工方法的可实现性、安全性、工期、适应性、技术性和经济性六个方面综合考虑,选择施工方法。

9.2 明 挖 法

9.2.1 明挖法概述

当隧道埋置较浅时,可将一定范围内的上覆岩体及隧道内的岩体逐层分块挖除,并逐次分段施作隧道衬砌结构,然后回填上覆土,这种施工方法称为"明挖法"。

明挖法的优点是施工程序简单、明确,容易理解、便于掌握,主体结构受力条件较好,在没有地面交通和环境等限制时是首选方法。应当注意的是,当采用悬臂支护明挖法或围护结构加支撑明挖法时,工程的重点和难点转化为深基坑的围护问题。采用明挖法的隧道主体结构施工与地面工程相似,故不做详述。这里主要介绍常见的基坑开挖与支护方法。

9.2.2 明挖法类型

根据边坡围护方式的不同,明挖法可分为放坡明挖法、悬臂支护明挖法、围护结构加支撑明挖法三种。

1. 放坡明挖法

隧道洞口段埋深较浅时,可采用放坡明挖法开挖基坑。只要坡率适当,就可保证边坡、仰坡土体的稳定。施工对周围环境影响较小。此方法土方开挖量大，但机械化程度高，施工速度快，易保证质量。受地下水影响时，可采用井点降水法提高边坡的稳定性并改善基坑内施工环境。没有地表、地下环境的限制，土方开挖量也不太大时，放坡明挖法是隧道洞口施工的首选方案。

2. 悬臂支护明挖法

悬臂支护明挖法是将基坑围护结构插入基坑底以下，然后直接开挖基坑内土体。该结构处于悬臂状态，依靠本身刚度和插入开挖面下的深度来平衡外侧土压力。开挖到设计高程后再进行主体结构施工。采用此法时，由于基坑内无支撑，基础开挖和主体结构施工的机械化程度高，工程质量也易保证。此方法的缺点是围护结构较复杂，增加了造价及施工难度。此方法有时也用在有支撑开挖基坑的上部。

围护结构常由木桩、钢桩、挖孔桩、灌注桩、钢筋混凝土预制桩或地下连续墙等组成。为加强围护结构的强度与刚度，减少其变形与位移，可单独采用下列工程措施，也可将各种措施结合使用。

（1）围护结构设计成刚度较大的截面形式。

（2）围护结构顶部设圈梁等，改善其整体受力状况，提高整体刚度。

（3）挖去基坑外一定范围内的表层覆盖土，减少侧压力。

（4）在基坑外进行井点降水，采用压密注浆、旋喷桩、搅拌桩或粉喷桩等方法加固土体，减少侧压力。

（5）在基坑内用井点降水和加固土体的方法，使坑底土体固结，以增加土体抗力。

（6）在基坑内设置护脚，即预留一定高度和宽度的原状土台，以减少开挖时围护结构的暴露高度。待基坑中间部分土体挖至设计高程，将中间底板灌完后，跳槽开挖护脚土台，逐块浇灌这部分底板。

3. 围护结构加支撑明挖法

当基坑深度较大时，开挖时除采用地下连续墙等围护结构外，还常采用支撑加强围护结构，以抵抗较大的侧压力。支撑分为斜支撑、水平支撑和锚杆支护。支撑的设置应考虑施工工艺的要求，根据力学分析计算确定支撑的强度、刚度、间距、层数及层位等指标。在施工中，应经常检查支撑状态，必要时应对其应力进行监控。

(1) 斜支撑。

当基坑横向宽度较大或形状不规则,不便使用水平支撑时,可采用斜支撑。

斜支撑的施工常采用中心挖槽法,开挖基坑内土体至斜支撑基础底高程,浇筑基础,及时安装斜支撑,使支撑一端支承在围护结构上,另一端支承在已浇筑的基础上,施加预应力,然后开挖其余土体。设有两道或多道斜支撑时,先安装外侧的长支撑,后安装内侧的支撑,把所有斜支撑基础连为整体,形成结构底板。安装支撑并开挖完成后,依次浇筑下层侧墙、中板、上层侧墙、顶板,并按要求的时序拆除支撑,完成结构体系转换。

采用斜支撑时,围护结构上部水平位移比较大,易引起基坑外地面及附近建筑下沉,对沉降要求严格的地段应十分慎重,因此基坑开挖深度受到一定限制。斜支撑基础及结构底板需分批施工,工序交错复杂,施工难度大。

(2) 水平支撑。

常用的水平支撑有角撑和横撑,基坑拐角或断面变化处一般用角撑,其他地方一般用横撑。除环形围护结构采用环梁支撑外,其他结构采用受轴向压力的直线形支撑。支撑可用木材、钢筋混凝土构件、钢管、型钢及型钢组合构件等制成。这样的支撑拆装方便,占空间较小,回收率高,还可以做成工具式支撑,故在实际工程中应用较多。

围护结构施工完毕,开挖至第一道支撑的高程,及时安装支撑并施加预应力。安装完毕后,采用挖槽法,先开挖支撑设计位置处的土体(保留其两侧土体),挖至第二道支撑的高程时,安装第二道支撑并施加预应力,然后由上向下开挖土体至适当高度,继续用挖槽法安装下道支撑。重复以上方法,开挖至基底高程,再依次浇筑底板、下层侧墙、中板、上层侧墙、顶板,按要求的时序拆除支撑,完成结构体系转换。

采用水平支撑的优点是墙体水平位移小,安全可靠,开挖深度不受限制。围护结构的平面形状应比较规则,以矩形为最佳。开挖基坑宽度较大时,支撑应加设中间支柱来保持稳定性。中间支柱应在开挖前按设计位置做好。

(3) 锚杆支护。

锚杆是一种设在基坑外边坡土体内的支护,一般由锚头、杆体(拉杆)和锚固体三个基本部分组成。

锚头锚固在围护结构上,是构筑物与杆体的连接部分,一般由台座、承压板和锚具等部件组成,作用是将来自构筑物的作用力传递给杆体。杆体通常要承受一定的荷载,故一般采用抗拉强度较高的钢材制成,位于锚固结构的中心线上,作用是将来自锚头的拉力传递给锚固体。锚固体位于锚杆尾部,与岩土层紧密相连(在岩石中的为岩石锚杆,在土层中的为土层锚杆),作用是将来自杆体的力通过锚固体与周围岩土层间的摩擦阻力(或支承抵抗力)传递给稳固的地层。

开挖基坑时,作用在围护结构上的侧应力可由锚杆与岩土层之间产生的作用力来平衡。锚杆是受拉杆件,可采用高强钢索,充分发挥其抗拉性能。锚杆支护的施工方法是开挖至锚杆的高程,钻孔,插入钢索后注浆,注浆7~10 d时对锚杆施加预应力。

锚杆支护的优点如下:锚杆设置在基坑外,可提供宽敞的施工空间,有利于机械开挖坑内土体及组织结构主体施工;锚杆易施加预应力,可以更好地控制围护结构的水平位移,减小地面及建筑物的沉降量,适用于各种形状的围护结构;锚杆可设成单层或多层,开挖深度不受限制;在大面积的基坑中,应用锚杆的经济效益更为显著。

锚杆支护的缺点如下:工艺复杂,锚杆不易回收,造价较高;当围护结构四周建筑物有密集的深基础时,不宜采用;锚杆的蠕变会降低锚杆的承载力;在砂层中,若锚头预留孔口与锚杆套筒之间的空隙过大,易发生涌水、涌砂,引起坑外地面和建筑物沉降。

9.2.3 明挖法主要工序与关键技术

明挖法施工的主要工序是降低地下水水位、基坑(边坡)支护、土方开挖、防水工程及结构施工等。基坑(边坡)支护是确保安全施工的关键技术。下面主要阐述基坑支护技术,其他工序的介绍详见《建筑基坑支护技术规程》(JGJ 120—2012)。

(1) 放坡开挖技术:适用于地面开阔和地质条件较好的情况。基坑应自上而下分层、分段依次开挖,随挖随刷边坡。必要时,应采用水泥黏土护坡。

(2) 型钢支护技术:一般使用单排工字钢或钢板桩,基坑较深时可采用双排桩,由拉杆或连梁连接共同受力,也可采用多层钢横撑支护或单层、多层锚杆与型钢共同形成支护结构。

(3) 连续墙支护技术:一般采用钢丝绳和液压抓斗成槽,也可采用多头钻和切削轮式设备成槽。连续墙不仅能承受较大载荷,而且具有隔水效果,适用于软土和松散含水地层。

(4) 混凝土灌注桩支护技术:一般有人工挖孔和机械钻孔两种方式,钻孔中灌注普通混凝土和水下混凝土成桩。支护可采用双排桩加混凝土连梁,还可采用桩加横撑或锚杆形成受力体系。

(5)土钉墙支护技术：在原位土体中用机械钻孔或洛阳铲人工成孔，加入较密排列的钢筋或钢管，外注水泥砂浆并喷射混凝土，使土体、钢筋、喷射混凝土板面结合成土钉支护体系。

(6)锚杆(索)支护技术：在孔内放入钢筋或钢索后注浆，达到强度后与桩墙进行拉锚，并加预应力锚固后共同受力，适用于高边坡及受载大的场所。

(7)混凝土和钢结构支撑支护方法：依据设计计算在不同开挖位置灌注混凝土内支撑体系和安装钢结构内支撑体系，与灌注桩或连续墙形成一个框架支护体系，承受侧向土压力，内支撑体系在施作结构时要拆除，适用于高层建筑物密集区和软弱淤泥地层。

9.3 盾 构 法

9.3.1 盾构机概述

1. 盾构机的功能、优点及原理

盾构机的全称是"盾构隧道掘进机"，是一种隧道掘进的专用工程机械。现代盾构隧道掘进机集光、机、电、液、传感、信息技术于一体，具有开挖切削土体、输送土碴、拼装隧道衬砌、测量导向纠偏等功能，涉及地质、土木、机械、力学、液压、电气、控制、测量等多门学科，按照不同的地质进行设计制造，可靠性要求极高。

盾构机既是一种施工机具，又是一种强有力的临时支撑结构。从外形上看，盾构机是一个大的钢管机，比隧道部分略大，用来抵挡外向水压和地层压力。盾构法是指掘进机在掘进的同时构建(铺设)隧道之"盾"(支撑性管片)。大多数盾构机的形状为圆形，也有椭圆形、半圆形、马蹄形及箱形等其他形式。

用盾构法进行隧道施工具有自动化程度高、节省人力、施工速度快、一次成洞、不受气候影响、开挖时可控制地面沉降、可减少对地面建筑物的影响和在水下开挖时不影响地面交通等特点。在隧道洞身较长、埋深较大的情况下，用盾构机施工更为经济合理。

盾构机的基本工作原理就是一个圆柱体钢组件沿隧道轴线边向前推进边挖

掘土壤。该圆柱体钢组件的壳体即护盾,它对挖掘出的还未衬砌的隧道段起着临时支撑的作用,承受周围土层的压力,有时还承受地下水压并将地下水挡在外面。挖掘、排土、衬砌等作业在护盾的掩护下进行。

盾构法施工示意图如图9.2所示。

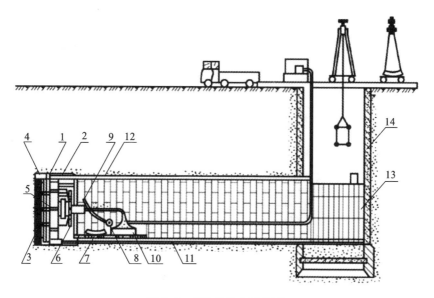

图9.2 盾构法施工示意图

1—盾构机;2—盾构千斤顶;3—盾构正面网格;4—出土转盘;5—出土皮带运输机;
6—管片拼装机;7—管片;8—压浆泵;9—压浆孔;10—出土机;
11—管片衬砌;12—盾尾空隙中的压浆;13—后盾管片;14—竖井

2. 盾构机的种类

(1) 按断面形状分类。

根据断面形状,盾构机可分为单圆盾构机、复圆盾构机(多圆盾构机)、非圆盾构机。其中复圆盾构机可分为双圆盾构机和三圆盾构机;非圆盾构机可分为椭圆形盾构机、矩形盾构机、马蹄形盾构机、半圆形盾构机。复圆盾构机和非圆盾构机统称为"异形盾构机"

(2) 按支护地层的形式分类。

按支护地层的形式,盾构机主要分为自然支护式、机械支护式、压缩空气支护式、泥浆支护式、土压平衡支护式五种类型。

(3) 按开挖面与作业室之间隔板的构造分类。

按开挖面与作业室之间隔板的构造,盾构机可分为全敞开式、部分敞开式及闭胸式三种。

3. 盾构机的基本构造

盾构机种类较多,但基本由盾构壳体、推进系统及拼装系统等组成。盾构机构造简图如图 9.3 所示。

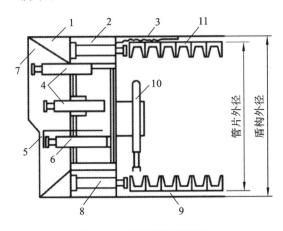

图 9.3 盾构机构造简图

1—切口环;2—支承环;3—盾尾;4—支承千斤顶;5—活动平台;6—活动平台千斤顶;
7—切口;8—盾构千斤顶;9—盾尾空隙;10—管片拼装机;11—管片

(1)盾构壳体。

盾构壳体可分为切口环、支承环和盾尾三部分。

切口环是开挖和挡土部分,位于盾构壳体的最前端。施工时,切口环切入地层并掩护开挖作业。部分盾构机切口环的前端设有刃口,以减少切入掘进时对地层的扰动。切口环保持着工作面的稳定,并作为将开挖下来的土体向后运输的通道。切口环的长度主要取决于盾构机正面支承、开挖的方式。

支承环是盾构壳体的主要结构,是承受全部载荷的骨架。支承环紧接切口环,位于盾构壳体中部,通常是一个刚性很好的圆形结构。地层压力、所有千斤顶的反作用力、切开入土正面阻力和衬砌拼装时的施工载荷均由支承环承受。支承环外沿布置有千斤顶,中间布置有拼装机及部分液压设备、动力设备操纵控制台。支承环的长度应不小于固定盾构千斤顶所需的长度。

盾尾一般由盾构外壳钢板延伸构成,主要用于掩护隧道管片衬砌的安装工作。盾构机末端设有密封装置,以防止水、土及压注材料从盾尾和衬砌之间进入盾构机。从整体结构上考虑,盾尾厚度应尽量小,这样可以减小地层与衬砌形成的建筑间隙,从而减少压浆工作量,对地层的扰动范围小,有利于施工。盾尾的长度必须根据管片宽度、形状和盾尾的道数确定。

(2) 推进系统。

推进系统主要由盾构千斤顶和液压设备组成。盾构千斤顶沿支承环周围均匀布置,盾构千斤顶的数量和每个盾构千斤顶的推力,要根据盾构外径、总推力、衬砌结构、隧道断面形状等条件确定。

(3) 拼装系统。

拼装系统即管片拼装机,其主要设备为举重臂,以液压为动力。举重臂一般安装在支承环后部。举重臂可旋转、径向运动,还能沿隧道中线往复运动,完成这些动作的精度应能保证待装配的衬砌管片的螺栓与已拼装好的管片螺栓孔对好,以便插入螺栓固定。

9.3.2 盾构机施工

1. 盾构始发施工

盾构始发是指利用反力架和负环管片,将始发基座上的盾构机由始发竖井推入地层,开始沿设计线路掘进的一系列作业。

(1) 始发洞口的地层处理。

在盾构始发之前,一般要根据洞口地层的稳定情况评价地层,并采取有针对性的处理措施,如固结灌浆、冷冻法、插板法等措施。选择加固措施的基本条件为加固后的地层要具备最少一周的侧向自稳能力,且不能有地下水的损失。常用的处理方法有搅拌桩、旋喷桩、注浆法以及 SMW(新型水泥土搅拌桩墙)工法、冷冻法等。

(2) 始发洞口围护结构的凿除。

端头加固的土体达到设计要求的强度、渗透性、自立性等技术指标后,方可开始洞口凿除工作。

一般在始发前至少一个月开始凿除。施工分两次进行,第一次凿除围护结构主体,只保留围护结构的钢筋保护层,第二次(在盾构始发前)凿除保护层混凝土。在凿除完最后一层混凝土之后,及时检查始发洞口的净空尺寸,确保没有钢筋、混凝土侵入设计轮廓范围。

为了避免洞门凿除对车站结构产生扰动,围护桩钢筋混凝土的凿除分两步进行,如图9.4所示。先沿洞周凿除A部分,采用人工手持风镐施作;再采用静态爆破的方式凿除B部分。凿除时,围护桩内层钢筋先不割除,盾构机推进或出洞时再迅速割除。

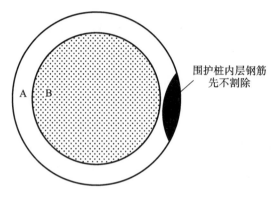

图9.4 洞门凿除示意图

(3)洞口密封。

洞口密封是为了防止盾构始发时背衬注浆砂浆外泄。按种类分,洞口密封有压板式和折叶式两种,其中折叶式应用越来越广泛。洞口密封的施工分两步进行:第一步,做好始发洞门预埋件的埋设工作;第二步,在盾构始发之前,清理完洞口的土,再完成洞口密封的安装。

(4)洞口始发导轨的安装。

在围护结构破除后,盾构基座端部与洞口围岩之间会产生一定的空隙。为保证盾构机在始发时不因刀盘悬空而产生"叩头"现象,需要在始发洞内安设洞口始发导轨。安设时,应在导轨的末端预留足够的空间,以保证盾构始发时不因安设始发导轨而影响刀盘旋转。

(5)盾构基座的安装。

在洞门凿除完成后,依据隧道设计轴线定出盾构始发姿态的空间位置,然后反推出盾构基座的空间位置,并对盾构基座进行加固。盾构基座的安装高程可根据端头地质情况适当抬高2～3 cm。

(6)负环管片环数及反力架、负环管片位置的确定。

假定盾构机的长度为L_{TBM},洞口围护结构在完成第一次凿除后的里程为D_F,设计第一负环管片起始里程为D_{1S},管片环宽为W_S,反力架端部里程为D_R,负环管片环数为N,则负环管片环数的计算公式为

$$N = (D_{1S} - D_F + L_{TBM})/W_S \tag{9.1}$$

反力架、负环管片位置主要依据洞口第一负环管片的起始位置、盾构机的长度以及盾构刀盘在始发前所能到达的最远位置确定。确定负环管片环数后,即可直接定出反力架及负环管片的位置。反力架端部里程的计算公式为

$$D_R = D_{1S} - N \times W_S \qquad (9.2)$$

在盾构主机与后配套连接之前进行反力架的安装。安装时,应保证反力架脚板有足够的抗压强度。

(7) 盾构始发。

在盾构始发之前,应对盾构基座两侧进行必要的加固,确保盾构基座在盾构始发时能承受纵向、横向的推力以及约束盾构旋转的扭矩。

盾构始发过程中,盾构机在空载向前推进时,主要控制推进油缸行程和限制每一环的推进量。要在盾构机向前推进的同时,检查盾构机是否与盾构基座、始发洞有干扰或是否有其他异常事件发生,确保盾构机安全地向前推进。始发时,主要通过盾构机的推进油缸行程来控制盾构姿态。在保证盾构机正常推进的情况下,应稍微降低总推力和刀盘扭矩。

在盾尾完全进入洞体后,应调整洞口密封,进行洞口注浆。浆液不仅要可顺利注入,而且要有早期强度。注浆压力应控制在 150 kPa 以内。

(8) 负环管片的拼装。

在安装负环管片之前,为保证负环管片不破坏尾盾刷,保证负环管片在拼装好后能顺利向后推进,应在盾壳内安设厚度不小于盾尾间隙的方木(或型钢),使管片在盾壳内的位置得到保证。

第一负环管片拼装完成后,用 6 个推进油缸完成管片的后移。管片在后移的过程中,要严格控制每组推进油缸的行程,保证每组推进油缸的行程差小于 10 mm。负环管片的最终位置要通过推进油缸的行程进行控制,负环管片之间的空隙要用早强砂浆或钢板填满。

安装井内的负环管片通常采取通缝拼装,主要是因为盾构井一般只有一个,在施工过程中要利用此井进行出碴、进管片。采用通缝拼装可以保证能及时、快速地拆除负环管片。

(9) 反力架、负环管片的拆除。

反力架、负环管片的拆除时间根据背衬注浆的砂浆性能参数和盾构机的始发掘进推力确定。一般掘进 100 m 以上(同时前 50 环完成掘进 7 d 以上)时,可以根据工序情况和工作整体安排拆除反力架、负环管片。

2. 管片拼装

(1) 拼装顺序。

管片的分块要顾及管片制作、运输、拼装等方面的施工要素,同时考虑管片的受力条件及防水效果。管片分块过少会使衬砌结构整体刚度很大,不利于调动土层的被动抗力;单块管片过大、过长会引起施工不便,不易保证管片的质量;管片分块过多会影响管片的拼装速度,增加接缝防水工作量。

管片一般由标准块、邻接块及封顶块组成。拼装时,由下部开始,对称安装标准块和邻接块,然后装封顶块。封顶块拼装方便,施工时可先搭接2/3环宽径向推上,再进行纵向插入(可沿隧道半径方向呈锥角从隧道内侧插入,也可以纵向带锥度沿隧道纵轴插入,还可以将前两种方法结合)。

(2) 拼装工艺。

在对管片进行防水处理前,必须清理管道,再贴密封垫。安装时,千斤顶交替收回,即安装哪段管片就收回该段对应的千斤顶,其余千斤顶仍顶紧。

在安装过程中,应把握好管片环面的平整度、超前量以及真圆度,并彻底清除盾壳安装部位的垃圾,同时注意管片的精度定位(第一环必须做到居中安放)。

边拼装管片边扭紧纵向、环向连接螺栓,待整环管片安装完毕,撑开真圆保持器固定。在整环管片脱出盾尾后,再次按规定扭矩扭紧全部连接螺栓。

(3) 特殊地段的管片拼装。

①曲线段管片的拼装。选用将标准管片和楔形管片进行排列组合,以拟合不同半径曲线的办法拼装。施工中,必须注意标准管片和楔形管片的衔接,使楔形管片的拼装工艺与标准管片相同。

②区间内联络通道位置处的管片的拼装。区间隧道的联络通道与正线隧道相接处采用两环钢管片,以通封形式拼装。此时管片仍为封闭的,与在洞门周边设置的一圈封闭钢梁构成坚固的封闭框架,在联络通道施工前,先拆除填充管片,将洞口荷载完全传到框架上,再向里施工。安装管片时,由于管片分块较多,必须注意标准管片和楔形管片的衔接,使楔形管片的拼装工艺与标准管片相同。

3. 壁后注浆

(1) 注浆目的与方式。

盾构机推进时,在围岩坍落前及时对盾尾空隙进行压浆,填充空隙,稳定地层,不但可防止地面沉降,而且有利于隧道衬砌的防水。应选择合适的浆液(初始黏度低,微膨胀,后期强度高)、注浆参数、注浆工艺,在管片外围形成稳定的固结层,将管片包围起来,形成一个保护圈,防止地下水侵入隧道。

壁后注浆的目的如下:首先,使管片与周围岩体的环形空隙尽早建立注浆体的支撑体系,防止洞室岩壁坍陷与地下水流失造成地层损失,控制地面沉降;其次,尽快获得注浆体的固结强度,确保管片衬砌的早期稳定性,防止长距离的管片衬砌背后处于无支承力的浆液环境中,避免管片发生移位变形;最后,作为隧道衬砌结构加强层,具有耐久性和一定强度。填充密实的注浆体将地下水与管片隔离,可以避免或大大减少地下水直接与管片接触,避免或减缓地下水对管片的侵蚀,提高管片衬砌的耐久性。

按盾构机推进的时间和注浆目的的不同,管片壁后注浆可分为同步注浆、二次补强注浆和堵水注浆。

同步注浆是指注浆与盾构掘进同时进行,通过同步注浆系统及盾尾的注浆管,在盾构机向前推进、盾尾空隙形成的同时进行注浆,浆液在盾尾空隙形成的瞬间及时起到填充作用,使周围岩体获得及时的支撑,从而有效防止岩体的坍塌、控制地表的沉降。

二次补强注浆是指在同步注浆结束以后,通过管片的吊装孔对管片背后进行补强注浆,以提高同步注浆的效果,补充部分未填充的空腔,提高管片背后土体的密实度。二次补强注浆的浆液填充时间滞后于掘进时间,对围岩起到加固和止水的作用。

在富水地区,前期注浆可能受地下水以及浆液固结率的影响,为了提高背衬注浆层的防水性及密实度,在必要时,可在二次补强注浆结束后进行堵水注浆。

下面主要介绍同步注浆技术。

(2) 同步注浆主要技术参数。

①注浆压力。同步注浆时,地层中的浆液压力应大于该点的静止水压及土压力之和,做到尽量填补而不宜劈裂。注浆压力过大时,管壁外面土层会被浆液扰动,造成地表隆起,浅埋地段易造成跑浆;注浆压力过小时,浆液填充速度过慢,填充不充足,会使地表沉降增大。泥水盾构施工中,同步注浆压力一般比相应水压高 $0.2\sim0.3$ MPa。

②注浆量。同步注浆量理论上是填充切削土体与管壁之间空隙的注浆量,但同时要考虑盾构机推进过程中的纠偏、跑浆(包括向地层中扩散)和注浆材料收缩等因素。

③注浆时间及速度。浆液根据盾构机推进速度,以每循环达到总注浆量为

原则均匀注入。注浆从盾构机开始推进时开始,在推进完毕时结束。注浆速度根据现场实际掘进速度计算确定。

④注浆结束标准。采用注浆压力和注浆量双指标控制标准,即当注浆压力达到设定值且注浆量达到设计值的85%及以上时,即可认为达到质量要求。

(3)同步注浆方法、工艺。

同步注浆与盾构机掘进同时进行,通过同步注浆系统及盾尾的内置注浆管,在盾构机向前推进、盾尾空隙形成的同时,采用双泵四管路(四注入点)对称注浆(见图9.5)。注浆可根据需要采用自动控制或手动控制方式。自动控制方式即预先设定注浆压力,由控制程序自动调整注浆速度,注浆压力达到设定值时自行停止注浆。手动控制方式则由人根据掘进情况随时调整注浆流量、速度、压力。

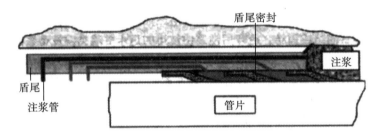

图9.5 同步注浆示意图

在进行同步注浆前,应编制详细的注浆作业指导书,进行详细的浆材配比试验,选定合适的注浆材料及浆液配比,制订详细的注浆施工设计、工艺流程及注浆质量控制程序。注浆时,应严格按要求实施注浆、检查、记录、分析,及时做出P(注浆压力)、Q(注浆量)与t(时间)的关系曲线,分析注浆速度与掘进速度的关系,评价注浆效果,反馈指导下次注浆;应成立专业注浆作业组,由富有经验的注浆工程师负责现场注浆技术指导和管理工作。

注浆过程中,应根据洞内管片衬砌变形和地面及周围建筑物变形监测结果,及时进行信息反馈,修正注浆参数和施工工艺;应做好注浆设备的维修保养,做好注浆材料供应工作,定时清洗注浆管路及设备,保证注浆作业顺利连续进行。环形间隙填充不够、结构与地层变形不能得到有效控制或变形危及地面建筑物安全、存在地下水渗漏区段时,可通过吊装孔对管片背后进行补充注浆。

4. 盾构到达

盾构到达是指盾构机沿设计线路,在区间隧道贯通前100 m至车站的整个施工过程。到达设施包括接收基座(也称"接收架")、洞门密封装置。接收架一般采用盾构始发架。

（1）盾构到达的准备工作。

盾构机到达前，应做好以下工作：①制订盾构机接收方案，包括到达掘进、管片拼装、壁后注浆、洞门外土体加固、洞门围护拆除、洞门钢圈密封等工作的安排；②对盾构机接收井进行验收并做好盾构机接收的准备工作；③盾构机到达前100 m和50 m时，测量、调整盾构轴线，盾构机切口离接收井约10 m时，控制盾构机推进速度、开挖面压力、排土量，以减少洞门地表变形；④盾构机接收时按预定的拆除方法与步骤拆除洞门；⑤盾构机全部进入接收井内基座上后，及时做好管片与洞门间隙的密封、洞门堵水工作。

（2）接收基座的安装与定位。

接收基座的构造同始发基座，接收基座在准确测量定位后安装。接收基座中心轴线应与盾构机进接收井的轴线一致，同时兼顾隧道设计轴线。

接收基座的轨面标高应适应盾构姿态；为保证盾构刀盘贯通后拼装管片有足够的反力，可考虑将接收基座的轨面坡度适当加大。接收基座定位放置后，应采用工字钢对接收基座前方和两侧进行加固，防止盾构机推上接收基座的过程中接收基座移位。

在接收基座安装固定后，盾构机可慢速推上接收基座。在通过洞门临时密封装置时，为防止盾构刀盘和刀具损坏帘布橡胶板，应在刀盘外圈和刀具上涂抹黄油。

盾构机在接收基座上推进时，每向前推进2环拉紧洞门临时密封装置一次，通过同步注浆系统注入速凝浆液填充管片外环形间隙，保证管片姿态正确。

（3）到达段掘进。

根据到达段的地质情况确定掘进参数：低速度、小推力、合理的土压力（或泥水压力）和及时饱满的回填注浆。

在最后10~15环管片拼装中，要及时用纵向拉杆将管片连接成整体，以免管片在推力很小或者没有推力时出现松动。

（4）洞门圈封堵。

在最后一环管片拼装完成后，拉紧洞门临时密封装置，使帘布橡胶板与管片外弧面密贴，通过管片注浆孔对洞门圈进行注浆填充。在注浆的过程中，要密切关注洞门的情况，一旦发现漏浆现象，应立即停止注浆并进行封堵处理。洞门注浆应密实，洞门圈封堵应严密。

9.4 TBM 法

9.4.1 TBM 法概述

1. 定义

过去,掘进机的技术名称在我国很不统一,各行业均冠以习惯称呼,铁道和交通部门称之为"隧道掘进机",煤炭部门称之为"巷道掘进机",水电部门称之为"隧洞掘进机"。直到相关国家标准颁布,掘进机才统一称为"全断面岩石掘进机"(full face rock tunnel boring machine),简称"掘进机"或"TBM"。掘进机是通过滚刀破碎岩石使隧洞全断面一次成型的机器。

2. 优点

(1) 掘进效率高:连续作业,能保证破岩、出碴、支护一条龙作业;在稳定的围岩中长距离施工时尤其明显,有条件充分使用机械,减少人力。

(2) 开挖施工质量好:超挖量少,内壁光滑,不存在凹凸现象,减少支护工程量,降低工程费用。

(3) 对岩石的扰动小:改善开挖面的施工条件,开挖断面与作业空间大、干扰小,周围岩层稳定性较好,保证了施工人员的健康和安全。

(4) 施工安全。开挖一次成型,对围岩扰动少,有利于围岩稳定。

(5) TBM 可在防护棚内更换刀具,密闭式操纵室和高性能的集尘机的采用使安全性有了很大的提升、作业环境有了较大的改善。

3. 缺点

(1) 适应性较差:对多变的地质条件(断层、破碎带、挤压带、涌水及坚硬岩石等)的适应性较差。随着施工技术的发展,已经出现盾构外壳保护型的掘进机,这种掘进机既可以在软弱和多变的地层中掘进,又可以在中硬岩层中掘进。

(2) 经济性较差:掘进机结构复杂,对材料、零部件的耐久性要求高;制造的价格较高;难以用于短隧道。

(3) 开挖不同断面问题：施工途中不能改变开挖直径，断面的大小、形状更难改变，在应用上受到一定的制约。

TBM 的最大特点是广泛使用电子、信息、遥测、遥控等高新技术对全部作业进行指导和监控，使掘进过程始终处于最佳状态，可一次完成隧道全断面掘进、初期支护，石碴运输、仰拱块铺设注浆，风、水、电管路和运输线路的延伸等，像一列移动的列车，实现隧道的工厂化施工，因此在国际上有"移动式掘进工厂"之称。

掘进机向断面多样化、多工作面方向发展，已出现矩形、椭圆形、双圆形、三圆形的掘进机。20 世纪 80 年代以来，微型掘进机技术在一些发达国家普遍得到应用，无须对地表"开膛破肚"即可在地下开挖，铺设、更换各种管道。从总体上看，掘进机技术体现了计算机、新材料、自动化、信息化、系统科学、管理科学、非线性科学等高新技术的综合，是目前非常先进的隧道施工技术。

9.4.2　TBM 构造与破岩

1. TBM 构造

TBM 由破岩机构、推进机构、出碴机构、导向机构、通风及吸尘装置等几部分组成。

(1) 破岩机构。滚刀或削刀在强大轴推力的作用下旋转，切削与剪切破碎岩石。

(2) 推进机构。主支撑靴顶撑洞壁以支承和推进机身。副支撑靴控制振动与方向。

(3) 出碴机构。破岩形成的片状石碴，由安装在刀盘上的铲碴斗铲起并旋转到顶部卸入集料斗，经皮带运输机装车运至洞外。

(4) 导向机构。导向机构用来指示和校核掘进机推进的方向，使掘进符合设计的轴线和坡度的要求。

(5) 通风及吸尘装置。掘进机工作时将产生大量的热量与粉尘，故对通风、降尘要求较高。刀盘头部一般安装有吸尘设备和喷水装置，掘进时连续喷水降尘。机房内设有通风降温设备。

2. TBM 破岩方式

TBM 破岩方式主要有挤压式与切削式。

挤压式主要是水平推进油缸,使刀盘上的滚刀强行压入岩体,并在刀盘旋转推进过程中联合挤压与剪切破碎岩体。滚刀类型包括圆盘型、楔齿型、球齿型等。

切削式主要是利用岩石抗弯、抗剪强度低(仅为抗压强度的5%~10%)的特点,靠铣削(剪切)与弯断破碎岩体。

大部分岩体并不是由刀具直接切割下来的,而是由后进刀具剪切破碎的,形成破碎沟或切削槽是先决条件。

3. TBM 破岩原理

TBM 破岩原理主要有圆盘型滚刀破岩原理、楔齿型与球齿型滚刀破岩原理、削刀破岩原理。

(1)圆盘型滚刀破岩原理。圆盘型滚刀如图 9.6(a)所示,其工作压力 p 为 50~200 kN。岩体表面在刀圈刀尖强集中力作用下破碎,形成切入坑,如图 9.6(b)所示。滚刀滚动,在岩面上形成一条条破碎沟,破碎沟之间的岩石(AO_1O_2B 区域的岩石)因受滚刀侧刃挤压力的作用而被剪切破碎,如图 9.6(c)所示。

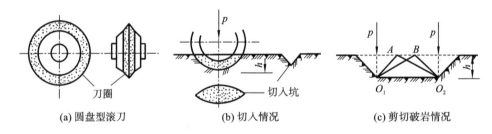

(a)圆盘型滚刀　　　　(b)切入情况　　　　(c)剪切破岩情况

图 9.6　圆盘型滚刀及破岩原理

(2)楔齿型与球齿型滚刀破岩原理。楔齿型滚刀破岩原理如图 9.7 所示,楔齿尖端在滚刀转动情况下产生破坏岩石表面的切向张力 p,切入深度为 λ;齿尖的楔入力继续引起剪切破坏,楔入深度为 h。各齿环的齿节是不同的,可以加大楔齿的破岩效果。球齿型滚刀破岩原理与楔齿型滚刀相同。

(3)削刀破岩原理。如图 9.8 所示,削刀在挤压力 P_V 和切割力 P_H 的作用下,在刀尖与岩石接触处形成切碎区,破碎区随着刀具的回转运动变大。削刀继续回转会在岩壁上留下环状切削槽,两槽之间的岩石在削刀侧向挤压力的作用下被剪切破坏。

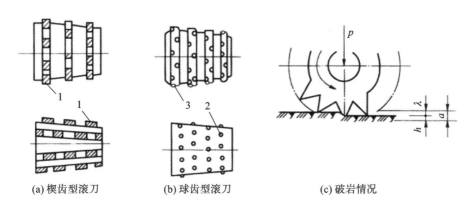

(a) 楔齿型滚刀　　(b) 球齿型滚刀　　(c) 破岩情况

图 9.7　齿型滚刀及破岩原理

1—楔齿；2、3—球齿

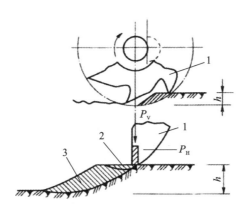

图 9.8　削刀及破岩原理

1—削刀；2、3—破碎区

9.4.3　TBM 种类与选型

1. TBM 种类

应用较广的 TBM 为开敞式 TBM 和护盾式 TBM，二者适用于不同的地质条件。

（1）开敞式 TBM。

开敞式 TBM 又称为"敞开式 TBM"或"支撑式 TBM"，是在稳定性较好的岩石中利用撑靴撑紧洞壁以承受掘进反力及扭矩，不采用管片支护的岩石隧道掘进机。开敞式 TBM 适用于围岩整体较完整，有较好自稳能力的中硬至坚硬地层,采取有效支护手段后也可用于软岩。在掘进过程中,如果遇到局部不稳定的围岩,可以利用 TBM 的辅助设备,通过安装锚杆、喷射混凝土、架设钢拱架、加挂钢筋网等方式进行加固;如果遇到局部洞段软弱围岩及破碎带,TBM 可由附带的超前钻机与注浆设备预先加固前方围岩,待围岩达到可自稳状态后再掘进。掘进过程中可直接观察围岩变化,及时进行人工干预。

(2) 护盾式 TBM。

根据原理,护盾式 TBM 可以分为单护盾 TBM 和双护盾 TBM。

单护盾 TBM 是具有护盾保护,仅依靠管片承受掘进反力的岩石隧道掘进机。单护盾 TBM 常用于软岩,推进时要利用管片作为支撑,作业原理类似于盾构机,掘进与安装管片不能同时进行,施工速度较慢。

双护盾 TBM 是具有护盾保护,依靠管片和(或)撑靴撑紧洞壁以承受掘进反力和扭矩,掘进可与管片拼装同步的岩石隧道掘进机。双护盾 TBM 是在单护盾 TBM 和开敞式 TBM 的基础上发展而来的:有与开敞式 TBM 类似的撑靴,可以在较好围岩状态下撑紧洞壁,为掘进提供反力;利用了单护盾 TBM 的衬砌支护方式,具有单护盾 TBM 的所有功能。双护盾 TBM 对地质条件具有广泛的适应性,既能适应软岩,又能适应硬岩。

双护盾 TBM 具有两种掘进模式:在围岩稳定性较好的地层中,采用双护盾掘进模式,支撑盾的撑靴撑紧洞壁为刀盘掘进提供反力,主推进缸负责推进,辅助推进缸负责拼装管片,使掘进与安装管片同时进行;在围岩稳定性较差的地层中,采用单护盾掘进模式,洞壁不能提供足够的支撑反力,只能利用辅助推进缸支撑在管片上推进。

2. TBM 选型

与钻爆法相比,掘进机法的施工作业是连续的,具有隧道施工"工厂化"、机械化程度高、快速、安全、劳动强度小、对地层扰动小、通风条件好、支护质量好、减少隧道开挖中辅助工程等优点,也具有对地质条件的依赖性大、设备的型号确定后开挖断面尺寸较难更改、一次性投资较大等劣势。掘进机施工单位成本随掘进速度的提高而降低,因此充分发挥掘进机在施工中的速度优势是使用掘进机的主要选型因素。

TBM 选型一般按照下列步骤进行:首先,根据施工地质条件、施工环境、工期要求、经济性等因素确定 TBM 的类型;然后,根据隧道设计参数与地质条件进行同类 TBM 之间的结构、参数的比较选型,确定主机的主要技术参数;最后,根据生产能力与掘进速度相匹配的原则,确定后配套设备的技术参数与功能配置。

9.4.4　TBM 掘进施工

下面主要以开敞式 TBM 为例介绍 TBM 掘进施工要点。

1. TBM 掘进准备与始发

(1) 预备洞和始发洞施工。

开敞式 TBM 开始掘进前,一般先用钻爆法施作预备洞和始发洞。

隧道施工初期,洞口场地一般比较狭窄,很难提供 TBM 组装调试所需的场地。修建预备洞的目的是让先期已组装好的 TBM 前部进入预备洞,让出场地,继续组装中部和后部。整机组装完成后,在预备洞进行调试和试运转。预备洞可采用斜曲墙形式,底板应设计为平板。图 9.9 所示为 TBM 预备洞实例(圆拱形斜墙式断面)示意图。开挖后先施作初期支护,TBM 通过以后及时施作二次衬砌。

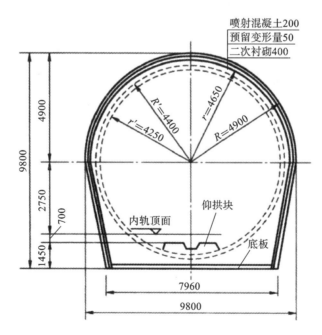

图 9.9　TBM 预备洞实例示意图(单位:mm)

R—开挖断面半径;R'—TBM 半径;r—初期支护内半径;r'—二次衬砌内半径

TBM 向前推进时,依靠撑靴支撑在洞壁上,以其与洞壁的摩擦力来平衡掘进时的刀盘扭矩和推力。始发洞(也称为"出发洞")的设置目的是为 TBM 开始掘进提供满足支撑能力的出发场所。始发洞要为 TBM 提供足够的支撑力,初期支护施作后要及时施作钢筋混凝土二次衬砌。图 9.10 所示为 TBM 始发洞实例示意图。

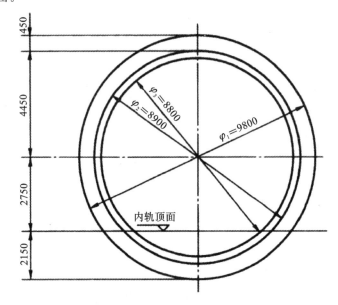

图 9.10 TBM 始发洞实例示意图(单位:mm)

φ_1—开挖直径;φ_2—二次衬砌内径;φ_3—TBM 直径

(2) TBM 步进。

当 TBM 主机和连接桥组装完成后,TBM 利用步进机构步进到始发洞,如图 9.11 所示,准备开始试掘进。掘进机的步进方式大致有两种:一种是通过液压缸支撑在支座、马凳、管片上,使掘进机前移;另一种是通过掘进机的步进机构在地面直接向前移动。撑靴全部进入始发洞后,即可拆除步进机构,利用撑靴步进到开挖面。

(3) TBM 始发与试掘进。

TBM 抵达始发洞的开挖面以后,进行 TBM 的始发与试掘进。TBM 推进过程中,应依据超前地质预报结果,根据不同地质、埋深判断围岩的稳定性、可掘进性,及时调整掘进参数。应通过 50~100 m 的试掘进检验设备的协调情况,完成设备磨合,对设备系统做进一步调整,掌握 TBM 掘进参数的调整方法并理顺整个施工组织。

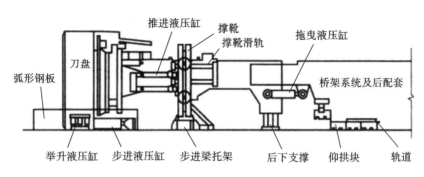

图 9.11 TBM 步进方案示例

2. TBM 掘进与支护

TBM 试掘进结束后,转入正常掘进状态,完成掘进和支护作业。

(1) 破岩和出碴。

盘形滚刀是 TBM 破碎岩石的直接工具。在推力的作用下,盘形滚刀的刀刃压入岩面,随着刀盘的旋转,盘形滚刀绕刀盘中心轴公转并绕自身刀轴自转。在强大的推力、扭矩作用下,盘形滚刀在岩面上滚动。当推力超过岩石的强度时,滚刀将岩石直接破碎,贯入岩石,岩面因受滚刀挤压而碎裂形成同心圆沟槽。随着沟槽深度的增加,岩体表面裂纹加深。当作用力超过岩石剪切和拉伸强度时,相邻同心圆沟槽间的岩石成片剥落,形成岩碴。

盘形滚刀的间距对破岩效果有影响。如果滚刀间距太大,一把盘形滚刀产生的压力无法与相邻滚刀的影响范围相接,必定开挖不出片状岩碴;如果滚刀间距太小,岩碴块会很小。当滚刀间距最佳时,滚刀推力作用下,滚刀侧向裂纹朝着相邻滚刀方向以大致直线的路径扩展,并在两滚刀之间形成平直的片状岩碴。

岩碴靠自重掉入底部,由刀盘上的铲斗旋转铲起,卸入带式输送机;或者经过刀盘的溜碴槽滑落到机器中心位置,然后经漏斗状的集碴环落到带式输送机上。在带式输送机的末端,岩碴由后带式输送机或运输车辆运出隧道。

(2) 掘进参数选择与姿态控制。

掘进参数是影响掘进速度的重要因素,主要包括推进速度、刀盘扭矩、刀盘转速和推力四个指标。这些参数必须随围岩条件的变化而不断变化,而且相互之间必须匹配。在选定刀盘转速后,一般可基于扭矩、推力、刀盘振动、出碴情况选择推进速度。掘进机从硬岩进入软弱破碎围岩时,掘进参数和带式输送机的碴量、碴粒会出现明显的变化,据此可以判断刀盘工作面围岩状况,及时调整掘进参数。

在施工中,应对 TBM 的位置姿态进行监测,根据掘进中 TBM 的姿态决定是否对 TBM 进行调向。

(3) 掘进循环。

开敞式 TBM 的掘进循环由掘进作业和换步作业交替组成。在进行掘进作业时,TBM 刀盘进行由沿隧道轴线的直线运动和绕轴线的单方向回转运动复合而成的螺旋运动,被破碎的岩石通过刀盘的铲斗落入带式输送机向机后运输。开敞式 TBM 掘进时,伸出水平支撑撑紧洞壁,收起前支撑和后支撑,启动带式输送机,刀盘回转开始掘进;掘进一个循环后,进行换步作业。换步作业利用支撑系统,撑靴撑紧洞壁,推进液压缸推动刀盘掘进破岩,被破碎的岩石通过刀盘的铲斗落入出碴系统后运输至洞外。

(4) 支护与衬砌。

具体施工内容可见第 10 章中的"10.4 初期支护"和"10.6 二次衬砌"。

3. TBM 到达与拆卸

TBM 拆卸有洞内拆卸和洞外拆卸两种方式。洞内拆卸受场地、机具等限制,其难度高于洞外拆卸。当掘进机需要在洞内拆卸时,需设置拆卸洞,且拆卸洞尽量设置在地质情况较好的地段。应根据掘进机直径和起吊设备尺寸确定拆卸洞断面大小,根据主机及其配套设施确定长度,根据掘进机直径每侧适当留出一定富余量确定宽度,根据起吊设备布置及顶部拱形结构确定高度。

TBM 顺利掘进到拆卸洞以后,利用安装在拆卸洞内的起重机等设备,分系统、分部位、分时段地完成 TBM 的拆卸并运至洞外。

9.5 其他施工方法

9.5.1 矿山法

1. 矿山法概述

(1) 定义。

矿山法采用"钻眼爆破"方式破岩,故隧道工程中也称为"钻爆法"。矿山法是采用纵向分段、横向全断面或分部开挖,每一部分开挖成型后,即对暴露围岩进行支撑或支护,继而提供必要的永久性人工结构,以保持隧道长期稳定的施工方法。矿山法的支撑或支护结构和材料不同,工程领域习惯上将采用钢、木构件作为临时支撑的施工方法称为"传统矿山法"。

早期的传统矿山法主要采用木构件作为临时支撑。施作后的木支撑只作为围护围岩稳定的临时措施,隧道开挖成型后逐步拆除并以砌石或混凝土衬砌代替。木支撑的耐久性差、对坑道形状的适应性差,支撑撤换工作既麻烦又不安全且对围岩有进一步扰动,因此已很少采用。

后来,由于材料的改进和钢材产量的增加,传统矿山法发展为主要采用钢构件承受早期围岩压力,以维护围岩的临时稳定,在此基础上施作内层衬砌以承受后期围岩压力并提供安全储备。钢支撑具有较好的耐久性和对坑道形状的适应性等优点,施作后的钢支撑无须拆除和撤换,更安全。

(2)优缺点。

矿山法将围岩与单层衬砌的体系等同于地上工程的"荷载(围岩)-结构(衬砌)"力学体系。作为一种维持坑道稳定的措施,这种体系是很直观和奏效的,也容易被施工人员理解和掌握。

因此,直至现在,这种体系还常被应用于不便采用锚喷支护的隧道或处理塌方等。但由于衬砌的实际工作状态很难与设计工作状态一致,以及存在临时支撑难以撤换等问题,这种体系的发展和应用在一定程度上受到限制。

2. 矿山法施工的基本原则与基本程序

矿山法施工的基本原则可以归纳为"少扰动、早支撑、慎撤换、快衬砌"。

(1)少扰动。少扰动是指在进行隧道开挖时,要尽量减少对围岩的扰动次数,降低对围岩的扰动强度,缩小对围岩的扰动范围,缩短对围岩的扰动持续时间,这与新奥法施工的要求是一致的。采用钢支撑可以增大一次开挖断面跨度,减少分布次数,从而减少对围岩的扰动次数。

(2)早支撑。早支撑是指开挖后应及时施作临时支撑,使围岩不致因变形松弛过度而产生坍塌失稳,并承受围岩松弛变形产生的压力,即早期松弛荷载。定期检查支撑的工作状况,若发现变形严重或出现损坏征兆,应及时增设支撑进行加强。临时支撑的结构设计亦采用类似永久衬砌的设计方法,即结构力学方法。

(3)慎撤换。慎撤换是指拆除临时支撑并施作永久性模筑混凝土衬砌时要慎重,即防止撤换过程中围岩坍塌失稳。每次撤换的范围、顺序和时间要视围岩的稳定性及支撑的受力状况而定。若预计到不能拆除,在确定开挖断面大小及选择支撑材料时要研究解决。使用钢支撑作为临时支撑可以避免拆除支撑的麻烦和危险。

(4) 快衬砌。快衬砌是指拆除临时支撑后要及时修筑永久性混凝土衬砌,并使之尽早承载参与工作。若采用的是钢支撑,不必拆除;无临时支撑时,应尽早施作永久性混凝土衬砌。

矿山法施工的基本程序如图 9.12 所示。

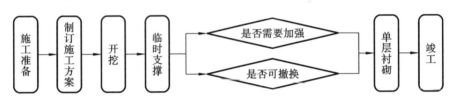

图 9.12　矿山法施工的基本程序

9.5.2　浅埋暗挖法

1. 浅埋暗挖法概述

浅埋暗挖法是在距离地表较近的地下进行各种类型地下洞室暗挖施工的一种方法。在 1984 年王梦恕院士在军都山隧道黄土段试验成功的基础上,浅埋暗挖法又于 1986 年在具有开拓性、风险性、复杂性的北京复兴门地铁折返线工程中应用,在拆迁少、不扰民、不破坏环境的前提下获得成功。同时,结合中国的地域特点及水文地质系统,我国专家创造了小导管超前支护技术,8 字形网构钢拱架设计、制造技术,正台阶环形开挖留核心土施工技术和变位进行反分析计算的方法,突出了时空效应对防塌的重要作用,提出了在软弱地层快速施工的理念,创立了适用于软弱地层的地下工程设计、施工方法。

浅埋暗挖法施工的地下洞室具有埋深浅(最小覆跨比可达 0.2)、地层岩性差(通常为第四纪软弱地层)、存在地下水(需降低地下水位)、周围环境复杂(邻近既有建、构筑物)等特点。由于具有造价低、拆迁少、灵活多变、不需要太多专用设备及不干扰地面交通和周围环境等特点,浅埋暗挖法在全国类似地层和各种地下工程中得到广泛应用,并已形成一套完整的综合配套技术。

同时,经过许多工程的成功实施,浅埋暗挖法的应用范围进一步扩大,由只适用于第四纪地层、无水、地面无建筑物等简单条件,拓展到非第四纪地层、超浅埋(埋深已缩小到0.8 m)、大跨度、上软下硬、高水位等复杂地层及环境条件下的地下工程。

信息化技术的实施,实现了浅埋暗挖技术的全过程控制,有效解决了地层损失引起的地表移动变形等环境问题,使施工对周边环境的影响降到最低。由于及时调整、优化支护参数提高了施工质量和速度,浅埋暗挖法的特点得到更进一步的发挥,为地下工程设计、施工提供了一种非常好的方法,具有重大的社会效益和环境效益。

2. 浅埋暗挖法的施工原则与施工程序

新奥法是在施工过程中充分发挥围岩本身具有的自承能力,以喷射混凝土、锚杆为主要初期支护,使支护与围岩联合受力,把围岩看作支护结构的重要组成部分。浅埋暗挖法理论源于新奥法,如以锚喷作为初期支护、尽量减少围岩扰动、初期支护与围岩密贴、量测信息反馈指导施工等。浅埋暗挖法基本不考虑利用围岩的自承能力,采用复合衬砌,初期支护承受全部基本荷载,二次衬砌作为安全储备,共同承担特殊荷载。

在新奥法的基础上,浅埋暗挖法又总结提出18字方针,即管超前、严注浆、短进尺、强支护、快封闭、勤量测,这也是浅埋暗挖法的施工原则。在进行暗挖施工作业时,应根据地质情况制订相应的开挖步骤和支护措施,严格根据量测数据确定支护参数,保证暗挖作业和周边环境的安全。

(1)管超前。开挖拱部土体自稳能力差,自立时间短,土体凌空后极易坍塌,应采用超前支护等手段提高土体的稳定性,控制下沉量,防止围岩松弛和坍塌。

(2)严注浆。导管超前支护后,应立即压注水泥浆或其他化学浆液,填充围岩空隙,使隧道周围形成一个具有一定强度的壳体,以增强围岩的自稳能力,确保开挖过程中的安全。

(3)短进尺。土体暴露时间越长,进尺越大,土体坍塌的危险就越大,所以要严格限制进尺的长度。在施工中,可采取留核心土的方法。除减少开挖时间外,预留的土体还可以平衡掌子面的土体,防止滑塌。

(4)强支护。在松散地层中施工时,大量土体的重力会直接作用于初期支护结构上;初期支护必须十分牢固,具有较大的刚度,以控制初期结构的变形,保证结构的稳定。

(5) 快封闭。在台阶法施工中,如果上台阶未封闭成环,变形速度较快,为有效抑制围岩松弛,必须及时采用临时仰拱或使支护体系成环。

(6) 勤量测。结构的受力最终表现为变形,可以说没有变形(微观的),结构就没有受力。按照规定频率对规定部位进行监测,掌握施工动态,调整施工参数并设置各部位的变形警戒值,是浅埋暗挖法施工成功的关键。

浅埋暗挖法的施工程序可简化为以下步骤:施工准备→超前小导管布设→超前注浆→土方开挖→格栅安装→网片安装→混凝土喷射→防水板安装→二次衬砌。

9.5.3 顶推法

1. 顶推法概述

顶推法是一种非开挖铺设隧道的施工方法。顶推施工工艺是在隧道的一端做一个工作井,在另一端做一个接收井,然后将顶管机安装在工作井内,借助工作井后座主顶油缸及管道间中继环等的推力,把顶管机或紧随其后的隧道从工作井穿越土层一直推到接收井内,完成整个隧道的铺设。

穿越江河湖泊、丘陵山脉等的长距离顶管的长度一般为300~500 m,也有更长的;穿越铁路、公路、地面建筑物等的短距离顶管的长度为30~60 m。

顶推法的基本原理如下:在工作井内设置支座和安装液压千斤顶,借助主顶油缸及管道间中继环等的推力,把工具管或掘进机从工作井内穿过土层一直推到接收井内吊起;紧随工具管或掘进机将预制的管段顶入地层,边顶进,边开挖地层,边将管段接长。

2. 顶推法施工工艺

(1) 工作井和接收井。

施工时,先制作顶管工作井及接收井,作为一段顶管的起点和终点。工作井中有一面或两面井壁设有预留孔,对面井壁是承压壁,承压壁前侧安装有千斤顶和承压垫板(钢后靠)。用千斤顶将工具管顶出工作井预留孔,然后以工具管为先导,逐节将预制管节按设计轴线顶入土层,直至工具管后第一节管节进入接收井预留孔,施工完成一段管道。为进行较长距离的顶管施工,可在管道中间设置一个或几个中继环,并在管道外周压注起润滑作用的泥浆。

工作井是安放所有顶进设备的场所,也是顶管掘进机的始发场所,是承受主顶油缸推力的反作用力的构筑物,供工具管出洞、下管节、挖掘土砂的运出、材料设备的吊装、操纵人员的上下等使用。工作井内布置主顶千斤顶、顶铁、基坑导轨、洞口止水圈、照明装置和井内排水设备等。接收井是接收顶管机或工具管的场所。与工作井相比,接收井布置比较简单。

(2) 掏土。

掏土是顶管作业的主要工序,是影响顶管进度、质量、安全等的工序,也是劳动强度最大的工序。工人在进入管内掏土时,应在管内安设便于作业的安全照明工具,一般用低于 32 V 的安全电压;应规定明确的联系信号。工人在管内掏土时,不得将头或身体伸到管外,以防塌方伤人;管四周必须均匀清土,不能留残土。在含有地下水的土中挖土时,可采用自上而下的挖土方法并避免使下面的土成为稀泥;底部应挖得平整,管底坡度应始终符合设计要求,防止弯曲、扭转。在正常情况下挖土时,上部可以向外多挖 10~15 mm,以减小土壤的摩擦力及顶进时的阻力;下部不得超挖,可以预留 10 mm,让管在前进时切去,可以防止管下沉或越顶越低。

(3) 管道的连接。

管道采用钢套环连接,利用螺栓固定。中间的缝隙利用石棉水泥或膨胀水泥封堵。每个钢套环宜有 4 个螺栓。螺栓必须错开管的水平中心线安置,一般以 45°为宜,底部应可以通过运土小车。

加工管道时,可以加工超过钢筋混凝土外圆直径的开口。安装时按顺时针方向拧紧螺栓,即可牢固地将两管连接在一起。安装时,钢套环内外均进行除锈,然后刷两道沥青漆以防腐。

3. 其他顶推开挖方法

(1) 水力出土顶管法。

水力出土顶管法是指利用高压射水设备,将顶进过程中挤入管内的土用水冲成泥浆,然后将泥浆导流至排泥坑,再用泥浆泵将泥浆排到沉淀池。沉淀后的污水方可排掉。

采用这种方法施工经常使管线下方的管基础土质被水浸泡,破坏原有自然土质,易造成管线下沉。在顶管过程中,管线出现下沉现象不易进行调整。另外,采用这种方法必须增设一整套排泥设备、沉淀池及排放设施,必须有充足的水源,施工费用较高,施工质量也难以保证,故一般很少采用。

(2) 水平钻孔法。

当管径不大于 700 mm 时,人工挖土有困难,可以采用不同类型的水平旋转式挖土设备进行机械出土;每套设备只能完成几种管径的顶管顶进,需用的专用设备较多,故造价也较高。

(3) 穿刺法。

当管径不大于 400 mm,无法采用人工挖土,又无旋转式挖土顶管机械时,可采用穿刺法施工(在管的前端加一个密封式的金属锥形头,随着顶进过程将土挤向管壁的四周)。虽然省去了挖土的工序,节约了人力,但是锥形头往往会因为钻到石头或者遇到其他障碍物而引起中心偏移,不易控制。为了解决这个问题,可以将锥形头去掉,平面敞口顶进。为了防止大量土方挤入管内,可以在管的前端 300~400 mm 处,加一个挡土环或隔板。挡土环与隔板作用相同,焊缝必须牢固。这种施工方法顶力较大,一般情况下可以顶进 40 m 左右的顶管。

第 10 章 隧道施工技术

10.1 围岩预支护与预加固

10.1.1 概述

隧道开挖方法有一个假定,即开挖面(或称"掌子面")和开挖后的坑道能够暂时稳定。围岩的稳定性较好时,这个假定才成立。在软弱破碎围岩中,即使采取短进尺开挖,开挖面和开挖后的坑道也不稳定,当地下水丰富时这种情况更严重。对于不稳定的围岩体系,工作面前方围岩的预支护和预加固是控制和减少坑道开挖后周边收敛变形、防止坍塌的关键环节。

基于对开挖技术、锚喷支护技术、地层改良技术的研究、应用,以及开挖技术、锚喷支护技术、地层改良技术的发展,隧道工作者研究出了许多辅助稳定措施,使现代隧道工程施工的开挖和支护变得更简捷、及时、有效,也更具有可预防性和安全性。

隧道施工中常用的辅助稳定措施有超前锚杆支护、超前管棚支护、超前小导管注浆、超前深孔帷幕注浆、旋喷法、机械预切槽法等,应视围岩地质条件、地下水情况、施工方法、环境要求等具体情况选择,并尽量与常规施工方法相结合,进行充分的技术经济比较。

10.1.2 超前锚杆支护和超前管棚支护

1. 超前锚杆支护

(1) 构造组成。

超前锚杆支护是指沿开挖轮廓线,以一定的外插角,向开挖面前方钻孔安装锚杆,形成对前方围岩的预锚固,在提前形成的围岩锚固圈的保护下进行开挖等作业。

(2)性能特点及适用条件。

超前锚杆支护的柔性较大,整体刚度较小。它主要适用于地下水较少的破碎、软弱围岩的隧道工程,如裂隙发育的岩体、断层破碎带、浅埋无显著偏压的隧道。超前锚杆支护采用风枪、凿岩机或专用的锚杆台车钻孔,采用锚固剂或砂浆锚固,工艺简单、工效高。

(3)施工要点。

①超前锚杆的长度、环向间距、外插角等参数,应视围岩地质条件、施工断面大小、开挖循环进尺和施工条件而定。超前长度一般为循环进尺的3～5倍,环向间距宜为0.3～0.5 m;外插角宜为10°～30°;搭接长度宜为超前长度的40%～60%,即大致形成双层或双排锚杆。

②超前锚杆宜用早强砂浆全黏结式锚杆,锚杆材料可用直径不小于22 mm的螺纹钢筋。

③超前锚杆的安装误差,一般要求孔位偏差不超过10 cm、外插角不超过1°～2°、锚入长度不小于设计长度的96%。

④开挖时,保留前方一定长度的锚固区,以使超前锚杆的前端有一个稳定的支点。尾端尽可能多与系统锚杆及钢筋网焊连。若掌子面出现滑坍现象,应及时喷射混凝土封闭开挖面,并尽快打入下一排超前锚杆,然后继续开挖。开挖后,应及时喷射混凝土,并尽快封闭环形初期支护。

⑤在开挖过程中,应密切注意观察锚杆变形及喷射混凝土层的开裂、起鼓等情况,以掌握围岩动态,及时调整开挖及支护参数;如遇地下水,可钻孔引排。

2. 超前管棚支护

(1)构造组成。

超前管棚支护是指利用钢拱架沿开挖轮廓线以较小的外插角向开挖面前方打入钢管构成棚架形成的对开挖面前方围岩的预支护。

采用长度小于10 m的钢管的管棚称为"短管棚";采用长度为10～45 m且较粗的钢管的管棚,称为"长管棚"。

(2)性能特点及适用条件。

管棚采用钢管作纵向预支撑,采用钢拱架作环向支撑,整体刚度较大,对围岩变形的限制能力较强且能提前承受早期围岩压力。因此管棚主要适用于围岩压力出现快、大,对围岩变形及地表下沉有较严格要求的软弱、破碎围岩隧道工程中,如土砂质地层、强膨胀性地层、强流变性地层、裂隙发育的岩体、断层破碎带、浅埋有显著偏压等围岩的隧道。此外,在地下水较多时,可利用钢管注浆堵水和加固围岩。

短管棚一次超前量少,基本上与开挖作业交替进行,占用循环时间较多,但钻孔安装或顶入安装较容易。

长管棚一次超前量大,虽然增加了单次钻孔或打入长钢管的作业时间,但是减少了安装钢管的次数,减少了与开挖作业之间的干扰。长钢管的有效超前区段基本上可以进行连续开挖,也更适于采用大中型机械进行大断面开挖。

(3) 施工要点。

①根据围岩地质条件和施工条件确定管棚的各项技术参数。长管棚长度宜不小于 10 m,一般为 10~45 m;管径为 70~180 mm,孔径比管径大 20~30 mm;环向间距为 0.3~0.8 m;外插角为 1°~2°。

②两组管棚间的纵向搭接长度如下:短管棚不小于 1.5 m,长管棚不小于 3 m。钢拱架常采用工字钢拱架或格栅钢架。钢拱架应安装稳固,其垂直度允许误差为±2°,中线及高程允许误差为±5 cm。

③钻孔时,如出现卡钻或坍孔,应注浆后再钻。在某些地层,可直接将钢管顶入。钻孔平面误差不大于 15 cm,角度误差不大于 0.5°。钢管不得侵入开挖轮廓线。

④第一节钢管前端要加工成尖锥状,以利于导向插入。要打一眼装一管,按由上至下的顺序安装。

⑤长钢管应用 4~6 m 的管节逐段接长,打入一节,再连接后一节,连接头应采用厚壁管箍,上满丝扣,丝扣长度应不小于 15 cm;为保证受力的均匀性,钢管接头应纵向错开。

⑥当需增加管棚刚度时,可在安装好的钢管内注入水泥砂浆,一般在第一节管的前段管壁交错钻若干个小孔用于排气和出浆,或在管内安装出气导管,浆液注满后方可停止压注。

10.1.3 超前小导管注浆和超前深孔帷幕注浆

1. 超前小导管注浆

(1) 构造组成。

超前小导管注浆是指在开挖前,沿坑道周边,在前方围岩钻孔并安装带孔小导管或直接打入带孔小导管,并通过小导管向围岩压注起胶结作用的浆液,浆液硬化后,坑道周围岩体形成有一定厚度的加固圈,如图 10.1 所示。在加固圈的保护下,开挖等作业可安全地进行。小导管前端焊一个简易钻头,则可一次完成钻孔、插管,称为"自进式注浆锚杆"。

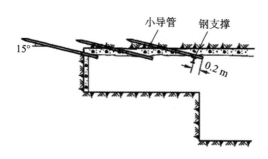

图 10.1　超前小导管布置

(2)性能特点及适用条件。

浆液被压注到岩体裂隙中并硬化后,不仅将岩块或颗粒胶结为整体,起到加固作用,而且填塞了裂隙,阻隔了地下水向坑道渗流的通道,起到堵水作用。因此,超前小导管注浆不仅适用于一般软弱、破碎围岩,而且适用于含水的软弱、破碎围岩。

(3)施工要点。

①小导管布置和安装。安装小导管和钻孔前,应对开挖面及 5 m 范围内的坑道喷射 5~10 cm 厚的混凝土用于封闭。

小导管一般采用直径为 32 mm 的焊接管或直径为 40 mm 的无缝钢管制作,长度宜为 3~6 m,前端做成尖锥形。前段管壁上每隔 10~20 cm 交错钻孔,孔径宜为 6~8 mm。孔径应比管径大 35 mm 以上,环向间距根据地层条件确定,一般采用 35~50 cm;外插角控制在 3°~15°。

围岩极破碎、处理坍方、断面大或注浆效果差时,可采用双排管;对于地下水丰富的松软层,可采用双排以上的多排管。

小导管插入后,应外露一定长度,以便连接注浆管,并用塑胶泥将导管周围的孔隙封堵密实。

②注浆。注浆设备应性能良好,工作压力满足注浆压力要求,并进行现场试运转。

超前小导管注浆的孔口最高压力应严格控制在允许范围内,以防压裂开挖面,注浆压力一般为 0.5~1.0 MPa;止浆塞应能经受注浆压力。注浆压力与地层条件及注浆范围有关,一般要求单管注浆能扩散到管周 0.3~0.5 m 的半径范围内。应控制好注浆量,即每根导管内已达到规定注入量时注浆结束;孔口压力已达到规定压力值,但注入量仍不足时,也应停止注浆。

注浆结束后,应做一定数量的钻孔检查或用声波探测仪检查注浆效果,如未达到要求,进行补注浆。根据浆液种类,注浆后应等待 4 h(水泥-水玻璃浆)至 8 h(水泥浆)方可开挖,开挖长度不宜太长,以保留一定长度的止浆墙(超前注浆的最短超前量)。

2. 超前深孔帷幕注浆

超前小导管注浆对围岩加固的范围和止水的效果是有限的,是软弱、破碎围岩隧道施工的一项主要辅助措施,占用的时间和循环次数较多。超前深孔帷幕注浆较好地解决了这些问题,注浆后即可形成较大范围的筒状封闭加固区。

(1)注浆机理及适用条件。

注浆机理可以分成以下四种。

①渗透注浆:对于破碎岩层,砂、卵石层,中、细砂层、粉砂层等有一定渗透性的地层,采用中低压力将浆液压注到地层中的空穴、裂缝、孔隙里,凝固后将岩土或土颗粒胶结为整体,以提高地层的稳定性和强度。

②劈裂注浆:对于颗粒更细的黏土质不透水(浆)地层,采用高压浆液强行挤压孔周,在注浆压力的作用下,使浆液作用的周围土体被劈裂并形成裂缝,通过土体中形成的浆液脉状固结作用对黏土层起到挤压加固和增加高强夹层加固的作用,以提高强度和稳定性。

③压密注浆:将浓稠的浆液注入土层,使土体形成浆泡,向周围土层加压使土层得到加固。

④高压喷灌注浆:在高压作用下,灌浆管底部的特殊喷嘴中喷射出高速浆液射流,促使土粒在冲击力、离心力及重力作用下被切割破碎,使土粒与浆液混合形成柱状固结体,以达到加固的目的。

深孔预注浆一般可比开挖面超前 30~50 m,可以形成有相当厚度和较长区段的筒状加固区,使堵水效果更好,也减少了注浆作业次数,适用于地下水压力大及地下水丰富的地层,也适用于采用大中型机械施工的工程。

如果隧道埋深较浅,注浆作业可在地面进行;对于深埋长的大隧道,可利用辅助平行导坑对正洞进行预注浆,以避免干扰正洞施工,缩短施工工期。

(2)注浆范围。

图 10.2 所示为对围岩进行注浆加固的大致范围,即形成的筒状加固区。确定加固区的大小即确定围岩塑性破坏区的大小:可以按岩体力学和弹塑性理论计算出开挖坑道后围岩的压力重分布结果,并确定塑性破坏区的大小。

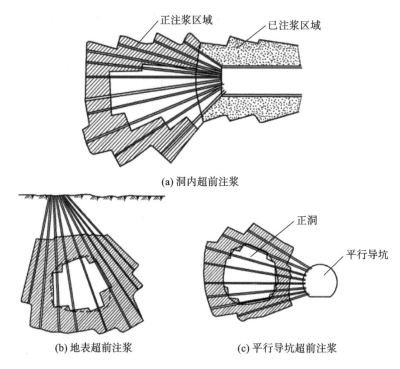

图 10.2 超前深孔帷幕注浆范围

(3) 施工要点。

①注浆管和孔口套管。深孔注浆一次式注浆时,孔内可用注浆管;分段式注浆时,必须用注浆管。注浆管一般采用带孔的钢管或塑料管。常用的止浆塞有两种:一种是橡胶式;另一种是套管式。安装时,将止浆塞固定在注浆管上的设计位置,一起放入钻孔,然后用压缩空气或注浆压力使止浆塞膨胀而堵塞注浆管与钻孔之间的间隙,此法主要用于深孔注浆。

另外,若采用全孔注浆,浆液流速慢,易造成"死管"(尤其是深孔注浆),因此多采用前进式或后退式分段注浆。

②钻孔。钻孔可用冲击式钻机或旋转式钻机,具体应根据地层条件及成孔效果选择。

③注浆顺序。注浆顺序为先上方后下方,先内圈后外圈,先无水孔后有水孔,先上游(地下水)后下游。注浆时,应利用止浆阀保持孔内压力直至浆液完全

凝固。

④结束条件。结束条件根据注浆压力和单孔注浆量两个指标确定。单孔结束条件如下：注浆压力达到设计终压；浆液注入量达到计算值的80%。全段结束条件如下：所有注浆孔均符合单孔结束条件。注浆结束后，必须对注浆效果进行检查，如未达到设计要求，应进行补孔注浆。

10.1.4 旋喷法和机械预切槽法

1. 旋喷法

旋喷法又称"喷射注浆法"，分为垂直旋喷注浆和水平旋喷注浆两种方法。垂直旋喷注浆，即将钻机竖在地面上，往地层中钻进并置入注浆管进行旋喷，形成垂直桩体。水平旋喷注浆是在土层中水平钻进（亦可小角度地俯、仰和外斜钻进）成孔，注浆钻杆呈水平状，喷嘴由里向外移动进行旋喷、注浆。

水平旋喷注浆法是在一般的初期导管注浆的基础上发展起来的，是以高压旋喷的方式压注水泥浆，从而在隧道开挖轮廓外形成拱形预衬砌的超前预支护方法，主要适用于黏性土、砂类土、淤泥等地层。

水平旋喷注浆技术施工方法如下：使用旋喷注浆机，沿隧道掌子面周边的设计位置旋喷注浆形成旋喷柱体，通过固结体的相互咬合形成预支护拱棚。旋喷柱体的形成方法如下：通过水平钻机成孔，钻到设计位置后，随着钻杆的退出，用水泥浆或水泥-水玻璃浆旋喷注入钻成的孔腔，通过高压射流切割腔壁土体，使被切割下的土体与浆液搅拌混合、固结形成直径为600 mm左右的固结体，同时使周围地层受到压缩和固结，使土体的物理力学性能得到一定程度的改善。旋喷柱体沿隧道拱部形成环向咬合、纵向搭接的预支护拱棚，在松散不稳定地层隧道中，可有效控制坍塌和地层变形。

2. 机械预切槽法

机械预切槽法是利用专业的切槽机械，沿隧道外轮廓切割一定深度的切槽。切槽方式有带锯式和排钻式两种。在硬岩地层中，切槽作为爆破振动的隔振层，主要起隔振或减振的作用；在软石或砂质地层中，在切槽内填筑混凝土形成预支护拱，可以提高隧道的稳定性。

机械预切槽法的优点如下：可减轻硬岩爆破时振动的扩展；在作业面开挖前，快速形成一个临时的整体弧形拱，从而减小围岩变形与地表沉陷；为人员和设备提供清洁、安全的工作条件;有利于作业全过程的工业化及机械化,从而使进度快速均衡,适应性增强,大大节约成本。机械预切槽法在硬岩地层中应用的最大弱点是推进速度慢。

机械预切槽法的实施作业过程如下。

(1) 用预切槽锯沿隧道外廓弧形拱深切宽为 20～50 cm、长约 5 m 的切槽。

(2) 在切槽内填充高强度喷射混凝土或灌注混凝土,形成长为 3～5 m 的整体连续拱,两个连续拱的搭接长度为 0.5～1.0 m,视围岩性质的不同而定。

(3) 在安全稳定的作业环境下,用挖掘机或臂式掘进机开挖前作业面。自卸汽车或翻斗车可穿行于预切槽机内。

(4) 必要时,作业面装玻璃纤维锚杆(用于稳定作业面)并喷射混凝土。

(5) 安装隧道防水层,进行二次衬砌。

10.2 钻爆开挖施工

10.2.1 钻爆施工要点

钻爆施工包括钻孔、装药、堵塞、起爆和处理爆破后可能出现的问题等。隧道爆破通常要求每一循环进尺尽可能大,但在很多情况下会碰到过高估计爆破效果带来的一些困难,因此在施工设计中,不但要了解实际的掘进速度,而且要研究开挖方法。

1. 钻孔

在隧道开挖爆破过程中,广泛采用的钻孔设备为凿岩机和钻孔台车。为保证达到良好的爆破效果,施钻前,应由专门人员根据设计布孔图现场布设,标出掏槽眼和周边眼的位置,严格按照炮眼的设计位置、深度、角度和眼径进行钻孔。如出现偏差,现场施工技术人员进行取舍,必要时应废弃、重钻。

2. 装药

在将炸药装入炮眼前,应将炮眼内的残碴、积水排除干净,并仔细检查炮眼的位置、深度、角度是否满足设计要求。装药时,应严格按照设计的炸药量装填。隧道爆破中常采用的装药结构有不耦合装药、间隔装药及连续装药等,连续装药按雷管所在位置不同又可分为反向起爆和正向起爆两种形式,如图 10.3 所示。

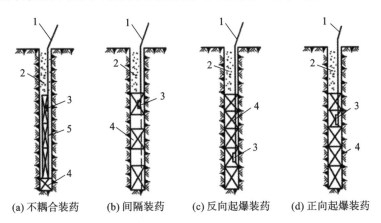

图 10.3　装药结构

1—引线;2—炮泥;3—雷管;4—药卷;5—小直径药卷

反向起爆有利于克服岩石的挟制作用,提高炮眼利用率,减小岩石破碎块度,爆破效果比正向起爆好。但反向起爆较早装入起爆药卷,会影响后续装药质量;在有水的情况下,起爆药卷易受潮拒爆,还易损伤起爆引线,机械化装药时易产生静电早爆。

隧道周边眼一般采用小直径药卷连续装药结构或普通药卷间隔装药结构。眼深小于 2 m 时,可采用空气柱装药结构。

3. 堵塞及起爆

隧道内所用的炮眼堵塞材料一般为砂和黏土混合物,其比例大致为 40%～50% 的砂、50%～60% 的黏土,堵塞长度视炮眼直径而定。当炮眼直径分别为 25 mm 和 50 mm 时,堵塞长度分别不能小于 18 cm 和 45 cm。堵塞长度也和最小抵抗线有关,通常不能小于最小抵抗线的长度。堵塞可采用分层捣实法进行。

起爆网路是隧道爆破的关键,它直接影响爆破效果和爆破质量。起爆网路必须保证每个药卷按设计的起爆顺序和起爆时间起爆。在无瓦斯与煤尘爆炸危险的隧道中进行爆破开挖,多采用导爆管起爆系统起爆。

4. 起爆顺序及时差

(1)除预裂爆破的周边眼最先起爆外,在一个开挖断面上,起爆顺序是由内向外逐层起爆。这个起爆顺序可以用迟发雷管的不同延期时间(段别)来实现。

(2) 各层(卷)炮之间的起爆时差越小,爆破效果越好。常采用的时差为 40～200 ms,这时爆破称为"微差爆破"。

(3) 内圈炮眼先起爆,外圈炮眼后起爆,不能颠倒顺序,否则会导致爆破效果大受影响,甚至导致爆破失败。为了保证起爆顺序,实际使用中常跳段选用毫秒雷管。但应注意,在深孔爆破时,要稍加大掏槽炮与辅助炮之间的时差,以保证掏槽炮在此时差内将石碴抛出槽口,防止槽口淤塞,为后爆辅助炮提供有效的临空面。

(4) 同圈眼必须同时起爆,尤其是掏槽眼和周边眼,以保证同圈眼的共同作用效果。

(5) 延期时间可以由孔内控制或孔外控制。孔内控制是将迟发雷管装入孔内的药卷中来实现微差爆破。这是常用的方法,但装药要求严格,一旦有差错会影响爆破效果。孔外控制是将迟发雷管装在孔外,在孔内药卷中装入即发雷管实现微差爆破,便于装药后进行系统检查(段数),但先爆雷管可能会炸断其他管线,造成盲炮,影响爆破效果。由于毫秒雷管段数较多和延期时间精度提高,现在多采用孔内控制,较少采用孔外控制。此外,若一次爆破孔眼数量较多,雷管段数不够用,可采用孔内、孔外混合及串联、并联混合网路。

10.2.2 盲炮产生的原因、预防和处理

放炮时,炮眼内预期发生爆炸的炸药因故未发生爆炸的现象称为"盲炮"。炸药、雷管或其他火工品不能被引爆的现象称为"拒爆"。

1. 盲炮产生的原因

(1) 电力起爆产生盲炮。

电力起爆产生盲炮的原因如下:电雷管的桥丝与脚线焊接不好,引火头与桥丝脱离,延期导火索未引燃起爆药等;雷管受潮,同一网路中采用不同厂家、不同批号和不同结构性能的雷管,网路电阻配置不平衡,雷管电阻差太大,使电流不平衡,使每个雷管获得的电能有较大差别,使获得足够起爆电能的雷管先起爆而炸断电路,造成其他雷管不能起爆;电爆网路短路、断路、漏接、接地或连接错误;起爆电源起爆能力不足,通过雷管的电流小于准爆电流;在水孔中,线路接头绝缘不良造成电流分流或短路。

(2) 导爆索起爆产生盲炮。

导爆索起爆产生盲炮的原因如下:导爆索因质量问题或受潮变质,起爆能力

不足;导爆索药芯渗入油类物质;导爆索连接时搭接长度不够,传爆方向接反,连成锐角,敷设中使导爆索受损;延期起爆时,先爆的药炸断起爆网路。

2. 盲炮的预防

(1) 严格检查和妥善保管爆破器材,禁止使用技术性能不符合要求的爆破器材。

(2) 同一串联支路上使用的电雷管的电阻差应不大于 0.8 Ω,重要工程不超过 0.3 Ω。

(3) 不同燃速的导火索应分批使用。

(4) 提高爆破设计质量。设计内容包括炮孔布置、起爆方式、延期时间、网路敷设、起爆电流、网路检查等。对于重要爆破,必要时须进行网路模拟试验。

(5) 改善爆破操作技术,保证施工质量。电力起爆要防止漏接、错接和折断脚线,网路接地电阻不得小于 0.1 MΩ,经常检查开关和线路接头是否处于良好状态。

(6) 在有水的工作面或水下爆破时,应采取可靠的防水措施,避免爆破器材受潮。

3. 盲炮的处理

(1) 浅眼爆破盲炮处理。

①经检查确认炮孔的起爆线路完好时,可重新起爆。

②打平行眼装药爆破。平行眼距盲炮孔口不得小于 0.3 m。为确定平行眼的方向,允许从盲炮口取出长度小于 20 cm 的填塞物。

③用木制、竹制或其他不产生火星的材料制成的工具,轻轻地将炮眼内大部分填塞物掏出,用聚能药包诱爆。

④在安全距离外用远距离操纵的风水管吹出盲炮填塞物及炸药,但必须采取措施回收雷管。

⑤盲炮应在当班处理。当班不能处理或未处理完毕,应将盲炮情况(盲炮数量、炮眼方向、装药数量和起爆药包位置、处理方法和处理意见)在现场交接清楚,由下一班继续处理。

(2) 深孔爆破盲炮处理。

①若爆破网路未受破坏且最小抵抗线无变化,可重新连线起爆;若最小抵抗线有变化,应在验算安全距离并加大警戒范围后连线起爆。

②在距盲炮口不小于10倍炮孔直径处另打平行孔装药起爆。爆破参数由爆破工作领导人确定。

③若所用炸药为非抗水硝铵炸药且孔壁完好,可取出部分填塞物,向孔内灌水使之失效,然后进一步处理。

10.3　装碴、运输与卸碴

10.3.1　装碴

1. 装碴方式

装碴是把开挖的石碴装入运输车辆。为了迅速、及时地将洞内爆下的石碴装运出去,要充分利用和发挥机械设备的作用和效率,根据碴量选择合适的装岩机,还要尽量缩短装碴作业线长度,合理调车,减少辅助作业时间,保证作业安全,以实现快装、快运、快卸。

装碴可采用人力装碴或机械装碴。人力装碴劳动强度大、速度慢,仅在短隧道(无机械)或断面小(无法使用机械装碴)时考虑采用。机械装碴速度快,可缩短作业时间,在隧道施工中经常采用,但需配少数工人辅助。

2. 装碴机械

隧道用的装碴机又称"装岩机",要求尺寸小、坚固耐用、操作方便和生产效率高。装碴机类型很多,按扒碴机构形式,可分为铲斗式、蟹爪式、立爪式、挖掘式(挖斗式)。其中,铲斗式装碴机为非连续装碴机,有翻斗后卸、前卸和侧卸三种卸碴方式;后三种装碴机是连续装碴机,均配备刮板(或链板)转载后卸机构。

装碴机的行走方式有轮胎行走、轨道行走和履带行走三种,有时也同时采用轨道行走和履带行走两种方式。轮胎行走式装碴机移动灵活,工作范围不受限制,但效益较低,吃料力度小,在有水土质围岩的隧道中有可能出现打滑和下陷。轨道行走式装碴机价格适中,效益较高,吃料力度较大,扒料大又多,但须铺设行走轨道,因此其工作范围受到限制。但有些轨道行走式装碴机的装碴机构能转动一定角度,可以增加工作宽度。必要时,轨道行走式装碴机可采用增铺轨道来满足更大的工作宽度要求。履带行走式装碴机综合了以上两种装碴机的优点和缺点,虽然前期投入较多,但效益翻倍。

装碴机扒碴方式不同、行走方式不同、装备功率不同,则其工作能力各不相同。装碴机的选择应充分考虑围岩及坑道条件、工作宽度及装碴机与运输车辆的匹配和组织,以充分发挥工作效能,缩短装碴的时间。

隧道施工中较常用的装碴机有以下几种。

(1) 铲斗式装碴机。

铲斗式装碴机多采用轮胎行走,也可采用履带行走或轨道行走。轮胎行走的铲斗式装碴机具有以下特点:多采用铰接车身、燃油发动机驱动和液压控制系统,转弯半径小,移动灵活;铲取力强,铲斗容量大,工作能力强;可侧卸,也可前卸,卸碴准确;燃油废气会污染洞内空气,须配备净化器或加强隧道通风;常用于较大断面的隧道的装碴作业。轨道行走及履带行走的铲斗式装碴机多采用电力驱动。轨道行走的铲斗式装碴机一般只适用于断面较小的隧道,履带行走的大型电铲适用于特大断面的隧道。

(2) 蟹爪式装碴机。

蟹爪式装碴机多采用履带行走,采用电力驱动。它是一种连续装碴机械,在前端装有倾斜受料盘,其上装有一对蟹爪(也称"双臂")。装碴时,全机向前低速推进,将受料盘插入碴堆,用两个蟹爪连续交错扒取石碴,用皮带(或链条)输送机将石碴装入车辆。蟹爪式装碴机装碴效率高,耗工较少,能够连续装载,工作方式较为合理,可配大体积运输车辆进行装运。因受蟹爪扒碴限制,岩碴块度较大时,蟹爪式装碴机的工作效率降低,故蟹爪式装碴机主要用于块度较小的岩碴及土的装碴作业。

(3) 立爪式装碴机。

立爪式装碴机多采用轨道行走,也可采用轮胎行走或履带行走,多采用电力驱动、液压控制。立爪式装碴机前方装有一对扒碴立爪,可以将前方或左右两侧的石碴扒入受料盘,通过刮板输送机将岩碴装入机后的运输车。输送链板可以升降,以适应不同高度的接载运输车。立爪式装碴机的扒碴的性能比蟹爪式装碴机好,对岩碴的块度大小适应性强,但能耗较大,已逐步被挖掘式(挖斗式)装碴机取代。

(4) 挖掘式(挖斗式)装碴机。

挖掘式(挖斗式)装碴机的扒碴机构为自由臂式挖掘反铲,采用电力驱动和全液压控制,可配备轨道行走和履带行走两套行走机构。配备轨道行走机构的挖掘式装碴机也称为"耙斗式装岩机""扒碴机"。挖掘式(挖斗式)装碴机结构简单,维修方便,装碴效率高,操作灵活,工作范围大,可以起到翻碴作用,可以下挖并兼做工作面清理及找顶工作,便于与钻孔工作平行作业,使用范围广。装碴机在进行装碴作业时,应保持一定的作业距离。作业距离按装碴机距工作面(包括碴堆)的距离、装碴机长度、一列空车长度(包括机车长)、两副道岔长度之和确定。

10.3.2　运输

运输是指运出石碴、运进临时支护和衬砌材料等工作。隧道施工的洞内运输(出碴和进料)分为有轨运输和无轨运输两种方式。运输方式的选择应充分考虑与装碴机的匹配和运输组织,还应考虑与开挖速度及运量的匹配,以尽量缩短运输和卸碴时间。

1. 有轨运输

有轨运输是指铺设轨道,用轨道式运输车出碴和进料。有轨运输多采用电瓶车及小型机车牵引,采用斗车或梭式矿车运碴。它适用于大断面开挖的隧道,也适用于小断面开挖的隧道,尤其适用于较长的隧道(2 km以上),是一种适应性较强和较为经济的运输方式。

有轨运输的优点如下:基本上不排放有害气体(电瓶式机车不排放有害气体,内燃机因行车密度小排放有害气体少),对空气污染较轻,占用空间小且固定等。有轨运输的不足之处如下:轨道铺设较复杂,维修工作量大,调车作业复杂,开挖面延伸轨道影响正常装碴作业等。

(1) 出碴车辆。

有轨运输较普遍采用的出碴车辆有斗车、梭式矿车和槽式列车等。

斗车是最简单、应用最广泛的出碴工具,结构简单,使用方便,适应性强。按断面形状,斗车可分为V形、U形、箱形及箕斗形等;按卸碴方法,斗车可分为侧倾、前倾及三方向倾等。大容量斗车在隧道施工中的应用越来越普遍,并配有大型装碴机械装碴,用压气装置卸碴,减少了单个斗车的调车时间。

梭式矿车是放在两个转向架上的大斗车,车底设有链板式或刮板式输送带。石碴从前端进入,依靠传送机传递到后端,石碴可布满整个矿车的底部。输送机的动力有气动和电动两种。梭式矿车可单个使用,也可成列使用,即梭式矿车与梭式矿车之间有可以搭接的部分,前车的卸碴端伸入后车的接碴端的车厢。前车装满石碴后,启动运输机,将石碴从前车转送至后车。梭式矿车可以正向卸碴,也可以侧向卸碴。公路隧道施工宜采用单个大容积梭式矿车,采用牵引电机车牵引,一般与凿岩台车、高效率装碴机械等配套组成机械化作业线。

槽式列车是由一个接碴车、若干个仅有两侧侧板而没有前后挡板的斗车单元和一个卸碴车串联组成的长槽形列车,其底板处安装有贯通整个列车的风动链板式输送带。使用时,装碴机向接碴车内装碴,装满接碴车后,启动链板式输送带使石碴在列车内移动一个车位,反复装移石碴,即可装满整个列车。卸碴时采取类似的操作,由卸碴车将石碴卸去。

(2) 牵引机车。

常用的牵引机车分为电动和内燃两类。同一洞口应尽可能选配同型号的牵引机车。

隧道施工中较为常用的电动牵引机车为蓄电池电机车,它具有体积小、占用空间小、不排放有害气体、无须架设供电线路、使用较安全等特点,但其蓄电池须充电,牵引力有限,必要时可增加电瓶车台数,以保证行车速度和运输能力。

内燃牵引机车具有较大的牵引动力,配合大型斗车可以加快出碴速度,但会增加洞内噪声污染和废气污染,必要时须配备废气净化装置并加强通风。

(3) 运输轨道布置。

隧道内用于机车牵引的道路,宜采用 38 kg/m 及以上的钢轨,轨距一般为 600 mm 或 750 mm。洞内轨道纵坡应与隧道纵坡相同,洞外可不同,但最大不超过 2%。最小曲线半径,在洞内不小于 7 倍机车轴距,在洞外一般不小于 10 倍机车轴距。曲线轨道应有适当的加宽和外轨超高值。可利用不易风化的隧道石碴作为道砟,道床厚度应不小于 15 cm。双道的线间距应保证两列车间净距大于 20 cm,在错车线上应大于 40 cm。道岔标准不得小于 6 号。车辆至坑道壁或支撑边缘的净距应不小于 20 cm。单道旁的人行道宽应不小于 70 cm。

洞内轨道应根据隧道长度、工期要求及地质条件等合理选择单车道或双车道。

①单车道(单线运输)。单线运输的能力较差,一般用在地质条件较差的短隧道或小断面开挖的隧道中。单线运输时,为调车方便和提高运输能力,应在整个线路上合理铺设会车站(错车道),根据装碴作业时间和行车速度计算确定间距,一般每隔 300 m 设一个会车站,并编制和优化列车运行图,以减少避让时间。会车站的有效长度应能容纳整个列车,并保证会车安全,一般为 50~60 m,如图 10.4 所示。在距离开挖面 20~30 m 处,应铺设长 5~10 m 的简易道岔或安装平移调车器供出碴调车之用。

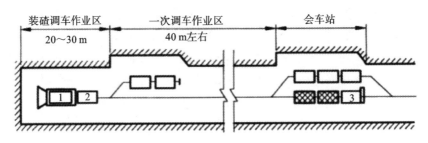

图 10.4 单线运输轨道布置

1—装碴机；2—斗车或梭式矿车；3—牵引机车

②双车道（双线运输）。双线运输时，进出隧道的列车分道行驶，无须避让，互不影响，通行能力比单线运输显著提高。为满足调车需要，应在两线间合理布设渡线。渡线根据工序安排及运输调车需要确定间距，一般为 100～200 m，每隔 2～3 组渡线设置一组反向渡线，如图 10.5 所示。在距导坑开挖面 15～20 m 处设置菱形浮放道岔，空斗车和装满石碴的斗车分别停在两股道上，用单机车或双机车进行调车作业。

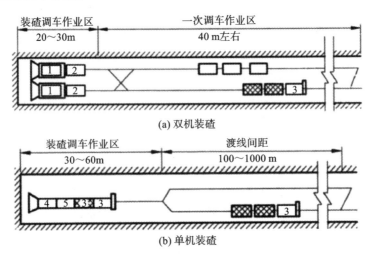

图 10.5 双线运输轨道布置

1—翻斗装碴机；2—斗车；3—牵引机车；4—立爪式装碴机；5—梭式矿车

当隧道施工采用平行导坑方案时，平行导坑中通常设单车道加错车道，正洞中通常设单车道加局部双车道，共同构成一个完整的双股道运输体系，如图 10.6 所示。每隔 2～3 个横通道设一个会车及列车编组所用的车站，站线有效长度一般为 50～60 m。平行导坑和正洞组成的运输系统具有运输能力大、相互干扰少等特点,适用于要求施工速度快的隧道。

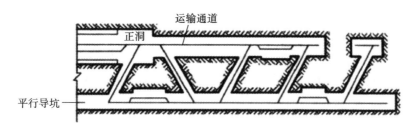

图 10.6　有平行导坑的轨道布置

随着掘进不断向前延伸,轨道也应不断延长。当增加的长度不足一个正式轨节时,为了使装碴机靠近工作面端部进行装碴作业,应采用临时延伸轨道的措施。常用的方法有设置短轨、爬道及卧轨、扣轨等。

(4) 运输组织。

运输组织工作有两个重要环节:一是绘制列车运行图,以加强运输工作的组织计划性;二是建立健全运输调度制度,以加强日常的运输管理。

列车运行图是根据隧道的施工方法、各工序的进度、轨道布置、机车配备及运距等情况确定列车数量,列车在工作面装车、调车、编组、运行、错车、卸车、解体等所需时间的图表,如图 10.7 所示。图 10.7 中共有三组出碴列车,洞外设有一个会车站,洞内设有一个编组站;横坐标表示时间,纵坐标表示距离;斜线表示列车运行,水平线表示停车、装碴、卸碴。由图 10.7 可知,每组列车编组重车耗时 10 min,重车在区间运行耗时 20 min,卸碴耗时 10 min,空车返回会车站耗时 5 min,在会车站停留耗时 5 min,运行耗时 10 min,错车耗时 5 min,再运行耗时 5 min,空车解体耗时 5 min;每组列车往返一次耗时 75 min。

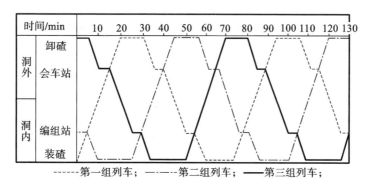

图 10.7　列车运行图

在实际的隧道施工中,列车运行所需时间应通过实测确定。随着隧道施工的不断向前推进和卸碴线的不断向前延伸,运输距离越来越长,因此运行图要定期修正。

建立健全运输调度制度,是要建立健全调度指挥系统,以进行运输工作中的日常指挥和解决出现的问题,如及时调配车辆、及时消除运输障碍,以及运行节奏被打乱时统一指挥列车运行等。

2. 无轨运输

无轨运输是指采用各种无轨运输车出碴和进料,主要是指汽车运输。无轨运输的特点是机动灵活,无须铺设轨道,适用于弃碴场离洞口较远和道路坡度较大的场合。无轨运输的缺点是多采用内燃驱动,作业时排出废气,污染洞内空气,适用于大断面开挖和中等长度的隧道并应注意加强通风。随着大型装载机械及重载自卸汽车的研制和生产,无轨运输在隧道掘进中得到越来越广泛的应用。

(1) 无轨运输车辆。

可供隧道施工用的无轨运输车辆很多,隧道工程出碴运输要求选用车身较短、自重轻、车斗容量大、转弯半径小、车体坚固、轮胎耐磨、配有废气净化装置并能双向驾驶的自卸汽车(翻斗车),以增加运行中的灵活性,避免洞内回车并减轻对洞内空气的污染。无轨运输车的选择应注意与装碴机的匹配,尤其是能力配套。自卸汽车容量一般按装载机斗容量的 3 倍考虑,以提高整体工作效率。目前隧道施工方法已逐步由分部开挖向大断面开挖发展,给使用大型轮胎式装运机械提供了条件。值得注意的是,在长、大隧道工程中,当洞内、洞外运输距离较长时,应配备足够的运输车辆,以便在同一个时段内将一个掘进循环爆破出的石碴全部运完。

(2) 无轨运输调车方式及注意要点。

无轨运输采用的装碴、运碴设备都自配动力,属自行式,其调车作业主要是解决回车、错车和装碴场地问题。

根据不同的隧道开挖断面和洞内运输距离,常用的调车方式有以下四种:①有条件构成循环通路时,最好制订单向行驶的循环方案,以减少回车、错车需用场地及待避时间;②当开挖断面较小,只能设置单车通道而装碴点距洞口较近时,可考虑汽车倒行进洞至装碴点装碴,正向开行出洞,不设置错车、回车场地,洞内运行距离较长时可在洞内适当位置将导洞向侧壁加宽构成错车、回车场地，以加快调车作业；③当隧道开挖断面较大，足够并行两辆汽车时，应布置成双车通道，在装碴点附近回车，以提高出碴速度；④在采用装碴机装碴、汽车运输的情况下，要充分利用双方都有机动能力的特点，采取双方同时机动或一方机动、另一方固定的方式进行装碴。

另外，无轨运输要特别注意洞内排水，须设专人养护道路，以免破坏隧道底面并影响运输效率。为不使隧道基底受损，需留 30 cm 厚不挖，待整个隧道断面施工完后，再开挖铺底。装载机和自卸汽车多采用轮胎式，要正确选择轮胎，使装碴运输和轮胎的使用磨损能力相适应。无轨运输有其经济距离，一般认为不超过 1 km。若运距较长，可采用无轨装碴与有轨运输相配合的方式。

10.3.3　卸碴

洞内的石碴运至洞外碴场称为"卸碴"。卸碴要根据地形特点并考虑弃碴的利用和处理合理安排。卸碴工作主要是考虑石碴如何处理以及卸碴场地的布置，如为有轨运输，应在洞外布置卸碴轨道。

隧道工程挖出的石碴多数可以作为建筑填料，用于填筑路基及洞外工作场地。有些符合混凝土粗骨料质量（强度等）标准要求的岩块石碴，可以加工成碎石，用作衬砌混凝土的粗骨料。多余的石碴应弃置于合适的山谷或河滩。弃碴场地的选择，应考虑卸碴方便、不占良田、不堵塞河道、不污染环境、综合利用，如造田和填筑场地。

采用有轨运输时，隧道洞外轨道包括卸碴线、错车线（调车线）和各种用途的专用线（包括上料线、修理线、机车整备线）。应根据洞口地形布置较短的卸碴线路，堆碴场地势要低。尽量避免倒运弃碴，并充分考虑卸碴场地的伸展。对于可利用洞内弃碴作路基及衬砌材料的弃碴场地，还要考虑取用方便。洞口附近地势平坦，弃碴困难时，可根据机械设备情况采用绞车牵引至高台卸碴或远运。卸碴码头应不少于两个，要搭设牢固，并备有挂钩、栏杆、车挡等。卸碴方式可根据不同的地形条件、机具设备及材料情况选择延伸轨道侧式卸碴、横移扩展侧式卸碴或换装码头卸碴。

10.4 初期支护

10.4.1 喷射混凝土

1. 喷射混凝土的定义及支护作用效果

喷射混凝土是利用压缩空气或者其他动力,将按照一定配比拌制的混凝土混合物沿管路输送至喷头处,以较高速度垂直喷射于受喷面,依赖喷射过程中水泥与骨料的连续撞击、压密而形成的一种混凝土。喷射混凝土应有足够的强度(特别是早期强度)、厚度、密实度、附着力才能起到良好的支护效果。其支护作用效果表现在以下几个方面。

(1)喷射混凝土和围岩的附着力可分散作用在喷射混凝土上的外力,同时增强隧道周边裂隙的抗剪能力,并在岩面形成承载拱,防止局部掉块。

(2)可约束围岩的变形,给围岩提供支护力(内压),使围岩保持三维应力状态,控制围岩应力释放。在软岩和土砂围岩中封闭掌子面或铺设临时仰拱,使断面临时封闭,可以更好地发挥支护效果。

(3)将土压传递到钢支撑和锚杆上。

(4)填平围岩的凹面,覆盖弱层,防止应力集中,加强软弱层。

(5)覆盖壁面,可防止围岩风化、颗粒流出,可止水。

2. 喷射混凝土的喷射方式

大体上,喷射混凝土的喷射方式分干喷和湿喷两种。

(1)干喷。

干喷是在水泥和集料拌和后加入速凝剂,用压缩空气压送,在喷嘴处加压力水的喷射方式。干喷的特点如下:干拌和料与水在喷嘴处混合,水灰比可以小些,对初期强度有利;混凝土品质受喷射手的熟练程度和能力的影响;粉尘和回弹量较大,但压送距离比较大,适合岩面比较湿润或者涌水的工况。干喷工艺流程如图10.8所示。

(2)湿喷。

湿喷是预先将包括水在内的混凝土原材料准确计量、充分拌和,然后用湿式

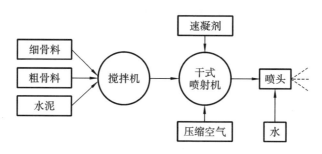

图 10.8　干喷工艺流程

喷射机(简称"湿喷机")压送拌和好的混凝土,在喷嘴处添加液态速凝剂的喷射方式。湿喷具有以下特点:混凝土的品质管理比较容易,粉尘和回弹量较小,但不能长距离输送,机械、管路清理必须用水;拌和料放置时间管理很重要;在大断面隧道湿喷使用机械手,施工能力较强。湿喷工艺流程如图10.9所示。

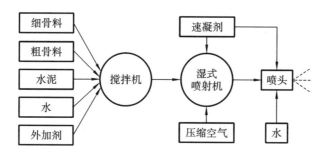

图 10.9　湿喷工艺流程

湿喷与干喷两种作业方式各有特点,应根据现场规模、状况和喷射量选择,充分考虑隧道长度、喷射厚度、断面大小、开挖方法及涌水等因素。

3. 喷射混凝土施工

(1) 施工准备。

为使喷射混凝土作业顺利进行,在施喷前应做好以下两个方面的准备工作。

准备好材料、机械(具):核实水泥和速凝剂的品种、标号和出厂日期以及储备量是否足够;检验砂、石料是否符合质量要求,是否有足够储备量;保证施喷用水的水量和压力;检查发电机、空压机运转是否正常;检查搅拌机、上料机、喷射机是否就位,试车运转是否良好;检查风、水、电线路是否处于良好状态。施喷前,应进行试风、通水,情况正常才能开始喷射作业。

准备好施喷场地:检查隧道开挖的净空尺寸,凿除欠挖部分;清除松动危岩浮石和墙脚处的弃碴;用高压水(风)冲洗受喷岩面(易潮解、泥化的岩面只能用高压风清扫);采取措施处理滴水、漏水处;设置喷射混凝土厚度的标志(如利用锚杆的外露长度等);做好回弹物的回收及利用的安排。

(2) 喷射作业。

实施喷射作业的过程中,各施工环节(如备料,拌和,运输,上料,风、水供应,照明,喷射等)应能紧密配合,具体要掌握好如下几个要点。

①喷嘴与受喷岩面的距离和角度。喷头上通常接一个直径为 100 mm、长为 0.8~1.0 m 的塑料拢料管。它可以使水泥充分水化,使喷射的混凝土束集中,使回弹的石子不伤害喷射手。喷嘴与受喷岩面的最优距离是按喷射混凝土的最高强度和最小回弹量来确定的,一般为 1.5~2.0 m。

喷嘴与受喷岩面的角度,一般应垂直或稍微向刚喷射过的部位倾斜(不大于 10°),以使回弹物受到喷射混凝土束的约束,抵消部分弹回的能量,使回弹量最小、效果最好。喷射拱部时,应沿径向喷射。

②一次喷射厚度及各喷层之间的间歇时间。当喷层较厚,需分层喷射时,应根据喷射效率、回弹损失、混凝土颗粒间的黏聚力和喷层与受喷面的黏着力等因素确定一次喷射厚度。

喷射混凝土的一次喷射厚度满足以下要求:拱部为 60~100 mm,侧壁为 80~150 mm。各喷层之间的间歇时间与水泥品种、施工温度(施工最低温度应不低于 5 ℃)和是否掺速凝剂等因素有关。喷射混凝土紧跟开挖时,从混凝土喷完到下一循环放炮的时间间隔一般应不小于 3 h,以使喷射混凝土的强度不因爆破振动受到影响。

③喷射分区与喷射顺序。为了减少喷射混凝土因重力作用而滑动或脱落的现象,喷射时,应按照分段、分片、分层、由下而上的顺序进行。图 10.10 所示为一个 6 m 长的基本段,又分为 3 个 2 m 长的小段,每段高 1.5 m(边墙),顺次横向推移,从"1"区向"3"区喷射,"3"区喷完 20~30 min 后,"1"区混凝土已终凝,可进行下一高度的喷射作业。进行第二层喷射不会造成第一层混凝土被冲坏。

喷射混凝土时,喷头要正对受喷岩面,均匀缓慢地按顺时针方向做螺旋形移动,一圈压半圈,绕圈直径为 20~30 cm,以使混凝土喷射密实。对凸凹悬殊的岩面,喷射时应注意喷射次序为先下后上,先两头后中间,以减少回弹量。在正常状态下拱部喷射混凝土的回弹率不超过 25%,边墙喷射混凝土的回弹率不超过 15%。

突然断水、断料时,喷头应移离受喷面,严禁用高压风、高压水冲击刚喷好的

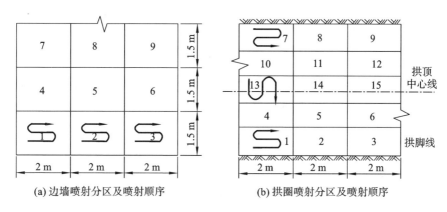

(a) 边墙喷射分区及喷射顺序　　(b) 拱圈喷射分区及喷射顺序

图 10.10　喷射分区及喷射顺序

混凝土。受喷面敷设有金属网时,水灰比宜稍大,喷嘴与受喷面的距离也应缩短到 0.7 m 左右。

(3) 喷射混凝土的养护。

为了使水泥充分水化,使喷射混凝土的强度均匀增长,减少或防止混凝土的收缩开裂,确保混凝土的质量,喷射混凝土要进行良好的养护。喷射混凝土终凝后 2 h 开始洒水养护。洒水次数以能保证混凝土处于湿润状态为度。养护期不得短于 14 d。黄土或其他土质隧道喷射混凝土宜采用喷雾养护,避免洒水软化下部土层。

10.4.2　锚杆

1. 锚杆的支护作用效果

锚杆加固围岩的作用主要表现在以下几个方面。

(1) 悬吊作用。锚杆可以把隧道洞壁上松动的岩块悬吊固定在深层的稳固岩体上,防止掉落,在有裂隙、节理发育的围岩中与喷射混凝土并用,效果更好。

(2) 组合梁效应。锚杆可以将隧道周边的层状岩体或节理发育的岩体串联在一起,形成叠合梁结构,阻止岩层的滑移和坍塌。

(3) 加固效应。在隧道周边按一定间距布置放射状的系统锚杆,可以使一定厚度范围内的有节理、裂隙的破裂岩体或软弱岩体紧压在一起形成连续压缩带,使围岩接近三向受力状态,使围岩的承压能力和稳定性得到提高;锚杆施加预应力时效果更明显。

2. 锚杆的布置

锚杆的布置分为局部布置和系统布置。

局部布置是指将锚杆用在坚硬、裂隙发育或有潜在龟裂及节理的围岩中,重点加固不稳块体。局部布置锚杆时,拱腰以上部位锚杆方向应有利于锚杆的受拉;拱腰以下及边墙部位锚杆方向宜与不稳定岩块滑动方向相反。

系统布置是指将锚杆用于软弱、破碎围岩中,对围岩进行整体加固。系统布置的锚杆宜垂直于隧道周边轮廓布置,在水平成层岩层中应尽可能与层面垂直或大角度相交,在倾斜成层岩层中应与层面斜交。锚杆宜呈菱形排列,纵、横间距为 $0.8 \sim 1.5$ m,密度为 $0.6 \sim 3.6$ 根$/m^2$。为使系统布置的锚杆形成连续均匀的压缩带,锚杆间距宜不大于锚杆长度的 1/2;围岩稳定性越差,锚杆间距越小。

3. 锚杆施工

(1) 钢筋砂浆锚杆。

①钻孔。应按锚杆支护的设计要求确定钻杆孔位、间距、与岩面交角、孔深及孔径等,用凿岩机钻孔。锚杆与岩面、层面或裂隙面的交角一般为 90°。孔径应比锚杆直径大 $15 \sim 20$ mm,以保证锚杆与孔壁之间充填一定数量的砂浆。

②注浆及安装锚杆。注浆前,应用高压风将孔眼吹净。注浆时,应将注浆管插入距孔底 $50 \sim 100$ mm,在注浆的同时徐徐向外拔注浆管,待注浆管口距钻孔口 $20 \sim 30$ cm 时停止注浆,将锚杆插入孔底,使砂浆挤满钻孔。为防止锚杆滑出,用木楔临时固定,砂浆初凝后去掉木楔。

③安装垫板。锚杆必须安装垫板,垫板与混凝土面密贴。垫板一般用厚 $6 \sim 10$ mm 的钢板制成,规格为 150 mm×150 mm 或 200 mm×200 mm。

④锚杆质量检查。锚杆质量检查包括检查长度、间距、角度、方向、抗拔力等。锚杆检查主要是做抗拔力试验,对于重要工程可增加灌浆密度试验。抗拔力不符合设计要求时,可用加密锚杆补强。

(2) 中空注浆锚杆。

中空注浆锚杆主要有普通中空注浆锚杆、组合式中空注浆锚杆和自进式中空注浆锚杆三种,常用的直径有 20 mm、22 mm、25 mm,长度一般为 $2 \sim 3.5$ m。

①钻孔。应按设计位置沿拱部开挖轮廓上标出锚杆位置;应用锚杆钻机或风枪钻孔。钻孔保持直线并尽量与所在部位岩层结构面垂直,孔径为 42 mm,孔深比锚杆设计长度大 10 cm。钻至设计深度后,应用水或高压风清孔,经检查后

安装锚杆。

②锚杆安装。应按设计要求制作中空注浆锚杆。使用前,应检查锚杆孔中是否有异物,如有异物,应清理干净。应人工安装锚杆,保持锚杆的外露长度为10～15 cm,然后安装孔口帽(止浆塞)。

③注浆准备。为了保证连续注浆,注浆前应认真检查注浆泵的状况是否良好,检查制浆的原材料是否备齐、质量是否合格。

④注浆。应严格按配合比配制浆液。应用快速接头连接好锚杆、注浆管及注浆泵。启动注浆泵注浆,直至浆液从孔口溢出或压力达到设计压力。注浆过程中若出现堵管现象,应及时清理锚杆、注浆管和注浆泵。为保证注浆效果,应严格控制注浆压力。

10.4.3 钢支撑

钢支撑又称为"钢架",架设后立即受力,强度和刚度均较大,可承受开挖时引起的松动压力,阻止围岩的过度变形。

1. 钢支撑类型

(1) 型钢支撑。

工程上采用的型钢有工字钢、H 型钢、槽钢、U 型钢及钢管等,在工地使用专用设备集中加工制作。型钢支撑可以提供较大的早期支护刚度,但与喷射混凝土结合不良,黏结力较小。

(2) 格栅钢支撑。

格栅钢支撑又称为"花拱",质量轻,现场加工制作容易,安装架设方便,对隧道断面变化的适应性好;可以很好地与锚杆、钢筋网、喷射混凝土结合,构成联合支护,增强支护的有效性;易与超前锚杆、小导管形成整体,进一步增强支护作用。格栅钢支撑的制作费工、费时。

钢支撑的纵向间距应根据支护的围岩而定,一般为 0.75～1.2 m,两榀钢支撑之间应设置直径为 20～22 mm 的纵向钢拉杆。

2. 钢支撑施工要点

钢支撑的截面高度应与喷射混凝土厚度相适应,一般为 16～20 cm;混凝土应有一定厚度的保护层。钢拱架通常在初喷之后架设,初喷混凝土厚度约为 4 cm。安装前,应清除底脚下的虚碴及杂物。各节钢支撑以螺栓连接,连接板应密贴。钢支撑外缘每隔 2 m 用钢楔或混凝土预制块楔紧。

钢支撑底脚应置于牢固的基础上。钢支撑应尽量密贴围岩并与锚杆焊接牢固,钢支撑之间应按设计纵向连接。钢拱架应尽可能与锚杆露头及钢筋网焊接,以增强联合支护效应。钢拱架的拱脚应有一定的埋置深度,以保证拱架脚的稳定(少沉降、少挤入)。可以采取的措施有垫石、垫板、纵向托梁、锁脚锚杆等。

喷射混凝土应分层、分次喷射完成,初喷混凝土应尽早进行,复喷混凝土应在量测指导下进行,以保证适时、有效。喷射混凝土时,应将钢支撑与岩面之间的间隙喷射密实,先喷钢支撑与围岩间的空隙,再喷钢支撑之间的空隙,使钢支撑全部被喷射混凝土覆盖,使两者形成整体;混凝土保护层厚度不得小于 40 mm。可缩性钢拱架的可缩性节点不宜过早喷射混凝土,应待其收缩合拢后再补喷。

10.5　防排水施工

10.5.1　防水层施工

围岩如有淋水点,应先采用注浆措施将大的淋水点或集中出水点封堵,然后在围岩表面设排水管或排水板竖向盲沟局部引排。初期支护如有淋水点,应在初期支护与二次衬砌之间设置竖向排水。竖向排水应在拱脚处用硬聚乙烯排水管穿过二次衬砌,接入侧沟。初期支护与二次衬砌之间应铺设土工布、防水板,变形缝、施工缝应采用中埋式橡胶止水带或其他止水措施。

1. 基面处理

喷射混凝土基面的表面应平整,两凸出体高度与间距之比,拱部应不大于 1/8,其他部位应不大于 1/6,否则应进行基面处理。

基面处理的内容如下:拱墙部分自拱顶向两侧将基面外露的钢筋头、铁丝、锚杆、排水管等尖锐物切除锤平,并用砂浆抹成圆曲面;凿除欠挖超过 5 cm 的部分;仰拱部分用风镐修凿,清除回填碴土和喷射混凝土回弹料;检查各种预埋件是否完好;确保喷射混凝土强度达到设计强度。

隧道断面变化或突然转弯时,阴角应抹成半径大于 10 cm 的圆弧,阳角应抹成半径大于 5 cm 的圆弧。

2. 缓冲垫层铺设

缓冲垫层常用土工布和聚乙烯泡沫塑料。铺设时,土工布应用带热塑性圆垫圈的射钉平整、顺直地固定在基层上,土工布搭接宽度为 50 mm,可用热风焊枪点焊,每幅防水板布置适当排数垫圈,每排垫圈距防水板边缘 40 cm 左右。侧壁垫圈间距为 80 cm,垫圈密度为 2~3 个/m^2;顶部垫圈间距为 40 cm,垫圈密度为 3~4 个/m^2。

3. 防水板铺设

防水板铺设多采用无钉(暗钉)铺设法,即先在喷射混凝土表面用明钉铺设法固定缓冲垫层,然后将防水板热焊在缓冲垫层垫圈上,使防水板无穿透钉孔,如图 10.11 所示。

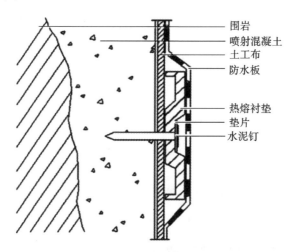

图 10.11　无钉铺设法铺设防水板示意图

防水板铺设可采用自制台车进行。防水板应环向铺设,相邻两幅接缝错开,结构转角处错开值不小于规定值。防水板宜采用从下向上的顺序铺设,松紧应适度并留有余量(实铺长度与弧长的比值为 10∶8)。检查时,要保证防水板全部面积均能抵到围岩。

防水板短边、长边的搭接以搭接线为准。防水板搭接处采用双缝焊接,焊缝宽度不得小于 10 mm,焊缝应均匀、连续,不得有假焊、漏焊、焊焦、焊穿等现象。在检查焊接质量和修补质量时,严禁在热的情况下进行,更不能用手撕。

铺设防水板地段距开挖工作面应不小于爆破安全距离。

4. 防水板搭接

防水板通常采用自动爬行热合机双缝焊接,防水板焊接在热熔衬垫表面。焊接前,应将防水板铺设平整,将焊接部位的灰尘、油污、水滴擦拭干净,使焊缝接头处没有气泡、褶皱及空隙。焊接时,要严格掌握焊接速度和焊接时间,防止过焊或焊穿防水材料;防水板的搭接宽度为 15 cm,双缝焊接的每条缝宽 1 cm,两条焊缝间留不小于 1.5 cm 宽的空腔用于充气检查。焊缝处不允许有漏焊、假焊、烤焦、焊穿处必须用同种材料片焊贴覆盖。防水板应搭接成鱼鳞片状,以利于排水。

5. 质量检查

应在洞外检查防水板及土工布的颜色、厚度、合格证是否符合要求。防水板的搭接缝焊接质量应用充气法检查:将 5 号注射针与压力表相接,用打气筒充气,压力达到 0.25 MPa 时停止充气,保持 15 min,压力下降在 10% 以内说明焊缝合格;压力下降过快,说明有未焊好处。用肥皂水涂在焊缝上,有气泡的地方应补焊,直到不漏气。

6. 混凝土施工时防水板保护

衬砌结构钢筋绑扎时,不得划伤或戳穿防水板,钢筋头采用塑料帽保护。焊接钢筋时,应用非燃物隔离。

底板防水层可用细石混凝土保护。浇筑混凝土时,振捣棒不得接触防水层。二次衬砌灌注混凝土时,不得损坏防水板。

10.5.2 变形缝、施工缝施工

变形缝、施工缝是防水的薄弱环节,必须按规范规定和设计要求严格、认真施作。

1. 变形缝

变形缝是考虑结构不均匀受力和混凝土结构胀缩而设置的允许变形的缝隙,是防水处理的难点,也是结构自防水中的关键环节。

变形缝宽度一般为 20~30 mm,防水材料可选用橡塑钢片止水带、双组分聚硫橡胶、四油两布双组分聚氨酯、聚苯板、EVA(乙烯-醋酸乙烯共聚物)防水砂浆等,结构中间埋入钢边橡胶止水带,止水带两侧分别用聚苯乙烯泡沫板填充。

操作时,用特制钢筋箍夹紧橡塑钢片止水带,使其准确居中,在封口处开宽 90 mm、深 35 mm 的槽,在与缝交接处放双组分聚硫橡胶,在其余部分填聚苯板。在嵌双组分聚硫橡胶前,将缝两边基面的表面松动物及浮碴等凿除,清扫干净并用砂浆找平,使其与变形缝两侧黏结牢固。槽体的两边涂四油两布双组分聚氨酯,槽体填充 EVA 防水砂浆。四油两布是指在防水工程中,先在基层面上铺两层布(通常是玻璃纤维布或油毡),然后在这两层布上分别涂刷四层油(可以是沥青、环氧树脂或其他防水防腐涂料)的施工方法。

2. 施工缝

施工缝采用止水带或止水条防水,设置在结构厚度的 1/2 处。施工前,要对止水带或止水条的材质、性能、规格进行检查,须符合设计要求,无裂纹和气泡。施工时,应先施工结构中预埋的一半止水带,用止水带钢筋夹固定或通过止水带边孔的钢丝固定在结构钢筋骨架上,并用两块挡头板牢牢固定,避免混凝土灌注过程中止水带移位。止水带不得打孔或用钢钉固定。

拆模和施工缝凿毛处理时,应仔细保护止水带,以防被破坏。后施工的结构灌注前,必须对止水带进行清洗。

3. 变形缝、施工缝的质量保证措施

保证施工缝粘贴止水条处混凝土表面光滑、平整、干净,施工缝凿毛时不被破坏。

止水条的安装确保"密贴、牢固、混凝土浇筑前不膨胀失效",使用氯丁胶粘贴并加钢钉固定,接头用氯丁胶斜面粘贴紧密。止水带的安装确保"居中、平顺、牢固、无裂口脱胶",并在灌注混凝土的过程中随时检查,防止止水带移位、卷曲,塑料止水带接头采取焊接。各种贯通的施工缝、变形缝的止水条、止水带的安装确保形成全封闭的防水网。

灌注混凝土前,应将混凝土基面充分凿毛并清洗干净。采用手工凿毛时,必须彻底清洗施工缝,必要时用钢刷刷干净。灌注时,确保新旧混凝土结合良好,使混凝土结合处有 20~30 mm 厚的水泥砂浆。水平施工缝可先铺设厚 20~30 mm 的与混凝土等强度的防水砂浆。

10.5.3 止水带和止水条施工

1. 背贴式橡胶止水带施工

背贴式橡胶止水带设置在衬砌结构施工缝、变形缝的外侧。施工时,按设计要求先在需要安装止水带的位置放出安装线。施工缝处设计有防水板的,如止水带材质与防水板相同,采用热焊机将止水带固定在防水板上;如设计为橡胶止水带,采用黏结法将止水带与防水板黏结。

2. 中埋式橡胶止水带施工

中埋式橡胶止水带施工时,将加工的直径为 10 mm 的钢筋卡由待模筑混凝土一侧穿向另一侧,卡紧一半止水带,将另一半止水带平靠在挡头板上,模筑混凝土凝固后弯曲钢筋卡,套上止水带,模筑下一循环混凝土。

止水带安装的横向位置,用钢卷尺量测内模到止水带的距离,与设计位置相比,允许偏差±5 cm。止水带安装的纵向位置,通常以施工缝或伸缩缝为中心两边对称,用钢卷尺检查,偏离中线的允许偏差为±3 cm。

用角尺检查止水带与衬砌端头模板是否正交,不正交会降低止水带的有效长度。检查接头处上、下止水带的压茬方向,应以排水通畅、将水外引为正确方向,即接茬部位下部止水带压住上部止水带。用手轻撕接头检查接头强度,观察表面打毛情况。接头外观应平整、光洁,抗拉伸强度应不低于母材,不合格时应重新焊接。

3. 遇水膨胀橡胶止水条的施工

选用的遇水膨胀橡胶止水条应具有缓胀性能,其 7 d 的膨胀率不大于最终膨胀率的 60%。

止水条应牢固地安装在缝表面或预留槽内。先将预留槽清洗干净,然后涂一层胶粘剂,将止水条嵌入槽内,并用钢钉固定。止水条连接应采用搭接方法,搭接长度大于 50 mm,搭接头要用水泥钉钉牢。止水条应沿施工缝回路方向形成闭合回路,不得有断点。

止水条表面应没有开裂、缺胶等缺陷,无受潮提前膨胀现象。止水条安装位置、接头连接应符合设计要求。止水条与槽底应密贴,没有空隙。

10.6 二次衬砌

10.6.1 施工模板类型与施工准备

1. 模板类型

隧道内常用模板有整体移动式模板台车、分体移动式模板台车、拼装式拱架模板。

(1) 整体移动式模板台车。整体移动式模板台车适用于全断面一次开挖成型或大断面开挖成型的隧道衬砌施工。它采用大块曲模板、机械或液压脱模设备、背负式振捣设备集装成整体,在轨道上行走,有的还设有自行设备,可以缩短立模时间,使墙拱连续灌注,加快衬砌施工速度。整体移动式模板台车生产能力大,可与混凝土输送泵联合作业,是一种先进的模板设备;尺寸较固定,可调范围小,适用性较差,一次性设备投资较大。

(2) 分体移动式模板台车。这种台车将行走机构与整体模板分离,一套行走机构可以解决几套模板的移动问题,既提高了行走机构的利用率,又可以同时施作多段衬砌。

(3) 拼装式拱架模板。拱架可采用型钢制作或现场用钢筋加工成桁架式拱架。为便于安装和运输,常将整榀拱架分解为 2~4 节,进行现场组装;为减少安装和拆卸工作量,可以做成简易移动式拱架(将几榀拱架连成整体),并安设简易滑移轨道。拼装式拱架模板的一次模筑长度,应与围岩地质条件、施工进度要求、分离生产能力以及开挖后围岩的动态等情况相适应。分段长度一般为 2~9 m,松软地段最长不超过 6 m。拼装式拱架模板灵活性大,适应性强,尤其适用于曲线地段。拼装式拱架模板安装架设较费时、费力,生产能力比模板台车低,在中小型隧道及分部开挖时使用较多。

2. 二次衬砌施工准备工作

(1) 断面检查。根据隧道中线和水平测量结果,判断开挖断面是否符合设计要求,按规范要求凿除欠挖部分,并做好断面检查记录。

(2) 放线定位。根据隧道中线、高程及断面设计尺寸,测量确定衬砌立模位置,并放线定位。放线定位时,为了保证衬砌不侵入建筑限界,须预留误差量和沉落量,并注意曲线地段的加宽。预留误差值考虑放线测量和拱架模板就位等可能存在误差,为保证隧道衬砌净空尺寸,一般将衬砌内轮廓尺寸扩大 5 cm。预留沉落量是因为考虑到未凝混凝土的荷载作用会使拱架模板变形和下沉,后期围岩压力作用和衬砌自重也会使衬砌变形和下沉。沉落量可根据实测数据确定或参照经验确定。预留的误差量和沉落量应在拱架模板定位放线时确定,并按此架设拱架模板和确定模板的加工尺寸。

(3) 清除浮碴,整平墙脚基面。墙脚地基应挖至设计高程,并在灌注前清除虚碴、排除积水、找平支承面。

(4) 拱架模板整备。使用拼装式拱架模板时,立模前,应在洞外样台上试拼拱架和模板,检查其尺寸、形状,不符合要求时进行整修。配齐配件,模板表面要涂抹防锈剂。模板重复使用时应注意检查整修,并注意曲线加宽后的衬砌及模板尺寸。使用整体移动式模板台车时,在洞外组装并调试好各机构的工作状态,检查好各部尺寸,保证进洞后正常使用。每次脱模后应检修。

(5) 立模。根据放线位置,架设安装拱架模板或使模板台车就位;安装和就位后,应做好各项检查,包括位置、尺寸、方向、高程、坡度、稳定性等。

10.6.2 二次衬砌施工要点

隧道二次衬砌施工大多采用仰拱超前,墙、拱随后由下至上整体浇筑的施工顺序。边墙基础的位置(水平施工缝)应避开剪应力最大的截面,并按设计要求做好防水处理。

二次衬砌混凝土应采用具有自动计量装置的拌和站集中拌和,混凝土输送罐车运输,轨道自动行走液压起臂整体模板衬砌台车、混凝土输送泵车灌注的方法。隧道内的混凝土施工比露天的混凝土施工难度大一些,拱部混凝土浇筑和捣固、衬砌背后空洞的回填都是重点,要做到"内实外美",要严格按照施工工艺施工。

1. 混凝土浇筑施工

准备工作完成,即可浇筑混凝土。拱脚及墙脚以上 1 m 范围内的超挖,应用同级混凝土回填灌注。

衬砌混凝土浇筑应分段、分层进行,混凝土浇筑时的自由倾落高度宜不超过 2 m。每层厚度根据拌和能力、运输条件、浇筑速度、捣固能力等决定,一般为

15~30 cm。整体模筑时,应注意对称浇筑,两侧同时或交替进行,以防止未凝混凝土对拱架模板产生偏压而使衬砌尺寸不符合要求。混凝土浇筑必须保证混凝土的连续性。浇筑层之间的间隔应能使混凝土在前一层初凝前浇筑完毕。若因故不能连续灌注,则按照施工接缝处理,使衬砌具有较好的整体性。

保证捣固密实,使衬砌具有良好的抗渗防水性能,尤其应处理好施工缝。衬砌的分段施工缝应与设计沉降缝、伸缩缝及设备洞位置统一考虑,合理确定位置。浇筑完成后,达到规定强度方能拆模。

2. 机械化浇筑模筑混凝土

机械化浇筑模筑混凝土是把配料、混凝土搅拌、运输、立模、灌注、捣固等主要施工过程的机械进行配套,即采用机械化搅拌站、全断面金属模板台车、混凝土泵和输送管道进行的综合模筑施工作业。机械化作业可以加快施工进度,提高工作效率,简化封口。

3. 压浆、仰拱和底板

(1) 压浆。

模筑混凝土施工时,受超挖回填不密实和混凝土坍落的影响,衬砌与防水板或喷层之间往往留有空隙,不密贴,拱顶尤为明显,需要进行压浆使之密贴,以改善衬砌结构受力工作状态。压浆工作宜与衬砌作业区保持70~100 m的距离,同时向前推进。

压浆一般只在拱顶部位进行,可采用注浆导管法(预留注浆孔法、纵向预留管道法)或者防水板焊接注浆底座法,施工中按照设计要求或实际需要选用。压浆材料多采用单液水泥浆。

(2) 仰拱和底板。

若设计无仰拱,底板施工通常在开挖完毕且拱墙修筑好后进行,以避免与开挖和拱墙衬砌作业相互干扰。若设计有仰拱,侧压和底压较大,仰拱应超前施工。仰拱和底板施工占用洞内运输道路,会对前方开挖和衬砌作业的出碴、进料造成干扰。因此,仰拱和底板的施作时间、分块施工顺序和与运输的干扰问题应进行合理安排。

仰拱应优先选择各段一次成型,避免分部灌注;灌注仰拱和底板时,必须把隧道底部的虚碴、杂物及淤泥清除干净,排除积水。超挖部分应用同级混凝土回填密实。长、大隧道仰拱施工,可以使用机械化程度较高的仰拱台车栈桥。仰拱台车栈桥上可通过各种施工运输车辆,可实现仰拱的全幅整体超前施工。仰拱施工不会影响隧道开挖所需配套设备(如风管、电缆等)的正常工作,可以实现仰拱施工与开挖运输平行作业。运输车辆通过栈桥不会影响仰拱混凝土品质。混凝土养护可以加速仰拱施工进程,确保有足够的混凝土强度。

4. 混凝土养护与拆模

一般情况下,衬砌混凝土灌注后 10～20 h 开始浇水养护。养护延续时间和每天洒水次数根据衬砌灌注地段的气温、相对湿度和所用水泥的品种确定。使用普通硅酸盐水泥时,一般应连续养护 7～14 d。在严寒地区冬季灌注混凝土时,应采取防寒措施,防止冻坏衬砌。在围岩及初期支护变形基本稳定的条件下施作的二次衬砌,可在混凝土强度达到 8 MPa 后拆模;在初期支护未稳定的条件下施作的二次衬砌,应在混凝土强度达到设计强度后拆模。

10.7 隧道施工附属坑道与辅助作业

10.7.1 辅助坑道施工

当隧道较长时,可选择设置适当的辅助坑道,如横洞、平行导坑、斜井、竖井等,其作用除增加施工工作面、加快施工速度外,还有改善施工的通风、排水等条件,减少施工干扰,竣工后可以作为永久的通风通道或应急救援通道等。

1. 横洞施工

横洞开挖与一般隧道相同。横洞支护采用锚喷支护。需要注意的是,横洞与正洞相交处应加强支护。横洞通常不做二次衬砌,将横洞作为运营通风口时须施作二次衬砌。

正洞与横洞相交地段处于复杂的三维受力状态,为保证正洞安全挑顶施工的完成,正洞初期支护必须坐落于一个牢固的落脚平台,同时加强该段正洞初期支护的锁脚锚杆施工,防止拱架下沉。

(1) 交叉口处锁口设置。由于正洞开挖断面较大,为确保扩顶段正洞施工安全,横洞与正洞交接处应设置型钢锁口(锁口一般由 2 榀 I22a 全环型钢钢架组成,钢架间一般采用直径为 22 mm 的钢筋连接),喷 C30 混凝土覆盖钢架,及早施作横洞二次衬砌。进入正洞施工一定距离后(2~3 m),反向挑顶施作异形锁口和矩形拱架,架立正洞斜梁型钢并用锚杆锁死,然后喷射混凝土覆盖。

(2) 设置悬挑梁,为正洞拱架提供落脚平台。反向挑顶开挖,在正洞与横洞拱顶交界里程处,沿正洞方向设置拱顶纵向横梁,在横梁两端设置 I20b 型钢立柱,紧贴横洞异型钢架。横梁采用 I22a 型钢,牢固焊接于横洞锁口钢架拱顶;横梁与横洞锁口钢架间空隙设置 I20b 型钢竖向立柱,立柱与正洞拱架位置相对应,牢固焊接并喷射 C30 混凝土回填密实。

(3) 加密设置交叉口段正洞初期支护锁脚锚管(每榀钢架单侧不少于 4 根锁脚锚管),注水泥砂浆,将锁脚锚管与钢架牢固焊接,防止拱架下沉。

(4) 横洞以圆曲线转体进入正洞施工时,严格控制开挖进尺,确保围岩稳定。若围岩开挖后与设计不符,及时通知相关单位,进行围岩支护变更。

(5) 交叉口段正洞径向锚杆施工到位,与正洞型钢焊接牢固,构成一个完整支护体系。

(6) 交叉口段施工应加强监控量测,及时掌握围岩变化情况,指导施工。

2. 平行导坑施工

(1) 平行导坑平面布置时,一般设于有地下水的一侧,宜与隧道正洞尽量平行,以减少平行导坑工程量及利用其排水,使正洞施工较干燥;平行导坑位置应结合地质、弃碴场地等条件综合考虑确定。平行导坑纵坡应与隧道正洞纵坡一致。

(2) 平行导坑的断面形式:当采用木构件或金属构件支撑时,一般多为矩形或梯形;当采用锚喷支护时,为能充分发挥围岩自承作用,宜采用拱形。

(3) 平行导坑距洞口 500 m 以内可不设横向通道;再往里掘进,每隔 120~180 m 设一个横向通道,以方便出碴、进料。反向横向通道可在适当位置设置,方便调车。横向通道与隧道中线交角宜为 40°~45°。若夹角过小,夹角为锐角处的围岩容易坍落,横向通道长度会增加;若夹角过大,运输线路的运行条件较差,运输车运输较为困难。横向通道的坡度由正洞与平行导坑的高差决定,一般不大。

(4) 平行导坑是否衬砌,视地质条件而定,一般可以不修筑永久衬砌。平行导坑作为永久通风道或泄水洞时,应修筑永久衬砌。

(5) 为增大正洞工作面以及利用平行导坑超前预测正洞的地质情况和通风、排水,平行导坑应超前于正洞,通常需超前正洞导坑两个横向通道的距离,但也不宜过长,以减少平行导坑施工通风等的困难。超前距离一般不小于120 m。

(6) 当洞内施工运输量大时,可以每隔5~6个横向通道设置一个反向横向通道,以便于增加运输回路,利于运输车辆调度。连接平行导坑和正洞的横通交叉口处,应在平行导坑和正洞开挖至其位置时一次挖好,以利于通风、出碴,不影响平行导坑和正洞的掘进速度。

(7) 平行导坑一般采用有轨运输,应及时铺好道岔、接通轨道。正洞的各项作业应分区、分段进行,以减少干扰。分区、分段的长度应根据横向通道及运输组织管理确定。大断面开挖的隧道,采用大型机具施工,干扰小,通风、排水、运输、施工条件好,一般可不用平行导坑。

3. 斜井施工

(1) 斜井斜度较大,出碴运输需要较强的牵引动力设备,如用卷扬机牵引提升机、皮带运输机、无轨运输或有轨运输等。

(2) 斜井井口不得设在可能被洪水淹没处,井口位置应高出洪水频率为1/100对应水位且高度至少为0.5 m;设于山沟低洼处时,必须有防洪措施。井口场地最小宽度一般不小于20 m,以利于井口场地布置及出碴卸料。井身避免穿越含水量大及地质不良的区段。斜井井口场地通常设有向洞外的不小于0.3%的下坡,以防车辆溜向洞内造成不安全事故,且有利于排水。

(3) 斜井的倾角根据提升方式、提升量、井长及进口地形而定。不同提升方式的斜井倾角规定如下:箕斗提升时,不大于35°;斗车提升时,不大于25°;胶带运输机提升时,不大于15°。斜井井身纵断面不宜变坡;井口和井底变坡点应设竖曲线,竖曲线半径一般采用12~20 m。

(4) 提升机械一般用卷扬机牵引斗车,斜井坡度很小时亦可采用皮带运输或无轨运输;斜井内的轨道数视出碴量而定。单线行车道的坑道底宽一般为2.6 m,三轨双线行车道的坑道底宽为3.4 m,双线行车道的坑道底宽为4.1 m(以上均包括单侧设宽70 cm的人行道)。坑道的高度通常不小于2.6 m。单线行车道或三轨双线行车道较为常用,并在斜井中部设有四轨双线行车道作为错车道,这样可减少开挖断面及节约运输器材和费用。通过经济技术比较确定斜井作为永久通风道时,断面大小应满足通风要求。

(5) 井口段应修筑永久衬砌,其他部分视地质条件及是否作为永久通风道等条件决定是否修筑永久衬砌。施工期间应做好井口防水工程,严防水淹。卷扬机牵引斗车应防止钢丝绳破损拉断或脱钩等事故,因此应严格控制牵引速度,在井口设置安全闸。斗车出洞后应及时安好安全闸,以防止溜车;为防止斗车在坡道上因脱钩或钢丝断裂而下滑,可在斗车上或在坡道上设置溜沟或设置安全索,阻止斗车继续下滑,以确保安全。斜井坡道终点或坡道中间适当位置可设安全缆绳并由专人负责看守,斗车经过后即拉紧钢丝绳,避免斗车脱钩冲入井底车场而发生严重事故。井底调车场及井身每隔30~50 m宜设避险洞,以保证作业人员的安全。

(6) 斜井施工开挖。炮眼方向应与斜井倾斜角一致,底眼应比井底标高略低,避免出现台阶;每一循环进尺应用坡度尺控制井身坡度;应每隔20~30 m用测量仪器复核中线桩、水平标高,以保证斜井井身位置正确;斜井井口地段、不良地质或渗水的井身以及井底作业室、调车场施工时应加强支撑,并及时衬砌以保证安全。

4. 竖井施工

竖井常采用自上而下单行作业法施工,并采用分段作业,完成一段后再进行下段作业。自下而上的开挖方法的使用必须以正洞已超前竖井位置为前提。自上而下的开挖方法较安全,但需要提升出碴,因此施工速度较慢、造价较高。自下而上的开挖方法的优点是可利用自由落体出碴,无须提升石碴,施工进度较快,造价较低;缺点是向上钻炮眼、装药、爆破等均有一定的难度,必须加强施工安全措施。

根据工程地质和水文条件,竖井可采用人工开挖或下沉沉井的方法进行施工。竖井施工应符合下列技术要求。

(1) 为了能用多台钻机打眼和降低爆破抛掷高度,减少对井筒设备的损坏,开挖宜采用直眼掏槽。为使开挖底面平坦,炮眼深度应一致。有地下水时,应采用立式梯台超前掏槽法开挖。立式梯台开挖是将开挖面分成两部分交替向下掘进,每次爆破成上、下两个平台,以利于排水。为防止流砂,应将钻好的炮眼口临时堵塞。此外,爆破时要将水泵等提起,会暂时积水,为防止漏电,应对连线绝缘加以保护。

(2) 每次爆破后,应检查断面,不得欠挖。每掘进5~10 m,应核对中线,及时纠正偏斜。若采用自下而上开挖的方法,应先在地面竖井中央钻一个直径为13 cm的中心孔直至井底,称为"主孔"。主孔可与地质钻孔结合,精度要求较高,主孔用来穿挂悬吊由下往上开挖所用罐的钢丝绳。主孔壁要光滑且坚固,在钻孔过程中可采用灌注水泥、水玻璃浆的方法加固,并用水泥砂浆扫孔封闭。应在距主孔1.0 m处再钻一个直径为10 cm的副孔,用于通风、设置通信电缆、喷射混凝土。提升卷扬机应安装在地表的平整场地上。卷扬机和通过主孔的钢丝绳升降吊罐自下往上为开挖导向。

(3)竖井开挖装碴宜采用抓岩机。抓岩顺序如下:有水时先抓出水窝,及时排水,以便使石碴露出水面,然后抓出桶窝,放置吊桶,以降低吊桶高度,缩小抓起高度,达到减少装碴时间、加快吊桶出碴速度的目的。

(4)竖井采用锚喷支护时,每次支护的高度视围岩稳定程度而定。随着竖井井深的增加,供水管内压力将加大,为使供水管内水压与风压相适应,保证喷射混凝土的质量,应在供水管上设置降压阀以调节管路水压。在竖井井口段、马头门及地质较差的井身地段,当采用混凝土衬砌时,应按需要设置壁座或打锚杆,以增强井筒的稳定性。

(5)竖井内应设安全梯和提升罐道,提升罐应有防坠设备。竖井提升设施的使用能力,安全装置的种类和组装、使用、保养过程中应做到的事项,应符合有关规定,达到安全施工的目的。

10.7.2 通风与防尘

1. 隧道通风

隧道通风设备主要有通风机和通风管。通风机的作用是提供足够的风量,满足隧道施工需求量要求,提供足够的风压来克服通风系统阻力。通风管的作用是保证良好的密封性,保证工作面有足够的风量,降低摩擦阻力和风压损失。

(1)通风机的安装。

通风机应安装于稳固的基础或台架上,基础或台架要能承受机体重量及其运行时产生的振动。主风机安装应满足通风设计要求。采用巷道式通风时,宜在平行导坑口修建通风机房安装主风机;采用管道式通风时,压入式或吸出式主风机可安装在洞口附近的适当地点。洞内辅助风机应安装在新鲜风流中;局部通风的风机距离开挖面要有一定距离,爆破前应对风机进行防护或移开风机,以免炸损。通风机应装有保险装置,发生事故时应能自动停机。

主风机原则上应保持连续运转,其养护维修可安排在节假日。必须间歇时,间歇时间不得超过30 mim,会因停止供风而受影响的工作应停止。主风机架设在不会影响运输车辆进出隧道的高度,在距离洞口大于30 m处安放,可防止污染空气回流。风机进气口应安装喇叭口,以提高吸入的效率。为防止异物进入风机损坏叶片和风机伤人事故发生,通风机进气口应设置铁箅子,通风机前后5 m内不得放置液体和固体物品。

压入式通风管的进风口宜在洞口以外30 m处,吸出式通风管的出风口应做成烟囱式,以确保洞内的空气都是新鲜的。如果压入式通风管的出风口离工作面的距离过大,通风效果往往不理想。吸出式通风管的进风口离工作面的距离不能过大,否则有可能将大量流入的新鲜空气吸出,影响通风效果。

采用混合式通风方式时,为了保证到达工作面的空气是新鲜的,两组风管的交错搭接的距离为20～30 m。局部通风时,一般采用吸出式通风,从其出风口出来的是已污染的空气,因此应将其引入主风流循环的回风流,一起排出洞外。

巷道内的风速小于通风要求最小风速时,可布设射流风机来卷吸升压、提高风速。

(2) 通风管的布置。

通风管应与风机配套,同一管路的直径宜一致。独头掘进长度较长时,宜选用大直径通风管。通风管与开挖面的距离应根据开挖面大小确定:送风式通风管的送风口距开挖面宜不大于15 m;压入式通风管的出风口距开挖面应小于风流的有效射程;排风式通风管的吸风口距开挖面宜不大于5 m。靠近开挖面的通风管应可移动,爆破前应从掌子面处移走。采用混合式通风方式时,当一组风机向前移动时,另一组风机的管路应相应接长,并始终保持两组管道相邻端交错20～30 m;局部通风时,排风式通风管的出风口的出风应引入主风流循环的回风流。

隧道内的通风管,应布设在不妨碍运输作业、衬砌作业的空间,如隧道拱顶中央、隧道中部或边墙墙角。布设在拱顶中央通风效果较佳。在衬砌模板台车附近,不要使通风管急剧弯曲,以减少风压损失。

通风管安装要牢固、平顺,以免受到冲击振动而移动、掉落。通风管一般采用夹具固定在锚杆或钢拱架等构件上。若无锚杆或钢拱架,可设置小型膨胀螺栓并悬挂承力索,然后用吊钩将通风管悬挂在承力索上。

通风管的连接应密贴,以减少漏风,弯管半径应不小于风管直径的3倍。硬管用密封带或垫圈连接,软管用紧固件连接。软管加长宜采用高频热塑焊接工艺加工,其优点是接缝处平滑、无缝隙且强度高,减少了接头个数,从而减少了漏风量,降低了风流的沿程阻力,方便安装和管理。

特长隧道通风可以考虑永临结合,宜优先选用大直径通风管,通风管长度可为50～100 m,通风管接头宜少,必要时可设置接力风机,宜适当减小通风管吊装间距(宜不大于 5 m)。

2. 隧道防尘

(1) 综合防尘措施。

①湿式作业。湿式作业是隧道施工中普遍采用的一项重要的防尘措施,主要包括以下措施。

a. 湿式凿岩。湿式凿岩是在凿岩机钻孔过程中先送水再送风,利用高压水湿润粉尘,使其成为岩浆流出炮眼,防止岩粉飞扬。湿式凿岩是防尘措施中最主要的措施。对于缺水、易冻害或岩石不适合湿式钻孔的地区,采用干式凿岩并在孔口捕尘的效果也较好。

b. 水封爆破。该方法利用装满水的塑料袋代替炮泥堵塞炮口,爆炸时水变成雾或蒸汽,能吸附粉尘。

c. 洒水喷雾。喷雾一般是在爆破时实施的,主要是防止爆破中产生的粉尘的浓度过大。喷雾器分为两种:一种是风水混合喷雾器;另一种是单一水力作用喷雾器。前者是利用高压风将流入喷雾器中的水吹散而形成雾粒,更适合爆破作业时使用;后者不需要高压风,只需一定的水压即可喷雾,便于安装,使用方便,可安装于装碴机上,故适合装碴作业时使用。洒水是降低粉尘浓度简单而有效的措施,即使在通风较好的情况下,洒水降尘仍然需要。单纯加强通风,会吹干湿润的粉尘而使其重新飞扬。对碴堆洒水必须分层洒透,一般每吨岩石洒水的耗水量为 10~20 L,如果岩石湿度较大,水量可适当减少。

d. 喷雾捕尘(用水捕捉悬浮在空气中的粉尘)。喷雾捕尘是指把水雾化成微细水滴并喷射于空气中,使水滴与尘粒碰撞接触,使尘粒被水滴捕捉而附于水滴上或者与湿润的尘粒相互凝集成大颗粒,从而加快沉降速度。

②机械通风。机械通风可以稀释隧道内的有害气体浓度,给施工人员提供足够的新鲜空气,也是防尘的基本方法。因此,除爆破后需要通风外,还应保持通风的经常性,这对于消除装碴运输中产生的粉尘十分有利。

③个人防护。个人防护包括佩戴防尘口罩、正压式空气呼吸器。在进行凿岩、喷射混凝土等作业时,作业人员还要佩戴防噪声的耳塞及防护眼镜等。

(2) 开挖阶段的防尘措施。

开挖阶段的防尘措施是指在钻孔、爆破、装碴等作业过程中采取措施,尽量减少粉尘的数量,主要措施有湿式凿岩、合理确定爆破参数、水封爆破、放炮后喷雾、装碴洒水喷雾、机械通风及个人防护。

(3) 喷射混凝土时的防尘措施。

喷射混凝土的干混合料是在喷嘴附近的水环内才与高压水混合的,混合时间短,而料束的喷射速度高,集料未能充分拌湿便喷射出去,产生粉尘。此外,混合料干拌和输送过程中以及操作喷射机时也会产生一定的粉尘。防尘措施主要有适当增加砂石含水率、采用湿喷工艺、在作业区加强通风、作业人员穿戴防护用具。

10.7.3 压缩空气供应

隧道施工通常采用以压缩空气为动力的风动机械(具)设备,常用的有凿岩机、装碴机、喷射混凝土机具、锻钎机、压浆机等。这些风动机具所需的压缩空气,由空气压缩机(以下简称"空压机")生产,并通过高压风管输送给风动机具。要保证风动机具正常工作,压缩空气必须有足够的风量和工作风压,还应尽量减少在输送过程中的风量和风压损失,从而达到节约能源、降低消耗的目的。

1. 空压机站的设置

应根据计算确定空压机站的生产能力,选择合适的空压机和适当容量的贮风筒。当一台空压机的排气量不满足供风需要时,可选择多台空压机组成空压机组。为充分发挥设备潜力,应综合考虑电动、内燃空压机的优缺点并合理配备。短隧道可采用移动式内燃空压机,长隧道可采用固定式大型电动空压机。施工初期缺乏电力时可采用内燃空压机过渡。

按工作原理,空压机分为活塞式空压机和螺杆式空压机。活塞式空压机具有结构简单、维护方便、价格低廉等优点,但是容易坏且噪声大。螺杆式空压机工作效率高,具有节能、噪声小、安装方便、占用场地小等特点,在隧道施工中被广泛采用。为便于操作和维修,同一隧道施工宜采用同类型的空压机;考虑到施工风量负荷不均匀,为避免空压机的回风空转,可选择一台较小排气量(一般为其他空压机容量的一半)的空压机与其他空压机进行组合。

空压机一般集中安设在洞口附近的空压机站内,并靠近变压器。空压机站应设在空气洁净、通风良好、地基稳固且便于设备搬运之处并尽量靠近洞口,以缩短管路,减少管道漏风损耗。空压机站应有防水、降温和防雷击设施。长隧道及特长隧道的空压机可布设在洞内适当位置;独头掘进长度大于1500 m的隧道宜采用移动式空压机供风,移动式空压机宜布置在隧道紧急停车带、设备洞室、横向通道等对隧道施工干扰小的地方。

2. 高压风管的设置

高压风管管径的选择,应满足工作面工作风压不小于 0.5 MPa 的要求。空压机生产的压缩空气的压力一般为 0.7~0.8 MPa,钢管终端的风压不得小于 0.6 MPa,通过胶皮管输送至风动机具的工作风压不小于 0.5 MPa。高压风管的直径应根据最大送风量、风管长度、闸阀等计算确定,宜不小于 100 mm。

高压风管管路安装敷设要点如下。

(1) 管道安装前,应进行检查,有裂纹、创伤、凹陷等现象时不能使用,管内不得留有残余杂物和其他脏物;各种闸阀应拆开清洗,并进行水压强度试验,合格方能使用。管道使用时,应加强对风管的保护,避免爆破飞石可能造成的损坏,应有专人负责检查、养护。管道敷设要求牢固、平顺,接头严密,不漏风。

(2) 洞内高压风管路在洞内应敷设在电缆、电线的另一侧,不妨碍运输,不影响边沟施工;应与运输轨道有一定距离,管道高度一般不应超过运输轨道的轨面,若管径较大而超过轨面,应适当增大距离;如与水沟同侧,不应影响水沟排水。有平行导坑的隧道的主风管道一般布置在平行导坑内横向通道对面一侧,支管路从轨道下方穿过横向通道到正洞。独头巷道的隧道的风管应位于水沟异侧。

(3) 在洞外段,风管长度超过 100 m,温度变化较大时,宜安装伸缩器;靠近空压机 150 m 以内,风管的法兰盘接头宜用耐热材料制成的垫片,如石棉衬垫等。

(4) 有计划地安装洞内支管路及闸阀,做到既满足各施工点的施工需要,又尽量减少配件数量。空压机站主输出管道上必须安装总闸阀,以便控制和维修管道;主管应每隔 300~500 m 安装闸阀;适当地段(一般每隔 60 m)应加设一个三通接头备用;管道前端至开挖面距离宜保持在 30 m 左右,并用直径为 50~75 mm 的高压软管接分风器;采用分部开挖法时,通往各工作面的软管的长度宜不大于 50 m,与分风器联结的胶皮软管宜为 10~15 m,分风器与凿岩机用直径为 25 mm 的软管连接。

(5) 主管长度大于 1000 m 时,管道最低处应设置油水分离器,定期放出管中聚积的油水,以保持管内清洁与干燥。

10.7.4 施工供电与照明

1. 隧道施工供电

(1) 隧道施工供电方式。

隧道施工供电方式有自设发电站供电和地方电网供电两种。地方电网供电既方便又安全,所以一般尽量采用地方电网供电,只有在地方电网供电不能满足施工用电需要或距离电源太远时,才自设发电站供电。自设发电站供电还可作为备用,在地方电网供电不稳定时采用。有些重要施工场所应设置双回路供电网,以保证供电的稳定性。采用地方电网供电时,施工供电主要考虑变压器的选择和供电线路的布置。

(2) 变压器的选择。

变压器一般根据估算的施工总用电量来选择,其容量应等于或略大于施工总用电量;在使用过程中,变压器承受的用电负荷应为额定容量的60%左右。

变压器的位置应考虑便于运输、运行和检修,同时选择在安全可靠的地方,因此应满足以下几个方面的要求。

①变压器必须安设在其供电范围的负荷中心,使其投入运行时线路损耗最小,且满足电压要求。线路末端电压降满足要求时,可在洞外设置变压器,再低压进洞。洞外变电站宜设在洞口附近,并靠近负荷集中地点的电源来线一侧。当配电电压为380 V时,供电半径应不大于700 m,一般以500 m为宜。高压变电站之间的距离在1000 m左右。

②洞内变电站之间的距离宜不超过1000 m。变压器应选择在高压进线方便处且尽量接近高压线,一般应安设在大负荷的附近。变电站宜设置在干燥的紧急停车带、避车洞或不使用的横向通道内,变压器与周围洞壁的最小距离应不小于30 cm;采用井下高压配电装置或相同电压等级的油开关柜,不应使用跌落式熔断器;应设防尘措施,并按规定采取设置防护栏(网)、灯光警告标志等安全防护措施,高压分线部位应设明显的危险警告标志。

(3) 供电线路布置。

洞内供电线路布置和安装,需依据有关电力工程、电气设备安装的规定,并结合隧道施工的具体情况,满足以下要求。

①根据隧道作业特点,电线线路架设分两次进行。在进洞初期,先用橡胶套电缆装设临时电路,随着工作面的推进,在成洞地段改用胶皮绝缘线架设固定线

路,换下电缆供继续前进的工作面使用。竖井、斜井宜使用铠装电缆。隧道内架空线路必须采用绝缘导线,并有短路保护和过载保护。架空线路的跨距不得大于 35 m,线间距不得小于 0.3 m,靠近线杆的两条线的间距不得小于 0.5 m。

②供电线路不得与人行道布置在同一侧。输电干线或动力、照明线路安装在同一侧时,必须分层架设。架设的方式如下:高压在上,低压在下;干线在上,支线在下;动力线在上,照明线在下。电线悬挂高度要求如下:400 V 以下应不小于 2.5 m,6～10 kV 应不小于 3.5 m。瓦斯地段的电缆应沿侧壁铺设,不得悬空架设。

③隧道内配电线路分低压进洞和高压进洞两种。隧道长度在 1000 m 以下时(独头掘进时),采用低压进洞,电压为 400 V,配电变压器设在洞外;隧道长度在 1000 m 以上时,采用高压进洞,以保证线路终端电压不致过低。高压进洞电压一般为 10 kV,配电变压器设在洞内。

④分配电箱与末级配电箱的距离宜不超过 30 m。动力末级配电箱与照明末级配电箱应分别设置。配电箱中心与地面的垂直距离宜为 1.4～1.6 m。落地安装的配电箱底部距离地面应不小于 0.2 m。配电箱的进出线不应承受外力。

⑤低压配电装置宜采用成套组合电器,也可采用带有空气断路器的低压配电器或临时装设自动空气开关。开关应设置在配电箱内。各级配电箱分支回路应设置具有短路、过负荷、接地故障保护功能的电器。总配电箱和分配电箱的进线应设置断路器;断路器无隔离功能时,应设置隔离开关;总断路器的额定值应与分路断路器的额定值相匹配。末级配电箱的进线应设置总断路器;各种开关的额定值应与其控制的用电设备的额定值相匹配。

2. 隧道施工照明

隧道施工作业地段应有充足的照明,一般采用电灯或荧光灯,其优点是价格低、使用方便,但耗电量较大且亮度较弱。隧道施工作业地段采用普通光源照明时,施工作业面亮度不小于 15 W/m²,不安全因素较大地段宜加大光照度。

主要交通道路、竖井、斜井、涌水较大的抽水站、高压变电站等重要地点,应设事故照明装置,以保证安全。漏水地段照明应采用防水灯头和灯罩。瓦斯地段的照明器材应采用防爆型。洞内每隔 50～100 m 应设置应急照明灯。

以往隧道内施工照明长期使用白炽灯,费电、亮度低,目前广泛采用 LED 灯、低压卤钨灯、高压钠灯、钪钠灯、钠铊铟灯等节能光源照明,亮度高,安全性能好、节电效果明显,使用寿命长,维修方便,减少了电工的劳动量。

安全用电是安全生产的重要事项。安全用电主要指防止触电事故,常用的安全技术措施如下:采用绝缘、屏护遮拦,保证安全距离;采用保护接地;采用安全电压。

10.8 隧道施工实践——以天峨至北海公路第3标段工程为例

10.8.1 工程概况

天峨至北海公路(平塘至天峨广西段)第3标段(以下简称"本项目")路线起点桩号为K29+650,起于帮里隧道中间,路线自北向南,依次经过拉堡村、帮里村、龙腰村、龙腊村、罗屯村,终点位于罗屯2号桥桥尾,终点桩号为K51+542。路线全长21.892788 km,设连接线1条,连接线全长2.793 km。路线采用设计速度为100 km/h,路基宽为33.5 m 的双向六车道高速公路标准。

本项目挖土石方$839×10^4$ m^3,填方$682×10^4$ m^3,其中深挖路堑(>30 m)35处,高填方路堤(>20 m)22处;主线桥梁共5525.6 m/11座,天桥321 m/3座,其中桩基832根,高墩(>30 m)138根(其中40 m以上48根),预制40 m T梁共1965片;涵洞通道共78座;隧道共2951 m/2.5座,分别为帮里隧道0.5座(中间分标段,长1043 m)、龙腰1号隧道(长1413 m)、龙腰2号隧道(长495 m);互通立交1处;停车区1处;桥隧比为39.39%。

本项目隧道施工以新奥法为指导原则,采用复合式衬砌,以锚杆、钢筋网、喷射混凝土、钢拱架等为初期支护,并辅以长管棚、超前小导管注浆和超前锚杆等超前支护措施,发挥围岩的自承能力,在监控量测信息的指导下施作二次衬砌。

根据本项目的特点,施工贯彻"光面爆破是基础,初期支护保安全,围岩量测明情况,施工通风出效率,铺底先行造环境,二次衬砌质量树形象"的工作思路。隧道进口端采用三臂凿岩机开挖,出口端采取凿岩台车和人工钻爆开挖,用挖掘机配合装载机出碴,采用无轨运输施工方案,实施开挖(钻、爆、装、运)、支护(拌、运、喷、锚)、衬砌(拌、运、灌、捣)三条机械化作业线,保证三条作业线施工机械实用先进、选型科学、互不干扰、节奏紧凑。

为保证隧道结构安全,隧道施工时应严格遵循"少扰动、快加固、勤量测、早封闭"的原则,在施工中加强监控量测,根据量测分析结果及时调整设计参数,实现动态设计、信息化施工。隧道总体施工程序图如图10.12所示。下面针对隧道开挖、初期支护、二次衬砌及防排水施工进行介绍。

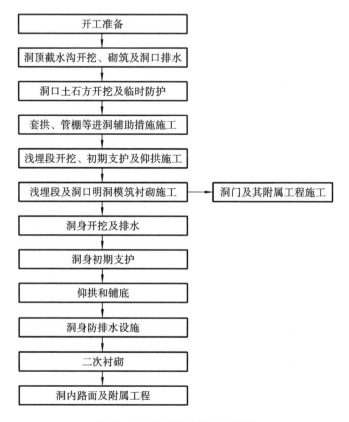

图 10.12　隧道总体施工程序图

10.8.2　隧道开挖施工

根据设计要求及施工经验,隧道明洞为明挖,洞口段以机械开挖为主。Ⅴ级围岩采用双侧壁导坑法或环形开挖留核心土法;Ⅳ级围岩采用双侧壁导坑法、环形开挖留核心土法或三台阶法;Ⅲ级围岩采用上台阶法或三台阶法。

1. 明洞开挖

隧道进、出口端采用挖掘机、人工、松动爆破配合开挖,采用装载机配合自卸汽车运碴。在挖至基底标高 50 cm 以下部分时,以人工开挖辅助,防止扰动基底。

2. 围岩开挖

(1) 分离式隧道Ⅴ级围岩 S5-P、S5-A 衬砌段及小净距隧道Ⅴ级围岩 XS5-P、XS5-A 衬砌段,隧道开挖必须在超前支护完成后进行,采用双侧壁导坑法开挖。

(2) 分离式隧道Ⅴ级围岩 S5-B、Ⅳ级围岩 S4-A 及小净距隧道Ⅴ级围岩 XS5-B、Ⅳ级围岩 XS4-A 衬砌段,隧道开挖必须在超前支护完成后进行。施工开挖采用七步预留核心土开挖法。各部开挖循环进尺为 0.8～1 m,预留核心土长度为 3～5 m。

(3) Ⅳ级围岩 S4-B、XS4-B 衬砌段采用三台阶法开挖。机械开挖和爆破掘进结合。隧道开挖必须在超前支护完成后进行。施工严格遵循"管超前、严注浆、弱爆破、强支护、早成环、勤量测"的原则。两榀一循环,初期支护边开挖边支护。

(4) Ⅲ级围岩 S3 衬砌段采用上台阶法,上台阶长度为 30～50 m,初期支护紧跟开挖面,严格控制装药量。下台阶开挖在上台阶支护完成后、喷射混凝土强度达到设计强度的 70% 后进行。

3. 隧道紧急停车带开挖

隧道紧急停车带 JS4 衬砌段采用双侧壁导坑法开挖,JS3 衬砌段采用三台阶法开挖,机械开挖和爆破掘进相结合。

隧道标准断面与紧急停车带位置存在突变断面,断面尺寸相差大,需采取技术措施才能实现突变。突变分两类:一类是由大断面突变到小断面;另一类是由小断面突变到大断面。大断面突变到小断面的常规做法是将大断面全部施作到设计位置后,再破口进入小断面施工。小断面突变到大断面可在硬质围岩中直接采用错台方式实现。

4. 人行和车行横洞开挖方法

隧道人行横洞采用直墙拱形断面,断面较小且与行车方向基本垂直,采用全断面光面爆破双向开挖,在中间贯通。人行横洞与主洞交叉处受力复杂,施工中应加强围岩监控量测,并及时根据围岩监控量测结果调整开挖方式和修正支护参数。

隧道行车横洞采用全断面光面爆破双向开挖,在中间贯通,与隧道正洞开挖掌子面拉开一定距离后(该距离视实际施工情况确定,以不影响正洞施工为准)开挖进洞,进洞前做好超前支护,以保证安全进横洞。车行横洞与主洞交叉处受力复杂,施工时应加大现场监控量测力度,根据现场监测结果修正支护参数,确保隧道安全。

5. 钻爆设计

(1) 爆破器材的选用。

雷管采用电子雷管,设定不同的延期时间,同一延期时间的雷管划为一段。炸药采用2号岩石乳化炸药。

(2) 循环进尺的确定。

Ⅴ级围岩控制在 0.6～1.2 m,Ⅳ级围岩控制在 1～2 m,Ⅲ级围岩控制在 2～3 m。

(3) 爆破参数的确定。

为减轻对围岩的扰动,周边眼采用小直径药卷,并采用导爆索串到孔底间隔装药,采用竹片等固定药卷。Ⅳ、Ⅴ级围岩周边眼间距 W 为 50～60 cm,最小抵抗线长度 E 为 65～75 cm,周边眼装药集中度为 0.25～0.35 kg/m。Ⅱ、Ⅲ类围岩 W 为 35～45 cm,E 为 45～55 cm,周边眼装药密度为 0.3～0.4 kg/m。爆破时,应根据地质条件及时修正爆破参数,以达到最佳爆破效果。掏槽眼采用楔形斜眼掏槽。

(4) 装药方法及装药结构。

装药采用人工用木制炮棍装药,起爆器由专人看管。爆破采用光面爆破,周边眼采用间隔装药,掏槽眼、辅助眼、底板眼采用连续装药结构。炮孔采用人工堵塞,堵塞材料为炮泥,堵塞材料用木制炮棍压紧,堵塞长度一般为 25～30 cm。

(5) 起爆。

起爆网路采用电子雷管并联网路,按如下顺序连接:孔内雷管分组→周边孔导爆索并接→同段电子雷管并连→起爆器起爆。

(6) 开挖作业。

开挖作业采用全站仪画出开挖周边轮廓线及炮孔位置,采用人工站在开挖台架上手持 YT-28 凿岩机钻孔或三臂凿岩台车钻孔,采用人工装药起爆。采用人工钻孔时,操作工人要熟悉炮眼布置图,按照设计炮眼布置钻孔,尤其要注意周边眼位的钻孔角度,使除掏槽眼外的其他钻孔孔底基本在一个竖直面内(掏槽眼超前 20 cm)。

钻爆作业按照爆破参数进行钻孔、装药、接线和引爆。采用凿岩台车钻孔时,台车与隧道平行,台车就位后按炮眼布置图正确钻孔。

每次放完炮后,根据爆破的进尺、爆破后岩石粒径、周边残眼率等情况确定是否进行布眼及装药量调整。

洞身开挖检验标准如表 10.1 所示。

表 10.1 洞身开挖检验标准

项次	检验项目		规定允许偏差值	检验方法和频率
1	拱部超挖 /mm	破碎岩、土（Ⅳ、Ⅴ级围岩）	平均100,最大150	激光断面仪:每 20 m 测一个断面,测点间距≤1 m
		中硬岩、软岩（Ⅱ、Ⅲ、Ⅳ级围岩）	平均150,最大250	
2	边墙超挖 /mm	每侧	+100.0	
		全宽	+200.0	
3	仰拱、隧底/mm		平均100,最大250	水准仪:每 20 m 检查 3 处

(7) 爆破安全距离。

在爆破过程中,部分炸药能量转化为震动波,同时产生一定飞石冲击波、爆破毒气和噪声,影响机械设备及生命财产的安全,因此要保证机械设备及施工人员在安全距离以外。施工人员离爆区的安全距离要大于 200 m。

(8) 装碴运输。

隧道洞内出碴采用无轨运输方式,使用侧卸式装载机装碴,使用自卸式运碴至弃碴场。隧道进、出口各配备 3 台装载机、3 台挖掘机、5 台自卸汽车。

为提高出碴效率,缩短循环时间,保证安全,可采取如下措施:①加强装运设备的维修保养,备足易损件,发现故障及时排除;②设专人养护道路,保持道路平整、无积水,定期铺碴维修,尤其是雨季,设专人及时排除安全隐患;③加强通风(保证洞内空气新鲜),加强洞内排水与照明(保持洞内有良好的照明和路况);④弃碴场采用推土机或装载机及时平整,安排专人指挥倒车;⑤对司机进行交通规则及安全注意事项的培训教育,严禁驾驶故障车和酒后驾车。

10.8.3 初期支护施工

隧道洞身衬砌按照新奥法原理采用复合式衬砌。初期支护采用锚喷支护,二次衬砌采用模筑混凝土衬砌。

1. 超前小导管注浆施工

采用 YT-28 风动凿岩机钻孔,将小导管插入孔内,使小导管外露 20 cm,将外露端支撑于开挖面后方的钢拱架上并与钢拱架焊接,共同组成预支护体系。注浆设备采用注浆泵,浆液采用水泥浆。

超前小导管采用外径为 50 mm,壁厚为 5 mm,长为 4.5 m、4.3 m、4 m 的热轧无缝钢管,每环 54 根。钢管前端呈尖锥状,长度为 10 cm;管壁钻 10 mm 压浆孔,间距为 15 cm,呈梅花形布置,尾部 1.0 m 不设压浆孔。施工时,钢管以 12°~15°的外插角打入围岩(根据围岩情况调整),钢管环向间距为 40 cm,超前小导管保持大于 1 m 的搭接长度。

超前小导管注浆采用水泥浆液,水泥浆水灰比为 1∶1;注浆压力为 0.5~1 MPa。施工过程如下:首先,测量放样,在设计孔位上做标记;其次,手持风钻钻孔后将小导管沿孔打入,如地层松软,可直接手持风钻将小导管打入;最后,注浆,一般围岩地段按设计采用单液注浆。注浆前,喷射混凝土封闭掌子面以防漏浆,清理干净钢管内积杂物。注浆时,顺序是由下向上。如地下水较多,采用双液注浆堵水,注浆时将两种浆液放在两个容器内,使用双液注浆泵按配合比分别吸入两种浆液在混合器混合后注入浆管。单管达到设计注浆量时可结束注浆,注浆压力达到设计终压力不少于 20 min 但进浆量仍达不到设计注浆量时也可结束注浆。

2. 中空注浆锚杆和药卷锚杆施工

(1) 中空注浆锚杆施工。

中空注浆锚杆的直径为 25 mm,长度有 3.5 m、4 m 和 4.5 m 三种,浆液为纯水泥浆或 1∶1 水泥浆。

锚杆采用厂家生产的定型产品,由中空全螺纹杆体、排气管、锚头、止浆塞、垫板、螺母组成。施工过程如下:采用液压凿岩台车或风枪钻孔,采用高压风清孔;将安装好锚头的中空注浆锚杆和排气管同时插入孔内后,安装止浆塞、垫板和螺母;利用快速接头将锚杆和注浆机连接;开启注浆机器进行注浆,注浆压力为0.5～1 MPa。

(2) 药卷锚杆施工。

药卷锚杆的直径为22 mm,长度有3 m、3.5 m两种。

锚杆采用厂家生产的定型产品或自行加工,由螺纹杆体、垫板、螺母组成。施工过程如下:采用液压凿岩台车或风枪钻孔,采用高压风清孔;将锚固药卷用水泡湿后塞进孔内,然后将锚杆用大锤敲入孔内;安装垫板和螺母。

锚杆安装偏差应符合下列规定:锚杆孔孔径比锚杆杆体直径大15 cm;锚杆的深度与设计锚杆长度的偏差为±5 cm;锚杆孔距允许偏差为±15 mm;锚杆插入长度不得小于设计长度的95%,锚杆应位于孔的中心。

3. 钢筋网

钢筋网网眼间距为@20 cm×20 cm、@25 cm×25 cm;钢筋网采用Ⅰ级钢筋,直径为8 mm。

钢筋网片在钢筋加工场内集中加工,先用钢筋调直机把钢筋调直,再截成钢筋条,最后根据拱架间距和网片之间搭接长度严格按设计施工钢筋网片。钢筋焊接前,将钢筋表面的油渍、漆污、水泥浆和用锤敲击能剥落的浮皮、铁锈等清除干净;加工完毕后的钢筋网片应平整,钢筋表面无削弱钢筋截面的伤痕。制作成型的钢筋网片必须轻抬轻放,避免摔地产生变形。钢筋网片成品堆放在指定的成品堆放场地上。存放和运输过程中,要避免潮湿的环境,防止锈蚀、污染和变形。施工时,按图纸标定的位置挂设加工好的钢筋网片,焊接固定于先期施工的锚杆上,再把钢筋网片焊接成网,网片搭接长度为1～2个网格。

4. 钢拱架施工

(1) 钢拱架加工。

钢架按1∶1的比例放样,设立1∶1胎模加工工作台,分单元加工,运至现场安装。加工时,要求做到尺寸准确,弧形圆顺,拱架矢高及弧长的允许偏差为+20 mm,架长的允许偏差为±20 mm。安装时,各单元采用钢板和高强螺栓连接。

焊接(或搭接)长度要满足规范要求;焊接成型时,沿钢架两侧对称进行,接头处要求相邻两节轴线一致,连接孔位置要准,以保证连接准确。

(2) 钢拱架安装。

应准确定出安设于曲线上的每榀钢拱架的位置:首先测定出线路中线,确定里程,然后测定其横向位置。钢拱架设于曲线上,安设方向为该点的法线方向。在直线地段,安设方向与线路中线垂直,上下、左右偏差小于±5 cm,倾斜度偏差小于2°。

运至现场的单元钢拱架分单元堆码,安设前检查断面尺寸,及时处理欠挖侵入净空部分,保证钢拱架安设质量。钢拱架外侧有不小于5 cm厚的喷射混凝土。安设拱脚或墙脚前,应清除垫板下的松碴,使垫板置于原状岩石上。在软弱地段,可采用拱脚垫混凝土预制块的方法避免拱脚下沉。

钢拱架按设计位置安设,钢拱架与封闭混凝土尽量紧贴。在安设过程中,钢拱架与围岩之间有较大间隙时设垫板,垫板数量不大于10个,两排钢拱架间沿周边每隔1 m用纵向钢筋连接,形成纵向连接体系,以改善受力状态。钢拱架安装完成后,在拱架两侧同一水平处每侧设置2根长4 m的锁脚锚杆;拱架和锁脚锚杆焊接成为整体结构,减少拱架下沉。

5. 喷射混凝土

喷射混凝土采用C25混凝土,采用湿喷工艺。

喷射前,应对受喷坡面进行处理,采用高压风吹净坡面;应检查机具设备和风、水、电等管线;使湿喷机就位并试运转。选用的空压机应满足喷射机工作风压和耗风量的要求;压风进入喷射机前,必须进行油水分离;输料管应能承受0.8 MPa以上的压力,并有良好的耐磨性能;应保证作业区内具有良好通风和照明条件。设置控制喷射混凝土厚度的标志,可采用埋设钢筋头的方法,也可在喷射时插入长度比设计厚度大5 cm的铁丝(每1~2 m设一根,作为施工控制)。

湿喷混凝土采取全自动计量集中拌和站拌和,施工配料严格按施工配合比操作,速凝剂在喷射机喂料时加入。搅拌时间通过现场搅拌试验确定且不少于90 s。运输采用混凝土运输罐车,随拌随运。在运输过程中,要防止混凝土离析、水泥浆流失、坍落度变化以及产生初凝等现象。

喷射混凝土作业分段进行,喷射顺序为自下而上,分段长度不大于6 m。喷射时,先将低洼处大致喷平,再以自下而上、自内而外的顺序分层、往复喷射。喷射混凝土分段施工时,上次喷射混凝土应预留斜面,斜面宽度为200~300 mm,斜面上用压力水冲洗润湿后再喷射。喷射速度要适当,以利于混凝土的压实。风压过大,喷射速度增大,回弹增加;风压过小,喷射速度过小,压实力小,影响混凝土强度。因此在开机后要注意观察风压,起始风压达到0.5 MPa后才能开始操作,并根据喷嘴出料情况调整风压。喷射时,喷嘴应与受喷面保持适当距离,喷射角度尽可能接近90°,以获得最大压实度和最小回弹量。喷嘴与受喷面间距宜为1.5~2.0 m;喷嘴应连续、缓慢横向移动。若条件限制,喷嘴可稍偏斜,但宜不小于70°。

喷射混凝土终凝2 h后,应进行养护。混凝土面采用湿水养护,养护时间不小于14 d。

10.8.4 二次衬砌及防排水施工

隧道二次衬砌施作时间根据所测得位移量或回归分析所得最终位移量、位移速度及其变化趋势、围岩等级等综合确定。若存在洞口浅埋段和断层破碎带,应在初期支护完成之后及时施作二次衬砌,以保证安全。

1. 洞内防排水设计情况

(1) 洞内防水。

隧道衬砌混凝土采用C35防水混凝土,其抗渗标号不小于P8。

隧道洞身、人行横向通道、车行横向通道及其他附属洞室的衬砌背后均应设置防水层,防水层采用土工布+EVA防水板。

隧道衬砌管沟盖板以上的所有纵、横施工缝,有仰拱地段的仰拱与边墙及仰拱间的横向施工缝,均设置钢板腻子止水带。沉降缝设置在隧道地质明显变化处或明洞和隧道暗洞分界处,沉降缝在衬砌中部埋设遇水膨胀型止水带。

(2) 洞内排水。

在两侧边墙底部,衬砌混凝土与喷射混凝土之间沿隧道纵向全长各设一根100 mm的圆形盲沟排水管。隧道环向基本按20 m一处在围岩与喷射混凝土间设置横向140 mm×30 mm的扁形排水盲沟,在洞口浅埋段、断层破碎带及地下水较多处间距宜为5 m。

在隧道二次衬砌环向施工缝处,喷射混凝土与防水板之间设置140 mm×30 mm的扁形排水盲沟。

隧道路面基层下设置60 mm×50 mm的扁平型盲沟,沥青路面横向盲沟间距为3 m,水泥路面横向盲沟间距为9 m。

衬砌背后集中出露的小面积股水,可用聚氯乙烯管直接引入侧沟内排出。

2. 衬砌背后防排水设施施工

衬砌背后防排水设施有纵、横、环向盲管。施工时,既应防止衬砌漏水造成浆液流失,又应注意灌筑混凝土或压浆时浆液不得浸入沟管,确保预埋的透水盲沟不被堵塞;应注意排水孔道的连接,以形成一个有机、通畅的排水系统。

施工时,纵向排水管与三通接头连接后,用土工布包裹;用防水板将纵向排水管反包并在防水板上剪一个圆孔,将三通接头的出水口穿过该孔。应做好纵向排水管的标高控制,确保排水通畅;环向排水盲管应符合设计要求,在地下水较大的地段应适当加密,采用膨胀螺栓固定。环向排水盲管紧贴支护表面或渗水岩壁安设,排水盲管布置应圆顺,不得起伏不平。排水管应按设计要求连通形成完整的排水系统。管路连接宜采用三通方式,连接应牢固、畅通,安装坡度应符合设计要求。排水边沟的几何尺寸和沟底纵坡应严格符合设计要求,以使洞内水顺利排出。

3. 防水板铺设

防水板的拼焊及铺挂采用热合焊接吊环铺挂工艺,其施工要点如下。

(1) 超前二次衬砌施工 1~2 个衬砌段并与开挖掌子面保持一定距离,在爆破的安全距离以外铺设采用防水台架,确定防水板每环的尺寸并尽量减少接头。防水板采用木螺钉或无钉铺设。

(2) 防水板施工前,应复核中线位置和高程,检查断面尺寸,保证衬砌施工后的衬砌厚度和净空满足规范和设计要求。初期支护表面应平整,无空鼓、裂缝、松酥。初期支护表面外露的锚杆头、钢筋网头等坚硬物应采用电焊或氧焊齐根切除,并用 1∶2 水泥砂浆抹平,以防止顶破排水板。

(3) 防水板采用自动爬行热合机及拼焊施工。焊接前,应擦净待焊接头板面,根据材质通过试验确定焊接温度和速度。焊接时,搭接宽度应不小于 100 mm;应控制好热合机的温度和速度,保证焊缝质量。焊缝应严密,避免漏焊、虚焊、烤焦或焊穿;单条焊缝的有效焊接宽度应不小于 12.5 mm。接缝处应采用 25 cm 宽双面自粘卷材补强。沿隧道纵向一次铺挂长度宜比本次二次衬砌施工长度大 1.0 m 左右,以便于与下一循环的防水层相接;防水层接缝与衬砌混凝土接缝应错开 1.0 m 左右,以利于防止混凝土施工缝渗漏水。

(4) 铺挂防水板。为保证防水板铺挂质量,应先进行试铺定位。通过尺量检查固定点间距,拱部为 0.5~0.7 m,侧墙为 1.0~1.2 m;在凹凸处,应适当增加固定点且布置均匀。防水板吊环间距应根据铺挂松弛率要求确定,环向松弛率取 10%,纵向松弛率取 6%。适当调整初期支护表面平整程度,可以保证灌筑混凝土时防水板与喷射混凝土面密贴。防水板洞内铺挂宜由下至上、环状进行。

预先焊接在防水板上的吊环应用木螺钉固定。

(5) 焊缝检查。防水板的接头处不得有气泡、皱褶及空隙,接头处应牢固,焊缝强度应不低于母材,通过抽样试验检测。防水板的搭接缝焊缝质量采用充气法检查:压力达到 0.25 MPa 时停止充气,保持压力 15 min,压力下降在 10% 以内则焊缝质量合格。

(6) 成品防护。当衬砌紧跟开挖时,衬砌前端的防水板应采取保护措施,防止爆破飞石砸破防水板;开挖、挂防水板、衬砌平行作业时,铺设防水层地段应距开挖面不小于爆破安全距离。在施工中应做好防水板铺挂地段防水板的保护:绑扎钢筋时,钢筋头应加装保护套;焊接钢筋时,焊接作业点与防水板之间应加设防护板,焊接完成焊缝应在冷却后取出;防水层安装后,严禁在其上凿眼打孔;振捣混凝土时,振捣棒不得接触防水板。在浇筑二次衬砌混凝土前,应检查防水层铺设质量和焊接质量,发现破损时必须进行处理。防水板需要修补时,修补防水层的补丁不得过小,补丁形状应为圆形,不应为长方形、三角形等。

4. 施工缝与变形缝的处置

混凝土应连续浇筑,应尽量减少施工缝,拱圈及仰拱不应留纵向施工缝。墙体有预留孔洞时,施工缝距孔洞边缘宜不小于 300 mm。在混凝土浇筑前,水平施工缝表面应凿毛并清理干净。垂直施工缝的端头模板应支撑牢固,严防漏浆;应采取定位钢筋确保止水带位置准确,固定牢固。

沉降变形缝的宽度为 20~30 mm。缝底应设置与嵌缝材料无黏结力的背衬材料。变形缝嵌缝施工时,缝内两侧应平整、清洁、无渗水;缝内应设置与嵌缝材料无黏结力的背衬材料,嵌缝应密实。变形缝的设置应使拱圈、边墙和仰拱在同一里程上贯通。

5. 止水带施工

隧道施工缝、沉降缝采用钢边橡胶止水带及外贴式止水带。

止水带的接头不得设在结构转角处并尽可能少设。止水带埋设位置应准确,其中间空心圆环应与变形缝的中心线重合;止水带定位时,应使其在界面部位保持平展,防止止水带翻滚、扭结,如发现扭结现象,及时调正。在固定止水带和灌筑混凝土的过程中,应防止止水带偏移,以免单侧缩短,影响止水效果。

采用定位钢筋定位。隧道断面变化处或转角处的阴角应抹成半径不小于 50 mm 的圆弧,以方便止水带施工。止水带在隧道断面变化处或转角处做成弧形,钢边橡胶止水带的转角半径不小于 300 mm,转角半径应随止水带的宽度增大而增大。不得在止水带上穿孔打洞固定止水带。在固定止水带和灌筑混凝土的过程中,注意保护止水带不被钉子、钢筋和石子等刺破,发现刺破、割裂现象时必须及时修补。应加强混凝土振捣控制,排除止水带底部有气泡和空隙,使止水带和混凝土紧密结合,注意防止振捣造成止水带偏位或破损。应根据止水带材质和止水部位采用不同的接头方法。橡胶止水带的接头采用搭接或复合接;止水带的搭接宽度应不小于 100 mm,冷粘或焊接的缝宽应不小于 50 mm。

6. 二次衬砌混凝土安全步距

二次衬砌距掌子面的安全距离如下:Ⅲ级围岩衬砌距离掌子面控制在 120 m 以内;Ⅳ级围岩衬砌距离掌子面控制在 90 m 以内;Ⅴ级围岩衬砌距离掌子面距离控制在 70 m 以内。

在衬砌前,应详细检查预留洞室及预埋管件的预埋情况,检查无误后方可施工。在现场实际施工中,衬砌可根据围岩监控量测资料,围岩裂隙发育、软弱夹层、围岩整体情况及地下水情况,由施工单位与监理工程师适当调整。洞口段及软弱围岩段应尽早进行二次衬砌,二次衬砌台车在开挖同时到位开始拼装,以保证衬砌的及时性。

隧道衬砌要遵照"仰拱超前,拱墙整体衬砌"的原则。仰拱采用栈桥平台解决洞内运输问题,全幅一次性施工。仰拱填充或整平层施工完成后,应利用防水台架施工防水板及钢筋,利用液压整体式台车进行二次衬砌。

7. 仰拱填充及整平层施工

为保证仰拱施工期间其他工序的正常作业,仰拱采用栈桥,每片采用 4 根 I30 工字钢加工,宽 1 m。工字钢间采用工字钢连接,上面铺直径为 22 mm 的钢筋焊接,间距不大于 10 cm。栈桥有效长度为 10 m。

仰拱及填充混凝土施工分两次浇筑,按设计厚度一次浇筑成型,一般长度为 7~10 m,仰拱填充两侧预留临时水沟排水。

栈桥移动用挖机或装载机配合实现,未施工仰拱段端部必须垫实,以保安全。整平层施工方法与仰拱填充相类。

8. 拱墙混凝土施工

拱墙混凝土开挖支护完成后,围岩收敛沉降速率小于 0.1 mm/d 时即可进行衬砌作业,但在软弱围岩段宜尽早进行二次衬砌。

(1) 台车就位。

移动台车根据测量放线位置就位。台车拆模后,应及时对表面进行清理,处理变形或焊缝开裂现象,均匀涂刷脱模剂,不能有滴油及聚集的现象。在有钢筋段要对钢筋加设垫块,保证保护层厚度。台车就位时,应通过调整油缸丝杆调整台车的空间定位,正确对准测量所放的就位线。就位时,应主要检查钢轨安放的位置,使误差不能超过 3 cm,使枕木摆放满足刚度要求,就位时要用铁鞋卡住车轮,保证台车在灌注过程中不发生位移。就位后,应按要求检查台车位置、标高、净空、二次衬砌厚度、丝杆,安装止水带、预留洞室模板、预埋件,预埋注浆管(台车上预先设置好相关装置),检查合格并经监理工程师签证后,方可进行混凝土灌注施工。

预埋件主要为背贴式止水带及中埋式止水带,止水带采用 U 形钢筋固定在挡头模板上,一半嵌入模板,一半弯曲 90°固定在挡头模板上。拆模后,应及时将止水带拆开,防止破坏。

(2) 混凝土灌注。

二次衬砌混凝土采用 C35 防水混凝土,抗渗等级不低于 P8,掺加防水剂。

在混凝土灌注前,应检查输送泵是否完好、拌和站运转是否正常、混凝土罐车数量能否满足施工要求、各种机具是否准备好等。如果停电,应采取应急措施。

为使衬砌达到质量要求,达到内实外美,不渗、不漏、不裂和混凝土表面无湿渍的质量标准,应严格检验混凝土所用原材料,按配合比准确计量。混凝土搅拌时间应不少于 3 min,搅拌好的混凝土应在规定时间内用完(气温为 20～30 ℃时不超过 1 h,气温为 10～19 ℃时不超过 1.5 h。混凝土强度必须达到 5 MPa 才可脱模,脱模后应及时养护。

泵送混凝土自下而上入仓,从已灌注段接头处向未灌注方向,利用二次衬砌台车所开窗口,分层对称灌注混凝土,垂直下落高度不超过 2 m,否则应加设软管。进入封顶阶段时,混凝土坍落度要保证在 18～22 cm,并由经验丰富的作业人员进行作业,保证拱顶混凝土饱满。

(3) 明洞施工。

明洞宜及早施作,在暗洞衬砌一到两模后进行施工。与暗洞衬砌不同的是,明洞衬砌需设置外模,并按设计图做好挡水板。削竹式洞门坡度应按设计图设置,关好挡头模。在强度达到设计值后,在外侧铺设防水板,按设计要求回填。

明洞衬砌时,外模支撑加固极为重要,混凝土灌注时要注意控制速度,防止爆模。

9. 二次衬砌钢筋施工

二次衬砌钢筋在钢筋加工厂集中加工,配送到隧道安装。钢筋制作应按设计轮廓进行大样定位;横向钢筋与纵向钢筋的每个节点均应进行绑扎;钢筋焊接搭接长度应满足规范要求,焊缝应符合规范要求;相邻主筋搭接位置应错开,错开距离不小于 50 cm;同一受力钢筋的两个搭接距离不小于 1500 mm;箍筋连接点在纵、横向筋的交叉连接处进行绑扎或焊接。

安装时,钢筋长度、间距、位置、保护层厚度应满足设计要求;为确保二次衬砌钢筋定位准确、钢筋保护层厚度符合要求,钢筋保护层应全部采用高强砂浆垫块来控制。

参 考 文 献

[1] 吴文化,孙峻岭,向爱兵.中国交通基础设施产业升级战略研究[M].北京:人民交通出版社,2018.

[2] 沈坤荣,史梦昱.以交通强国建设为中国式现代化提供强大支撑[J].政治经济学评论,2023,14(6):22-41.

[3] 郝铭.公路工程施工技术与质量控制[M].北京:北京工业大学出版社,2019.

[4] 杨光耀,杨新,郑胜利.公路桥梁施工与维修养护研究[M].长春:吉林科学技术出版社,2022.

[5] 任传林,王轶君,薛飞.公路工程施工技术[M].长春:吉林科学技术出版社,2019.

[6] 张豪华,匡国文,王亚雄,等.桥梁工程施工技术与安全管理[M].武汉:华中科技大学出版社,2023.

[7] 方诗圣,李海涛.道路桥梁工程施工技术[M].2版.武汉:武汉大学出版社,2018.

[8] 瞿万波,王毅.隧道工程施工[M].成都:西南交通大学出版社,2019.

[9] 颜炳玲,朱小辉.隧道施工技术[M].上海:上海交通大学出版社,2018.

[10] 艾建杰,罗清波.公路工程施工技术[M].重庆:重庆大学出版社,2020.

[11] 王展望,张涛锋,张林.公路与桥梁工程施工及质量控制研究[M].西安:西安交通大学出版社,2021.

[12] 楚天联发.路基防护与加固工程[EB/OL].(2016-06-21)[2024-07-23].https://mp.weixin.qq.com/s/yeV6fvWFLxzXCNbUKALGeg.

[13] 索军利,杨强,赵泽远.公路施工技术与管理研究[M].长春:吉林科学技术出版社,2021.

[14] 李刚,宁尚勇,林智.公路桥梁工程施工与项目管理[M].武汉:华中科技大学出版社,2022.

[15] 王旻,张振和.图解公路工程施工技术[M].北京:机械工业出版社,2020.

[16] 中华人民共和国交通运输部.公路工程质量检验评定标准　第一册　土

建工程:JTG F80/1—2017[S].北京:人民交通出版社,2018.

[17] 中华人民共和国交通运输部.公路路基施工技术规范:JTG/T 3610—2019[S].北京:人民交通出版社,2019.

[18] 申建,慕平.桥梁工程技术[M].2版.北京:北京理工大学出版社,2021.

[19] 唐鹏,刘天宝,张培辉.桥梁工程施工技术[M].北京:中国水利水电出版社,2017.

[20] 余丹丹.桥梁工程与施工技术[M].北京:中国水利水电出版社,2014.

[21] 郑霜杰.桥梁工程施工技术[M].武汉:华中科技大学出版社,2018.

[22] 中华人民共和国交通运输部.公路桥涵施工技术规范:JTG/T 3650—2020[S].北京:人民交通出版社,2020.

[23] 中华人民共和国交通运输部.公路桥梁板式橡胶支座:JT/T 4—2019[S].北京:人民交通出版社,2019.

[24] 中华人民共和国交通运输部.公路桥梁盆式支座:JT/T 391—2019[S].北京:人民交通出版社,2019.

[25] 中华人民共和国国家质量监督检验检疫总局,中国国家标准化管理委员会.桥梁球型支座:GB/T 17955—2009[S].北京:中国标准出版社,2009.

[26] 中华人民共和国交通运输部.公路桥梁伸缩装置通用技术条件:JT/T 327—2016[S].北京:人民交通出版社,2017.

[27] 高培山,曲元梅,杨万忠.桥涵工程施工[M].成都:西南交通大学出版社,2022.

[28] 王道远.隧道施工技术[M].北京:中国水利水电出版社,2014.

[29] 曹升亮,李照众,赵兵.隧道工程施工及风险防控[M].武汉:华中科技大学出版社,2021.

[30] 张震宇.隧道施工[M].成都:电子科技大学出版社,2019.

[31] 王海彦,骆宪龙,付迎春.隧道工程[M].成都:西南交通大学出版社,2016.

[32] 蒋雅君.隧道工程[M].北京:机械工业出版社,2021.

[33] 轨道安全.边坡锚固结构及设计计算(上)[EB/OL].(2021-08-07)[2024-08-02].https://mp.weixin.qq.com/s/iaqTJ9c5Oeh2RWiuqFgEdA.

[34] 朱永全,宋玉香.隧道工程[M].4版.北京:中国铁道出版社,2021.

[35] 孙宏伟,曹志军,张永福.隧道工程[M].成都:西南交通大学出版社,2021.

[36] 王庆磊,崔蓬勃.隧道工程施工[M].北京:化学工业出版社,2021.

[37] 冯钢鹰.浅谈路桥隧施工技术的现状与创新[J].四川水泥,2017(11):14.

[38] 王斌,逄增运.浅谈路桥隧施工技术的现状与创新[J].中国标准化,2016(13):182-183+185.

[39] 向爱兵."十四五"我国交通基础设施发展思路与路径[J].交通运输研究,2022,8(1):59-66.

[40] 张广厚.新时期交通基础设施发展的重点[J].中国经贸导刊,2022(12):28-31.

[41] 陈鹏.高速公路工程施工技术的现代化发展趋势[J].工程与建设,2024,38(1):146-147+180.

[42] 马维鑫.公路工程施工中沥青路面的施工技术探讨[J].工程建设与设计,2024(9):215-217.

[43] 张辉.公路与桥梁工程施工技术应用要点分析[J].工程建设与设计,2024(8):181-183.

[44] 杨颖斐,顾敏,潘嵩崧.高速公路隧道施工技术与质量控制研究[J].工程建设与设计,2024(12):218-220.

[45] 杨汀年.公路隧道工程施工防水设施的应用分析[J].工程建设与设计,2023(2):194-196.

后　　记

党的二十大报告强调,要优化基础设施布局、结构、功能和系统集成,构建现代化基础设施体系。交通基础设施是现代化基础设施体系的重要组成部分,是畅通国民经济循环、构建新发展格局、推动高质量发展的先行和重点领域。当前,我国已建成规模庞大的交通基础设施网络,站在了由"交通大国"迈向"交通强国"的新起点上。但是,与新阶段经济社会发展新要求相比,当前我国交通基础设施领域还存在诸多不平衡、不充分问题,迫切需要转变思路、明确路径,加快推动实现高质量发展。

技术创新是交通基础设施工程高质量发展、施工现代化的关键驱动力。具体到公路、桥梁、隧道工程领域,未来的施工应进行技术创新,聚焦于智能化施工、绿色环保和信息化管理等方面,如积极应用无人驾驶施工设备、机器人施工技术及人工智能技术,使用低碳材料减少施工过程中的能源消耗和废弃物排放等,促进路桥隧工程施工技术实现现代化,实现高效、安全、环保的建设目标,从而更好地服务于社会经济的发展以及人民的交通出行。